한국생산성본부 · (주)더존비즈온 국가공인 자격시험 대비 학습서

정보관리사 생산1급

조호성 편저

3단계 구성: **이론·실무·기출**

2020
최신판

박영사

  산업현장의 경험이 없는 학생들에게 전공 지식과 실무를 쉽게 전달하고 이해시키는 방법에 대해 교수들은 매 학기마다 고민일 것이다. 교수들마다 창의적인 교수법을 개발하고 연구해야만 학생들에게 관심을 받고 수업 참여도가 높아지는 것은 당연한 것이다.

  평소 강의를 하면서 느낀 것이 있는데, 전공과목은 강의시간에 이론 학습과 실습을 병행하면 이론 중심의 교과목 강의보다 학생들의 관심과 학업성취도가 높아진다는 사실이다. 또한 교과목과 관련한 자격제도가 있다면 학생들이 한 학기동안 애써서 공부한 결실을 성적과 함께 자격증도 취득할 수 있는 일거양득의 효과도 있을 것이다.

  ERP정보관리사 자격제도의 물류 1급과 생산 1급 종목을 교과목 강의와 연계하여 실시해 본 결과, 학생들의 관심과 반응이 나쁘지 않았으며 특히 ERP 프로그램은 산업현장의 담당업무 수행 중심으로 구성되어서 학생들이 흥미롭게 받아들이고 있다. 강의안을 작성할 때 활용한 한국생산성본부(KPC)의 자료들과 ㈜더존비즈온에서 개발한 ERP 프로그램인 iCUBE 운영 매뉴얼, 그리고 한국직업능력개발원에서 주관하여 개발한 NCS 학습모듈을 참고하여 본 학습서를 정리하게 되었다.

  본 학습서는 이론, 실무, 기출 부분으로 나누어 구성하였다. 이론 부분은 분야별로 학자들이 공통적으로 인식하고 일반화된 내용 중심으로 서술함과 동시에, 자격시험에서 출제된 내용도 포함하여 단원별 기출문제 및 해설을 통해서 전공 학생들뿐만 아니라 비전공 수험자들에게도 체계적인 학습이 가능하도록 구성하였다. 실무 부분은 iCUBE 프로그램 모듈 중심의 메뉴별 사용방법과 실무예제를 통해 학습하도록 구성하였으며, 기출 부분은 2019년도에 실시한 정기시험 6회분 전체의 기출문제를 이론뿐만 아니라 실무 프로그램 운영 방법 및 출력 결과에 대한 그림과 함께 해설로 편집하였다. 그러다보니 책의 분량이 많아진 것이 아쉬움으로 남는다.

본교 재학생들을 대상으로 한 강의안으로 활용하면서 경험한 내용을 적극적으로 반영하였으며, 비전공 수험자들도 이론 부분의 이해도를 높이고 체계적인 연습이 가능하도록 상세하게 서술하고자 노력하였다. 본 학습서가 자격시험을 대비하는 수험자들에게 조금이나마 도움이 되고, 정보기술 분야의 발전에도 미력이나마 보탬이 되기를 희망해 본다. 아직까지는 여러모로 부족한 본서에 대해 냉철한 지적과 조언을 부탁드리며, 학생 및 수험자 모든 분들에게 좋은 성과가 있기를 기대한다.

끝으로, 그동안 이 책의 탄생을 위해 아낌없는 조언과 각별한 노력을 해주신 김보라 과장님과 김민경님에게 감사의 말씀을 드리며, 박영사 대표님 및 관계자 여러분들께도 감사드린다. 또한 곤지암에서 제조업의 발전을 위해 고군분투하시는 김일오 선배님과 형수님께 존경의 마음을 표하며, 저의 옆에서 많은 격려와 도움을 준 아내에게도 무한한 사랑을 담아 고마움을 전한다.

2020년 1월 17일
성남 복정골에서
조호성

1 시험정보

(1) 시험과목 및 시험시간

종목	등급	시험 차시	시험시간
회계	1급	1교시	• 입실: 08:50 • 이론: 09:00~09:40 • 실무: 09:45~10:25
	2급		
생산	1급		
	2급		
인사	1급	2교시	• 입실: 10:50 • 이론: 11:00~11:40 • 실무: 11:45~12:25
	2급		
물류	1급		
	2급		

(2) 합격 기준

종목	합격 점수	문항 수
1급	70점 이상 이론과 실무 각각 60점 이상	이론 32문항, 실무 25문항
2급	60점 이상 이론과 실무 각각 40점 이상	이론 20문항, 실무 20문항

2 시험일정

회차	원서접수		수험표 공고	시험일	합격 공고
	인터넷	방문			
제1회	'19.12.18~12.26	'19.12.26	1.9~1.18	1.18	2.4~2.11
제2회	2.26~3.4	3.4	3.19~3.28	3.28	4.14~4.21
제3회	4.22~4.29	4.29	5.14~5.23	5.23	6.9~6.16
제4회	6.24~7.1	7.1	7.16~7.25	7.25	8.11~8.18
제5회	8.26~9.2	9.2	9.17~9.26	9.26	10.13~10.20
제6회	10.28~11.4	11.4	11.19~11.28	11.28	12.15~12.22

※ ERP(더존) 정기시험은 1, 3, 5, 7, 9, 11월 넷째 주 토요일에 시행됨. (연6회)

※ ERP(영림원)은 5, 11월 정기시험 때 시행됨. (연2회)

※ 방문접수는 인터넷 접수기간 내 해당 지역센터에 문의.

③ 수험자 유의사항

(1) 수험자는 수험 시 반드시 수험표와 신분증(신분증 인정범위 참조)을 지참하여야 시험에 응시할 수 있습니다.

(2) 수험자는 지정된 입실완료 시간까지 해당 고사실에 입실하지 않으면 시험에 응시할 수 없습니다.

(3) 수험자가 다른 수험자의 시험을 방해하거나 부정행위(사후적발 포함)를 했을 경우 당일 응시한 전 과목이 부정 처리되며, 또한 당회차(시험당일 모든 과목)뿐 아니라 향후 2년간 당 본부가 주관하는 모든 시험에 응시할 수 없습니다.

(4) 수험자는 접수된 응시원서 및 검정수수료는 검정료반환규정에 의거하여 기간이 경과한 경우에 취소가 불가하며, 고사장 변경도 불가합니다.

(5) 시스템 조작의 미숙으로 시험이 불가능하다고 판단되는 수험자는 실격 처리됩니다.

(6) 시스템 조작의 미숙, 시험 중 부주의 또는 고의로 기기를 파손한 경우에는 수험자가 부담해야 합니다.

(7) 수험자는 시험문제지를 받는 즉시 응시하고자 하는 과목의 문제지가 맞는지 여부를 확인하여야 합니다.

(8) 수험자는 시험 시작 전에 반드시 문제지에 수험번호와 성명을 기재하여야 됩니다.

(9) 시험 완료 후 답안문서와 함께 시험문제지도 감독위원에게 제출해야 합니다.

(10) 수험자는 시험 실시 전에 응시 하고자 하는 과목에 대한 수험용 소프트웨어를 확인하여, 시험에 필요한 기능이 없을 때에는 시험 감독자에게 요청하여 조치를 받아야 합니다.

(11) 시험 응시 후 성적공고 및 자격증신청은 자격홈페이지에서 해당 기간에 확인 또는 My자격에서 확인할 수 있습니다.

※ 기타 유의사항 및 시험정보에 관한 자세한 사항은 한국생산성본부 홈페이지를 참고하기 바랍니다.

1 출제 기본 방향

ERP정보관리사(1급) 자격시험에 응시하는 자는 기업에서 ERP정보관리를 담당할 사원이라는 전제하에 이들에게 부여되는 직무는 상당부분 생산관리에 필요한 이론적 지식을 갖추고 실무에 필요한 지식과 기능일 것이다. 그러므로 이들 자격(1급)에 응시하는 자들에게는 ERP정보관리를 수행할 관계지식과 관련지식을 중심으로 평가를 하는 것이 중요할 것이다. 따라서 ERP정보관리사(1급) 자격시험 출제범위는 생산관리의 생산계획 및 통제, 공정 관리, 자재소요/생산능력 계획, 품질관리에 필요한 이론적지식과 실무지식을 필요로 하기 때문에 이에 대한 관련지식을 파악하고 실제문제에 활용할 수 있는 능력을 지니고 있는가의 여부에 초점을 맞춘다.

2 출제 범위

구분		내용
경영 혁신과 ERP	1. ERP 개요	(1) ERP의 등장배경과 개념 (2) ERP의 발전과정 (3) ERP시스템 도입 시 고려사항 및 예상효과 (4) ERP시스템 구축단계 (5) ERP시스템의 특징 (6) 확장형 ERP(e-ERP) (7) ERP와 BPR의 연계
	2. 4차 산업혁명과 차세대 ERP (2019년 5월부터 포함된 내용)	(1) 클라우드 컴퓨팅의 정의 (2) 클라우드 컴퓨팅의 장점 (3) 클라우드 컴퓨팅의 단점 (4) 클라우드 컴퓨팅에서 제공하는 서비스 (5) 클라우드 ERP의 특징 (6) 차세대 ERP의 인공지능(AI), 빅데이터(BigData), 사물인터넷(IoT) 기술의 적용 (7) 차세대 ERP의 비즈니스 애널리틱스

생산계획 및 통제	1. 생산을 위한 기초정보	(1) 생산에 관련된 기본적인 용어를 안다. • 생산의 정의를 설명할 수 있다. • 생산성의 정의를 설명할 수 있다. • 생산프로세스의 정의를 설명할 수 있다. • 생산계획의 정의를 설명할 수 있다.
		(2) BOM • BOM의 의미를 안다. • BOM의 종류를 안다. • BOM에 의한 부품 소요량을 계산할 줄 안다.
	2. 수요예측	• 수요예측의 의미를 안다. • 수요예측의 종류(정성적 수요예측기법들, 정량적 수요예측기법)를 안다. • 제품의 라이프사이클에 따른 필요한 수요예측 기법을 안다. • 정량적 수요예측기법의 계산법을 안다. • 예측의 7단계를 안다.
	3. 생산시스템	(1) 생산시스템의 기본구조 • 투입물(input)에서 변환과정을 거쳐 산출물(output)을 만드는 구조를 안다. • life cycle에 따른 구현전략을 안다.
		(2) 다양한 생산시스템에 대하여 안다. • 생산방식에 대하여 안다. • 제조전략에 대하여 안다. • 생산방식의 분류에 대하여 안다. • Job Shop과 Flow Shop의 특징에 대하여 안다. • 제조전략에 적합한 생산시스템의 형태를 안다.
	4. 총괄계획의 개념	• 총괄계획의 의미를 안다. • 총괄계획의 역할을 안다. • 총괄계획의 전략에 대해서 안다. • 총괄계획의 수립단계에 대하여 안다.

INFORMATION_생산 1급 시험범위

	5. 기준생산계획 (Master Production Scheduling)	• 기준생산계획의 의미를 안다. • 기준생산계획의 역할을 안다. • 기준생산계획표를 활용하여 생산량과 발주량을 계산할 줄 안다.
생산계획 및 통제	6. 작업의 우선순위 구성방법	• 작업의 우선순위를 구하는 기법의 종류에 대하여 안다. • 작업의 우선순위를 구하는 기법에 의해 우선순위를 구할 줄 안다.
	7. 일정계획	• 일정계획의 의미를 안다. • 일정계획의 종류를 안다.
	8. 프로젝트의 일정계획	• PERT와 CPM의 의미를 안다. • 각 단계의 TE(earliest expected time)와 TL(latest allowable time)을 계산할 줄 안다. • 활동단위의 일정을 계산할 줄 안다. • 단계여유(Slack)를 발견할 줄 안다. • 주공정(CP; Critical Path)을 발견할 줄 안다. • PERT의 3점 시간견적으로 Te(expected time)를 구할 줄 안다.
공정관리	1. 공정(절차)계획 (Routing)	• 절차(route)와 절차계획(Routing)에 대하여 의미를 안다. • 절차계획에서 다루어지는 주요한 결정 사항들에 대하여 안다.
	2. 공정분석	• 공정의 분류에 대하여 안다. • 공정분석기호에 대하여 안다. • 가공공정 분석, 조립공정 분석 등 공정분석의 유형에 대하여 안다.
	3. 공수계획	• 부하(load) 즉 작업량과 능력에 대하여 안다. • 공수 및 공수의 단위에 대하여 안다. • 공수계획의 의의에 대하여 안다. • 부하와 능력의 조정 및 공수체감 곡선에 대하여 알고 간단히 계산할 줄 안다.
	4. 간트차트 (Gantt Chart)	• 간트차트 유형을 안다. • 간트차트의 기호 및 작성 방법을 안다. • 간트차트의 약점(결점)을 안다.

공정관리	5. 작업의 우선순위 결정	• 작업의 우선순위 고려원칙에 대하여 안다. • 작업의 우선순위 계산방법에 대하여 안다.
	6. 애로공정(Bottleneck Operation) Management	• 애로공정(Bottleneck Operation)의 의미를 안다. • 사이클 타임, 능률(Efficiency : E)과 라인 밸런스 효율, 불균형률에 대하여 알고 계산을 할 줄 안다.
	7. JIT 생산방식 (Kanban 방식)	• JIT 생산방식의 의미를 안다. • JIT 생산시스템의 구성요소를 안다. • JIT와 MRP 시스템의 비교에 대하여 안다. • 간판의 역할과 종류에 대하여 안다. • 5S의 개념에 대하여 안다. • JIT의 7가지 낭비에 대하여 안다.
자재소요/ 생산능력 계획	1. 재고관리	(1) 재고의 종류 • 재고의 의미를 안다. • 재고의 종류를 안다. (2) 경제적 주문량(EOQ) • 경제적 주문량(EOQ)에 대하여 안다. • 경제적 주문량(EOQ)을 결정할 줄 안다.
	2. RCCP(Rough Cut Capacity Planning)	• RCCP의 의미를 안다.
	3. CRP(Capacity Requirement Planning)	• CRP의 의미를 안다. • CRP의 계산을 할 줄 안다.
	4. SCM(Supply Chain Management)의 개념	• SCM의 개념을 안다. • SCM의 세 가지 주요흐름을 안다. • SCM 포함되는 사항들을 안다. • SCM의 기능을 안다. • SCM 추진효과에 대하여 안다.

품질관리	1. TQC와 TQM	• TQC와 TQM의 개념을 안다.
	2. QC 7가지 도구(Tool)	• QC 7가지 도구(Tool)를 안다. • 각 도구에 대한 의미를 안다.
	3. 6시그마	• 6시그마의 의미를 안다. • 6시그마의 네 단계(MAIC)에 대하여 안다.
	4. 통계적 품질관리(생산운영관 리(원유동 p172~), 이상범(P542~)	• 검사의 유형(수입검사, 공정검사 및 완제품검사)에 대하여 안다. • 측정치의 유형(계수치와 계량치)에 대하여 안다. • 관리도의 개념에 대하여 안다. • 관리도의 종류에 대하여 안다. • 통계적 프로세스 관리(SPC)에 대하여 안다. • 샘플링 검사의 종류와 뜻을 안다.

PART 01 **이론 완전 정복**

PART 02 **실무 완전 정복**

PART 03   최신기출 완전 정복

 M/E/M/O

이론 완전 정복

ERP
정보관리사

생산 1급

CHAPTER 01 경영혁신과 ERP

경영혁신과 ERP

01 ERP의 등장배경과 개념

과거 1990년대에 들어서 글로벌화와 정보화는 기업의 경영환경에 가장 큰 변화라고 할 수 있다. 급격한 경영환경의 변화 속에서 기업들은 경쟁우위를 확보하고자 구조조정을 통한 사업재편과 조직개편을 단행하였고, 이와 동시에 IT(Information Technology)분야의 혁신적인 발전에 따라 정보시스템을 도입하여 업무개선 및 업무효율화를 통해 경영성과를 극대화하려는 노력이 진행되었다. 이를 반영하는 리엔지니어링(Re-engineering) 또는 프로세스 혁신(BPR)을 위한 실질적 도구로서 많은 기업들이 ERP 시스템을 도입하였다.

기업의 경영활동에서 업무효율 극대화를 위해 컴퓨터 기반의 정보시스템 활용이 일반화되고 각 부서별로 정보시스템을 개별적으로 사용하는 환경이 조성되었다. 특히 개별적으로 운영되던 정보시스템은 서로 연관되어 있는 업무 처리를 지원함에 있어서 비효율적이므로 각 부서별 정보시스템을 서로 연계하거나 통합해야 할 필요성이 대두되었다.

이러한 시스템 통합 프로젝트는 기업 내부에서 추진하거나 시스템 통합(System Integration) 전문기업에 의뢰해 추진되었으며, 당시 기업의 시스템 개발도 마찬가지 방식으로 진행되었다. 이때에는 부서별 업무를 각각 분석하여 회계, 인사, 영업, 물류, 생산, 무역 등의 업무와 관련된 정보를 서로 공유하고 자료 처리를 자사의 업무 프로세스에 적합하도록 커스터마이징(Customizing)하여 활용하는 것이 일반화되었다.

그러나 세계화 추세는 각 기업의 생산과 물류거점을 국내외 여러 곳에 산재하게 되었고, 이는 새로운 개념의 프로세스로서 글로벌 차원의 자원관리와 최적의 공급망 구축이 절실해졌다. 이와 동시에 ICT(Information & Communication Technology)의 발전으로 시스템 개발 환경이 크게 변화되었고, 이러한 시대적 요구와 ICT 환경 변화에 따라 등장한 것이 ERP 시스템이다.

ERP(Enterprise Resource Planning, 전사적 자원관리)란 용어는 가트너 그룹(Gartner Group)에서 처음으로 제시하였는데, "기업 내의 각 업무 기능들이 조화롭게 제대로 발휘할 수 있도록 지원하는 애플리케이션들의 집합으로 차세대의 업무시스템"이라고 정의하였다. 생산, 물류, 재무, 회계, 영업과 구매, 재고 등 경영 활동 프로세스들을 통합적으로 연계해 관리해 주며, 기업에서 발생하는 정보들을 서로 공유하고 새로운 정보의 생성과 빠른 의사결정을 도와주는 전사적 자원관리시스템 또는 전사적 업무통합시스템을 의미한다.

ERP 시스템의 주목적은 조직의 모든 기능 영역들 사이에 정보가 끊김 없이 흐르도록하는 것이다. 따라서 ERP를 도입한다는 것은 예전처럼 전산화한 시스템을 구축하는 것이 아니고, 오히려 새로운 공장을 짓고 새로운 회사를 설립하는 것과 같이 기존의 시스템과는 전혀 다른 혁신적인 개념의 SI를 구축하는 것이다. 즉, BPR(Business Process Re-engineering)을 통해서 혁신적인 업무 재편을 실시하여 이에 적합한 ERP 시스템을 도입하고 활용함으로써 업무의 처리 방법이나 기업의 구조를 본질적으로 혁신해 생산성을 극대화하는 전략적 접근이라 할 수 있다. BPR은 복잡한 조직 및 경영 기능을 효율화하고, 지속적인 경영환경 변화에 대한 대응, 정보 IT 기술을 통한 새로운 기회 창출, 정보공유를 통한 개방적 업무환경을 확보할 수 있도록 기업 내 각 영역의 업무 프로세스를 개혁적으로 변화시키는 경영 기법이다.

정보통신산업진흥원(NIPA)이 배포한 "2015년 국가기업 IT·SW 활용 조사"에 따르면 주요 정보시스템 도입 비율 중 ERP 시스템 도입이 가장 활발하여 전체 기업 중 3분의 1 이상인 38.6%가 도입하여 활용 중인 것으로 나타났다. 특히 상장기업은 94%가 ERP 시스템을 도입하여 활용 중이며, 제조 및 물류서비스 등을 중심으로 지속적으로 증가되고 있다.

✔ CHECK   커스터마이징(Customizing)
미리 준비된 가이드에 따라 시스템의 상세한 규격을 정의하는 파라미터의 설정 작업을 의미한다.

02 ERP의 진화과정

ERP는 ICT 환경변화 및 기술발전에 따라 발생한 것으로, 종속적인 수요를 가지는 품목의 재고관리시스템인 MRP(자재소요량 계획: Material Requirement Planning)의 등장에서 비롯되었다. 구성 품목의 수요를 산출하고 필요한 시기를 추적하며, 품목의 생산 혹은 구매과정에서의 리드타임(Lead Time)을 고려하여 작업주문 혹은 구매주문 등을 관리하기 위한 컴퓨터 재고통제 시스템으로 개발된 것이다.

제품을 구성하는 요소인 원자재, 반제품(재공품)과 완제품 등에 대한 자재수급계획을 관리하는 MRP는 제품구성정보(BOM, Bill of Material), 표준공정도(Routing Sheet), 기준생산계획(MPS, Master Production Schedule), 기준생산계획과 부품표, 재고정보를 기반으로 구체적인 제조일정, 자재생산, 조달계획을 계획한다.

1980년도에는 자재뿐만 아니라 생산에 필요한 모든 자원을 효율적으로 관리하기 위하여 MRP가 확대된 개념인 MRP II가 등장하는데, MRP시스템이 보다 확장되고 생산능력이나 마케팅, 재무 등의 영역과 다양한 모듈과 특징들이 추가되면서 자재에 국한된 소요계획을 대체하여, 다양한 제조자원의 사용계획을 수립한다는 의미로 MRP II가 등장하게 되었다.

MRP II는 기존 MRP의 기술적인 문제를 해결함은 물론 실시간으로 자료를 반영하고, 그 적용 범위를 확장하여 자재관리뿐만 아니라 수주, 재무, 판매 관리 등 기업 내 모든 자원의 사용을 통합적으로 계획하고 관리하는 개념으로 발전하였다. 이러한 통합 시스템은 MRP라는 용어의 의미가 '자재소요량계획'이라는 개념에서 '생산자원계획(Manufacturing Resource Planning)'의 개념으로 확장되어 MRP II로 표현하게 되었다.

1990년대 들어 ICT의 급속한 발전과 함께 기업 각 부서의 업무를 유기적으로 통합하고, 개방화한 시스템이 등장하였으며, SCM(Supply Chain Management) 차원에서 기업의 통합 범위를 공급자와 고객으로 확장할 수 있는 확장형 ERP(e-ERP)로 진화하게 되었다. ERP 기본시스템은 물론, 고유기능의 추가, 경영혁신 지원, 선진 정보와 기술적인 추가, 산업유형 지원 확대, 전문화 분야의 확대 적용으로 기업이나 조직의 비즈니스 프로세스를 포괄적으로 지원하는 지능형 시스템으로 확장하게 된 것이다.

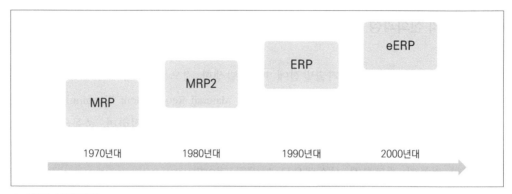

▲ ERP 발전과정

⑬ ERP 시스템 도입 시 고려사항 및 예상효과

ERP 시스템 도입은 시스템을 개발하는 방법과 외부 솔루션 업체로부터의 패키지를 도입하는 방법이 있으며, 경영진의 방침에 따라 자사환경에 맞는 패키지 선정, TFT 구성원(내부 인력 및 외부 전문가), 체계적인 프로젝트 진행(현업 중심), 커스터마이징 최소화, 구성원의 전사적인 참여, 경영혁신 기법, 지속적인 교육과 훈련 등이 고려되어야 한다.

1 ERP 시스템 도입 시 고려사항(4단계)

ERP 도입단계는 아웃소싱을 통한 ERP 패키지를 도입하는 경우에 아래와 같은 4단계의 프로세스를 거친다.

(1) 투자단계

자사에 적합한 ERP 패키지 솔루션 탐색과 조사분석을 통해서 업체를 선정한다.

(2) 구축단계

자사에 적합한 ERP 패키지 구축을 위한 업무 프로세스를 개선하고 현업 중심의 내부 인력과 외부 전문가를 포함한 TFT를 구성한다. 세부 실행계획을 수립 및 추진하여 시스템을 구축한다.

(3) 실행단계

ERP 패키지의 효율적인 도입을 위해서 파일롯 시험(Pilot Test)을 실시하여 그 결과를 분석 후, 장단점을 Feed Back하여 시스템을 실행한다.

(4) 확산단계

자사의 모든 부서에 ERP 패키지를 적용해서 운영하며, 구성원들의 교육과 훈련을 통해 지속적인 업무개선 노력을 경주한다.

✔ **CHECK**   ERP 패키지 도입 시(아웃소싱) 장점
- 검증된 방법론 적용으로 구현 기간의 최소화가 가능하다.
- 검증된 기술과 기능으로 위험 부담을 최소화할 수 있다.
- 단계적인 도입이 가능하고 도입에 따른 Risk를 최소화할 수 있다.

✔ **CHECK**   ERP 자체 개발 시 장점
- 향상된 기능과 최신의 정보기술이 적용된 버전으로 시스템 업그레이드가 가능하다.
- 사용자의 요구사항을 시스템에 충실히 반영시킬 수 있다.
- 시스템의 수정과 유지보수가 지속적으로 이루어질 수 있다.

2 ERP 도입 예상효과

(1) 운영의 효율성

기업의 모든 프로세스가 통합적으로 이루어져 업무중복, 업무대기시간 등의 비부가 가치 활동을 제거한다. 이는 업무가 동시적으로 이루어질 수 있고 BPR을 지원하기 때문이기도 하다. 이러한 운영의 효율성을 이룸으로써 업무시간을 단축할 수 있고 필요인력과 필요자원을 절약할 수 있으며 Lead Time과 Cycle Time을 단축시킬 수 있다.

(2) 배분의 효율성

구매/자재관리 모듈은 실시간으로 자재 현황과 위치 등을 파악하고 수요를 정확히 예측하며, 필요 재고수준을 결정함으로써 불필요한 재고를 없애고 물류비용을 절감할 수 있도록 한다.

(3) 정보의 효율성

정보의 신속성과 정보의 일치성, 개방성은 정보의 공유화를 이루어 기업 구성원들이 정확한 정보를 신속하게 활용할 수 있도록 하며 업무효율을 높일 수 있도록 한다.

(4) 경제적 부가가치 창출

정성적인 측면	정량적인 측면
• 업무 프로세스 단축 • 조직구성원의 만족도 증대 • 고 부가가치의 업무에 시간과 노력을 집중 • 기업 의사결정의 신속성과 정확성 증대	• 인적, 물적 비용의 절감 • 업무의 효율화 • 인원감축 • 인건비 감소 및 수익성 향상

❸ ERP 시스템 도입의 성공과 실패

(1) 성공요소

① 경영자의 관심과 기업 전원이 참여하는 분위기를 조성한다.
② 현업 중심의 내부 인력과 외부 전문가로 TFT를 구성한다.
③ 자사에 적합한 ERP 패키지를 선정한다.
④ 지속적인 교육, 훈련을 실시한다.
⑤ IT부서 중심으로 프로젝트를 진행하지 않는다.
⑥ 업무 단위별로 추진하지 않는다.
⑦ 커스터마이징은 가급적 최소화시킨다.
⑧ BPR 실행을 통해서 업무프로세스 혁신을 선행하거나 동시에 진행한다.

(2) 실패요소

① 기능 부족: 하드웨어, 소프트웨어 관련 지원기능의 부족으로 부분적 활용이 불가하거나 수정·보완·추가된 사항이 많아 기간적, 금전적 손실이 발생한 경우
② 자질 부족: 프로젝트 참여인력의 패키지 구축능력 부족으로 기능을 제대로 활용하지 못한 경우
③ 사용자 능력 부족: 사용자의 패키지 사용능력, 이해부족으로 기능을 제대로 사용하지 못하는 경우
④ 기업의 관심 부족: 시스템 사용에 소극적인 경우

04 ERP 시스템 구축

1 구축단계

ERP 시스템을 구축하려면 분석, 설계, 구축, 구현과 같이 4단계 과정을 통해 실행하는 것이 바람직하다.

(1) 분석(Analysis)단계

분석단계에서는 제일 먼저 시스템 구축을 주도적으로 추진하는 조직(TFT)을 구성하며, 현재(AS-IS)의 업무 프로세스를 분석하여 문제점이나 개선점을 파악하고 도출한다. 세부적인 추진일정계획에 따라 CEO의 경영철학을 실현하는 경영전략과 비전을 검토하고 각 부서별 요구분석을 통해 성공요인을 도출하여 시스템의 목표와 범위를 설정한다.

(2) 설계(Design)단계

설계단계에서는 개선(TO-BE)된 업무 프로세스를 도출하여 ERP 패키지(표준 프로세스) 기능과 개선된 프로세스와의 GAP분석을 실시한 후, 각 부서별 현업 담당자들이 요구하는 사항과 패키지에 구현된 프로세스를 도출한다. ERP 패키지를 설치하여 패키지 파라미터를 설정하며 추가개발이나 수정보완 문제, 인터페이스 문제 등을 검토하여 사용자들의 요구사항을 확정하고 Customizing을 실시한다.

> ✔ CHECK Parameter(파라미터)
> ERP 사용자가 제공하는 정보로서 프로그램에 대한 명령(지시어)의 역할을 의미한다.

(3) 구축(Construction)단계

구축단계는 설정된 목표와 범위를 포괄하는 시스템을 구축하여 검증하는 단계이다. Customizing한 ERP 패키지의 각 모듈을 시험한 후, 도출된 TO-BE 프로세스에 적합하도록 각 모듈을 통합하여 시험함으로써 보완해야 할 추가 개발이나 수정 기능을 확정하고 다른 시스템과의 인터페이스 문제를 확인한다.

(4) 구현(Implementation)단계

구현단계는 개발된 시스템에 실제 데이터를 입력하여 시험운영(Prototyping)하는 단계이다. 기존 시스템에서 필요한 데이터를 ERP 시스템으로 전환(Data Conversion)하게 되며, 최종 ERP 시스템을 종합 평가한다. 평가 후에 문제점이 발견되면 다시 보완을 한다.

2 ERP 시스템의 장점

(1) ERP 시스템은 다양한 산업에서 최적의 성공사례(Best Practices)를 통해 입증되었다.
(2) ERP 시스템은 비즈니스 프로세스의 표준화된 모델을 설정하고 지원할 수 있다.
(3) ERP 시스템은 업무처리의 오류를 예방할 수 있다.
(4) ERP 시스템 운영을 통해 재고비용 및 생산비용 등의 제비용을 절감할 수 있다.
(5) ERP 시스템은 부서별 업무 프로세스를 분산 처리함과 동시에 통합적으로 관리할 수 있다.
(6) ERP 시스템은 기업별로 고유 프로세스를 구현할 수 있도록 시스템의 파라미터(Parameter)를 변경하여 고객화(Customization)시킬 수 있는데, 객체지향형 언어 체계이기 때문이다.
(7) 차세대 ERP는 인공지능 및 빅데이터 분석기술과의 융합을 통해 효율적인 예측과 실시간 의사결정 지원이 가능하다.

05 ERP 시스템의 이해

1 ERP 시스템의 특징

(1) 기능적 특성

① 통합업무시스템: 기업의 모든 단위(개별) 업무가 실시간으로 통합 처리
② 세계적인 표준 업무프로세스: 선진 초일류 기업의 프로세스를 벤치마킹
③ 그룹웨어와 연동이 가능: 기업 내 그룹웨어 기능과 ERP 시스템의 연동은 필수적
④ 파라미터 지정에 의한 시스템 개발과 변경 용이: 객체지향 언어 사용으로 개발기간 단축
⑤ 확장 및 연계성이 뛰어난 오픈 시스템: 기업의 다른 시스템과 호환이 되도록 설계
⑥ 글로벌 대응이 가능: 여러 국가의 사업별 유형(Templet)에 따른 모범적인 프로세스 내장
⑦ 경영자정보시스템(EIS) 제공: 경영상황을 수시로 점검하고 분석할 수 있도록 정보 검색
⑧ 전자자료교환(EDI)과 전자거래대응 가능: 기업의 업무활동과 관련된 내·외부 시스템 연계

(2) 기술적 특성

① 클라이언트 서버 시스템: 컴퓨터 분산처리 구조에 의한 자원의 효율적인 운영 및 관리
② 4세대 언어: 차세대 컴퓨터 프로그래밍 언어 및 소프트웨어 개발도구(CASE)를 활용
③ 관계형 데이터베이스(RDBMS): 대부분의 ERP 시스템은 원장형 Data Base 구조 채택
④ 객체지향기술(OOT): 시스템을 구성하는 각 모듈(프로세스)들은 독립된 개체로서의 역할
⑤ Multi-tier 환경 구성: 애플리케이션 계층의 확장(로직에 따라 여러 부분으로 나눔)을 통해서 시스템 개발 및 수정이 용이하도록 구현

✔ CHECK
• CASE(Computer Aided Software Engineering)
• 원장형 Data Base: 기업 활동 및 업무와 관련한 다양한 정보자료를 통합처리

2 확장형 ERP

(1) 확장형 ERP의 개념

기존 ERP가 단순히 사내의 최적 자원배분을 추구했다면, 확장형 ERP는 고객(CRM 관련)과 협력회사(SCM 관련) 등 기업 외부 실체와의 업무 Process까지도 일부 통합해서 자원과 정보의 흐름을 최적화하는 데 비중을 두고 발전하고 있으며, SCM(공급체인관리, Supply Chain Management)과 CRM(고객관계관리, Customer Relationship Management)이 상호작용하는 형태로 발전되었다. SCM은 기업과 연결된 공급업자, 외주업체, 물류업체, 창고업체 등을 하나의 체인으로 연결하여 상호 이익을 추구하며 CRM은 고객들의 요구와 성향을 파악하여 이를 충족시키기 위해 원하는 제품이나 서비스를 제공하는 고객 중심의 마케팅 전략을 추구한다.

① 고유기능의 추가 보완: ERP의 고유기능에 추가 보완되고 있는 확장형 ERP의 기능, 마케팅을 포함한 고객관리기능, 영업인력 자동화, 표준화의 중심이 되는 객체지향기술에 의한 시스템 재설계, 고객의 까다로운 요구에 부응하기 위한 PDM(Product Data Management) 기능, 연구개발분야 지원기능, 지리정보시스템 등이 추가된다.
② 경영혁신분야: 기업의 경영혁신을 지원하기 위해 지식경영과 전략적 의사결정 지원기능을 추가해가고 있다.

③ 정보화 지원기술분야: 확장형 ERP는 기업 간의 표준을 지향하는 EDI 기능, 실시간의 완전한 분산통합지원이 가능한 다계층구조 시스템, 기업 간 전자상거래, 온라인 기반의 유사업종 간의 공동구매(CALS), Work Flow에 의한 전사 사무자동화, 그룹웨어 연계 등이 추가된다.

④ 산업유형분야: 확장형 ERP는 제조기업 위주로 정착되어 왔던 초기의 ERP와 달리 각 산업유형에 따라 특화된 기능, 전문적인 기능을 추가함으로써 업종에 구애받지 않을 뿐만 아니라, 나아가 각종 비영리단체나 관공서, 병원 등에도 적용이 가능한 방향으로 발전해 가고 있다.

⑤ 전문화분야: 전문화분야는 기존의 ERP에서 한 단계 진보된 기능을 구현하는 데 필요한 고도의 전문화된 기술분야를 지원하고 가상구현시스템(VIS)과 가상현실 및 최적화 기법을 사용한 Simulation과 Animation 기능을 수행함으로써 인간의 판단기능을 일부 대신해 주는 방향으로도 발전해 가고 있다.

✔ **CHECK** e-ERP 시스템에서의 SCM 모듈 실행으로 얻는 장점
- 공급사슬에서의 가시성 확보로 공급 및 수요변화에 대한 신속한 대응
- 정보투명성을 통해 재고수준 감소 및 재고회전율 증가
- 공급사슬에서의 계획, 조달, 제조 및 배송 활동 등 통합 프로세스를 지원
- 마케팅(Marketing), 판매(Sales) 및 고객서비스(Customer Service)를 최적함으로써 현재 및 미래 고객들과의 상호작용

(2) 확장형 ERP의 구성요소

① 기본 ERP 시스템: 영업관리, 물류관리, 생산관리, 구매 및 자재관리, 회계 및 재무관리, 인사관리 등의 모듈별 단위시스템

② E-비즈니스 지원 시스템
- 지식관리시스템(Knowledge Management System; KMS)
- 의사결정지원시스템(Decision Support System; DSS)
- 경영자정보시스템(Executive Information System; EIS)
- 고객관계관리(Customer Relationship Management; CRM)
- 공급망관리(Supply Chain Management; SCM)
- 전자상거래(Electronic Commerce; EC)

③ 전략적 기업경영 시스템
- 균형성과지표(성과측정관리, Balanced Scorecard; BSC)
- 가치중심경영(Value-Based Management; VBM)
- 활동기준경영(Activity-Based Management; ABM)

(3) BPR(Business Process Re-engineering, 업무 재설계)

① BPR의 정의
- 마이클 해머(Michael Hammer)는 "비용, 품질, 서비스, 속도와 같은 핵심적 성과에서 극적인(Dynamic) 향상을 이루기 위하여 기업 업무 프로세스를 근본적으로 (Fundamental) 다시 생각하고 혁신적으로(Radical) 재설계하는 것"이라고 정의하였다. 제임스 마틴(James Martin)은 "기업의 핵심성과 목표(Quality, Cost, Delivery, Service)를 달성하기 위해 경영(Management) 구조, 운영(Operational) 구조, 사회 시스템(Social System) 구조, 기술(Technology) 구조를 혁신적으로 변화시키는 경영혁신 활동"이라고 정의하였다.
- 발전된 정보통신 기술을 기반으로 기업의 전 분야에서 정보시스템의 통합을 이루고, 이를 통해 업무효율을 극대화하기 위해 업무 프로세스를 혁신적으로 재설계하며, 고객에 대한 가치를 창출하려는 경영혁신기법인 것이다.

② BPR의 7가지 원칙

- 원칙1: 일을 업무단위별로 구분하거나 설계하지 않고 결과 지향적으로 설계한다.
- 원칙2: 프로세스의 결과를 받는 사람이 직접 프로세스를 실행한다.
- 원칙3: 통제절차와 정보처리를 통합한다.
- 원칙4: 지역적으로 흩어진 자원을 중앙에 모여 있는 것처럼 활용한다.
- 원칙5: 업무결과의 단순통합이 아니라 업무들을 서로 연계시킨다.
- 원칙6: 업무수행 부서에 결정권을 부여하고 프로세스 내에서 통제한다.
- 원칙7: 정보는 발생지역에서 한 번만 처리한다.

③ Hammer의 비즈니스 리엔지니어링(Re-engineering)의 4단계

- 1단계: 개선대상 프로세스의 선정 - 개선대상 프로세스의 대표적 증상 제시
- 2단계: 프로세스의 이해 - 고객의 입장에서 프로세스의 목표 규명
- 3단계: 프로세스의 재설계 - 개선 아이디어를 얻기 위한 힌트 제시
- 4단계: 변화대상 프로세스에 대한 미래의 모습을 조직 구성원들에게 전달

BPR의 필요성	BPR의 기본 원칙	BPR의 기대효과
• 기존 시스템의 한계 • 경쟁 심화 • 고객 요구의 다양화 • 시장의 글로벌화 • 업무처리의 정보화	• 업무 통합 • 분산자원의 중앙집권적 관리 • 업무처리의 동기화	• 고객 가치 극대화 • 최적의 생산 및 수익 창출 • 차별화된 고객서비스 • 가치중심 경영

(4) ERP와 BPR의 연계

ERP는 기술적인 차원 이외에도 경영전략적인 경영혁신 차원에서 구축되어야 한다. ERP와 같은 최근의 애플리케이션 시스템은 개별업무 기능이 아니라 프로세스를 지원하는 구조로 설계되어 있다. ERP 공급업자들은 통합된 프로세스 개념에 기초한 애플리케이션 시스템들을 제공한다. 이들 시스템 프로젝트는 업무 재구축(BPR)을 시발점으로 시작할 수도 있고, 통합된 정보시스템(ERP)을 이용해서 기업의 업무프로세스를 규정할 수도 있다. 후자의 견해는 BPR을 수행하는 또 다른 방식으로 일부 기업에서 일반적으로 수용되고 있다. 어느 방식이든 ERP 도입의 성공 여부는 BPR을 통한 업무개선이 중요하다고 할 수 있다.

06 4차 산업혁명과 차세대 ERP

4차 산업혁명(The Fourth Industrial Revolution)은 인공지능(Artificial Intelligence, AI), 사물인터넷(Internet of Things, IoT), 빅데이터(Big Data), 클라우드 컴퓨팅(Cloud Computing) 등 첨단 정보통신기술이 경제, 사회 전반에 융합되어 혁신적인 변화가 나타나는 차세대 산업혁명을 말한다. 차세대 ERP는 웹(Web)기반 ERP에서 클라우드 기반의 ERP로 진화하고 있다. 클라우드 ERP는 디지털 지원, 인공지능(AI) 및 기계학습(Machine Learning), 예측 분석 등과 같은 지능형 기술을 이용하여 미래에 대비한 즉각적인 가치를 제공한다.

(1) 클라우드 컴퓨팅의 정의

① 클라우드 컴퓨팅이란 인터넷 기술을 활용하여 가상화된 IT 자원을 서비스로 제공하는 컴퓨팅 기술을 의미한다.

② 클라우드 컴퓨팅은 사용자가 클라우드 컴퓨팅 네트워크에 접속하여 응용프로그램, 운영체제, 저장장치, 유틸리티 등 필요한 IT자원을 원하는 시점에 필요한 만큼 골라서 사용하고 사용량에 기반하여 대가를 지불한다.

(2) 클라우드 컴퓨팅의 장점

① 사용자가 하드웨어(HW)나 소프트웨어(SW)를 직접 디바이스에 설치할 필요가 없이 자신의 필요에 따라 언제든지 컴퓨팅 자원을 사용할 수 있다.

② 모든 데이터와 소프트웨어가 클라우드 컴퓨팅 내부에 집중되고 이기종 장비 간의 상호 연동이 유연하기 때문에 손쉽게 다른 장비로 데이터와 소프트웨어를 이동할 수 있어 장비관리 업무와 PC 및 서버 자원 등을 줄일 수 있다.

③ 사용자는 서버 및 SW를 클라우드 컴퓨팅 네트워크에 접속하여 제공받을 수 있으므로 서버 및 SW를 구입해서 설치할 필요가 없어 사용자의 IT 투자비용이 줄어든다.

(3) 클라우드 컴퓨팅의 단점

① 서버 공격 및 서버 손상으로 인한 개인정보가 유출 및 유실될 수 있다.

② 모든 애플리케이션을 보관할 수 없으므로 사용자가 필요로 하는 애플리케이션을 지원받지 못하거나 애플리케이션을 설치하는 데 제약이 있을 수 있다.

(4) 클라우드 컴퓨팅에서 제공하는 서비스

① SaaS(Software as a Service): 클라우드 컴퓨팅 서비스 사업자가 클라우드 컴퓨팅 서버에 소프트웨어를 제공하고, 사용자가 원격으로 접속해 해당 소프트웨어를 활용하는 모델이다.

② PaaS(Platform as a Service): 사용자가 소프트웨어를 개발할 수 있는 토대를 제공해 주는 서비스 모델이다. 에 웹 프로그램, 제작 툴, 개발도구지원, 과금(Accounting) 모듈, 사용자관리 모듈 등

③ IaaS(Infrastructure as a Service): 서버 인프라를 서비스로 제공하는 것으로 클라우드를 통하여 저장장치(Storage) 또는 컴퓨팅 능력(Compute)을 인터넷을 통한 서비스 형태로 제공하는 서비스 모델이다.

(5) 클라우드 ERP의 특징

① 클라우드의 가장 기본적인 서비스인 SaaS, PaaS, IaaS를 통해 ERP 서비스를 제공받는다.

② 4차 산업혁명 시대에 경쟁력을 갖추기 위해서는 기업들이 지능형 기업으로 전환해야 하며, 클라우드 ERP로 지능형 기업을 운영할 수 있다.

③ 클라우드 도입을 통해 ERP 진입장벽을 획기적으로 낮출 수 있다.

④ 클라우드를 통해 제공되는 ERP는 전문 컨설턴트의 도움 없이도 설치 및 운영이 가능하다.

⑤ 클라우드 ERP는 디지털 지원, 인공지능(AI) 및 기계학습(Machine Learning), 예측 분석 등과 같은 지능형 기술을 사용하여 미래에 대비한 즉각적인 가치를 제공할 수 있다.

(6) 차세대 ERP의 인공지능(AI), 빅데이터(Big Data), 사물인터넷(IoT) 기술의 적용

① 향후 ERP는 4차 산업혁명의 핵심기술인 인공지능(Artificial Intelligence, AI), 빅데이터(Big Data), 사물인터넷(Internet of Things, IoT), 블록체인(Block Chain) 등의 신기술과 융합하여 보다 지능화된 기업경영이 가능한 통합시스템으로 발전된다.

② 생산관리 시스템(MES), 전사적 자원관리(ERP), 제품수명주기 관리시스템(PLM) 등을 통해 각 생산과정을 체계화하고 관련 데이터를 한 곳으로 모을 수 있어 빅데이터 분석이 가능해진다. 인공지능 기반의 빅데이터 분석을 통해 최적화와 예측 분석이 가능하여 과학적이고 합리적인 의사결정지원이 가능하다.

③ 제조업에서는 빅데이터 처리 및 분석기술을 기반으로 생산 자동화를 구현하고 ERP와 연계하여 생산계획의 선제적 예측과 실시간 의사결정이 가능해진다.

④ ERP에서 생성되고 축적된 빅데이터를 활용하여 기업의 새로운 업무개척이 가능해지고, 비즈니스 간 융합을 지원하는 시스템으로 확대가 가능하다.

⑤ 차세대 ERP는 인공지능 및 빅데이터 분석 기술과의 융합으로 전략경영 등의 분석 도구를 추가하게 되어 상위계층의 의사결정을 지원할 수 있는 스마트(Smart) 시스템으로 발전하고 있다.

(7) 차세대 ERP의 비즈니스 애널리틱스

① 비즈니스 애널리틱스(Business Analytics)란 웹사이트의 실적을 높이고 온라인 비즈니스의 성공을 돕는 효율적인 웹사이트 분석도구 솔루션이다.

② ERP 시스템 내의 빅데이터 분석을 위한 비즈니스 애널리틱스가 차세대 ERP 시스템의 핵심요소가 되었다.

③ 비즈니스 애널리틱스는 의사결정을 위한 데이터 및 정량분석과 광범위한 데이터 이용을 말한다.

④ 비즈니스 애널리틱스는 조직에서 기존의 데이터를 기초로 최적 또는 현실적 의사결정을 위한 모델링을 이용하도록 지원해준다.

⑤ 비즈니스 애널리틱스는 질의 및 보고와 같은 기본적인 분석기술과 예측 모델링과 같은 수학적으로 정교한 수준의 분석을 지원한다.

⑥ 비즈니스 애널리틱스는 과거 데이터 분석뿐만 아니라 이를 통한 새로운 통찰력 제안과 미래 사업을 위한 시나리오를 제공한다.

⑦ 비즈니스 애널리틱스는 구조화된 데이터(Structured Data)와 비구조화된 데이터(Unstructured Data)를 동시에 이용한다.

⑧ 구조화된 데이터는 파일이나 레코드 내에 저장된 데이터로 스프레드 시트와 관계형 데이터베이스(RDBMS)를 포함하고 있다.

⑨ 비구조화된 데이터는 전자메일, 문서, 소셜미디어 포스트, 오디오 파일, 비디오 영상, 센서데이터 등을 말한다.

⑩ 비즈니스 애널리틱스는 미래 예측을 지원해주는 데이터 패턴 분석과 예측 모델을 위한 데이터 마이닝(Data Mining)을 통해 고차원 분석기능을 포함하고 있다.

⑪ 비즈니스 애널리틱스는 리포트, 쿼리, 알림, 대시보드, 스코어카드뿐만 아니라 데이터 마이닝 등의 예측모델링과 같은 진보된 형태의 분석기능도 제공한다.

01 다음 중 클라우드 ERP와 관련된 설명으로 가장 적절하지 않은 것은 무엇인가?

① 클라우드를 통해 ERP 도입에 관한 진입장벽을 높일 수 있다.

② IaaS 및 PaaS 활용한 ERP를 하이브리드 클라우드 ERP라고 한다.

③ 서비스형 소프트웨어 형태의 클라우드로 ERP를 제공하는 것을 SaaS ERP라고 한다.

④ 클라우드 ERP는 고객의 요구에 따라 필요한 기능을 선택·적용한 맞춤형 구성이 가능하다.

해설 클라우드 ERP
클라우드를 통해 ERP 도입에 관한 진입장벽을 낮출 수 있다. 　　　　　📖 ①

02 다음 중 클라우드 서비스 기반 ERP와 관련된 설명으로 가장 적절하지 않은 것은 무엇인가?

① ERP 구축에 필요한 IT인프라 자원을 클라우드 서비스로 빌려 쓰는 형태를 IaaS라고 한다.

② ERP 소프트웨어 개발을 위한 플랫폼을 클라우드 서비스로 제공받는 것을 PaaS라고 한다.

③ PaaS에는 데이터베이스 클라우드 서비스와 스토리지 클라우드 서비스가 있다.

④ 기업의 핵심 애플리케이션인 ERP, CRM 솔루션 등의 소프트웨어를 클라우드 서비스를 통해 제공받는 것을 SaaS라고 한다.

해설 클라우드 ERP
데이터베이스 클라우드 서비스와 스토리지 클라우드 서비스는 IaaS에 속한다. 　　📖 ③

03 클라우드 서비스 사업자가 클라우드 컴퓨팅 서버에 ERP 소프트웨어를 제공하고, 사용자가 원격으로 접속해 ERP 소프트웨어를 활용하는 서비스를 무엇이라 하는가?

① IaaS(Infrastructure as a Service)

② PaaS(Platform as a Service)

③ SaaS(Software as a Service)

④ DaaS(Desktop as a Service)

해설 클라우드 ERP
SaaS(Software as a Service): 클라우드 컴퓨팅 서비스 사업자가 클라우드 컴퓨팅 서버에 소프트웨어를 제공하고, 사용자가 원격으로 접속해 해당 소프트웨어를 활용하는 모델이다. 　📖 ③

04 다음 중 차세대 ERP의 인공지능(AI), 빅데이터(Big Data), 사물인터넷(IoT) 기술의 적용에 관한 설명으로 가장 적절하지 않은 것은 무엇인가?

① 현재 ERP는 기업 내 각 영역의 업무프로세스를 지원하고, 단위별 업무처리의 강화를 추구하는 시스템으로 발전하고 있다.

② 제조업에서는 빅데이터 분석기술을 기반으로 생산자동화를 구현하고 ERP와 연계하여 생산계획의 선제적 예측과 실시간 의사결정이 가능하다.

③ 차세대 ERP는 인공지능 및 빅데이터 분석기술과의 융합으로 상위계층의 의사결정을 지원할 수 있는 지능형시스템으로 발전하고 있다.

④ ERP에서 생성되고 축적된 빅데이터를 활용하여 기업의 새로운 업무개척이 가능해지고, 비즈니스 간 융합을 지원하는 시스템으로 확대가 가능하다.

> **해설** 차세대 ERP
> 현재 ERP는 기업 내 각 영역의 업무프로세스를 지원하면서도 단위별 업무처리의 통합을 추구하는 시스템으로 발전하고 있다. 　　　　　　　　　　　　　　　　　　　　　　　　　📖 ①

05 다음 중 ERP 아웃소싱(Outsourcing)의 장점으로 가장 적절하지 않은 것은 무엇인가?

① ERP 아웃소싱을 통해 기업이 가지고 있지 못한 지식을 획득할 수 있다.

② ERP 개발과 구축, 운영, 유지보수에 필요한 인적 자원을 절약할 수 있다.

③ IT 아웃소싱 업체에 종속성(의존성)이 생길 수 있다.

④ ERP 자체개발에서 발생할 수 있는 기술력 부족의 위험요소를 제거할 수 있다.

> **해설** ERP 아웃소싱
> IT 아웃소싱 업체의 협력과 지원이 가능하다. 　　　　　　　　　　　　　　　　　　　📖 ③

06 다음 중 차세대 ERP의 비즈니스 애널리틱스에 관한 설명으로 가장 적절하지 않은 것은 무엇인가?

① 비즈니스 애널리틱스는 구조화된 데이터(Structured Data)만을 활용한다.

② ERP 시스템 내의 방대한 데이터 분석을 위한 비즈니스 애널리틱스가 ERP의 핵심요소가 되었다.

③ 비즈니스 애널리틱스는 질의 및 보고와 같은 기본적 분석기술과 예측 모델링과 같은 수학적으로 정교한 수준의 분석을 지원한다.

④ 비즈니스 애널리틱스는 리포트, 쿼리, 대시보드, 스코어카드뿐만 아니라 예측모델링과 같은 진보된 형태의 분석기능도 제공한다.

> **해설** ERP와 비즈니스 애널리틱스
> 비즈니스 애널리틱스는 구조화된 데이터(Structured Data)와 비구조화된 데이터(Unstructured Data)를 동시에 이용한다. 　　　　　　　　　　　　　 **답** ①

07 다음 [보기]의 괄호 안에 들어갈 용어로 가장 적절한 것은 무엇인가?

> [보 기]
> ERP 시스템 내의 데이터 분석 솔루션인 (　　　　)은(는) 구조화된 데이터 (Structured Data)와 비구조화된 데이터(Unstructured Data)를 동시에 이용하여 과거 데이터에 대한 분석뿐만 아니라 이를 통한 새로운 통찰력 제안과 미래 사업을 위한 시나리오를 제공한다.

① 리포트(Report)

② SQL(Structured Query Language)

③ 비즈니스 애널리틱스(Business Analytics)

④ 대시보드(DashBoard)와 스코어카드(Scorecard)

> **해설** ERP와 비즈니스 애널리틱스
> 비즈니스 애널리틱스(Business Analytics) 　　　　　　　　　　　　　 **답** ③

08 다음 중 ERP의 장점 및 효과에 대한 설명으로 가장 적절하지 않은 것은 무엇인가?

① ERP는 다양한 산업에 대한 최적의 업무관행인 베스트 프랙틱스(Best Practices)를 담고 있다.

② ERP 시스템 구축 후 업무재설계(BPR)를 수행하여 ERP 도입의 구축성과를 극대화할 수 있다.

③ ERP는 모든 기업의 업무 프로세스를 개별 부서원들이 분산처리하면서도 동시에 중앙에서 개별 기능들을 통합적으로 관리할 수 있다.

④ 차세대 ERP는 인공지능 및 빅데이터 분석기술과의 융합으로 선제적 예측과 실시간 의사결정지원이 가능하다.

해설 ERP의 장점 및 효과
일반적으로 ERP 시스템이 구축되기 전에 업무재설계를 수행해야 ERP 구축성과가 극대화 될 수 있다.

정답 ②

09 다음 중 ERP 시스템 구축의 장점으로 볼 수 없는 것은?

① ERP 시스템은 비즈니스 프로세스의 표준화를 지원한다.

② ERP 시스템의 유지보수비용은 ERP 시스템 구축 초기보다 증가할 것이다.

③ ERP 시스템은 이용자들이 업무처리를 하면서 발생할 수 있는 오류를 예방한다.

④ ERP 구현으로 재고비용 및 생산비용의 절감효과를 통한 효율성을 확보할 수 있다.

해설 ERP의 장점 및 효과
ERP 시스템의 유지보수비용은 ERP 시스템 구축 초기보다 감소할 것이다.

정답 ②

10 ERP 시스템의 프로세스, 화면, 필드, 그리고 보고서 등 거의 모든 부분을 기업의 요구사항에 맞춰 구현하는 방법을 무엇이라 하는가?

① 정규화(Normalization)

② 트랜잭션(TransAction)

③ 컨피규레이션(Configuration)

④ 커스터마이제이션(Customization)

해설 ERP 구축절차 및 방법
컨피규레이션(Configuration)은 사용자가 원하는 작업방식에 따라 소프트웨어를 구성하는 내용을 정의한 것으로서 파라미터(Parameters)를 선택하는 과정이다.

정답 ④

11 다음 중 ERP 구축 전에 수행되는 단계적으로 시간의 흐름에 따라 비즈니스 프로세스를 개선해가는 점증적 방법론은 무엇인가?

① BPI(Business Process Improvement)

② BPR(Business Process Re−engineering)

③ ERD(Entity Relationship Diagram)

④ MRP(Material Requirement Program)

> 해설 ERP 구축절차 및 방법
> BPR은 급진적으로 비즈니스 프로세스를 개선하는 방식인 데 반해 BPI는 점증적으로 비즈니스 프로세스를 개선하는 방식이다. 답 ①

12 다음 중 ERP와 CRM 간의 관계에 대한 설명으로 가장 적절하지 않은 것은 무엇인가?

① ERP와 CRM 간의 통합으로 비즈니스 프로세스의 투명성과 효율성을 확보할 수 있다.

② ERP 시스템은 비즈니스 프로세스를 지원하는 백오피스 시스템(Back−Office System)이다.

③ CRM 시스템은 기업의 고객대응활동을 지원하는 프런트오피스 시스템(Front−Office System)이다.

④ CRM 시스템은 조직 내의 인적자원들이 축적하고 있는 개별적인 지식을 체계화하고 공유하기 위한 정보시스템으로 ERP 시스템의 비즈니스 프로세스를 지원한다.

> 해설 확장 ERP의 주요 솔루션(CRM)
> 조직 내의 인적자원들이 축적하고 있는 개별적인 지식을 체계화하고 공유하기 위한 정보시스템은 지식관리시스템(Knowledge Management System)이다. 답 ④

13 다음 중 확장된 ERP 시스템의 SCM 모듈을 실행함으로써 얻는 장점으로 가장 적절하지 않은 것은 무엇인가?

① 공급사슬에서의 가시성 확보로 공급 및 수요변화에 대한 신속한 대응이 가능하다.

② 정보투명성을 통해 재고수준 감소 및 재고회전율(Inventory Turnover) 증가를 달성할 수 있다.

③ 공급사슬에서의 계획(Plan), 조달(Source), 제조(Make) 및 배송(Deliver) 활동 등 통합 프로세스를 지원한다.

④ 마케팅(Marketing), 판매(Sales) 및 고객서비스(customer service)를 자동화함으로써 현재 및 미래 고객들과 상호작용할 수 있다.

해설 확장 ERP의 주요 솔루션(CRM)
확장된 ERP 환경에서 CRM 시스템은 마케팅(Marketing), 판매(Sales) 및 고객서비스(Customer Service)를 자동화한다.   답 ④

14 다음 [보기]의 괄호 안에 들어갈 용어로 맞는 것은 무엇인가?

[보 기]
확장된 ERP 시스템 내의 (   ) 모듈은 공급자부터 소비자까지 이어지는 물류, 자재, 제품, 서비스, 정보의 흐름 전반에 걸쳐 계획하고 관리함으로써 수요와 공급의 일치를 최적으로 운영하고 관리하는 활동이다.

① ERP(Enterprise Resource Planning)
② SCM(Supply Chain Management)
③ CRM(Customer Relationship Management)
④ KMS(Knowledge Management System)

해설 확장 ERP의 주요 솔루션(CRM)
SCM(Supply Chain Management)   답 ②

15 다음 중 ERP 구축을 위한 ERP 패키지 선정기준으로 가장 적절하지 않은 것은 무엇인가?

① 시스템 보안성   ② 사용자 복잡성
③ 요구사항 부합 정도   ④ 커스터마이징(Customizing) 가능 여부

해설 ERP 패키지 선정기준
ERP 패키지 선정의 최종목표는 회사의 요구사항에 부합하는 시스템을 선택하는 것이다.

정답 ②

16 다음 중 ERP 도입전략으로 ERP 자체개발 방법에 비해 ERP 패키지를 선택하는 방법의 장점으로 가장 적절하지 않은 것은 무엇인가?

① 검증된 방법론 적용으로 구현 기간의 최소화가 가능하다.
② 검증된 기술과 기능으로 위험 부담을 최소화할 수 있다.
③ 시스템의 수정과 유지보수가 지속적으로 이루어질 수 있다.
④ 향상된 기능과 최신의 정보기술이 적용된 버전(Version)으로 업그레이드(Upgrade)가 가능하다.

해설 ERP 패키지 선정기준
• 시스템의 수정과 유지보수가 지속적으로 가능한 것은 ERP 자체개발 방식이다.
• ERP 자체개발 방식은 사용자 요구사항을 충실하게 반영이 가능하다.

정답 ③

17 다음 중 ERP 시스템에 대한 투자비용에 관한 개념으로 시스템의 전체 라이프사이클(Life-Cycle)을 통해 발생하는 전체 비용을 계량화하는 것을 무엇이라 하는가?

① 유지보수 비용(Maintenance Cost)
② 시스템 구축비용(Construction Cost)
③ 소프트웨어 라이선스비용(Software License Cost)
④ 총소유비용(Total Cost of Ownership)

해설 ERP 투자비용
총소유비용(Total Cost of Ownership)

정답 ④

18 다음 중 효과적인 ERP 교육을 위한 고려사항으로 가장 적절하지 않은 것은 무엇인가?

① 다양한 교육도구를 이용하라.

② 교육에 충분한 시간을 배정하라.

③ 비즈니스 프로세스가 아닌 트랜잭션에 초점을 맞춰라.

④ 조직차원의 변화관리활동을 잘 이해하도록 교육을 강화하라.

해설 ERP 도입 후 교육
- 트랜잭션이 아닌 비즈니스 프로세스에 초점을 맞추어야 한다. 사용자에게 시스템 사용법과 새로운 업무처리방식을 모두 교육해야 한다.
- 트랜잭션(Transaction)은 하나의 작업을 수행하기 위해 필요한 데이터베이스의 연산들을 모아놓은 것을 의미하며, 데이터베이스에서 논리적인 작업의 단위가 된다. 트랜잭션은 장애가 발생했을 때 데이터를 복구하는 작업의 단위도 된다. 일반적으로 데이터베이스 연산은 SQL(Structured Query Language)문으로 표현되므로 트랜잭션을 작업 수행에 필요한 SQL문들의 모임으로 이해해도 무방하며, SQL은 사용자와 관계형 데이터베이스를 연결시켜주는 표준 검색 언어를 말한다.

답 ③

19 다음 중 ERP 구축 시 컨설턴트를 고용함으로써 얻는 장점으로 가장 적절하지 않은 것은 무엇인가?

① 프로젝트 주도권이 컨설턴트에게 넘어갈 수 있다.

② 숙달된 소프트웨어 구축방법론으로 실패를 최소화할 수 있다.

③ ERP기능과 관련된 필수적인 지식을 기업에 전달할 수 있다.

④ 컨설턴트는 편견이 없고 목적 지향적이기 때문에 최적의 패키지를 선정하는 데 도움이 된다.

해설 ERP 구축 컨설턴트
프로젝트는 현업 중심의 내부 전문인력과 컨설턴트와의 협력관계로 수행된다.

답 ①

20 다음 중 ERP와 기존의 정보시스템(MIS) 특성 간의 차이점에 대한 설명으로 가장 적절하지 않은 것은 무엇인가?

① 기존 정보시스템의 업무범위는 단위업무이고, ERP는 통합업무를 담당한다.

② 기존 정보시스템의 전산화 형태는 중앙집중식이고, ERP는 분산처리구조이다.

③ 기존 정보시스템은 수평적으로 업무를 처리하고, ERP는 수직적으로 업무를 처리한다.

④ 기존 정보시스템의 데이터베이스 형태는 파일시스템이고, ERP는 관계형 데이터베이스 시스템(RDBMS)이다.

해설 ERP와 기존 정보시스템의 특징
기존 정보시스템(MIS)은 수직적으로 업무를 처리하고, ERP는 수평적으로 업무를 처리한다.

답 ③

01 **다음 중 ERP 선택 및 사용 시 유의점으로 가장 옳지 않은 것은 무엇인가?**

2018년
3회

① 도입하려는 기업의 상황에 맞는 패키지를 선택해야 한다.

② 데이터의 신뢰도를 높이기 위해 관리를 철저히 해야 한다.

③ 지속적인 교육 및 워크숍 등의 원활한 사용을 위한 노력이 필요하다.

④ 현 시점의 기업 비즈니스 프로세스를 유지할 수 있는 패키지를 선택해야 한다.

[해설] 현 시점의 기업 비즈니스 프로세스를 개선할 수 있는 경영혁신 방안을 모색해야 한다.

답 ④

02 **다음 중 ERP와 인공지능(AI), 빅데이터(Big Data), 사물인터넷(IoT) 등 혁신기술과의**

2018년
3회
관계에 대한 설명으로 가장 적절하지 않은 것은 무엇인가?

① 현재 ERP는 기업 내 각 영역의 업무프로세스를 지원하고 단위별 업무처리의 강화를 추구하는 시스템으로 발전하고 있다.

② 제조업에서는 빅데이터 분석기술을 기반으로 생산자동화를 구현하고 ERP와 연계하여 생산계획의 선제적 예측과 실시간 의사결정이 가능하다.

③ 현재 ERP는 인공지능 및 빅데이터 분석기술과의 융합으로 전략경영 등의 분석도구를 추가하여 상위계층의 의사결정을 지원할 수 있는 지능형시스템으로 발전하고 있다.

④ ERP에서 생성되고 축적된 빅데이터를 활용하여 기업의 새로운 업무 개척이 가능해지고, 비즈니스 간 융합을 지원하는 시스템으로 확대가 가능하다.

[해설] 현재 ERP는 기업 내 각 영역의 업무프로세스를 지원하고 단위별 업무처리의 통합을 추구하는 시스템으로 발전하고 있다.

답 ①

03 **다음 중 ERP에 대한 설명으로 가장 적절하지 않은 것은?**

2018년
3회

① ERP는 기능 및 일 중심의 업무처리 방식을 취하고 있다.

② ERP는 개방적이고, 확장적이며, 유연한 시스템 구조를 가지고 있다.

③ ERP 패키지는 어느 한 시스템에 입력하면 전체적으로 자동 반영되어 통합 운영이 가능한 시스템이다.

④ 최신의 IT 기술을 활용하여 생산, 판매, 인사, 회계 등 기업 내 모든 업무를 통합적으로 관리하도록 도와주는 전사적 자원관리시스템이다.

[해설] ERP는 기능 및 일 중심의 업무처리 방식을 통합하는 시스템으로 발전하고 있다.

답 ①

04
2018년
3회

ERP의 특징 중 기술적 특징에 해당하지 않는 것은 무엇인가?

① 4세대 언어(4GL) 활용

② 다국적, 다통화, 다언어 지원

③ 관계형 데이터베이스(RDBMS) 채택

④ 객체지향기술(Object Oriented Technology) 사용

[해설] 다국적, 다통화, 다언어 지원, 중복업무 배제 및 실시간 정보처리, 비즈니스 모델에 따른 리엔지니어링, 파라메터 지정에 의한 프로세스 정의, 오픈 멀티 - 벤더 등은 기능적 특징이다.   답 ②

05
2018년
3회

다음 ERP에 대한 설명 중 가장 맞지 않는 것은 무엇인가?

① 신속한 의사결정을 지원하는 경영정보시스템이다.

② 기능 최적화에서 전체 최적화를 목표로 한 시스템이다.

③ 인사, 영업, 구매, 생산, 회계 등 기업의 업무가 통합된 시스템이다.

④ 모든 사용자들은 사용권한 없이도 쉽게 기업의 정보에 접근할 수 있다.

[해설] 모든 사용자들은 사용자별로 차별화된 사용권한을 부여하여 기업의 정보에 접근할 수 있다.

답 ④

06
2018년
4회

다음 중 ERP 도입 시 구축절차에 따른 방법에 대한 설명으로 가장 적합한 것은 무엇인가?

① 분석단계에서는 패키지 기능과 To - BE 프로세스와의 차이를 분석한다.

② 설계단계에서는 AS - IS를 파악한다.

③ 구축단계에서는 패키지를 설치하고 커스터마이징을 진행한다.

④ 구현단계에서는 시험가동 및 시스템평가를 진행한다.

[해설] ① 분석단계에서는 As - Is(현상파악), 현재 시스템의 문제점 파악, 목표 및 범위 설정 등
② 설계단계에서는 To-Be(개선) 프로세스 도출, 패키지 기능과 To-Be 프로세스 차이점 분석
③ 구축단계에서는 모듈의 조합화, 추가적인 개발, 수정기능 확정, 인터페이스 연계 등   답 ④

07
2018년
4회

다음 중 ERP의 기능적 특징으로 볼 수 없는 것은 무엇인가?

① 투명 경영의 수단으로 활용

② 단일국적, 단일통화, 단일언어 지원

③ 경영정보제공 및 경영조기경보 체계구축

④ 중복 업무의 배제 및 실시간 정보처리체계

[해설] 다국적, 다통화, 다언어 지원은 기능적 특징이다.   답 ②

08 다음 중 ERP 도입의 예상 효과로 적절하지 않은 것은 무엇인가?

2018년
4회

① 사이클 타임 증가
② 고객서비스 개선
③ 통합 업무 시스템 구축
④ 최신 정보기술 도입

해설 사이클 타임 감소 　　　　　　　　　　　　　　　　　　　　　　　　　답 ①

09 ERP 시스템을 성공적으로 구축하기 위한 여러 가지 성공 요인들이 있다. 다음 중 ERP 구축의 성공적인 요인이라 볼 수 없는 것은 무엇인가?

2018년
4회

① IT 중심의 프로젝트로 추진하지 않도록 한다.
② 최고경영층이 프로젝트에 적극적 관심을 갖도록 유도한다.
③ 회사 전체적인 입장에서 통합적 개념으로 접근하도록 한다.
④ 기업이 수행하고 있는 현재 업무방식을 그대로 잘 시스템으로 반영하도록 한다.

해설 기업이 수행하고 있는 현재 업무방식을 개선하여 개발 시스템에 반영한다. 　　답 ④

10 다음 중 e-Business 지원 시스템을 구성하는 단위 시스템에 해당되지 않는 것은 무엇인가?

2018년
4회

① 성과측정관리(BSC)
② EC(전자상거래) 시스템
③ 의사결정지원 시스템(DSS)
④ 고객관계관리(CRM) 시스템

해설 성과측정관리(BSC)는 경영성과 지표로서 재무적 성과, 고객에 대한 성과, 프로세스 성과, 학습과 성장과 관련한 전략적 기업경영 시스템에 속한다. 　　　　　　　　　　　답 ①

11 ERP 도입 시 고려해야 할 사항으로 가장 적절하지 않은 것은?

2018년
5회

① 경영진의 강력한 의지
② 임직원의 전사적인 참여
③ 자사에 맞는 패키지 선정
④ 경영진 중심의 프로젝트 진행

해설 현업 중심의 조직원들이 TFT에 참여 　　　　　　　　　　　　　　　　답 ④

12 다음 중 ERP 구축 순서로 맞는 것은 무엇인가?

2018년
5회

① 설계 – 분석 – 구현 – 구축
② 설계 – 분석 – 구축 – 구현
③ 분석 – 설계 – 구축 – 구현
④ 분석 – 설계 – 구현 – 구축

답 ③

13 다음 중 ERP 도입의 성공요인이라고 볼 수 없는 것은 무엇인가?

2018년
5회
① 사전준비를 철저히 한다.
② 현재의 업무방식을 그대로 고수한다.
③ 단기간의 효과 위주로 구현하지 않는다.
④ 최고 경영진을 프로젝트에서 배제하지 않는다.

해설 현재의 업무방식을 개선하거나 혁신한다. 답②

14 다음 [보기] 내용은 ERP 구축절차 4단계 중 어느 단계에 해당하는가?

2018년
5회

[보 기]

데이터 전환 및 시험 가동

① 구현단계 ② 구축단계
③ 설계단계 ④ 분석단계

해설 구현단계에서는 시스템 가동 및 운영, 시스템 평가, 유지 보수정책 결정 등이 있다. 답①

15 다음 중 ERP의 기능적 특징으로 바르지 않는 것은 무엇인가?

2018년
5회
① 중복적, 반복적으로 처리하던 업무를 줄일 수 있다.
② 실시간으로 데이터 입, 출력이 이루어지므로 신속한 정보 사용이 가능하다.
③ ERP를 통해 정부의 효과적인 세원 파악 및 증대, 기업의 투명회계 구현이라는 성과를 가져올 수 있다.
④ 조직의 변경이나 프로세스의 변경에 대한 대응은 가능하나 기존 하드웨어와의 연계에 있어서는 보수적이다.

해설 조직의 변경이나 프로세스의 변경에 대한 대응뿐만 아니라 기존 하드웨어와의 연계에 있어서도 유연하게 대처할 수 있다. 답④

16
2018년
6회

다음 중 기업에서 ERP 시스템을 도입할 때의 고려사항으로 가장 적절한 것은 무엇인가?

① 시스템 도입 TFT는 IT분야의 전문가들로만 구성해야 한다.
② 구축방법론에 의해 체계적으로 프로젝트를 진행해야 한다.
③ 단기적이고 가시적인 성과만을 고려하여 ERP 패키지를 도입한다.
④ 도입하려는 기업과 유사한 매출규모를 가진 기업에서 사용하는 패키지를 선정한다.

해설
• 시스템 도입 TFT는 IT분야의 전문가들과 각 조직의 부서원들로 구성한다.
• 구축방법론에 의해 체계적으로 프로젝트를 진행해야 한다.
• 장기적이고 미래 지향적 성과들을 고려하여 ERP 패키지를 도입한다.
• 도입하려는 기업에 적합한 패키지를 선정한다.   답 ②

17
2018년
6회

다음 중 ERP의 기술적 특징으로 볼 수 없는 것은 무엇인가?

① 4세대 프로그래밍 언어를 사용하여 개발되었다.
② 대부분의 ERP는 객체지향기술을 사용하여 설계한다.
③ 기업 내부의 데이터가 집합되므로 보안을 위해 인터넷 환경 하에서의 사용은 자제한다.
④ 일반적으로 관계형 데이터베이스 관리시스템(RDBMS)이라는 소프트웨어를 사용하여 모든 데이터를 관리한다.

해설
인터넷 환경 하에서 e-Business를 수용할 수 있는 Multi-Tier 시스템 구축
일반적으로 tier란 일련의 비슷한 객체가 나열된 상태에서, 열 또는 계층을 의미한다. 컴퓨터 프로그래밍에서, 프로그램의 일부가 여러 계층에 나뉘어 존재할 수 있으며, 그 계층 또한 네트워크 상의 서로 다른 컴퓨터에 위치할 수 있는데, 이러한 프로그램을 Multi-tier Programming이라 한다.   답 ③

18
2018년
6회

ERP의 특징으로 가장 적절하지 않은 것은 무엇인가?

① 기능형 데이터베이스 채택
② 실시간 정보처리 체계 구축
③ 다국적, 다통화, 다언어 지원
④ 파라미터 지정에 의한 프로세스의 정의

해설
관계형 Data Base 사용   답 ①

19 다음 [보기]의 내용은 ERP 구축절차 중 어느 단계에 해당하는가?

2018년
6회

> [보 기]
>
> TO-BE 프로세스 도출, 패키지 설치, 추가개발 및 수정보완 문제 논의

① 설계 단계   ② 구현 단계

③ 분석 단계   ④ 구축 단계

해설   설계단계에서는 TO-BE 프로세스 도출, 패키지 설치, 추가개발 및 수정보완 문제 논의, 인터페이스 문제 검토, 커스터마이징의 선정, 교육 등이 있다.   답 ①

20 다음 [보기]의 괄호 안에 들어갈 용어로 맞는 것은 무엇인가?

2018년
6회

> [보 기]
>
> ERP 도입의 성공 여부는 (   )을(를) 통한 업무개선이 중요하며 이것은 원가, 품질, 서비스, 속도와 같은 주요 성과측정치의 극적인 개선을 위해 업무프로세스를 급진적으로 재설계하는 것이라고 정의할 수 있다.

① MRP   ② BPR

③ CRP   ④ MIS

해설   BPR(Business Process Re-Engineering)

     답 ②

CHAPTER 02 생산관리

SECTION 01 생산계획 및 통제

01 생산관리 용어

1 생산, 생산성, 생산시스템의 정의

생산이란 인적, 물적 자원을 투입하여 경제적인 변환 과정을 통해 제품과 서비스를 산출하는 것이며, 생산성은 이러한 변환 능력을 촉진시키는 것을 뜻한다.

생산시스템(Production System)은 자본, 노동력, 토지, 정보 등의 투입물을 받아 이를 경제적으로 변환하여, 목표로 삼고 있는 양질의 제품과 서비스를 산출하는 시스템이라고 정의할 수 있다. 생산성이 높을수록 상대적으로 적은 양의 자원을 투입하여 많은 양의 제품이나 서비스를 생산할 수 있다. 따라서 제품에 투입된 자원의 원가는 그만큼 낮아진다. 산출물을 일정하게 유지하면서 투입 자원을 줄이거나, 투입 자원을 일정하게 유지하면서 산출물을 증가시키게 되면 생산성이 증가한다. 경제적인 관점에서 보면 투입 자원은 토지, 노동력, 자본 및 경영을 포함한다. 즉, 생산성은 생산시스템의 생산과정에서 생산요소를 얼마나 효율적으로 결합하였는가의 정도를 말하며, 투입된 자원에 비해 산출된 생산량이 어느 정도인가를 대변하는 척도이다.

> • 생산성 = 산출량(Output) / 투입량(Input)
> • 생산성 증가비율 = (당기의 생산성 − 전기의 생산성) / 전기의 생산성

이 식에 따르면 생산성은 능률(Efficiency)과 같은 개념으로 파악할 수 있다. 그러나 능률은 물량적인 개념이지만 생산성은 경제 가치적인 측면으로 파악된다는 점에서 차이가 있다. 그러므로 물리적인 측면에서의 능률성은 그 값이 1을 넘을 수 없으나, 생산성은 그 값이 1을 넘어야지만 가치가 있는 것으로 판단한다.

② 생산성의 계산

생산성을 측정하기 위해서는 투입 자원과 산출량에 대한 명확한 정의가 우선되어야 하며, 각 요소의 양을 측정할 수 있어야만 한다. 생산성 측정 시 투입 자원과 산출물 요소 중 모든 요소들을 고려하는가, 아니면 일부 자원들만 대상으로 하는가에 따라 측정 방법을 다르게 할 수 있다. 생산성의 척도는 단일 투입물(=요소 생산성), 한 가지 이상의 투입물(=복합 생산성), 모든 투입물(=총 생산성, 총합 생산성)로 구분한다.

(1) 요소 생산성(Partial Measures)

- 노동 생산성 = 산출량 / 노동(작업자, 노동시간)
- 설비(기계) 생산성 = 산출량 / 설비(기계, 생산시간)
- 자본 생산성 = 산출량 / 자본
- 에너지 생산성 = 산출량 / 에너지

(2) 복합 생산성(Multi-factor Measures)

- 노동-설비 생산성 = 산출량 / 노동(종업원 수, 노동시간) + 설비
- 노동-자본-에너지 생산성 = 산출량 / (노동 + 자본 + 에너지)

(3) 총 생산성(Total Measure)

> • 총 생산성 = 생산된 제품 또는 서비스 / 생산에 투입된 모든 자원

01

과거에는 컴퓨터 모니터를 생산하는 공장에서 20시간의 작업을 통해 20대의 모니터를 생산하였다. 현재에는 생산공정을 개선하여 모니터 1대당 작업시간을 20% 단축시켜서 과거와 같은 양의 모니터를 생산할 수 있게 되었다. 이 공장의 현재 생산성을 산출하시오.

해설
• 20시간의 20%는 4시간이므로 현재는 20대 생산에 16시간이 소요된다.
• 생산성 = 산출량/투입량 = 20/16 = 1.25

02

5명의 작업자가 2대의 설비로 10시간 동안 2,000개의 제품을 생산한다.

해설
① 노동생산성 = 산출 / 투입 = 2,000개 / (5명 × 10시간) = 40개/시간
② 설비생산성 = 산출 / 투입 = 2,000개 / (2대 × 8시간) = 125개/시간

03

3가지 제품을 생산하는 기업A의 제조1팀에는 5명의 작업자가 주당 52시간을 근무하고 있으며, 지난 주의 제품별 생산수량과 판매단가는 표와 같다. 시간당 산출액으로 측정한 제조1팀의 지난 주 노동생산성은?

제품	P1	P2	P3
생산수량(개)	130	100	150
판매단가(천원)	10.0	15.2	7.2

해설
• 산출액 = (130 × 10) + (100 × 15.2) + (150 × 7.2) = 3,900천원
• 투입시간 = 5 × 52 = 260인시(人時), 노동생산성 = 3,900 / 260 = 15천원/인시

04

재료비 520만원, 노무비 1,000만원, 경비 2,000만원을 투입하여 7,040개의 제품을 생산하였을 때 생산성을 계산하면?

해설 복합 생산성 = 산출량 / (재료비 + 노무비 + 경비) = 7,040 / (520만 + 1,000만 + 2,000만) = 2개/원

재료비, 노무비, 경비를 '원가의 3요소'라고 한다.

생산성에 영향을 미치는 요인
- 작업방법
- 자본투입(예 첨단설비 도입 등)
- 작업자의 기술수준
- 관리자의 관리수준

3 생산계획의 정의

기업의 생산활동에 있어서 예측된 수요(주문이나 판매예측)를 바탕으로 주어진 기간 내에 보유한 자원을 이용하여, 어떤 제품을 언제 얼마만큼(종류, 수량, 가격 등) 생산할 것인지에 대하여 가장 경제적이고 합리적인 일정을 수립하는 것이다. 생산계획은 기계, 설비, 종업원, 자금 등과 관련된 능력 및 판매예측량, 외주 능력 등의 주변 요소들과 밀접한 관련이 있음을 아래의 그림에서 알 수 있다.

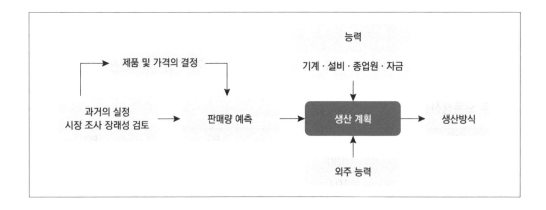

생산계획은 일반적으로 장기, 중기, 단기 계획으로 구분되며, 장기계획은 1년 이상의 기간을 대상으로 기업의 전반적인 생산 관련 목표 및 전략을 수립하는 것이다. 중기계획은 총괄생산계획(AP: Aggregate Production Planing)이라고도 하며, 보통 1년 동안의 예측된 수요를 충족할 수 있도록 월별로 기업의 전반적인 생산 수준, 재고수준, 고용수준, 잔업 수준, 외주 수준 등을 계획하는 것이다.

02 자재명세서(BOM)

자재명세서를 이해하려면 먼저 자재소요계획(MRP: Material Requirements Planning)의 개념을 알아야 한다. MRP란 생산에 필요한 '자재의 소요량과 시기를 결정'하는 것으로 무엇을 언제 얼마만큼 만들 것인지 기준생산계획(MPS)을 기본으로 제품별 자재명세서, 재고현황(재고기록철)을 비교 분석하여 자재소요량을 산출한다. 즉, 자재명세서는 MRP의 주요 입력자료가 된다. MRP에 대해서는 추후 자세히 설명하기로 한다.

1 자재명세서의 의미

자재명세서(BOM: Bill of Materials)란 제품을 구성하는 모든 원자재나 부품들에 대한 정보와 부품 간의 관계를 정의하는 목록이다. 하나의 제품(완성품)을 만들기 위하여 필요한 반제품과 원·부자재의 수량과 관계를 나타낸 것이며, 자재명세서의 핵심은 모제품을 만들기 위하여 필요한 반제품과 원·부자재의 내역과 필요한 수량을 파악하는 것이다. 이를 모자관계(Parent-child Relationship)라고 표현한다. 자재명세서를 이용하면 하나의 완성품을 만들기 위하여 어떤 자재가, 어느 생산단계에서, 몇 개가 필요한지 산출할 수 있다. 그러므로 자재명세서는 거래처로부터 구매하는 최하위 구매품목까지 전개하여야 한다. 자재명세서는 담당자가 모자관계를 분석하기가 어렵기 때문에 이를 명확하게 알 수 있도록 계층구조(Hierarchy)로 표현하기도 한다. 필요한 자재의 생산, 구입, 납품 등 자재의 변동사항을 총괄적으로 파악할 수 있으며 날짜와 사용 목적 등을 기재하여 자재의 변동 여부를 정확히 파악하는 데 활용된다.

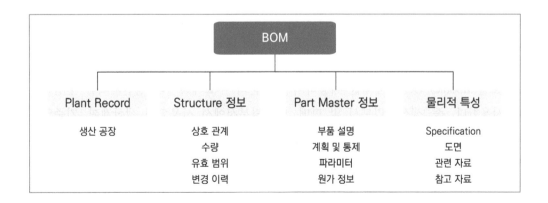

2 자재명세서의 용도

(1) 완제품, 반제품, 부품, 원재료와의 상호 종속관계
(2) 조립 수량, 로트 사이즈, 유효 범위, 원가, 리드타임, 계량 단위를 구성하는 자재명세서는 어떻게 제품이 설계되었는가?
(3) 특정 부품을 만드는 데 필요한 부품은 무엇인가?
(4) 자재 입출고 목록 생성
(5) 제품원가 산정
(6) 구매 및 생산일정 수립

3 자재명세서 종류

BOM은 제품을 생산하기 위해 소요되는 시간(리드타임)을 고려한 제조 전략에 따라 구분하기도 하며, 여러 부문의 제조 산업별 특징에 따라 구분하기도 하므로 다양한 종류가 존재한다. 자재 명세서는 크게 설계 BOM(Engineering BOM)과 제조 BOM(Manufacturing BOM)으로 구분하며, 계획 BOM(Planning BOM), 역 BOM(Inverted BOM) 등이 있다.

(1) Engineering BOM

모제품 생산에 필요한 부품이나 조립품의 기능은 설계단계에서 반영하게 되며, 품질기능전개(QFD: Quality Function Deployment) 과정에서 부품이나 조립품의 시방서(Specification)에 적합한 설계 BOM을 작성한다.

(2) Manufacturing BOM

생산관리부서 및 생산현장에서 사용되며, 제조공정 및 조립공정의 순서를 반영한다.

(3) Planning BOM

모듈(Module) BOM 체계를 이용하여 제품군의 수요예측이나 생산계획을 수립하는 데 사용한다. 즉, 생산관리부서 및 판매, 마케팅부서에서 사용되며 생산계획, 기준일정계획에서 사용된다. 제품의 종류가 다수 가지인 경우에 각각의 수요예측이나 생산계획이 어려우므로 Planning BOM을 이용하여 모듈별로 예측하는 것이 유리하다.

① Modual BOM: 고객들이 선택할 수 있는 Option의 종류가 많고 제품의 모델이 다수 가지인 경우에 특정 Option들의 조합을 하나의 제품으로 간주하여 BOM을 작성하는 것보다 옵션과 공통 부품들(Common Parts)로 BOM을 구성하면 방대한 양

의 BOM 데이터를 관리하는 데 필요한 노력을 줄일 수 있다. 또한 기준생산계획 (MPS)에 따라 Option별로 생산계획을 수립하는 것이 바람직하다. Modular BOM 은 제조 리드타임(Lead Time) 전략인 Assemble-To-Order, Make-To-Order 등의 생산전략 기업체에 유리하다.

② Percentage BOM: 제품군을 구성하는 제품 또는 모제품을 구성하는 부품의 양 을 정수로 표현하는 것이 아니라, 백분율로 표현해서 작성한 BOM이다. 또한 Modular BOM을 구성하는 옵션들이 각각 얼마의 판매 비율을 갖는지를 표현하 여 작성하는 BOM도 있다.

(4) Inverted BOM

일반적인 BOM은 여러 종류의 부품들을 조립하여 상위 부품/제품을 만드는 형태의 나무모양 구조지만 화학이나 제철과 같은 산업에서는 적은 종류 또는 단일 부품(원료)을 가공하여 여러 종류의 최종제품을 제조하는 화학이나 제철산업에서 나무가 뒤집힌 형 태, 즉 역삼각형 형태의 모습으로 나타난다. 이런 종류의 BOM을 Inverted BOM이라고 하며, 일반적인 BOM은 부모관계(Parent Child Relationship)가 존재하고, Parent Item과 Child Item 간에는 일방의 관계만이 존재할 뿐인데, 화학산업에서는 환(Cycle)이 존재할 수도 있다.

(5) 기타 BOM

① Common Parts BOM 또는 Common BOM: 제품 또는 제품군에 공통적으로 사 용되는 부품들을 모아놓은 BOM이다.

② Multi Level BOM: BOM 정보를 나타내는 방법에 따른 것이며, 대개의 BOM 정 보는 Parent와 Child의 관계만을 보여주는데, Child의 Child까지(필요한 만큼) BOM 정보를 표현해 놓은 것을 Multi Level BOM이라고 한다.

③ Phantom BOM: Phantom(가상) Item이 들어있는 BOM을 Phantom BOM이라고 한다. Phantom Item는 재고 및 창고 관리부서에서 관리하는 품목들 중 입출고 재고량에 포함 또는 반영이 되지 않는 Item을 의미한다.

④ Super BOM: Modular BOM들과 Common Parts BOM을 Child로 두는 BOM을 의미한다.

⑤ Family BOM: 제품군을 구성하는 제품들이 공통적으로 많이 사용하고, 또 제조 또는 구매의 리드타임이 긴 하위부품들로 구성된 BOM을 말한다.

⑥ Indented BOM: BOM을 보고서 형태로 출력할 때에 Multi – Level BOM을 표현하는 방법으로 Parent와 Child 관계가 있을 때 한 칸씩 우측으로 밀어서 출력하여 표현된 BOM을 말한다.

▶▶ 필수예제

01

Option 품목이 많은 제품을 Assemble-To-Order 방식으로 생산하는 기업에서 자재명세서(BOM)의 유지 관리를 쉽게 하고 Option 품목을 중심으로 생산계획을 수립하고자 하는 경우에 적합한 BOM은?

해설　BOM은 제품의 옵션이 다양한 경우에 BOM 데이터를 효과적으로 관리하는 데 활용할 수 있다.

📄 Modular(모듈)

02

실무에서 흔히 볼 수 있는 형태의 BOM으로, 주로 설계부서에서 사용되며 기능을 중심으로 작성되는 BOM은?

📄 Engineering BOM

03

특정 제품이 어떤 부품들로 구성되는가에 대한 데이터인 자재명세서(BOM)은 활용하는 목적에 따라 다양한 종류가 있다. 생산 관리부서 및 생산현장에서 사용되는 자재명세서(BOM)으로 제조공정 및 조립공정의 순서를 반영한 것은?

📄 Manufacturing BOM

---

4 자재소요량 산출

아래의 그림과 같은 계층구조의 자재명세서를 가지는 제품 X의 소요량이 50개일 때, 부품 H의 소요량을 계산해 보자[단, (　　) 안의 숫자는 상위품목 한 단위당 필요한 해당 품목의 소요량].

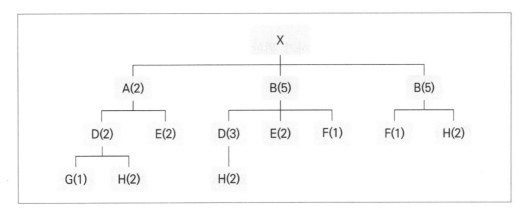

자재명세서 구성표의 × 제품 50개에 필요한 종속 수요량은 구성표 (   )의 해당 부품 소요량을 적용하여 아래와 같이 합계를 계산하면 된다.

- 품목 A: X완제품 × A부품 × D부품 × H부품 = 50 × 2 × 2 × 2 = 400개
- 품목 B: X완제품 × B부품 × D부품 × H부품 = 50 × 5 × 3 × 3 = 2,250개
- 품목 C: X완제품 × C부품 × H부품 = 50 × 3 × 2 = 300개
- 합계 = 400 + 2,250 + 300 = 2,950개

03 수요예측(Forecasting)

1 수요예측 개념

고객의 수요분석에 기초가 되는 시장조사나 각종 예측조사의 결과를 종합하여 장래의 수요를 예측하는 것을 수요예측(DeMand Forecasting)이라 한다. 예측기간에 따라 장기예측, 단기예측 등으로 구분한다. 수요예측은 산업이나 회사의 생산활동에 기본이 되는 것으로 구입, 생산, 자금, 판매 등의 계획에 있어서 가장 중요한 요소가 된다. 오늘날 시장 환경은 빠르게 변화되고 있다. 따라서 제품에 대한 수요예측 및 분석은 기업들에게 있어서 매우 중요한 임무로 대두되고 있다.

이러한 수요예측의 올바른 결정을 위해서는 시장의 잠재수요는 얼마이며, 자사 제품의 차기년도 유효수요는 어느 정도인가를 파악하는 일이다. 전자는 현재 수요를 파악하는 정성적 기법이 통상적으로 사용되고, 후자는 미래 수요를 파악하는 정량적 기법이 주로 사용되었다. 또 이러한 수요예측에서의 문제는 세분화된 수요분석, 제품 수요예측 시 기존 자료 미비 그리고 경쟁 상황에 따른 자사 수요변화에 대한 예측의 어려움 등으로 정확한 예측을 어렵게 할 수도 있다.

(1) 수요예측 기간

수요예측은 즉시 실행으로 연계하기 위한 단기 수요예측과 전략적 측면을 고려한 장기 수요예측으로 구분한다.

① 단기예측: 6개월 이내의 분기별, 월별, 주별, 일별 예측으로 상대적으로 정확한 예측 가능
② 중기예측: 6개월에서 1~2년을 대상 기간으로 계량적 예측 가능
③ 장기예측: 대상 기간이 2년 이상인 경우로 상대적으로 정확도 낮음

(2) 수요예측의 특징

① 예측오차 발생 최소화: 예측 기간이 길수록 오차발생 확률이 높아지며, 예측오차가 증가한다.

② 평균절대오차 $= \dfrac{\sum |\text{실제치}_t - \text{예측치}_t|}{n}$

③ 영속성(Permanence): 영속성이 없는 제품의 수요예측이 영속성이 있는 제품보다 비교적 정확하다.

④ 신제품 수요예측: 기존의 제품에 대한 수요예측이 신제품의 경우보다 비교적 정확하다.

2 수요예측 기법의 종류

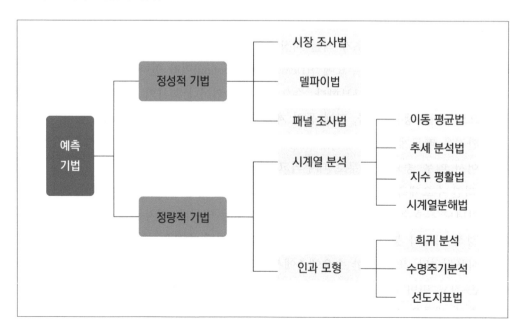

(1) 정성적 방법

정성적 방법은 개인 주관이나 판단, 여러 사람의 의견을 근거로 수요를 예측하는 주관적 방법이다. 사업 전반에 걸친 경향이나 오랜 기간에 걸친 제품군에 대한 잠재적 수요를 예측할 때 사용하며, 기간 예측 면에서 정성적 방법은 중·장기예측에 많이 사용한다.

① 시장조사법
- 시장에서 조사하려는 내용을 설문지, 직접 인터뷰, 전화 조사, 시제품 발송 등의 방법으로 소비자 의견을 조사하여 설정된 가설을 검정하는 방법이다.
- 정성적 방법 가운데 시간과 비용이 가장 많이 들지만 비교적 정확하다.

② 델파이 기법
- 예측하고자 하는 대상의 전문가 집단을 선정하여, 설문지를 통한 반복 조사를 실시하여 획득한 의견을 정리하여 수요를 예측한다.
- 시간과 비용이 많이 든다.
- 불확실성이 크거나 과거자료가 없는 경우에 주로 사용한다.
- 생산능력, 설비계획, 신제품 개발, 시장 전략 등을 위한 장기예측에 적합하다.

③ 패널 조사법(전문가 의견법)
- 경험과 전문 지식을 갖춘 전문가들이 의견을 자유롭게 교환하여 예측 결과를 얻는 방법이다.
- 단기간에 저렴한 비용으로 예측 결과를 얻을 수 있다.

④ 중역의견법: 기업체 중역의 경험에 따른 의견을 반영한 수요예측이다.
⑤ 영업 판매원에 의한 방법: 담당 지역별 수요예측치를 이용하는 방법이다.

(2) 정량적 방법

① 시계열 자료: 특정한 기간에 걸쳐서 관측된 자료로, 서로 다른 시점에서 관측된 값의 계열을 말한다.

② 시계열 자료의 특성
- 경향(추세변동): 시간이 지날수록 수요가 지속적으로 증가하거나 감소하는 것을 말한다. 위의 그림에서 수요 패턴이 해가 거듭할수록 지속적으로 증가하는 것을 나타내고 있다. 전체적으로 상승하는 경향을 나타내지만, 그 안에서는 다른 형태를 보여 주고 있다.
- 계절성(계절변동): 계절성은 기후, 명절, 연휴 기간, 계절에 따라 발생하는 수요 변동이다. 그림은 해마다 특정기간의 수요가 변동되는 것을 보여 주고 있다.

- 변동성(순환변동): 시계열의 분산이 시간이 추이에 따라 변하는 성질로, 통계적으로는 평균과 표준편차의 관계를 나타낸다. 변동성이 크다는 것은 표준편차가 크다는 뜻이다. 수요변화가 큰 폭으로 일어나면 변동성이 증가하고, 수요변동 폭이 작으면 변동성이 감소한다는 의미이다.
- 비선형성(불규칙변동): 시간에 따라 변하는 값 사이 존재하는 종속관계나 인과관계가 자신의 값 사이의 비선형관계로 설명되는 경우를 말한다.

③ 시계열 분석의 목적
- 시계열 자료가 가지고 있는 시간에 따른 종속구조를 파악한다.
- 종속구조를 효과적으로 나타내는 모형을 개발하여 미래의 값을 예측한다.

④ 시계열 분석의 종류
- 단순이동평균법
  - 단순이동평균법은 실제수요를 기준으로 평균하는 방법이다.
  - 6~12개월간의 안정적인 자료를 바탕으로 하며, 단기예측값을 구하는 데 유용하다.
  - 자료가 안정적이어야 하며, 가장 최근의 자료를 반영하여 예측하는 방법이다. 예를 들어 4월·5월·6월의 수요(D) 데이터를 바탕으로 3개월 이동 평균법으로 7월 수요를 예측(F)하는 방법은 다음과 같다.

$$F_7 = \frac{D_4 + D_5 + D_6}{3}$$

- 가중이동평균법
  - 오래된 자료보다 최신 자료에 보다 많은 정보를 담고 있는 경우, 최근 수요에 큰 가중값을 부여하여 값을 계산하고 예측치로 사용한다.
  - 계산이 간편하고, 최근 경향을 반영할 수 있어서 관리에 많이 이용된다. 예를 들어 4월·5월·6월의 수요(D) 데이터와 가중값을 이용하여 7월 수요예측치(F)는 다음과 같이 산출한다(단, 가중값: 4월 0.2, 5월 0.3, 6월 0.5).

$$F_7 = (D_4 \times 0.2) + (D_5 \times 0.3) + (D_6 \times 0.5)$$

아래의 자료를 이용하여 가중이동평균 7월 예측판매량을 산출하시오.

월	4월	5월	6월
실제 판매량	50 개	60 개	100 개
가중치	0.2	0.3	0.5

해설 수요 예측 기간(7월)의 최근 기간(6월)부터 가중치가 50%, 30%, 20%일 때 7월의 예측 판매량은 78개가 된다. 즉, 5월: 50개 × 0.2 = 10개, 6월: 60개 × 0.3 = 18개, 7월: 100개 × 0.5 = 50개이므로 10 + 18 + 50 = 78이다. 〔답〕78

- 추세분석법
  - 추세분석법은 근본적으로 회귀분석과 같으며, 시간에 다른 시계열자료의 추세선을 유도함으로써 그 추세선상에서 미래의 수요를 예측하는 방법이다.
  - 인과형 방법인 단순회귀분석에서 특정한 요인을 독립 변수로 고려하는 대신 시간을 독립 변수로 두고 회귀방정식에서 추세선을 구하는 방법이다.
- 지수평활법
  - 차기 예측량은 전기 실제수요량과 예측량으로 계산하는 방법이다. 차기 예측량은 전기 실제수요량과 전기 예측량 값에 가중값에 차이를 두어 산출한다. 과거 실적정보보다 최근 예측정보에 더 많은 가중값이 반영된다.
  - 추세 지수평활법은 지수평활법에 추세 효과인 평활상수를 고려하여 수요예측값을 구하는 방법이다.
  - 결과로 얻은 예측 결과에서 가장 정확히 예측했다고 판단되는 값으로 결정한다. 실제 수요에 적용하는 α(평활화계수)값은 예측 수요에 적용하는 가중값보다 작게 보통 0.1과 0.4 사이의 값을 사용하는데, 이는 예측값에 과거 오랜 기간 동안의 예측값이 누적되어 있기 때문이다.
  - 차기 예측량 = (전기의 실제수요량 × α) + [전기의 예측량 × $(1 - \alpha)$]

$$F_{n+1} = \alpha\, D_n + (1-\alpha)[\alpha\, D_{n-1} + \alpha\,(1-\alpha)\, D_{n-2} + \alpha\,(1-\alpha)^2\, D_{n-3} \cdots$$

$$= \alpha\, D_n + (1-\alpha)\, F_n \cdots$$

여기서, F_{n+1}: 차기 예측값

F_n: 당기 예측값

D_{n-1}: 전기 실제수요량

D_{n-2}: 전 전기 실제수요량

D_n: 당기 실제수요량

▶▶ 필수예제

A회사는 제품 판매량을 예측하기 위하여 단순 지수평활법을 사용하고 있다. 1월 제품 판매량을 92,000개로 예측하였으나 실판매량은 95,000개였고, 2월 실판매량은 90,000개였다. 3월의 제품 판매량 예측값은? (단, 지수평활계수 $\alpha = 0.2$)

해설
- 지수평활법 = (전월 실적량 × 평활계수) + (전월 예측량 × (1 - 평활계수)
- 2월 예측량(92,600) = (95,000 × 0.2) + (92,000 × (1 - 0.2)
- 3월 예측량(92,080) = (90,000 × 0.2) + (92,600 × (1 - 0.2)
- 즉 18,000 + 74,080 = 92,080개   🗐 92,080

- 시계열 분해법
  - 시계열의 기본 패턴을 구성요소로 분해해서 시계열의 특성을 분석하고, 다시 집산하여 전체 시계열을 예측한다.
  - 시계열 구성요소가 시간의 흐름에 따라 느리게 변동할 때 효과적인 방법이고, 특히, 시계열을 각 구성요소로 분해할 수 있는 장점이 있다.

▶▶ 필수예제

과거의 판매 실적 자료를 분석하여 제품 수요의 주기변동(Cycle), 추세변동(Trend), 계절변동(Seasonality)을 예측하고 이들을 결합함으로써 미래의 수요를 예측하는 분석 기법은?

🗐 분해법 또는 시계열 분해법

⑤ 인과형 예측 방법: 수요에 영향을 미치는 요인(독립변수)을 독립변수로 두고, 영향을 나타내는 변수(종속변수)의 관계를 통계적으로 분석하여 수요를 예측하는 것으로, 회귀분석을 많이 사용한다.

- 단순회귀분석: 가장 단순하고 많이 사용하는 형태로, 두 변수 간의 선형관계를 나타내는 것이다. 즉, 인과모형 중에서 수요예측 설명변수가 1개인 선형회귀분석 목적은 추정되는 직선에서 자료값까지 편차 제곱합이 최소가 되는 직선을 구하는 것이다.

$$Y = b_0 + b_1 x$$

여기서, Y = 예측 또는 종속변수
x = 설명 또는 독립변수
b_0 = 직선의 세로축 절편
b_1 = 직선의 기울기

- 다중 회귀 분석: 수요에 영향을 주는 예측 변수가 2개 이상인 경우에 사용한다.

$$Y = b_0 + b_1 x_1 + b_2 x_2 + \cdots + b_k x_k$$

여기서, Y = 예측 또는 종속변수
x_k = k번째 설명 또는 독립변수
b_0 = 상수
b_k = k번째 독립변수의 회귀계수

- 제품의 라이프 사이클 유추법(제품수명주기 유추법)
  - 신제품과 비슷한 기존 제품의 제품 수명주기(도입기·성장기·성숙기·쇠퇴기) 단계에서 수요변화에 관한 과거자료를 바탕으로 수요변화를 유추하는 방법이다.
  - 장점은 중기나 장기 수요예측에 적합하고, 비용이 적게 든다.
  - 단점은 신제품과 비슷한 기존 제품을 어떻게 선정하는가에 따라 예측 결과에 큰 차이가 발생한다.
  - 제품수명주기에 따른 매출과 매출총이익 기간에 따라 증가하다가 감소하는 형태이다.

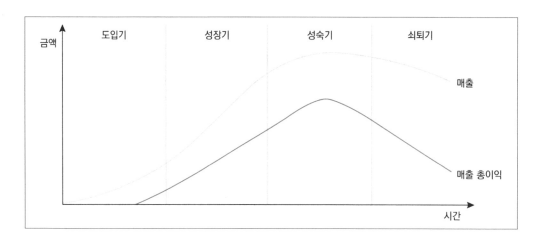

- 선도 지표법: 계량경제모형 예측 방법으로서 각 수요(경제) 변수에 수치를 주어 정량화한다. 이때 변수 간의 관계를 설정한 후, 수요 또는 경기 예측모형을 만들어 수요(경기)를 예측하는 방법이다.

3 수요예측 절차 7단계

수요예측 프로세스는 다음과 같다.

① 예측 목적 확정 → ② 필요한 자료수집 → ③ 수요분석 → ④ 수요분석에 적합한 예측 방법 결정 → ⑤ 예측 실시 → ⑥ 과거 판매자료 활용 예측치 검증 → ⑦ 기업별·브랜드별·용도별·소비자별·지역별·소득수준별 등으로 세분화(함으로써 수요예측의 활용가치를 높일 수 있다).

▶▶ 필수예제

제품P의 수요는 평활상수 $\alpha = 0.2$인 단순지수평활법을 사용하여 예측하며 과거 5년간의 수요예측과 실제수요 자료가 다음 표와 같다. 제품 P의 Y년 수요를 예측하고 실제수요가 244개로 집계된 경우, 6년간의 자료로 평가한 예측기법의 평균절대오차(MAD)를 구하시오.

[단위: 개]

연도	Y – 5	Y – 4	Y – 3	Y – 2	Y – 1
수요예측	250	252	253	253	252
실제수요	260	257	253	248	242

해설
- Y년 예측 = 252 + 0.2 × (242 – 252) = 250
- MAD = {|260 – 250| + |257 – 252| + |253 – 253| + |248 – 253| + |242 – 252| + |244 – 250|}/6
  = 36/6 = 6.0

답 6.0

04 생산시스템

1 생산시스템의 기본구조

(1) 생산시스템의 개념

생산시스템은 투입(Input)과 변환 과정(Transformation) 그리고 산출(Output)이라는 세 가지 과정으로 나누어 설명할 수 있다. 이때 투입과 변환 과정에서는 비용이 발생되고, 산출에서는 이익이 실현된다. 생산시스템상의 물리·화학적 변환(Physical·Chemical Transformation)이란 일련의 에너지를 이용하여 유형적인 물질을 물리·화학적으로 가공하여 원래의 성질, 형태 등을 바꾸는 것을 뜻한다. 제철소에서 생산된 와이어 로드의 가공을 통한 볼트 및 너트의 제조, 가공된 소재의 열처리를 통한 연신율 및 인장 강도의 변환 등을 생각할 수 있다. 다음의 그림은 투입, 변환, 산출 과정을 나타내고 있다.

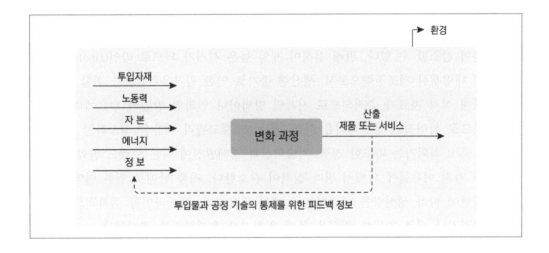

생산시스템(Production System)은 자본, 노동력, 토지, 정보 등의 투입물을 받아 이를 경제적으로 변환하여, 목표로 삼고 있는 양질의 제품과 서비스를 산출하는 시스템이라고 정의할 수 있다.

이러한 틀(Framework)에서 최소의 비용으로 효율적인 운영을 함으로써 최대 이익을 실현하는 것이 생산시스템의 궁극적 목표가 된다.

(2) Product Life Cycle에 따른 구현 전략

수요예측에서 제시한 제품의 라이프 사이클 그림을 참조하기 바란다.

① 도입기: 도입기는 제품이 처음으로 시장에 출시되는 시기이다. 제품의 인지도가 낮고 잠재 구매고객의 파악이 명확하지 않으므로 이익 창출이 어렵다. 판매량 또한 높지 않으므로 단속 프로세스 생산(개별생산) 방식의 다품종 소량생산전략에 집중하여 제품의 다양성을 위한 노력을 한다. 판매 실적 자료가 충분치 않으므로 정성적 수요예측 방법을 통해 시장에 대한 상황을 판단한다.

② 성장기: 성장기는 제품에 대한 인지도가 높아짐에 따라 판매 실적이 증가하는 패턴을 보인다. 경쟁업체가 등장하여 자사 제품의 시장점유율이 감소할 수 있지만 시장을 확대시키는 효과도 있다. 시장의 변화를 지속적으로 관찰하여 생산전략을 유연하게 변화시키는 노력이 필요하며, 도입기에 비해 판매 실적이 상대적으로 높아지는 상황을 대비할 필요가 있다.

③ 성숙기: 성숙기는 판매 실적 증가율이 서서히 감소하기 시작하게 되며 판매량은 유지가 되는 특징이 있다. 경쟁 심화로 인해 가격인하나 판매촉진비용 증대로 이윤이 감소할 수 있다. 판매 실적이 제일 높은 시기가 되므로 라인(Line)생산방식의 대량생산 제조전략으로서, 생산량 증가로 인한 원가우위전략을 취할 수 있다. 판매 실적 자료가 축적되므로 시계열 방법이나 인과형 방법의 수요예측이 가능하므로 합리적인 생산계획을 통해 생산 및 재고관리 비용을 최소화할 수 있다.

④ 쇠퇴기: 쇠퇴기는 과도한 경쟁, 기술혁신과 경제발전에 따른 트렌드 변화 등의 여러 가지 이유들에 의해서 판매 실적이 감소한다. 제품 판매로 인한 이익의 변화 패턴에 따라 생산량을 조정하는 노력이 필요하다. 생산라인을 점차적으로 축소시키거나 제품 차별화 전략을 통해 일정기간 유지할지를 결정한다.

② 생산시스템의 유형

생산시스템을 유형별로 분류하는 일반적인 방법은 자재(Material) 흐름의 패턴, 생산설비의 배치에 따라 개별(Job Shop)과 뱃취생산(Batch Process), 공정 흐름에 따라 단속생산(Intermittent Process)과 라인 또는 흐름생산(Line Process or Flow Shop)으로 분류한다.

라인 또는 흐름생산(Line Process or Flow Shop)은 연속생산(Continuous Process)과 반복생산(Repetitive Process)으로 구분된다. 그리고 생산계획의 기준에 따라 주문생산(Make-to-Order)과 계획생산(Make-to-Stock)으로 구분하며, 생산 품목수와 생산량에 따라 다품종 소량생산과 소품종 다량생산으로 분류하고, 기타 프로젝트(Project)생산, 셀 (cell)생산, JIT 생산방식 등이 있다.

따라서 생산시스템 유형은 자재 흐름, 공정(Process) 흐름, 제품의 특징, 품목 수, 설비 배치, 생산량 등의 분류 기준에 따라 여러 가지로 구분할 수 있으며, 유형별 유사점이나 공통적인 특징에 의해 복합 또는 혼용해서 쓰기도 한다. 아래의 그림은 제품 주문, 품종과 생산량, 공정 흐름에 따라 생산방식을 분류한 것이다.

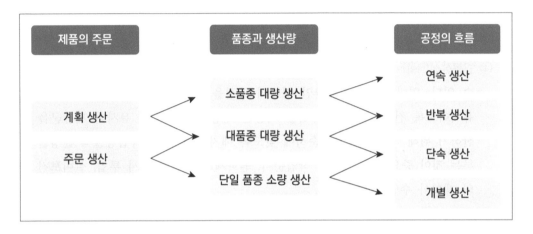

(1) 생산방식의 분류

① 단속생산(Intermittent Process) 방식: 단속생산은 유사한 기능을 수행하는 범용 (Multi-purpose) 기계설비 또는 작업장을 그룹화하는 직능별 설비배치를 취하므로 개별생산(Job Shop) 방식이라고도 한다. 따라서 기업의 모든 자원을 특정 제품이나 서비스에 집중시키지 못하며, 동일한 제품을 연속적으로 생산하지 않고 로트(Lot) 또는 뱃취(Batch) 형태로 생산한다. 고객의 주문에 따라 다양한 제품을 소량이나 중량으로 생산하기 때문에 개개 작업에 대한 생산 프로세스가 각각 다르므로 재공품재고가 많고 생산원가도 높은 편이다. 장소의 제한을 받고, 제품이 고정되어 있어 자재투입 및 생산공정이 시기별로 변경되는 건물, 교량, 배 등의 제품생산에 적합한 생산방식이다.

② 라인생산(Line Process) 혹은 흐름생산(Flow Shop) 방식: 기계설비 또는 작업장을 특정 제품을 생산하는 프로세스 경로의 흐름에 맞추어 배치한 생산방식이며, 흐름생산(Flow Shop) 방식이라고도 한다. 미리 결정된 생산계획에 따라 제품을 계속적으로 생산하므로 제품을 생산하는 순서가 고정되어 있고 생산의 흐름이 연속적이다. 표준화 또는 정형화된 소품종 제품을 대량으로 생산하는 데 적합하며,

각 작업장 간의 균형(Balancing)을 맞추어야 라인의 흐름 속도를 지연시키지 않는다. 각 작업장별로 분업화, 표준화되어 있어서 작업자들의 기술수준이 높지 않다.

③ 연속생산(Continuous Process) 방식: 연속생산은 일반적으로 장치산업을 의미한다. 연속이라는 것은 제품의 생산이 도중에 중단되지 않고 계속적으로 이루어지는 것을 의미하므로 재공품재고를 별도로 저장하는 곳이 없다. 공정(Process) 중심이 아닌 제품 중심으로 공정 흐름이 편성되고 기계설비가 배치된다. Plant설비로 인한 초기 투자자본이 많이 소요되나 작업자 수가 적어서 인건비 비중은 낮다. 공정의 투입물을 항상 보유해야 되며, 공정 순서가 미리 정해져 있고 설비가 자동화된 경우가 많다.

④ 반복생산(Repetitive Process) 방식: 반복생산은 라인생산방식의 일종이라고 볼 수 있다. 일반적으로 조립라인 형태의 공정을 의미하며, 작업 속도를 일정하게 유지하도록 컨베이어(Conveyor)를 이용한 대량생산을 한다. 유사한 제품군을 생산하기 위해 작업장을 작업순서에 맞도록 배치하며, 전체 작업장들의 균형을 이루는 것이 중요하다. 제품별 작업순서, 원자재나 부품의 적시 투입, 설비보전 등의 계획이 수립되어야 한다.

⑤ 일괄생산(Batch Process) 방식: 다양한 품목의 제품을 범용(Multi-purpose) 설비를 이용하여 생산한다는 측면에서 개별생산방식과 유사하나 생산품목의 종류가 제한되어 있으며 개별 생산재에서처럼 특정 품목의 생산이 1회에 한정되어 있지 않고 주기적으로 일정량(Batch)만큼 생산한다는 점에서 차이가 있다. 구두 혹은 가구 제조, 의료 기기 제조 등이 이에 속하며, 수요예측과 재고수준을 기초로 한 계획생산과 유사하다.

⑥ 프로젝트 생산(Project Shop) 방식: 프로젝트 생산은 일반적으로 대규모 작업이므로 작업자나 설비 또는 기계를 직접 프로젝트를 생산하는 장소로 이동시켜 작업을 하므로 고정위치 프로세스라고도 한다. 규모가 큰 단일 제품을 대부분 한 개 또는 소량 생산하는 주문생산방식에 속하며, 생산기간도 비교적 길고 산출물은 고가이다. 따라서 생산일정계획(Scheduling) 수립이 중요하며, PERT/CPM기법을 이용한다.

✔ CHECK   흐름생산방식(Flow Shop)의 특징
- 특수기계의 생산라인
- 적은 유연성
- 물자 이동량이 적음
- 전용기계 사용

(2) 리드타임 제조(Manufacturing Lead Time) 전략

일반적으로 리드타임은 제품의 조달시간 또는 생산을 위한 사전 준비를 위하여 필요한 선행기간을 의미한다. 즉, 어떤 제품이 '발주'되면서부터 주문받은 제품이 실제로 전량 '납품 완료'가 되기까지 소요되는 전체적인 시간을 의미한다. 이는 제조 리드타임(MLT: Manufacturing Lead Time), 총 리드타임(CLT: Cumulative Lead Time), 조달·납기 리드타임(DLT: Delivery Lead Time)으로 구분한다. 제품을 생산하기 위해 소요되는 시간(단, 구매 프로세스에서 소요되는 시간은 제외)으로 제조전략(Manufacturing Strategy)에 따른 리드타임의 상대적인 비교를 위해서는 다음과 같은 전략을 추구할 수 있다.

① Make-to-Stock(계획생산): 다른 전략들과 비교해서 MLT와 CLT가 가장 짧은 제조 전략이다. DLT는 이미 만들어 놓은 완제품에 대해 고객으로부터 주문이 들어온 시점부터 고객에게 인도하기까지의 시간, 즉 주문이 들어올 경우 재고로 있는 제품을 고객에게 전달하는 데 소요되는 시간이다. 고객의 주문과는 관계없이 수요예측을 통해 미리 제품을 생산하고 창고에 보관하여 고객이 원할 때 고객에게 공급하는 시스템이며, 가장 경제적인 로트(Lot) 단위로 대량생산을 하여 생산자에 의해서 결정된 제품을 미래 수요에 대비하여 생산계획에 따라 생산하는 Push System이라 할 수 있다.

   • 고객 주문에 즉시 대응하기 위하여 미리 생산한 제품을 재고로 보유(Line Flow 적용: 대량 생산)
   • 경쟁우선순위는 일관된 품질과 가격(전자부품, 음료수, 화학제품 업체 등)

② Make-to-Order(주문생산): 다른 전략들과 비교해서 MLT와 CLT가 가장 긴 제조 전략이다. DLT는 제품을 만들기 위해 제조, 조립, 인도하기까지의 시간이며, 고객으로부터 주문이 있어야 비로소 제품을 만들기 시작하기 때문에 소요시간은 다른 전략들과 비교해서 길어질 수밖에 없다. 고객의 주문을 받으면 주문제품의 가격, 납품 수량, 납기일, 품질 등을 고객과 협의하여 결정한다. 다양한 제품을 정해진 기간 내에 생산하기 위한 생산일정계획 수립과 납기일을 준수하는 것이 중요하다. 고객에게 보다 신속하고 정확한 정보를 제공할 수 있으며 Pull System 이라 할 수 있다.

   • 반제품을 재고로 보유하고 고객의 주문이 발생하면 완제품을 조립하여 공급하는 방식으로 주로 자동차와 같이 옵션이 많은 제품의 생산에 활용
   • 고객 주문에 따라 소량 생산(Flexible Flow 적용: 소량 생산)

- 다양한 고객 요구와 고도의 고객화(Customization)가 요구되는 맞춤 제품·서비스를 제공
- 경쟁우선순위는 유연한 생산공정(전문 의료 기구, 고급 주택 사업 등)

③ Asemble-to-Order(주문 조립생산): MLT와 CLT의 중간 정도의 시간이 소요되며, DLT는 이미 만들어 놓은 반제품을 조립하여 최종제품을 고객에게 인도하기까지의 시간이다. 제품 생산에 필요한 조립품이나 구성품은 미리 생산해 놓고 최종제품의 경우 고객의 주문에 적합하도록 조립 생산한다. 공통의 구성품은 미리 생산하되 Option 선택을 하도록 하여 최종제품의 다양성을 확보하고 전체 리드타임을 줄일 수 있다. 음식점에서 음식 주문에 공통으로 사용되는 식재료는 미리 확보하고 고객의 최종 주문음식에 맞추어서 요리를 하여 음식을 제공하는 형태라할 수 있다.
- 비교적 적은 표준부품과 구성품을 재고로 유지하고 있다가 고객 주문 접수 시, 여러 가지 옵션을 갖는 최종제품을 조립(중간 흐름 전략)
- 다량의 구성품과 조립품이 라인 흐름 전략 가능, 역으로 소량의 구성품과 조립품은 유연흐름전략 가능
- 경쟁우선순위는 고객화(맞춤화)와 빠른 납기(맞춤 가구, 맞춤 PC 등)

④ Engineering-to-Order(주문 설계생산): 4가지 전략 중 DLT가 가장 길다. 즉, DLT는 고객으로부터 주문을 받은 후 주문제품의 기획 및 설계단계부터 자재 조달, 조립, 제조, 고객에게 인도하기까지의 시간이 제일 오래 소요된다. 고객으로부터 주문을 받으면 주문제품을 기획하고 설계하여 제품을 제조하기 시작하므로 소요시간은 다른 전략들과 비교해서 길어질 수 밖에 없다. 제품의 기획단계부터 참여하여 원재료 및 자재를 구입한 후 주문제품을 생산하는 전략이다.
- 고도로 개별화된 서비스를 소량으로 공급(Flexible Flow: 소량 생산)
- 경쟁우선순위는 고급 설계와 맞춤화
- 선박이나 비행기와 같이 고객의 주문에 따라 설계부터 제조, 조립을 하는 업체들의 제조전략에 적합

제조 현장에서도 리드타임이 길어서 기간적 효율이 떨어지면 공정간 재고, 버퍼 재고(Buffer Stock, 완충 재고), 부품재고 등이 기하급수적으로 늘어나게 된다. 이로 인해 재고비용 부담이 증가되고, 효율이 떨어지게 되는 것이다. 작업공수도 증가하게 되어 부적합품과 낭비가 늘어나 제조원가 상승의 원인이 된다. 리드타임이 단축되면 고객이 요구하는 짧은 납기를 만족시킬 수 있는 동시에 4M(Man, Machine, Material, Method)의 생산자원 낭비를 최소한으로 줄일 수가 있다.

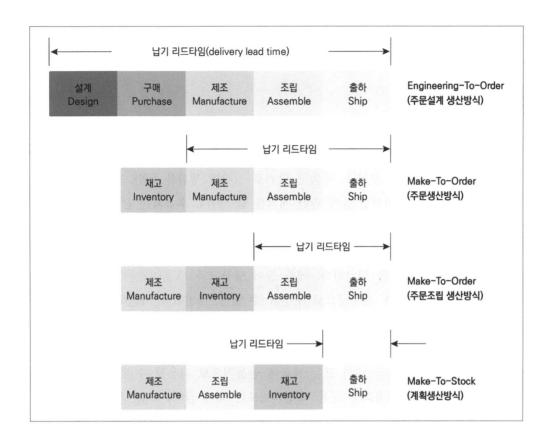

▶▶ 필수예제

01

반제품을 재고로 보유하고 고객의 주문이 발생하면 완제품을 조립하여 공급하는 방식으로 주로 자동차와 같이 옵션이 많은 제품의 생산에 활용되는 것은?

　　　　　　　　　　　　　　　　　　🖹 ATO(Assemble – To – Order)

02

생산시스템의 4가지 제조전략을 납품리드타임(Delivery Lead-Time)이 짧은 것에서 긴 순서로 나열하시오.

　　　　🖹 Make-To-Stock < Assemble-To-Order < Make-To-Order < Engineer-To-Order

05 총괄생산계획(AP: Aggregate Production Planning)

1 총괄생산계획의 의미와 역할

총괄계획은 중기적인 생산계획을 수립하는 것으로서, 예측된 수요에 대하여 생산자원의 효율적 배분과 소요비용을 최소화하기 위해 제품군(Product Family)에 대한 생산량 및 생산일정을 계획하는 것이다. 제품군 단위로 기간별 생산을 위한 고용수준, 총괄적 재고수준, 외주생산, 설비변경 등에 관한 계획을 탐구하며, 후속되는 단기적 생산계획을 한정하는 역할도 한다.

제품군이란 단위 개별제품이 유사하면서 공통적인 생산과정과 인력, 원자재 등을 필요로하는 제품들의 집합을 의미한다. 예를 들어 냉장고와 TV를 생산하는 가전 업체의 경우 냉장고 제품군과 TV 제품군으로 구분할 수 있다. 자전거를 생산하는 업체의 경우 어린이용 자전거 제품군, 성인용 자전거 제품군, 산악용 자전거 제품군 등으로 구분할 수 있다. 총괄계획은 한 제품군에 속하는 여러 제품 혹은 모델에 대한 하나의 생산계획을 수립하는 것이므로, 제품군 내의 모든 제품에 공통적으로 사용할 수 있는 측정 단위가 필요하다. 일반적으로 사용되는 공통 측정단위로는 화폐 금액, 수량, 무게 등이 있다.

총괄계획은 세분화된 최종 생산품목별 수요의 충족계획이 아니라 제품군별로 통합된 수요를 충족시키는 데 초점을 두고 있으므로 총괄된 수요를 충족시키기 위한 생산자원의 사용계획도 총괄적인 수준에서 마련하게 된다. 생산 프로세스 중심의 다품종소량 생산방식인 경우에 제품 간의 특성 차이가 큰 경우는 노동시간의 투입량과 같이 제품 생산에 공통적으로 투입되는 자원의 크기에 의해 수요를 총괄하기도 한다. 일반적으로 제조부문의 총괄계획은 '생산계획'이라 하고 서비스 부문의 총괄계획은 인원배치계획이라 한다.

✔ CHECK   총괄생산계획의 역할
- 연간 생산활동에 필요한 예산 산출의 기초가 된다.
- 연간 소요자원(인력 등)에 대한 계획을 수립하여 소요자원을 확보한다.
- 연간 생산비용 최소화를 통해, 단기적 생산계획에 의한 추가비용 발생을 최소화한다.

2 총괄생산계획의 전략

총괄계획의 목적은 변동하는 수요에 효과적으로 대응하면서 저렴한 생산비용으로 생산 활동을 계획하는 것이다. 자체 통제 가능변수인 고용수준, 생산수준, 재고수준 등을 활용하여 공급량을 조절함으로써 변동하는 수요를 최적으로 접근한다. 따라서 수요변동에 대처하기 위한 총괄계획의 전략은 크게 3가지로 볼 수 있다.

- 인력 고용 규모의 조정전략
- 조업시간 변동 등 생산율 조정전략
- 수요변동을 흡수하기 위한 재고수준 조정전략

능력 부하 조정을 고려할 때 공격적 전략과 방어적 전략으로 구분할 수도 있다. 공격적 전략은 미래의 수요 증가에 대비하여 생산능력을 미리 확충하는 전략으로, 재고부족 비용이 초과능력 유지비용보다 높을 경우에 사용한다. 방어적 전략은 생산능력을 미래의 예상수요보다 작게 유지하는 전략으로, 부족한 생산능력은 아웃소싱이나 잔업으로 해결한다. 이는 재고유지 비용이 초과능력 유지비용보다 낮을 경우에 사용한다.

(1) 방어적 전략

고객 수요를 주어진 것으로 받아들이고, 고용수준 및 예상재고, 초과근무, 휴가 일정, 재고수준, 외주, 추후 납품, 주문 적체, 재고 고갈 등을 조정하는 것이다.

① 고용수준 변동: 수요변동에 따라 고용수준의 규모를 조절하는 것이다. 즉 수요변동에 직접 연관시켜 고용이나 해고를 하는 방법이다. 이러한 대체안도 역시 비용과 관계를 가진다. 고용비에는 모집비, 면접비, 선발비, 신체 검사비, 훈련비 등이 포함된다. 그뿐 아니라 일단 채용된 종업원이라 하더라도 이들이 다른 종업원과 같은 수준의 생산성을 올리기 위해서는 어느 정도의 기간을 소요하게 된다. 해고 비용은 실직수당, 보험, 퇴직수당 및 회사 이미지 등과 관련된 무형적 비용 등이 포함된다.

② 생산율 조정: 생산율변동은 수요변동에 대처할 수 있는 가장 중요한 변수로, 생산설비 및 조업시간 등과 밀접하다. 이것은 고용수준과 생산설비를 고정시키고 수요변동에 따라 조업시간을 변동하는 것이다. 또한 생산능력이 부족할 때는 외주를 주거나 설비를 확장한다. 이러한 비용에는 잔업수당, 유휴비용, 설비 투자비용, 외주비용 등이 포함된다.

③ 재고수준 조정: 고용수준이나 생산율을 고정시키고 재고수준을 조절함으로써 수요변동을 흡수하는 방법이다.

④ 외주: 외주를 줌으로써 기업은 일정한 생산속도를 유지할 수 있고, 필요한 경우 외주업자들의 생산능력을 이용할 수 있게 된다. 이 방법에서는 외주비용이 한계비용을 초과하는 것이 일반적이다.

⑤ 추후 납품: 고객이 요구하는 시기보다 늦게 납품을 한다. 고객이 기간 연장을 거절할 경우 품절이 발생하여 판매기회 상실로 인한 기회비용이 발생하고 기업 이미지가 추락하게 된다.

⑥ 주문 적체: 미래에 인도하기로 약속한 고객의 주문을 누적시키는 것이다. 성수기에는 주문 적체를 늘리고 비수기에는 다시 줄인다.

⑦ 재고 고갈: 고객이 주문을 취소하고 다른 곳으로 주문을 옮긴다.

(2) 공격적 전략

적극적 대안으로 고객 수요의 시기나 수량을 변화시켜 생산율이나 서비스율을 평준화하고 재고를 낮게 유지하는 것으로 새로운 수요창출, 판매촉진활동, 대체품 개발 등의 활동으로 대응한다.

① 새로운 수요창출: 현재 기업이 보유하고 있는 노동력 및 시설을 기존 제품·서비스와 보완적 형태의 다른 제품·서비스를 개발하여 새로운 수요를 창출하는 전략이다. 장점은 기존의 노동력 및 시설을 이용하여 최대의 효과를 기대할 수 있고, 단점은 새로운 수요창출의 전략은 실행이 어렵다는 것이다.

② 판매촉진활동: 마케팅을 이용한 수요조절 전략으로 광고나 그 밖의 판촉활동을 통하여 이루어진다. 장점은 광고를 이용한 전략의 경우 비교적 그 실행이 용이하고, 단점은 수요의 양과 시기를 조절하는 통제력이 부족하다는 것이다.

③ 대체품 개발: 사용 목적이 비슷한 대체품을 개발하여 수용에 대응한다.

✔ CHECK 수요증가에 따른 전략
- 조업시간의 증가
- 하청 및 설비확장
- 과잉 재고에 대한 판매촉진
- 신규채용을 통한 고용수준의 증가

(3) 참고사항

총괄생산계획의 통제 가능한 변수를 이용하여 변동하는 수요를 충족시키고 비용을 최소화하는 전략으로서, 통제 가능 변수는 고용수준, 생산율, 재고수준, 외주비율 등을 고려하는 관점도 있음을 참고하기 바란다.

① 순수 전략과 혼합 전략

기업이 수요변동에 대처하는데 고용수준(생산율)이나 재고수준 하나만으로는 어렵기 때문에 실제로는 두 가지 이상의 관리 변수를 혼합하여 사용하는 혼합 전략(Mixed

Strategy)을 채택하는 경우가 가장 많다.

- 순수 전략: 통제 가능한 변수 중 하나만을 조정하는 전략
- 혼합 전략: 복수의 통제 가능한 변수들을 조정하는 전략

② 추구 전략과 평준화 전략

○ 수요추구 전략

- 노동력의 규모를 조정하는 전략: 생산 요구량에 따라 노동력의 규모, 즉 고용수준을 변동시키는 전략이다. 이 방법은 수요변동에 따라 노동력의 규모가 변화하기 때문에 고용과 해고 등에 소요되는 직접비의 발생이 크다. 또한 신규 고용 작업자에 대한 교육·훈련비와 같은 간접비 발생이 커진다. 특히 해고하였을 때에는 작업자의 사기가 떨어지는 문제가 있다.
- 생산율(또는 노동력의 이용률)을 조정하는 전략: 노동력의 규모는 일정하게 유지하되 노동력의 이용률, 즉 조업시간의 증감을 통하여 수요변동에 대응하는 것이다. 이 전략의 장점은 빈번한 고용과 해고로 인한 부작용을 없앨 수 있다는 점이며, 단점으로는 초과 조업(즉 잔업)으로 인한 추가비용 발생과 종업원의 피로 누적으로 인한 부적합품이 발생할 수 있다는 것이다. 또한 전략적으로 조업 단축을 통하여 수요변동에 대처하는 경우에도 정규 임금의 지급은 계속되어야 한다는 부담이 따르기도 한다.

○ 생산평준화 전략(재고수준을 조정하는 전략): 수요의 변동성을 극복하기 위하여 완제품 재고를 가져가는 방안으로, 평준화 전략(Level Strategy)이라고 한다. 즉 예상된 수요가 적더라도 계속적으로 일정수준 이상의 조업을 유지함으로써 수요변동 폭을 극복하는 전략이다. 이 전략의 장점은 안정된 고용수준을 유지할 수 있고, 유휴시간을 없앨 수 있으며, 초과 조업비를 최소화할 수 있다는 점인 데 반하여, 완성품 재고로 인한 재고 유지비 발생과 재고 부족에 따른 재고 부족 비용을 발생시키는 단점이 공존한다.

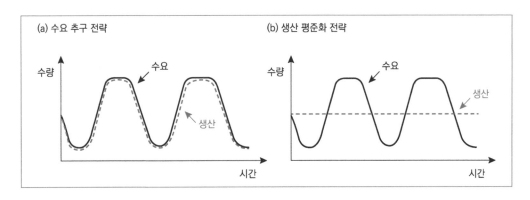

③ 총괄계획의 수립단계

총괄계획의 수립단계는 일반적으로 다음과 같이 나타낼 수 있다.

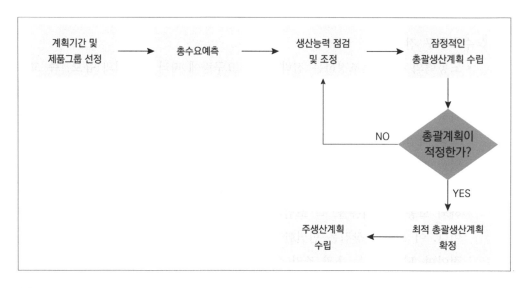

(1) 계획기간 및 제품군을 선정한다.

계획주기(Cyle), 시간구간(Time Horizon), 재계획주기(Rolling Horizon)를 정한다. 총괄계획기간은 3개월에서 1년 계획주기로 1개월 단위로 재계획을 수립한다.

(2) 계획기간 동안의 총수요를 예측한다.

계획기간 동안의 총수요를 제품군별로 예측한다.

(3) 생산조건과 제약 및 내부자원을 고려하여 생산능력 점검과 조정을 한다.

생산능력을 점검하고 조정하기 위하여 수요변동성을 줄이는 평준화 방안이 필요하다. 이를 위하여 수요를 생산능력 소요로 환산하고 생산능력 소요의 변동이 심할 경우, 수요의 시기 및 수준을 조정한다.

(4) 잠정적인 총괄생산계획을 수립한다.

여러 가지 생산 방안을 탐색하여 수요를 충족시키면서 관련 비용을 최소화할 수 있는 방안을 비교·분석한다. 총괄계획을 수립할 전략도 고려하여 방안을 수립한다.

(5) 최적 총괄생산계획을 확정한다.

각 대안을 비교·분석하여 최적 생산전략을 결정하고 총괄생산계획을 작성한다.

(6) 기준(주)생산계획을 수립한다.

총괄계획을 기초로 하여 제품별 생산계획을 수립한다.

06 기준생산계획(MPS: Master Production Scheduling)

1 기준생산계획의 의미

기준생산계획은 주생산계획, 기준생산일정이라고도 하며, 총괄계획을 수립한 후, 총괄계획을 실행계획으로 구체화하기 위해 시스템에서 생산되는 개별 최종품목에 대한 단기 생산계획을 수립하는 것이다. 이때 주(Week) 단위로 총괄 수요를 분해한 개별 품목 수요의 충족계획, 시장수요예측치, 고객의 주문, 재고수준, 설비 작업부하, 생산능력에 관한 정보를 검토하여 품목별 생산량을 생산일정에 맞추어 계획하게 된다.

단기적인 생산능력은 총괄생산능력에 의해 제한을 받으며, MPS는 총괄계획에 의해서 결정된 단기 생산능력에 따라 최종품목에 대한 생산주문(생산량)을 할당하게 된다. 따라서 능력계획과 우선순위계획은 MPS를 수립할 때 핵심요소로 작용할 수 있으며, 아래의 그림에서 MPS는 자재소요계획(MRP: Materials Requirements Planing)과 능력소요계획(CRP: Capacity Requirements Planning)의 주된 투입요소가 된다.

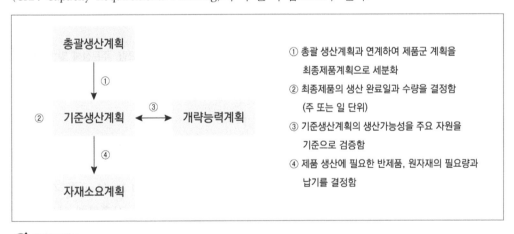

✔ CHECK

MPS는 최종 생산품목의 구체적인 생산계획이므로 다음과 같은 자료가 필요하다.
- 총괄계획: MPS에서 계획한 생산량과 재고수준의 합이 총괄계획의 계획량과 동일해야 한다. 즉, 총괄계획은 MPS 수립 시 제약조건의 역할을 한다.
- 수요예측치: 판매예측, 고객주문, 유통업자주문, 안전재고 등 특정기간의 수요예측 자료가 필요하다.
- 재고현황: 현재고, 수요자에게 배정한 재고량, 이미 발주한 생산 및 구매 주문 등에 관한 자료가 필요하다.
- 주문모형(주문정책): 적정 주문량 모형 및 적정 생산량 모형에 관한 자료가 필요하다.

2 기준생산계획의 역할

기준생산계획은 네 가지 중요한 역할들을 가지고 있는데 다음과 같다.

(1) MPS는 어떤 MPS 품목이 언제 얼마나 주문 또는 생산되는지를 제시하는 구매주문 및 생산을 계획한다.
(2) 자재소요계획은 MPS에 근거하여 반제품, 부품, 원재료 등 하위 품목의 주문시기 및 수량을 결정하게 하는 자재소요계획의 주요 투입자료이다.
(3) 총괄계획은 총괄적인 단위를 다루는 데 반해 MPS는 개략적 능력소요계획을 통하여 인력, 기계, 동력 등 생산자원의 필요량을 결정하는 기초자료로 활용된다.
(4) MPS는 생산이 계획된 제품을 고객의 실제주문에 할당하는 것에 의하여 어떤 제품이 언제 얼마나 약정되어 있는지를 추적할 수 있고, 약정되지 않은 수량에 대하여 주문 약정을 할 수 있게 되어 고객에게 물품의 인도를 사전에 약정할 수 있는 근거자료로 활용될 수 있게 한다.

▶▶ **필수예제**

총괄생산계획을 기준으로 보다 구체적으로 각 제품에 대한 생산시기와 수량을 수립하는 것을 기준생산계획(MPS)이라 할 때, 이를 수립하기 위해서 필요한 사항은?

📖 현재 재고량, 기간별 예측수요량, 주문정책 및 매개변수

3 기준생산계획표를 활용한 생산량과 발주량

MPS는 예측(계획)생산 제품의 경우(MTS)는 예상재고수준(Projected Available)을, 주문생산 제품인 경우(MTO, ATO, ETO 등)는 예상주문잔고(Projected Backlog)를 기간별로 산출하게하는 기준이 된다. 또한 추가로 요구되는 자재의 소요량을 산출하게 하고, 작업장별로 요구되는 생산능력을 산출하게 하는 기준이 되며, 고객이나 유통망에 납품 및 인도약속을 하는 약속가용량정보(ATP: Available-To-Promise)를 제공한다. 생산형태에 따른 MPS 및 최종 조립일정 대상품목은 다음의 그림과 같다.

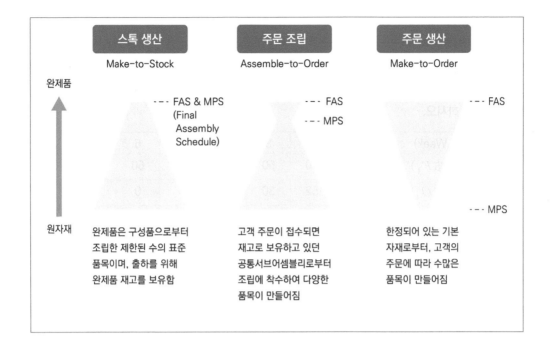

✅ CHECK
• MTS: 부품의 종류가 많고, 최종제품의 종류가 적은 경우에 유리함
• ATO: 부품의 종류와 각 부품 종류별 수량도 많으며, 최종제품의 종류가 적은 경우에 유리함
• MTO: 부품의 종류가 적고, 최종제품의 종류가 많은 경우에 유리함

(1) MPS 작성

MPS 작성은 대상품목의 예상보유재고(Projected On-hand Inventory) 수준 I_t를 계산하고 수요 충족을 위해 필요한 생산량(MPS수량)과 시기를 결정한다. 예상보유재고수준 I_t는 각 기간별로 그 수준이 '0' 이하가 될 경우(혹은 안전재고수준 이하)에는 새로운 MPS수량을 계획하게 되지만 '0' 이상일 경우에는 별도의 MPS를 계획하지 않는다.

안전재고량이 없거나 고려하지 않는 경우에, 예상보유재고수준(기말재고수준) I_t의 산출방법은 다음과 같다.

$$I_t = I_{t-1} + MPS_t - \max(F_t, O_t)$$

I_{t-1} = t 기간 직전의 예상보유재고수준

MPS_t = t 기간의 생산수량(MPS수량)

F_t = t 기간의 예측된 수요량

O_t = t 기간에 출하될 확정된 고객의 주문량(확정주문)

다음 표는 어떤 품목에 대한 MPS를 수립하기 위한 것이다. 이 품목의 로트(Lot) 크기는 200 단위, 조달기간은 0기간, 현재고수준은 100단위라고 하자. 이 품목의 각 기간별 기말재고와 MPS를 산출하시오.

기간(주, Week)		1	2	3	4	5	6	7	8
수요 예측량(F_t)		50	50	50	50	60	60	60	50
실제 주문량(O_t)		45	52	30	30	0	0	0	0
기말재고(I_t)	100	(50)	(198)	(148)	(98)	(38)	(178)	(118)	(68)
MPS			(200)				(200)		

해설 • 첫째 주의 기말재고(I_1)와 MPS 계산

   I_1 = 현재고(100)-[max{기간 1의 수요 예측량(50), 실제 주문량(45)}]

      = 100 - 50

      = 50(> 0)

   이 된다. 따라서 첫째 주 초기에 보유하고 있는 재고단위(100)로도 확정주문량(45)을 충족시킬 수 있으므로 별도의 MPS를 계획할 필요가 없는 것이다.

• 둘째 주의 기말재고(I_2)와 MPS 계산

   I_2 = 첫째 주의 기말재고(50)-[max{둘째 주의 수요 예측량(50), 실제 주문량(52)}]

      = 50 - 52(F_2 = 50 < O_2 = 52)

      = - 2(< 0)

   가 된다. 따라서 기초보유재고(50)가 예측된 수요(50)를 충족시키지 못할 수도 있으므로 둘째 주의 MPS수량은 200(로트 크기) 단위가 되며, 둘째 주의 기말재고 I_2를 동일한 방법으로 다시 계산하면,

   I_2 = 첫째 주의 기말재고(50) + MPS(200)-[max{둘째 주의 수요 예측량(50), 실제주문량(52)}]

      = 50 + 200 - 52

      = 198

   이 된다.

   본 필수예제에서는 조달기간(Lead Time)이 '0' 이라고 가정하였으므로 둘째 주에서 200 단위의 생산개시가 이루어지지만, 만약 조달기간(Lead Time)이 1주일이라면 첫째 주에서 생산이 개시되어야 함을 유의하기 바란다.

• 셋째 주의 기말재고(I_3)와 MPS 계산

   I_3 = 둘째 주의 기말재고(198)-[max{셋째 주의 수요 예측량(50), 실제 주문량(30)}]

      = 198 - 50(F_3 = 50 > O_3 = 30)

      = 148(> 0)

   이므로 수요 예측량이 실제 주문을 충족시킬 수 있으므로 별도의 MPS수량을 계획할 필요가 없다. 위와 같은 동일한 과정을 통해서 나머지 기간의 기말재고와 MPS를 산출할 수 있다.

(2) ATP 수량

MPS는 최종품목의 수요충족을 위한 생산의 시기와 수량에 대한 정보와 더불어 고객의 새로운 주문에 대한 납품 가능성 정보도 제공해 줄 수 있다.

확정(활용)가능수량(ATP: Available-To-Promise Quantity)이란 마케팅 부서에서 고객에게 특정한 기간까지 최종품목의 납품을 약속할 수 있는 수량을 말한다. 특정기간의 ATP는 그 기간에 계획된 MPS수량에서 다음번 MPS수량이 도래하기 전까지 확정된 고객주문량을 차감하는 것이 일반적이며, 단, 첫 주의 경우 MPS수량은 기초재고수량으로 대신한다.

◎ 확정(활용)가능수량(ATP)
- 고객이 원하는 납기에 주문품을 납품할 것을 약속할 수 있는 수량을 의미한다.
- 1 기간의 ATP = 기초재고보유량 + MPS수량 − (다음 차례의 MPS수량이 배정되어 있는 주의 직전까지 누적된 확정 주문)
- $ATP_1 = I_0 + MPS_0 -$ (다음 차례의 MPS수량이 배정되어 있는 주의 직전까지 누적된 확정 주문)

  I_0 = 기초재고보유량, MPS_0 = 1 기간의 MPS수량
- ATP_i = i 기간의 MPS수량 − 해당 누적 확정주문량

  첫 주 이후에는 MPS수량이 배정되어 있는 주에 대해서만 ATP를 산출한다.

앞에서 살펴 본 [필수예제]를 적용하여 ATP를 산출해 보면 다음과 같다.

첫 주의 ATP는 MPS가 계획되어 있지 않으므로 단순히 기초재고보유량 100에서 기간 1의 확정된 주문량(실제수요량) 45를 차감한 55 단위가 된다. 즉,

- $ATP_1 = I_0 + MPS_0 -$ (다음 차례의 MPS수량이 배정되어 있는 주의 직전까지 누적된 확정 주문)

  $= 100 + 0 - 45$

  $= 55$

둘째 주의 ATP는 MPS수량이 200 단위 계획되어 있고, 여섯째 주에도 200 단위 계획되어 있으므로 아래와 같이 산출할 수 있다.

- ATP_2 = 둘째 주의 MPS수량 − 해당 누적 확정주문량

  = 둘째 주의 MPS수량 − $(O_2 + O_3 + O_4 + O_5)$

  $= 200 - (52 + 30 + 30 + 0)$

$$= 200 - 112$$
$$= 88$$

둘째 주의 MPS(200 단위)와 ATP(88 단위)의 차이가 큰 이유는 3주차와 4주차의 실제 고객주문은 비교적 적고, 5주차에는 실제 고객주문이 없기 때문이다.

• ATP_6는 8주차에 MPS가 200 단위 계획되었다고 가정한 결과이다.

기간(주, Week)		1	2	3	4	5	6	7	8
수요 예측량(F_t)		50	50	50	50	60	60	60	50
실제 주문량(O_t)		45	52	30	30	0	0	0	0
기말재고(I_t)	100	50	198	148	98	38	178	118	68
MPS			200				200		(200)
ATP		55	88			(200)			

(3) 개략적 생산능력계획(RCCP, Rough-Cut Capacity Planning)

수요충족을 위한 MPS가 작성된 후에는 계획한 대로 작업장에서의 생산이 가능한지를 점검해야 한다. 전반적인 생산능력의 크기를 결정함에 있어서 중요한 역할을하는 핵심작업장(Critical Work Stations)들을 대상으로 초기의 MPS 실행 가능성을 점검하는 과정을 개략적 생산능력계획이라고 한다.

개략적 생산능력계획의 주요 목표는 MPS 상의 생산일정이 특정한 주(Week)에 초과부하(OverLoading)나 과소부하(UnderLoading)가 걸리도록 계획되어 있는지를 검토하여 필요에 따라 MPS의 내용을 수정토록 하는 데에 있다. 초과부하란 생산능력을 초과하도록 생산계획이 수립되어 있는 경우를 말하며, 과소부하란 생산능력에 비해 충분한 생산일정이 짜여 있지 않음을 의미한다.

▶▶ 필수예제

㈜동서울에서 생산하고 있는 신제품 모델은 A, B, C 세 가지가 있으며, 각각의 수요를 충족시키기 위해 필요한 MPS의 내용을 아래와 같이 정리하였다.

최종품목	로트 크기	주							
		1	2	3	4	5	6	7	8
A	200	200			200			200	
B	100	100		100		200		200	100
C	50		100		50		50		50

세 가지 품목 모두 자동검사작업장을 거쳐 생산이 완료되는데, 자동검사작업장은 전체 생산프로세스의 생산능력을 결정하는 핵심사업장이다. 자동검사작업장에서 요구되는 품목별 작업소요시간은 A: 0.2시간, B: 0.4시간, C: 0.6시간이다. 자동검사작업장은 매주 최대 50시간 운영할 수 있으며, 현재 2대의 자동검사장비를 가지고 검사작업을 실행하고 있다.

01
위의 품목들의 MPS가 실행 가능하다고 보는지 판단하시오.

 • 먼저 각 주별로 자동검사작업장에 걸리게 되는 작업부하(시간수)를 계산하면 다음과 같다.

최종품목	단위작업 소요시간	주							
		1	2	3	4	5	6	7	8
A	0.2	40			40		(40)	40	
B	0.4	40		40		80		80	40
C	0.6		60		30		30		30
총작업부하		80	60	40	70	80	30	120	70

• 각 주별 자동검사작업장의 총작업부하는 첫째 주의 경우, A 품목은(200 × 0.2 = 40시간), B 품목은 (100 × 0.4 = 40시간), 둘째 주의 C 품목은(100 × 0.6 = 60시간)이 되며, 나머지 부하도 동일 방법으로 산출할 수 있다. 여기서 주목할 것은 현재의 MPS가 실행 가능하겠느냐는 점이다. 현재 자동검사작업장의 총생산능력은 주당 50시간 × 2대인 100시간이다.
• 그런데 7주째의 총작업부하는 120시간이므로 이를 초과하고 있다. 따라서 이 경우에 7주에 계획되어 있는 A 품목의 200단위 생산과 B 품목의 200단위 생산은 불가능하게 된다.

02
만일 실행 불가능하다면 어떠한 조정이 필요하겠는지 그 방안을 제시하시오.

해설 • 현재의 MPS실행이 불가능하다면 MPS계획을 변경해야 한다. 즉, 재고유지비를 부담한다는 것을 전제로 예정보다 앞당겨 생산하거나 고객과의 접촉을 통하여 납기를 늦춤으로써 예정보다 지연시켜 생산토록 해야 한다. 그러나 고객과의 약속한 납기를 지연시키면 고객서비스 수준이 떨어지므로 가급적 대안을 마련하는 것이 바람직하다.
• A 품목의 생산을 1주일 앞당겨서(즉, 6주째로 옮김) 7주의 작업부하를 80시간으로 줄일 수 있다. 물론 6주의 작업부하는 현재의 30시간에서 70시간으로 증가하게 된다.
• 위와 같은 과정을 통해서 계획된 MPS의 실현가능성을 점검하여 기존의 생산능력을 고려한 MPS를 조정하는 것이 필요하다.

07 일정계획(Scheduling)

1 일정계획의 의미와 종류

기준생산계획에서 결정된 기일을 목표로 원재료·반제품 등의 소요 재료의 입수, 작업원, 설비의 확보를 순서표 등에 기초를 두어 결정하는 작업이 일정계획이다. 일정계획은 공정흐름을 원활히 하여 애로공정을 최소화하고 생산 Lead Time을 단축시킴으로써 가동율을 향상시킬 수 있는 장점이 있다. 일정계획은 판매, 생산, 재무(자금) 측면으로부터 검토해서 작성된 경영계획을 제조부분에 지시하기 위해 장기적 측면에서의 종합적인 생산일정계획은 장기 일정계획(Master Schedule)이라 하고, 이를 달성하기 위해 개개 작업 상호간의 연계작업 등을 감안하여 작업자나 기계에 대한 매일의 작업내용이 할당되는 것을 단기 일정계획(Detail Operating Schedule)이라고 한다. 이들 일정계획의 중간 정도로 제품별·부품별, 월간 또는 보름간 등의 작업내용이 할당되는 것을 중기 일정계획(Middle Schedule)으로 구분하기도 한다. 장기 일정계획은 3~10년간의 생산능력계획으로 1년 주기, 중기 일정계획은 6개월~1년간의 총괄생산계획으로 1개월 주기로, 단기 일정계획은 1개월~3개월간의 자재소요계획으로 1주 간격으로 수립할 수 있다.

(1) 장기 일정계획 수립

① 장기 일정은 설비 투자를 고려하여 생산능력을 산정하여 수립한다.
② 생산능력은 설비의 최대 산출량으로 산출 척도와 투입 척도를 사용하여 측정한다.
③ 수요예측을 기준으로 소요 생산능력을 산정한다.

(2) 중기 일정계획 수립

① 중기 일정은 총괄계획이며, 유사한 제품끼리 묶어서 계획을 수립한다.
② 수요변동에 따라 생산능력 범위에서 전술적인 의사결정을 한다.
③ 수요변동에 대응하기 위해 공격적 전략 또는 반응적 전략을 수립한다.

(3) 단기 일정계획 수립

① 개별제품, 부품 등에 대한 단기 계획을 수립한다.
② 기준생산계획(MPS: Master Production Schedule)을 수립한다.
  • 최종제품의 생산계획이다.
  • 총괄 제품을 개별제품, 부품 등으로 나눈다.

③ 자재소요계획(MRP: Material Requirement Plan)을 수립한다.
- 주일정계획(MPS)을 기준으로 수립한다.
- 최종제품 생산에 투입되는 개별부품의 생산일정을 수립한다.

2 일정계획에 영향을 미치는 요소

일정계획(Scheduling)은 설비·기계·인원 등 여러 자원을 동원해야 할 작업의 계획을 세우는 경우나, 많은 작업의 일정관리를 할 경우 등에 사용되는 방법을 총칭한다. 작업공정관리의 한 단계로서 절차계획에 의해 수립된 절차표를 구체적으로 작업에 옮기기 위한 시간적 계획이다. 공장의 생산일정을 입안할 경우는 생산일정계획, 프로젝트 일정을 입안하는 경우는 프로젝트 일정계획이라고 한다. 보통 생산일정계획을 말하며, 일정계획의 문제는 일반적으로 4가지 요소에 의하여 정의된다.

- 작업의 도착 유형에 따른 정적인 문제와 동적인 문제
- 기계 대수
- 작업의 흐름 유형
- 일정계획의 효율성 평가 기준

3 일정계획 수립을 위한 방침

합리적인 일정계획을 수립하기 위해서는 다음과 같은 방침에 따라야 할 필요가 있다.

(1) 작업흐름을 빠르게 관리하기 위해 가공 로트수와 이동 로트수를 가급적 최소화하며, 공정계열을 병렬화한다.
(2) 생산기간을 단축시키기 위해 재공품으로 인한 정체기간을 최소화해야 한다.
(3) 작업의 안정화와 가동률의 향상을 위해 각 공정 간에 여유를 부여해야 한다.
(4) 애로공정의 공정능력을 향상시켜야 한다.
(5) 모든 공정에 걸쳐서 전 작업 또는 전 공정의 작업기간을 동기화해야 한다.

▶▶ 필수예제

아래에서 설명하는 것은 무엇에 대한 내용인가?

- 생산계획에 따라 실제로 작업을 실시하기 위해 작업을 언제 시작할 것인지, 언제까지 완료할 것인지 등의 계획을 수립하는 것이다.
- 부품의 가공이나 제품 조립에 자재가 적기에 조달되고 지정된 시기까지 생산이 완료될 수 있도록 기계나 작업의 시간을 배정하고 일시를 결정하여 생산일정을 계획하는 것이다.

생산계획에 의해 실제로 작업을 실시하기 위해서는 생산에 필요한 작업(공정)을 언제 시작해서 언제까지 완료시킬 것인가에 대한 실행계획으로서의 일정계획이 수립되어야 한다. 즉, 부품가공 내지는 제품조립에 자재가 적기에 조달되고 이들 생산이 지정된 시기까지 완성될 수 있도록 기계 또는 작업을 시간적으로 배정하고 일시를 결정하여 생산일정을 계획하는 것이 일정계획이다. 📖 일정계획

08 프로젝트의 일정계획

1 PERT/CPM의 의미

통상적으로 일정계획은 설비·기계·인원 등 여러 자원을 동원하여 일을 처리할 일정소요계획을 수립하는 방법을 총칭한다. 예를 들어 어느 특정의 공장에서 몇 대의 기계와 몇 종류의 소재를 이용해 정해진 기계의 순서에 따라 가공할 경우, 가능하면 짧은 일수·시간에 가공을 종료해야 한다면, 위의 모든 요인들을 세부적으로 고려해 체계적인 일정계획을 수립하게 된다. 이때 기계의 대수 또는 소재의 종류 등이 적을 경우에는 간트 차트(Gantt Chart) 등을 사용하여 효율적인 계획을 얻을 수 있다. 한편, 토목·건설 공사 등의 경우에는 공사 전체를 구성하는 작업 수가 매우 많아, 이들 작업 간의 선행·후속 관계의 제약이 복잡할 수 있다. 이런 경우에 공사를 완료하는 데 필요한 총소요일수를 최소화하는 등의 효율적인 일정계획을 간트 차트만으로 작성·활용하기는 매우 어렵다. 이를 위해 PERT(Project Evaluation and Review Technique)/CPM(Critical Path Analysis) 기법을 사용하여 컴퓨터로 해결하는 일정계획이 수립된다.

PERT/CPM 기법에서는 공사 등의 작업 순서를 화살표 그림으로 표시하여, 일정 도표에서 총소요일수가 최소화하도록 계획을 세운다. 이를 바탕으로 작업 순서의 조정과 관리를 할 수 있도록 한다. 일정계획법에서는 Gantt Chart나 PERT/CPM에 의하여 총소요일수 및 시간을 최소화하는 것을 목적으로 할 뿐만 아니라 인력이나 비용 측면에서의 효율적인 계획을 포함시킬 수도 있다. PERT는 주어진 프로젝트가 얼마나 완성되었는지 분석하는 방법으로, 특히 각각의 작업에 필요한 시간을 계산함으로써 모든 프로젝트를 완료하는 최소시간이 어느 정도인지 알 수 있다.

이 모델은 1958년 부즈 엘렌 해밀턴과 은밀히 계약한 펜타곤의 특수 프로그램인 폴라리스 잠수함 발사 탄도미사일 프로젝트의 한 부문으로 개발되었다. 그 후 미국 정부에서는 여러 경영관리 측면에서 PERT 사용 약정을 맺었다. PERT는 1950년대에 발전되어 일정의 단순화와 대규모 복잡한 문제에 사용되었다. PERT는 프로젝트의 일정 중 정

확하게 알려지지 않은 세부요인과 지속기간에 대해 모든 프로젝트의 일정을 만들 수 있게 되어, 불확정한 일을 통합하는 것이 가능하였다. PERT는 여러 부문에서 사건 지향적 기술을 시작 — 완성 지향형보다 선호하게하는 계기가 되었다.

한편, CPM은 1950년대에 듀폰(Dupont)사가 개발하였다. 실험용의 모델 플랜트에 의하여 분해검사와 유지관리를 위하여 플랜트를 일시 폐쇄하는 프로젝트의 일정과 원가의 관리에 적용되었다. 이와 같은 시기에 제너럴 다이내믹스와 미국 해군이 PERT를 개발하고 있었다. 오늘날 이것은 건축, 소프트웨어 개발, 연구 프로젝트, 제품 개발, 공학을 비롯한 일반적으로 모든 형태의 프로젝트 일정관리에 쓰인다. 상호 활동을 하는 모든 프로젝트는 이러한 스케줄링 방식을 적용할 수 있다.

- PERT: 과거 실적이 없는 새로운 업무, 확률적인 추정치 이용, 단계 중심의 확률적 모델을 전개하여 최단기간에 목표를 달성하고자 함
- CPM: 과거 실적이 있는 경우, 활동 중심의 확정적 모델을 전개하여 목표 기일의 단축과 비용의 최소화 추구

---

2 네트워크 작성과 계산 원리

(1) 네트워크의 작성

네트워크는 어떤 프로젝트에 관한 계획구조와 순서를 표시하는 것이므로 활동의 흐름과 정보의 내용을 정확하게 나타내어야 한다. 즉, 진행되는 순서대로 원(Node/Event)과 화살표(Arrow/Dotted Arrow)로 표시해 나가는데 네트워크를 작성하기 전에 반드시 다음 정보를 명확히 해 두어야 한다.

프로젝트의 목적을 분명히 하고, 목적을 달성하기 위해 누가 무엇을 어떻게 할 것인지 책임의 구분과 소요자원의 할당이 정확하게 이루어져야 하고, 활동의 전·후 순서가 명확히 정의되어 있어야 한다. 이와 같은 세 가지 정보를 바탕으로 프로젝트를 분해함으로써 네트워크를 작성할 수 있다.

(2) 네트워크의 구성요소

① 단계: 단계(event/Node)는 선행단계의 작업활동의 완료임과 동시에 후속단계의 작업활동의 시작을 뜻하는 순간적인 시점으로서 원형의 기호(○)로써 표시한다. 그리고 한 개별활동의 착수단계를 (i)라고 하며, 완료단계를 (j)라고 한다. 한 활동의 착수단계와 완료단계를 event(ij)라고 한다.

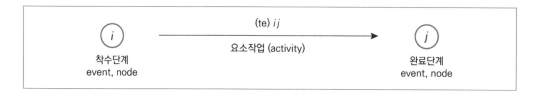

착수단계
event, node

(te) ij
요소작업 (activity)

완료단계
event, node

또한 전체 네트워크상에서 최초단계를 Initial Event라고 하며, 최종의 단계를 Terminal Event라고 한다. 이러한 단계는 다음과 같은 성질을 지니고 있다.

- 선행단계의 공정활동과 후속단계의 공정활동 사이를 표시한다.
- 작업의 개시 또는 완료를 의미한다.
- 기간 또는 자원을 일체 소비하지 않는 순간적인 시점이다.

✔ CHECK　네트워크 작성 시 요소작업을 표시하는 방법

3가지 기호	표시법	원명	명칭
요소작업의 내용	⟶	Aclivity	활동 또는 작업
요소작업의 구분	○ 또는 □	Event	단계
요소작업의 사전단계	- - - - ➤	Dummy Activity	명목상의 활동

- 마디상 활동(AON: Activity-On Node) 네트워크 일람도는 각 활동이 원(O)으로 표시된다.
- 화살표상 활동(AOA: Activity-On Arrow) 네트워크 일람도는 두 단계를 연결하는 화살표로 각 활동을 나탄낸다.

② 활동: 활동은 하나의 단계에서 다음 단계로 진행하기 위해 필요한 시간 및 자원을 표시하는 것으로 화살표(→)로써 나타낸다. 즉, 작업의 실시를 표시하며, 시간소비부분이며 인적, 물자, 장소, 설비 또는 기타의 자원을 필요로 하는 것이다. 이러한 내용을 그림으로 표시하면 아래와 같다.

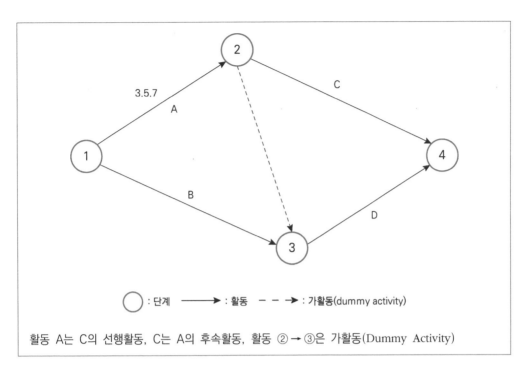

활동 A는 C의 선행활동, C는 A의 후속활동, 활동 ② → ③은 가활동(Dummy Activity)

위 그림에서 보면 원 내에 있는 1, 2, 3, 4는 각각 단계를 표시한다. 가령 ①에서 ②로 향하는 화살표는 작업 ①의 종료에서 작업 ②의 시작을 의미하고, 화살표에 기입된 숫자는 그 작업에 필요한 세 가지의 시간추정치인 낙관시간치, 비관시간치, 최적시간치를 표시한 것이다. 그리고 단계(event) ①은 두 개의 화살표가 출발하고 있는데, 이와 같이 두 개 이상의 화살표가 출발할 경우 이것을 분기단계라 하고, event ④와 같이 두 개 이상의 화살표가 결합되는 것을 합병단계라고 한다.

③ 가활동: 가활동(Dummy Activity)은 시간 또는 자원을 필요로 하지 않는 활동으로서 점선 화살표(┅▸)로써 표시한다. 즉, 실제의 작업이 아니라 다른 작업과의 상호관계를 표시하기 위해서 사용되는 모의화살표이다. 따라서 이것은 시간 또는 자원을 소모하지 않는다.

(3) 소요시간의 추정과 계산

① 활동(작업) 소요시간 t_e의 추정

네트워크를 작성한 다음에는 각 활동에 소요되는 시간을 추정하는데, 이때 해당 프로젝트 또는 관련활동과 유사한 경험 정보를 충분히 수집, 참고하여 추정치를 산출해야 한다. 각 작업활동에 대한 소요시간을 파악하는 데는 상당한 불확실성이 개재되어 있어서 장래의 활동에 대한 정확한 시간 산정은 불가능하기 때문이다. 따라서 단 한번만의 시간 추정에서 오는 불확실성을 줄이기 위해 통계적 분석방법인 세 가지의 시간개념을 적용해서 3점 견적을 하게 된다.

- 낙관시간치(Optimistic Estimate Time): 작업활동을 수행함에 있어 제여건이 정상적인 여건보다도 순조롭게 진행되어 가장 짧은 시간 내에 그 활동이 완료될 수 있는 시간으로, 'a'로 표시한다.
- 정상시간치(Most Likely Estimate Time): 작업이 정상적인 여건에서 이루어짐으로써 그 활동을 완성시킬 최적의 시간치로서 1점 견적을 취하며, 'm'으로 표시한다.
- 비관시간치(Pessimistic Estimate Time): 여건이 정상적인 범위를 벗어나서 일이 계획대로 되지 않을 때 그 활동을 완성시키는 데 소요되는 최장의 시간치이다. 이때 천재지변이나 화재 등과 같은 돌발적인 사고의 경우는 제외한다. 'b'로 표시한다.

> 낙관시간치(a) < 최적시간치(m) < 비관시간치(b)

세 가지의 시간 추정이 되면 활동소요시간을 추정하는데 이를 예정시간치(te, Expected Activity Time)라 한다. 각 활동의 시간은 베타 확률분포로부터 무작위로 도출된 확률변수로 간주하며, 이 분포는 정상시간(m)이 비관시간(b)과 낙관시간(a) 사이에서 어디에 위치하느냐에 따라 여러 가지 모양을 가질 수 있다.

각 활동시간에 대한 베타 확률분포의 평균과 분산을 도출하는 것은 복잡하지만, 평균은 다음과 같이 3가지 시간추정치의 가중평균으로 추정할 수 있다.

$$t_e = \frac{a + 4m + b}{6}$$

각 활동시간의 분산(σ^2)은 아래와 같이 추정한다.

$$\sigma^2 = \left(\frac{b-a}{6}\right)^2$$

이는 비관시간치와 낙관시간치의 차를 6으로 나누어 제곱한 값이므로 범위가 클수록 분산도 커서 그 활동에 소요될 예정시간치(기대소요시간)에 대한 불확실성도 크다고 할 수 있다. 그러나 분산(σ^2)이 작다면 a와 b의 차이가 작을 것이므로 예정시간치가 보다 정확하다는 것을 의미한다. 따라서 분산(σ^2)값은 바로 불확실성의 척도가 된다.

② $(TE)_i$와 $(TL)_i$의 산출

• 단계에 대한 전진후진계산법

단계에 대한 전진후진계산법을 설명하기 위해 먼저 각 단계가 일어날 수 있는 가장 빠른 시간 TE(Earliest Time)와 가장 늦은 시간 TL(Latest Time)을 다음과 같이 정의한다.

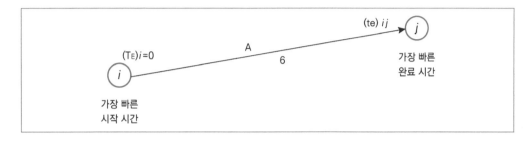

• $(TE)i = 0 \rightarrow TE =$ 어떤 단계가 일어날 수 있는 가장 빠른 시간, $(TE)i$에서 i는 단계 ①를 의미한다.
• $(TL)i =$ 프로젝트의 완료시간을 지연시키지 않으면서 어떤 단계가 일어날 수 있는 가장 늦은 시간이다.

단계에 대한 전진후진계산법에서는 TE를 전진계산에 의해 구하고 TL을 후진계산에 의해 구함으로써 프로젝트의 최단완료시간과 주공정을 찾는다.

다음의 예제를 통해서 $(TE)_i$와 $(TL)_i$을 각각 산출하는 과정에 대해 설명한다.

▶▶ 필수예제

다음의 네트워크에 대해 $(TE)_i$, $(TL)_i$을 각각 산출하시오.

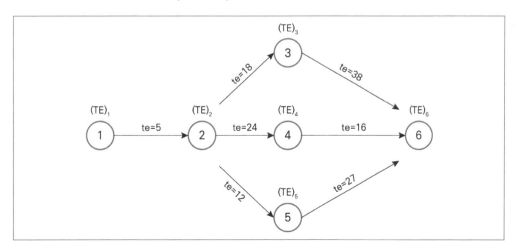

해설 (1) $(TE)_i$ 산출

TE의 계산은 전진계산(Forward Pass Rule)을 하게 되는데 선행단계의 TE에 후속활동의 te(예정시간치 또는 기대소요시간)값을 가산하면서 최종단계로 나아가는 계산법이다.

이때 최초단계의 TE값은 0(TE = 0)이 되는데, 그 단계 이전에는 활동이 존재하지 않기 때문이다. 만약에 단계가 여러 활동들에 의해 묶이는 합병단계의 경우는 각 활동경로(Path)별로 선행단계의 TE에 후속활동 te를 합해서 얻은 수치 중에서 최대치를 그 단계의 TE값으로 취한다.

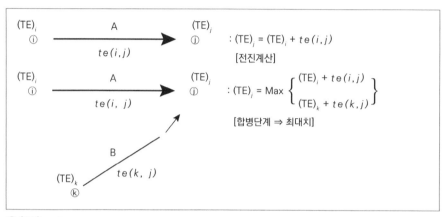

① $(TE)_1 = 0$

② $(TE)_2 = (TE)_1 + (t_e)_{1,2} = 0 + 5 = 5$

$(TE)_3 = (TE)_2 + (t_e)_{2,3} = 5 + 18 = 23$

$(TE)_4 = (TE)_2 + (t_e)_{2,4} = 5 + 24 = 29$

$(TE)_5 = (TE)_2 + (t_e)_{2,5} = 5 + 12 = 17$

③ 단계 6에 대한 경로는 ③ → ⑥, ④ → ⑥, ⑤ → ⑥의 세 경로가 있으므로

$(TE)_3 + (t_e)_{3,6} = 23 + 38 = 61(\max)$

$(TE)_4 + (t_e)_{4,6} = 29 + 16 = 45$

$(TE)_5 + (t_e)_{5,6} = 17 + 27 = 44$

위의 3가지 값 중에서 최대치는 61이므로 $(TE)_6$의 값이 된다. 필수예제의 가장 빠른 완료 예정일은 61이다.

(2) $(TL)_i$ 산출

어떤 단계의 TL은 이 단계에 도달해야 할 가장 늦은 허용시간으로서 이는 TE에 대응되는 개념이며, 허용의 범위는 최종 완성일정에 영향을 주지 않는 범위를 말한다. 만약 이 시간치보다 늦게 도달하면 프로젝트에 소요되는 총시간이 그만큼 연장되게 된다. 이의 계산은 후진계산(Backward Pass Rule)으로서 반드시 최종단계로부터 시작하여 착수단계 방향으로 역산하는데, 후속단계의 TL값에서, 선행 활동의 te값을 감산하여 선행단계의 TL값을 구한다.

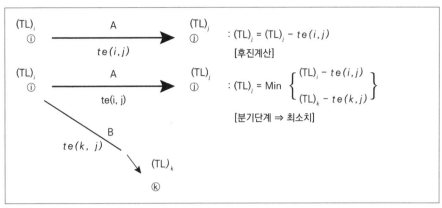

이때 최종단계의 TL값은 바로 그 단계의 TE값과 같으며, 후진계산 중에 분기단계에서는 각 경로의 최소치를 그 단계의 TL값으로 한다.

- 최종단계의 TE = TL이므로 $(TL)_6 = 61$
- 어떤 단계가 분기단계가 아닐 때는 그 단계의 TL은 후속단계의 TL에서 선행활동의 te를 감산하여 구한다.

$$(TL)_3 = (TL)_6 - (t_e)_{3,6} = 61 - 38 = 23$$

$$(TL)_4 = (TL)_6 - (t_e)_{4,6} = 61 - 16 = 45$$

$$(TL)_5 = (TL)_6 - (t_e)_{5,6} = 61 - 27 = 34$$

- $(TL)_3 - (t_e)_{2,3} = 23 - 18 = 5$

$$(TL)_4 - (t_e)_{2,4} = 45 - 24 = 21$$

$$(TL)_5 - (t_e)_{2,5} = 34 - 12 = 22$$

이 세 개 중의 최소치는 5이며, 이것이 $(TL)_2$의 값이 된다. 즉, $(TL)_2 = 5$가 되며, 착수단계의 TL값은 역시 TE값과 마찬가지로 0이 된다.

단계	TE	TL
1	0	0
2	5	5
3	23	23
4	29	45
5	17	34
6	61	61

③ 단계 여유시간 S(Slack Time)의 계산

각 단계의 TE와 TL을 구하게 되면, 최종단계에서 최종일정이 변경되지 않는 범위 내에서 각 단계마다 여유시간을 계산할 수 있게 된다. 이 여유시간은 TL과

TE의 차(TL − TE)로 계산되는데, 이를 여유(S: Slack)라고 한다. 예를 들면, 빨리 하면 10월 1일부터 시작할 수 있는데 전체사업의 완료시점에 지장을 주지 않으면서 가장 늦게 착수해도 되는 시점이다. 계산방법은 다음과 같다.

$$S = TL - TE$$

- 정여유(Positive Slack): S > 0, 단계여유가 있음, 자원의 과잉 상태를 의미함
- 영여유(Zero Slack): S = 0, 단계여유가 없음, 자원의 적정 상태를 의미함
- 부여유(Negative Slack): S < 0, 단계여유가 부족함, 자원의 부족 상태를 의미함

(4) 주공정(Critical Path)의 결정

각 활동이 언제 착수하여 언제 끝낼 수 있는가, 어느 단계의 완료시점은 언제이며, 여유는 얼마나 되는가, 중점관리를 요하는 주공정은 어느 것인가 등을 알아야 한다. 이러한 분석은 프로젝트의 진척통제는 물론, 재계획 및 조정에 중요한 정보를 제공해 준다. 프로젝트 완료기간을 결정하기 위해서는 주공정이라는 개념을 먼저 알아야 한다. 공정(Path)이란 출발단계에서 최종단계에 이르는 어떤 활동들을 순서대로 연결한 것이다. 즉, 최초 시작단계에서 최종 완료단계에 이르는 경로이다.

여러 개의 공정 중에서 가장 중요한 공정은 그 공정상에 있는 모든 활동을 완료하는 데 소요되는 기간이 가장 긴 주공정이다. 주공정(Critical Path)이란 프로젝트에 포함된 여러 개의 공정 중 그 공정상의 모든 활동을 완료하는 소요시간이 최대인 공정으로, 프로젝트 전체의 완료시간을 결정한다. 주공정상에 있는 활동, 즉 주공정 활동의 어느 하나가 지연이 되면 그 프로젝트 완료가 지연이 된다. 따라서 주공정은 그 프로젝트를 완료하는 데 소요되는 기간을 결정한다. 그러므로 그 프로젝트의 완료기간을 단축시키려면 주공정상에 있는 활동의 완료기간을 단축시켜야 한다.

(5) 예정달성기일의 성공확률 추정

예정달성기일(TS: Scheduled Completion Date)이 주어진 경우에 프로젝트가 TS에 완료될 확률을 의미한다.

$$Z = \frac{TS - \sum_{i=1}^{k}(t_e)_i}{\sqrt{\sum_{i=1}^{k} \sigma_i^{\,2}}}$$

여기서 k는 활동의 수, $\displaystyle\sum_{i=1}^{k}(t_e)_i$는 주경로의 각 활동소요시간의 합, σ_i^{2}는 주경로상의 각 활동소요시간의 분산이다. Z는 프로젝트가 예정일 TS에 완료될 확률의 표준정규분포값(표준화 변수)이다.

▶▶ 필수예제

아래의 활동과 단계에 대해 물음에 답하시오.

활동		활동
선행단계	후속 단계	
1	2	a
1	3	b
1	4	c
2	5	d
3	5	e
4	5	f
5	6	g

01
네트워크 작성과 일정계산

 해설

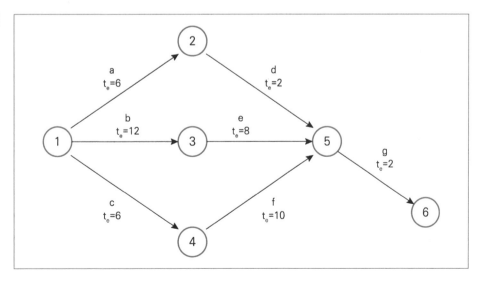

02
TE, TL 계산 및 주공정 발견

 해설

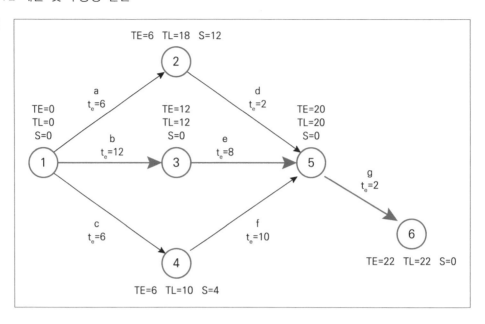

03
단계 시간에 의한 일정 계산

해설
- 주공정의 활동: b → e → g
- 주공정의 기대시간치와 분산
- 예정달성기일(TS)이 23일 때 프로젝트가 TS 이전에 완료될 확률

활동		활동	추정 시간치			기대 시간치	표준편차
선행 단계	후속 단계		낙관치 a	정상치 m	비관치 b		
1	2	a	5	6	7	6	0.11
1	3	b	10	12	14	12	0.44
1	4	c	4	6	8	6	0.44
2	5	d	1	2	3	2	0.11
3	5	e	7	8	9	8	0.11
4	5	f	8	10	12	10	0.44
5	6	g	1	2	3	2	0.11

04
예정달성기일의 성공확률 추정

[해설]

$$Z = \frac{TS - \sum_{i=1}^{k}(t_e)_i}{\sqrt{\sum_{i=1}^{k}\sigma_i^2}} = \frac{23 - 22}{\sqrt{0.44 + 0.11 + 0.11}} = \frac{1}{\sqrt{0.66}} = 1.2309$$

$$P(X \leq TS) = P(X \leq 23) = P(Z \leq \frac{23-22}{0.66}) = P(Z \leq 1.2309) = 0.89$$

• 표준정규분포값

P(Z≤z)	90%	95%	98%	99%
z	1.28	1.65	2.05	2.33

▶▶ 필수예제

활동소요시간을 추정하기 위해 PERT/Time 3점 견적법을 적용하고자 한다. 3개의 시간추정치가 아래와 같을 때, 기대시간치(Expected Time)를 추정하시오(단 3개의 시간추정치 모두 β분포를 따른다).

• 낙관시간치(Optimistic Time) = 3일
• 정상시간치(Most Likely Time) = 5일
• 비관시간치(Pessimistic Time) = 7일

[해설] 기대시간치 = (낙관시간치 + 정상시간치 × 4 + 비관시간치) / 6
= [3 + (5 × 4) + 7] / 6 = 30 / 6 = 5일   **[탑]** 5일

3 PERT/CPM의 장점

PERT/CPM에서 주요한 개념으로 활용하고 있는 네트워크 기법의 원리는 종래 작업계획과 통제수법으로 사용하는 간트차트의 결점을 보완하고 개선한 것이라 할 수 있다. PERT/CPM의 장점을 살펴보면 다음과 같다.

(1) 네트워크를 작성하여 분석하므로 상세한 계획을 수립하기 쉽고 변화나 변경에 대하여 곧 대처할 수 있다.

(2) 네트워크를 사용하여 전체 활동을 파악하여 활동 착수 전에 네트워크상의 문제점을 명확히 종합적으로 파악할 수 있으며, 중점관리가 가능하다.

(3) 네트워크상의 애로활동과 여유활동을 명확히 구별할 수 있으므로 총소요기간의 신뢰 정도가 높아진다.

(4) 인원 및 특수시설 등 사용에 제한이 있는 자원들을 주공정(Critical Path) 활동으로 우선순위를 주거나 시점이 가까운 활동 사이에 자원계획의 수립으로 자원의 효율화를 기할 수 있다.

(5) 시간을 단축하고 비용을 절감할 수 있다.

01
2018년
3회

노동생산성이 아닌 것은?

① 노동시간당 산출량
② 교대조별 산출량
③ 전력사용시간당 산출량
④ 노동시간당 산출물의 화폐가치

해설 전력사용시간당 산출량은 에너지 생산성이다. 생산성 = 산출량/투입량   답 ③

02
2018년
3회

제품의 수명주기 중 도입기의 특징은?

① 수요와 매출이 증가한다.
② 제품가격이 낮아지기 시작하고 이익이 늘어난다.
③ 수요가 지속적으로 감소하며 대체 제품이 등장한다.
④ 제품 판매량이 작고 매출 증가율이 낮은 것이 일반적이다.

해설 ①과 ②는 성장기, ③은 쇠퇴기의 특징이다.
도입기 → 성장기 → 성숙기 → 쇠퇴기   답 ④

03
2018년
3회

연속생산공정에 관한 설명 중 가장 적절하지 않은 것은?

① 전문적인 숙련된 노동력이 필요하다.
② 생산시스템이 완전히 자동화되어 있다.
③ 이러한 공정을 이용하는 산업을 장치산업이라고 한다.
④ 효율성 측면에서는 장점이 있지만, 유연성은 매우 떨어진다.

해설 연속생산(Flow Shop) 방식은 작업자의 기술수준이 낮은 편이다.   답 ①

04
2018년
3회

다음 수요예측기법의 종류 중 정성적 예측기법은?

① 델파이법
② 회귀분석법
③ 이동평균법
④ 지수평활법

해설 델파이법은 여러 전문가들의 의견을 수집하여 이 의견들을 요약 정리한 후 다시 전문가들에게 배부하여 합의가 이루어질 때까지 반복적으로 서로의 의견을 논평하게 한다.   답 ①

05
2018년
3회

총괄생산계획과 관련하여 기업이 사용할 수 있는 전략들에 대한 설명으로 옳지 않은 것은?

① 수요가 증가하면 신속하게 신설비를 도입한다.

② 수요의 변동에 따라 노동력의 규모를 조정한다.

③ 수요의 변동에 따라 잔업이나 유휴시간을 조정한다.

④ 생산율과 고용수준은 일정하게 유지하고 재고수준을 조정한다.

해설 수요가 증가하면 작업인원, 조업시간, 아웃소싱 등을 고려해야 한다. 답 ①

06
2018년
3회

다음 [보기]가 설명하는 예측기법으로 적절한 것은?

> [보 기]
>
> 과거 판매자료가 갖고 있는 변화를 추세변동, 주기변동, 계절변동, 불규칙변동으로 구분하여 각각을 예측한 후 이를 결합하여 미래수요를 예측하는 방법으로 계절성이 있는 소비재의 경우에 많이 사용하며 많은 기간의 과거자료가 필요한 예측기법이다.

① 분해법   ② 회귀분석법

③ 확산모형법   ④ 지수평활법

해설 분해법은 과거 판매자료의 변화를 추세(경향), 주기, 계절, 불규칙 변동으로 구분하여 예측하고 이를 다시 결합해서 예측하는 기법이다. 답 ①

07
2018년
3회

A기업의 금년도 5월의 컴퓨터 판매예측치의 금액은 24억원이고 5월의 실제 판매금액이 32억원이었다. A기업의 6월의 판매예측치를 단순 지수평활법으로 계산하면 얼마인지 숫자만 쓰시오(지수평활계수: 0.3).

해설 26.4억원 예측치 = (전기 매출액 × 평활상수) + [전기 예측치 × (1 − 평활상수)] 답 26.4

08

다음 [보기] 괄호 안에 적절한 용어를 영어로 쓰시오.

> **[보 기]**
>
> 일반적인 BOM은 여러 종류의 부품들을 조립하여 상위 부품/제품을 만드는 형태로 묘사된다. 그러나 화학이나 제철과 같은 산업에서는 적은 종류 또는 단일한 부품이나 원료를 가공하여 여러 종류의 최종제품을 만든다. 나무가 뒤집힌 형태 즉, 역삼각형 형태의 BOM을 (   ) BOM이라고 부른다.

📋 Inverted BOM

09

컴퓨터 모니터를 생산하는 공장에서 10시간 작업하여 10대를 생산하였다. 그러나 현재는 공정을 개선한 결과 동일한 양을 생산하는 데 8시간 소요된다. 현재의 생산성은 얼마인가?

① 1.00
② 1.25
③ 1.50
④ 2.00

해설 산출 / 투입 = 10 / 8 = 1.25   답 ②

10

신제품 개발 시 그 수요를 예측하는 예측기법은?

① 시장조사법
② 수명주기유추법
③ 지수평활법
④ 패널동의법

해설 제품의 Life Cycle의 단계적 특징을 고려하는 방법이다.   답 ②

11

이동평균법에 관한 설명 중 틀린 것은?

① 기간수(N)가 커지면 안정적인 예측치가 된다.
② 기간수(N)가 커지면 수요의 변화에 잘 적응한다.
③ 경영자는 평균에 사용될 과거의 기간수(N)를 결정한다.
④ 과거의 몇 기간의 실제치를 평균하여 예측치로 사용한다.

해설 수요예측은 기간수(N)가 커지면 수요의 변화를 반영하지 못하는 것이 일반적이다.   답 ②

12
2018년
4회

선박이나 비행기와 같이 고객의 주문에 따라 설계부터 제조, 조립을 하는 업체들의 제조 전략에 적합한 생산시스템의 형태는?

① ATO(Assemble – To – Order)
② ETO(Engineer – To – Order)
③ MTO(Make – To – Order)
④ MTS(Make – To – Stock)

해설 ETO(Engineer-To-Order)은 Lead Time이 제일 길다. 답 ②

13
2018년
4회

Job Shop 생산방식의 특징으로 적절하지 않은 것은?

① 소량생산이 이루어지므로 공장의 구성이 유동적이다.
② 항공기, 치공구, 가구, 기계장비 등 주문자 요구에 의한 방식이다.
③ 작업장은 여러 종류의 부품을 가공해야 하므로 범용성 있는 장비가 사용된다.
④ 작업 대상물이 필요한 작업장으로만 이동되며 제품이나 생산량의 변경이 어렵고 재공재고가 많다.

해설 작업 대상물이 필요한 작업장으로만 이동되며 제품이나 생산량의 변경이 쉽고 재공재고가 많다.
답 ④

14
2018년
4회

채찍효과(Bull Whip Effect)에 대한 설명으로 틀린 것은?

① 공급사슬관리의 조정활동이 잘 되지 않고 전체 공급망상에서 수익성이 높아진다.
② 소비자로부터 시작된 변화가 소매상과 도매상을 거쳐서 제조업체로 넘어오면서 그 변화가 상당히 부풀려진다.
③ 여러 단계에 걸쳐서 수요에 대한 다양한 현상이 나타나므로 공급망상에서 수요 정보를 왜곡시키는 결과를 일으킨다.
④ 소비자들이 주문을 약간 늘리면 소매상들은 주문을 조금 더 많이 하고 도매상들은 아주 많이 하며 제조사는 과잉 생산한다.

해설 공급사슬관리의 조정활동이 잘 되지 않고 전체 공급망상에서 수익성이 낮아진다. 답 ①

15

2018년
4회

다음 BOM 정보를 이용하여 Level 0의 제품 A를 10개 제조하려고 한다. 이때 필요한 원자재 E의 순소요량을 얼마인지 숫자로 쓰시오.

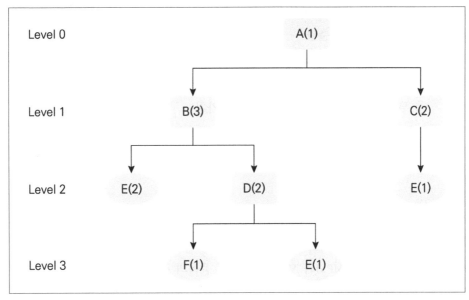

Level 0   A(1)

Level 1   B(3)   C(2)

Level 2   E(2)   D(2)   E(1)

Level 3   F(1)   E(1)

해설   B(3) × 10 = 30, C(2) × 10 = 20, E(2) × 30 = 60, D(2) × 30 = 60, E(1) × 20 = 20,
F(1) × 60 = 60, E(1) × 60 = 60
140 = 60 + 20 + 60   답 140

16

2018년
4회

다음 네트워크 다이어그램에 따른 프로젝트의 소요시간은 몇 주인지 숫자로 쓰시오.

5주
내부설계   4

6주
개조

4주
사무실 배정   2

6주
비품발주   5

3주
비품설치

2주
개시준비   7   8

1

3주
직원선발   3

7주
직원교육   6

6주
테스트

해설   ①→②→④→⑤→⑦→⑧ 20주 = 4 + 5 + 6 + 3 + 2(주공정, Critical Path)   답 20

17

2018년
5회

생산이란 생산요소를 유형·무형의 산출물로 변환시킴으로써 효용을 산출하는 과정을 의미한다. 생산성을 측정하는 생산성 척도는 측정목적에 따라 다르게 선택된다. 다음 중 노동생산성의 척도로 보기 어려운 것은?

① 노동시간당 산출량

② 교대횟수당 산출량

③ 노동시간당 산출물의 화폐가치

④ 투자된 화폐단위당 산출물의 화폐가치

해설 투자된 화폐단위당 산출물의 화폐가치는 자본생산성이다.　　　　　　답 ④

18

2018년
5회

자재명세서(BOM)에 관한 설명으로 옳지 않은 것은?

① 모품목을 생산하는 데 필요한 자품목의 종류와 수량을 정의한다.

② 주생산계획(MPS)과 연계하여 하위 품목의 구매 및 생산일정을 수립하는 데 활용된다.

③ Engineering(설계) BOM은 제품을 기능 중심으로 표현한 것으로서 MRP의 입력자료이다.

④ Modular(모듈) BOM은 최종제품의 옵션이 다양한 경우에 BOM 데이터를 효과적으로 관리하는 데 활용할 수 있다.

해설 MRP의 입력자료는 MPS(기준생산계획), BOM(자재명세서), IRF(재고기록철)이다.　　답 ③

19

2018년
5회

과거의 판매 실적 자료를 분석하여 제품 수요의 주기변동(Cycle), 추세변동(Trend), 계절변동(Seasonality)을 예측하고 이들을 결합함으로써 미래의 수요를 예측하는 시계열 분석 기법은?

① 지수평활법　　　　　　　　② 분해법

③ 회귀분석　　　　　　　　　④ 이동평균법

답 ②

20
2018년
5회

제품의 수명주기 중 도입기의 특징이 아닌 것은?

① R&D, 제품과 공정 설계   ② 수요와 매출이 증가

③ 제품판매량이 적다.   ④ 매출 증가율이 낮다.

해설 수요와 매출 증가는 성장기의 특징이다.   **답** ②

21
2018년
5회

프로젝트 공정에 관한 설명 중 적절하지 않은 것은?

① 일반적으로 생산 소요시간이 길다.

② 전적으로 고객의 주문에 따라 생산활동이 이루어진다.

③ 수요예측이 중요시된다.

④ 대규모의 자본과 자원이 투입된다.

해설 프로젝트 공정은 고객의 주문에 의존한다.   **답** ③

22
2018년
5회

다음 중 기준생산계획(MPS)를 위해 필요한 요소가 아닌 것은?

① 기간별 수요량(예측치)   ② 현재고량

③ 주문정책   ④ 유휴비용

해설 수요예측치, 현재고량, 주문방식 등이다.   **답** ④

23
2018년
5회

공급망상에서 수요정보를 왜곡시키는 결과를 야기하는 것으로 소비자로부터 시작된 변화가 소매상과 도매상을 거쳐서 제조업체로 넘어오면서 그 변화가 상당히 부풀려지는 현상은 무엇인가? (한글로 작성)

답 채찍효과(Bullwhip Effect)

24
2018년
5회

[보기]는 무엇에 대한 설명인지 영문 대문자 약자로 쓰시오(예 BOM).

[보 기]
• 완제품 재고를 보유하여 고객의 주문에 따라 공급한다.
• 대부분의 공산품, 저가품의 전략이다.
• 소품종 대량생산이므로 옵션이 적다.

답 MTS(Make to Stock)

25

2018년
6회

특정 제품이 어떤 부품들로 구성되는가에 대한 데이터인 BOM(Bill of Material)은 활용하는 목적에 따라 다양한 종류가 있다. 다음 중 다양한 BOM에 대한 설명으로 잘못된 것은?

① Manufacturing BOM: 생산 관리부서 및 생산현장에서 사용되는 BOM으로 제조공정 및 조립공정의 순서를 반영한다.

② Percentage BOM: 제품군을 구성하는 제품 또는 제품을 구성하는 부품의 양을 백분율로 표현한 BOM이다.

③ Common Parts BOM: 실제로는 보관장소에 존재하지 않는 품목이나 조립의 순서를 나타내기 위해 사용한다.

④ Modular BOM: 옵션과 공통부품들로 구성되는 BOM이다.

[해설] Common Parts BOM: 제품이나 제품군에 필요한 부품들을 취합한다. 답 ③

26

2018년
6회

상품이나 서비스의 수요와 그 수요에 크게 영향을 미칠 것이라고 생각되는 요인과의 관계를 상관분석을 통해 산포도나 상관계수 등으로 밝히고 그 관계를 선형모형으로 만들어 미래의 수요를 예측하는 방법은?

① 지수평활법   ② ARIMA(시계열)

③ 회귀분석   ④ 이동평균법

[해설] 회귀분석법은 정량적 예측방법이며, 인과모형 분석법이다. 답 ③

27

2018년
6회

연속생산방식(Continuous Production)의 특징으로 거리가 먼 것은?

① 전용기계를 많이 활용함   ② 소품종대량생산에 적합함

③ 공정관리가 비교적 단순함   ④ 공장 내의 물자 이송량이 많음

[해설] 공장 내의 물자 이송량이 적음 답 ④

28

2018년
6회

총괄생산계획을 보다 구체적으로 생산시기와 수량을 수립하는 것은?

① APP   ② MPS

③ MRP   ④ CRP

[해설] MPS(기준생산계획) 답 ②

29

2018년
6회

㈜한국의 금년도 11월의 컴퓨터 판매예측치의 금액은 24억원이고 11월의 실제 판매금액이 32억원이었다. ㈜한국의 12월의 판매예측치를 단순 지수평활법(Exponential Smoothing)으로 계산하면 얼마인가? (지수평활계수는 0.2이다.)

① 23.8억원
② 25.6억원

③ 28.3억원
④ 30.4억원

해설 (전기 매출액 × 평활상수) + [전기 예측치 × (1 - 평활상수)]
= (32억 × 0.2) + (24억 × 0.8) = 25.6억원
답 ②

30

2018년
6회

다음 중 합리적인 일정계획의 수립원칙이 아닌 것은?

① 생산기간의 연장
② 생산활동의 동기화

③ 애로공정의 능력증강
④ 작업의 안정화와 가동률의 향상

해설 생산기간의 단축
답 ①

31

2018년
6회

다음은 뱃치(Batch)방식으로 생산되고 안전재고 0인 제품A의 주생산계획(MPS)이다. 제품A의 2주차 납품가능수량(ATP: Available-to-Promise)는? (숫자만 기입할 것, 단위: 개)

현재고 = 1,500, 1회 생산 Batch 크기 = 2,500

주	1	2	3	4
수요 예측량	1,000	1,000	1,000	1,000
실제주문량	1300	800	400	300
기말재고	200	1700	700	2200
MPS		2500		2500
ATP	200	( )		

해설 • 2주와 3주 주문량 = 800 + 400 = 1,200
• 2주의 MPS = 2,500이므로 2,500 - 1,200 = 1,300
답 1,300

32
다음의 PERT/CPM 네트워크 계획공정표에서 가장 빠른 예상 완료일은? (숫자만 기입할 것, 단위: 일)

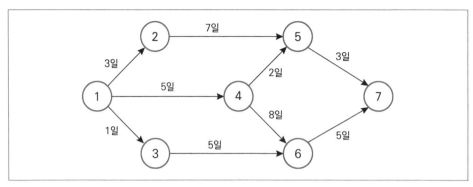

해설 ① → ④ → ⑥ → ⑦, 18 = 3 + 5 + 8 + 5   답 18

CHAPTER 03 공정관리

SECTION 01 공정관리

01 공정관리의 개념

　미국기계공학회인 ASME(American Society of Mechanical Engineers)에서는 "공정관리란 공장(생산공정)에서 원자재로부터 최종제품에 이르기까지 원재료나 부분품의 가공 및 조립의 흐름을 순서 있고 능률적인 방법으로 계획(Planning)하고, 작업이나 공정순서를 결정하고(Routing), 예정을 세워(Scheduling) 작업을 할당하며(Dispatching) 독촉하는 (Expediting) 절차"라고 정의하였다. 즉, 일정한 품질과 수량의 제품을 적기에 생산할 수 있도록 인적 노력과 기계설비 등의 생산자원을 합리적으로 활용하는 것을 목적으로 공장에서의 생산활동을 총괄적으로 관리하는 것이다.

1 공정관리의 목표

　공정관리는 완성품의 제조 현장에 투입되는 생산 자원들의 효율적인 배분과 운영을 계획하고 통제하는 업무이므로 계획생산인 경우에는 가동률이나 조업도가 중요하며, 주문생산인 경우에는 고객의 주문에 대한 납기를 준수하는 것이 무엇보다도 중요할 것이다.

(1) 대외적 목표

　현재의 생산 자원(설비 및 작업자 등)을 효율적으로 배분하고 운영하여 고객이 원하는 주문량과 납기를 충족시키며, 예상치 못한 생산 환경의 변화에 대처할 수 있는 능력을 보유하는 것이다.

(2) 대내적 목표

생산 공정에서 작업자와 설비의 대기시간을 최소화하여 가동률과 조업도를 향상시키고 원자재나 재료비를 절감하며 사이클 타임(Cycle Time)을 단축하는 것이다.

2 공정관리의 기능

공정관리의 기능은 크게 계획기능과 이에 따른 통제기능으로 대응시켜서 구분하는 것이 일반적이며, 여기에 감사기능을 추가하는 경우도 있음을 참고하기 바란다.

(1) 계획기능은 생산계획이나 주문정보를 기초로 구성제품을 전개하여 가공순서를 결정하고(절차계획), 작업공수를 결정하며(공수계획), 자원의 부하 배분을 통한 일정계획을 수립하는 것이다.
(2) 통제기능은 계획기능에 대응되는 기능으로서, 절차계획에서 결정된 작업지시를 내리고(작업배정), 현재 진행 중인 작업의 시작부터 완료까지의 진도를 관리하며(진도관리), 부하와 능력을 조정해서 균형을 이루도록 관리(여력관리)하는 것이다.

▶▶ 필수예제

01

( )기능은 생산계획을 통칭하는 것으로서 공정계획을 행하여 작업의 순서와 방법을 결정하고, 일정계획을 통해 공정별 부하를 고려한 개개 작업의 착수시기와 완성일자를 결정하며 납기를 유지하게 한다.

🔖 계획(기능)

02

( )기능은 실행 결과를 상호 비교 검토하여 차이를 찾고 그 원인을 추적하여 적절한 조치를 취하며, 개선하여 생산성을 향상시키는 기능이다.

🔖 감사(기능)

---

02 공정(절차) 계획(Routing)

절차계획이란 공정계획이라고도 하며, 작업의 절차와 각 작업의 표준시간 및 각 작업이 이루어져야 할 장소를 결정하고 배정하는 것이다. 절차계획은 공정작업 개시에 앞서 능률적이며 경제적인 작업절차를 결정하기 위한 것으로서, 이에 의하여 작업방법과 작업순서가 결정되며, 동시에 어떤 기계나 설비를 사용하여 작업을 할 것인가, 각 작업에는 얼마만큼의 시간이 필요한지를 결정한다. 따라서 이러한 계획에 의해 작업인원과 기계 및 설비의 배치가 수립되고 필요한 공구가 준비되기 때문에 공정관리의 기초가 되며, 일정계획이나 진도관리의 성과도 좌우된다.

03 공정분석

공정분석이란 작업 대상물이 순차적(가공, 운반, 검사, 정체, 저장)으로 투입 및 처리되어 제품으로 출하될 때까지 각 공정의 발생순서, 가공조건, 경과시간, 이동거리 등을 분석하여 작업의 순서를 표준화함으로써 생산 공정의 합리화를 추구하는 것이다.

1 공정분석의 목적

(1) 생산설비의 호환

(2) 공정과정의 문제점 파악

(3) 생산기간의 단축

(4) 생산공정의 개선

(5) 공정관리 시스템의 개선

(6) Layout 개선

(7) 공정자체의 개선

(8) 공정편성 및 운반방법의 개선

2 공정분석기호

ASME(미국 기계공학회)에서 정의한 공정분석기호는 다음과 같다.

구분	명칭	기호	설명
가공	가공	○	원료, 재료, 부품 또는 제품의 향상, 품질에 변화를 주는 과정
운반	운반	⇨	원료, 재료, 부품 또는 제품의 변화를 주는 과정 (운반기회의 직경은 가공기호의 직경의 1/2~1/3으로)
검사	수량검사	□	원료, 재료, 부품 또는 제품의 양이나 개수를 세어 그 결과를 기준과 비교하여 차이를 파악하는 과정
	품질검사	◇	원료, 재료, 부품 또는 제품의 품질 특성을 시험하고 그 결과를 기준과 비교해서 로트의 합격, 불합격 또는 제품의 양, 불량을 판정하는 과정
정체	저장	△▽	△: 원재료의 저장상태 ▽: 제품의 저장상태
	정체	D	계획에 없는 일시적 지체/정체/대기 상태
보조기호	관리구분	-- + --	관리부분 또는 책임구분을 나타낸다.
	담당구분	+	담당자 또는 작업자의 책임구분을 나타낸다.
	생략	⫢	공정계열의 일부 생략을 나타낸다.
	폐기	⨼	원재료, 부품 또는 제품의 일부를 폐기하는 경우

▼ 복합기호

기호	설명
(정사각형 안의 마름모)	품질검사를 주로 하면서 수량검사도 한다.
(직사각형 안의 마름모)	수량검사를 주로 하면서 품질검사도 한다.
(타원 안의 직사각형)	가공을 주로 하면서 수량검사도 한다.
(타원 안의 화살표)	가공을 주로 하면서 운반도 한다.
(육각별)	작업 중의 정체
(역삼각형)	공정 간에 있어서의 정체

▶▶ 필수예제

아래의 각 항목에 해당하는 공정을 구분하시오.

① 제조의 목적을 직접 달성시키는 공정으로서 변질, 변형, 변색, 조립, 분해하여 대상물을 목적에 접근시키는 공정은?

② 1개 작업영역에서 다른 작업영역으로 이동시키기 위해 적재, 이동, 하역하는 상태의 공정은?

③ 제품의 길이, 무게, 함량 등을 측정하는 검사와 가공 정도의 확인, 가공품의 품질이나 등급별로 분류하는 공정은?

④ 제품이나 부품이 다음의 가공, 조립을 위해 일시적으로 기다리는 상태의 공정은?

⑤ 계획적 보관이나 다음의 가공, 조립으로 허가 없이 이동 금지된 상태의 공정은?

📘 ① 가공, ② 운반, ③ 검사, ④ 정체, ⑤ 저장

❸ 공정분석의 유형

(1) 가공 공정분석

가공 공정분석은 단일제품의 제작공정을 가장 세밀하게 분석할 때에 쓰이는 기본적인 분석이며, 제품의 가공공정에 대해 가공조건을 만족하는지를 점검하는 것이 중요하다.

(2) 조립 공정분석

조립 공정분석은 제품을 조립하는 전 프로세스를 분석한다. 부품의 구성이라는 성격 뿐만 아니라 과자나 화장품 혹은 약품 등의 화학제품 또는 직물과 같이 어떤 실을 이용해 직조한 것 등 단순한 조립이라는 개념으로는 파악하기 어려운 것이 있으나 이들도 전부 조립 공정분석의 범주로 취급된다.

SECTION 02　공수계획

01　공수계획의 의의

일정계획 수립의 효과를 높이려면 이에 앞서서 생산이 계획대로 수행될 수 있도록 주어진 작업량, 즉 부하(Load)와 작업능력을 비교 및 조정할 필요가 있다. 생산계획량을 완성하는 데 필요한 인원이나 기계의 부하를 결정하여 이를 현재 인원 및 기계의 능력과 비교해서 조정하는 것이 공수계획이다. 공수계획을 부하계획 또는 능력소요계획이라고도 하며, 단기적인 능력계획으로서 장기계획인 생산능력계획과 밀접한 관계가 있다.

02　부하(작업량과 능력)

앞에서 기술한 절차계획은 공수의 기준을 정하는 것이며, 공수계획은 생산계획에 대한 정량적인 부하와 능력에 대한 것으로서 생산량을 부하나 공수로 환산하여 현재의 작업능력과 비교 및 검토하여 부하와 능력이 균형되도록 조정한다.

부하가 능력보다 과다한 경우에는 작업량 일부를 다른 공정 및 공장으로 외주 계획을 수립해야 하며, 그렇지 않으면 익월로 이월시켜 생산할 수 밖에 없을 것이다. 이와 같은 대책을 미리 수립하지 않는다면 과대한 부하로 인해 제품의 납기 준수나 품질에 이상이 발생할 수 있으며, 이를 생산하기 위해서 무리하게 잔업과 특근을 하여 제조원 가의 상승을 초래할 수 밖에 없다. 또 능력이 부하보다 클 경우에는 작업은 예정대로 완성되겠지만 인력이나 기계는 유휴시간이 발생하여 임금이나 경비를 낭비하게 된다.

03 공수 및 공수 단위

부하와 능력을 비교하려면 공통의 척도(단위)가 필요한데, 가장 많이 사용되는 척도는 기계시간(Machine Hour)과 인시(Man Hour)이다. 이들 둘 다 공수로 표현되는데, 일반적으로 공수라 할 때는 인공수(人工數)를 가리킨다. 인시가 가장 보편적인 단위로서, 예를 들면 한 사람이 하루 8시간 근무를 한다면 1명 × 8시간 = 8인시가 된다. 또한 제조 현장에 10명의 직접 인원이 근무한다고 한다면 8인시 × 10명 = 80인시이다. 인공수의 종류 및 산출방법은 다음과 같다.

✔ CHECK
  • 인일(人日, Man Day)
  • 인시(人時, Man Hour)
  • 인분(人分, Man Minute)

1 부하의 계산

생산계획에 정해진 생산수량에 기준공수를 곱하여 작업량으로 환산한 값은 총 공수가 되며 다음과 같이 부하를 계산한다.

> • 총 공수 = 기준공수 × 월 생산량
> • 실적공수 = 실제 작업시간/실적 생산수량

2 능력의 계산

작업자 및 기계설비가 표준가동상태에서 가지는 작업 능력으로 인적 작업능력과 기계능력은 다음과 같이 계산한다.

> • 인적작업능력 = 작업자 수 × 능력환산계수 × 월 실제가동시간 × 가동율
> • 가동율 = 출근율×(1 − 간접작업율)

여기서 능력환산계수란 작업자 수를 표준능력의 인수로 환산하기 위한 것으로, 예를 들면 숙련 작업자의 능력을 1로 할 때 미숙련 작업자의 능력은 0.5로 한다는 의미이다.

> 기계능력 = 월 가동일수 × 1일 실제가동시간 × 가동율 × 기계대수

기계는 인간과는 다르게 융통성이 없으므로 기계 종류별로 능력을 계산해야 한다.

③ 부하와 능력의 조정

부하 또는 능력을 증대하거나, 부하를 능력에 맞추어 감소시키는 방법을 활용한다.

(1) 부하 < 능력 (부하가 적고 능력에 여유가 있는 경우)

여유 있는 능력을 다른 곳에 활용하거나 부하를 증가시킨다.

(2) 부하 > 능력 (능력보다도 부하가 큰 경우)

능력에 맞추어 부하를 감소시킨다.

▶▶ **필수예제**

01

아래는 어떤 작업장에 관한 자료이다. 자료에 기초하여 해당 작업장의 지난달 인적능력을 계산하시오.

- 총인원: 숙련공 5명
- 지난달 실제 가동시간: 100시간
- 간접 작업률: 10%
- 인적 능력 환산계수: 1.0
- 출근율: 80%

해설
- 인적능력 = 환산 인원 × 실제 가동시간 × 가동률
  = 5명 × 1.0 × 100시간 × 0.72 = 360(시간)
- 가동률 = 출근율 × (1 − 간접 작업률)
  = 0.8 × (1 − 0.1) = 0.72

02

가동률은 전체 작업자가 실제 가동시간 중에서 정미작업(순수작업)을 하는 시간의 비율을 의미한다. A작업장의 작업원의 출근율이 80%이고 작업에 소요되는 간접작업의 비율이 20%일 때, A작업장의 가동률을 구하면?

해설
- 가동률 = 출근율 × (1 − 간접 작업율)이므로
- A작업장의 가동률 = 0.8 × (1 − 0.2) = 0.8 × 0.8 = 64%

04 공수체감곡선(학습곡선)

　작업자가 동일한 작업을 반복적으로 수행할 때 작업의 1사이클당 소요되는 시간이 반복횟수가 증가될 때마다 일정한 규칙적인 양만큼 감소되는 현상이 발견된다. 즉, 그 작업이 숙달되게 되어 능률이 증대되는 현상을 학습효과(Learning Effect)라 하며 능률 개선율을 학습율이라 한다. 학습곡선(Learning Curve)은 이러한 학습 현상을 수학적인 모델로 표현한 것이다.

　학습효과는 서블릭이나 요소작업 등과 같은 미시적인 것과 엔진의 제조, 항공기의 제조 등과 같은 거시적인 것까지 적용된다. 즉, 제조공장의 입장에서는 작업자의 숙달 이외에도 관리적인 측면의 향상, 설계의 변경 등 복합적인 요인에 의해서도 능률증대 현상이 발생되므로 학습곡선을 일명 개선곡선(Improvement Curve), 생산추이 함수(Production Progress Function), 성과곡선(PerforMance Curve), 또는 경험곡선(Experience Curve)이라고도 한다. 모든 기업체에서 이러한 공식을 이용하여 학습곡선 현상을 적용하지는 못한다 할지라도 최소한 실제로 관찰되는 학습 현상을 인식하여 원가계산, 자금소요 추산, 계약체결 또는 생산기간을 정확히 예측해야 할 때 이용할 수 있다.

　이를 사례를 통해 연구해 보자. 소형 항공기 조립 공장에서 첫 번째 비행기를 조립하는 데 1,000시간이 소요되고, 두 번째는 800시간, 4대째는 640시간으로 대당 조립 시간이 체감할 것으로 기대된다. 조립 작업량을 두 배로 늘리면 학습 효과가 20% 올라 개선율은 80%가 된다.

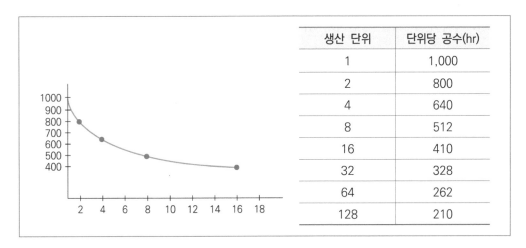

생산 단위	단위당 공수(hr)
1	1,000
2	800
4	640
8	512
16	410
32	328
64	262
128	210

50번째 조립할 때의 공수를 구하면 다음과 같다.

$$Y_n = Y_1 \times n^R$$

여기서. Y_n: n번째 단위를 생산하는 데 소요되는 공수

Y_1: 첫 번째 생산단위의 공수

n: 고려되는 시점의 생산량

R: log b/log 2

b = 학습율 = 0.8

$R = \log b \,/\, \log 2$

$\quad = \log 0.8 \,/\, 0.30103$

$\quad = -\,0.32193$

$Y_n = Y_1 \times n^R$

$\quad = (1000) \times 50^{-0.32193}$

$\quad = 1000 \times 0.28383$

$\quad = 284$

첫 번째 제품을 생산하는 데 1,000시간이 소요되고 학습률이 80%라고 한다면, 현재 생산량의 두 배인 2개를 생산하는 데 필요한 누적평균생산시간은 1,000 × 0.8 = 800시간이다. 따라서 두 개를 생산하기 위한 총생산시간은 800 × 2 = 1,600시간이 된다.

생산량(x)	누적평균생산시간(y)	총생산시간(T = x × y)
1	1,000	1,000
2	800	1,600
4	640	2,560
8	512	4,096
16	409.6	6,533.6
32	327.7	10,486.4
64	262.1	16,774.4

01

생산예정표에 의해 결정된 생산량에 대하여 작업량을 구체적으로 결정하고 그것을 현재 인원과 기계의 능력을 고려하여 양자를 조정하는 것은?

📙 공수계획

02

아래의 설명에 해당하는 용어를 쓰시오.

> 공정계획 중 최대작업량과 평균 작업량의 비율인 부하율을 최적으로 유지할 수 있는 작업량의 할당계획이다.

📙 부하계획

03

아래의 설명에서 (   ) 안에 들어갈 용어를 쓰시오.

> 인간은 경험을 쌓아감에 따라 작업 수행능력이 향상되며 생산시스템에서 생산을 반복할수록 작업 능률이 향상된다. 이를 (   )이라 하며 작업의 반복에 따라 기대되는 (   ) 현상을 그래프나 수식으로 표현한 것을 (   )곡선이라고 한다.

📙 공수체감

공정관리나 일정관리는 생산활동을 시간적인 측면에서 관리하는 것이므로 도표에 의해 관리하면 파악하기가 쉬울 것이다. 간트 차트는 일정관리를 위한 관리기법으로서 계획과 실제의 작업량을 작업일정이나 시간의 척도로 표시하여 막대그래프 형식으로 나타내며, 계획과 통제기능을 함께 수행할 수 있도록 구성되어 있다.

01 간트 차트의 유형

간트 차트는 그 사용 목적에 따라 4가지로 분류할 수 있다.

1 작업실적의 기록을 위한 기계기록도표(Man and Machine Record Chart)

각 기계나 작업자별로 계획 작업량과 실제 작업량의 관계를 표시하는 것이며, 이 도표로서 작업자나 기계의 유휴상태와 그 원인을 알 수 있다.

2 작업계획을 위한 작업할당도표(Layout Chart)

각 작업의 현재 상태를 보여 주는 도표이다. 즉, 작업의 실제 진행 상태를 기록함과 동시에 새로운 작업계획을 작업자와 기계설비에 할당할 수 있게 하는 도표이다.

3 능력 활용을 위한 작업부하도표(Load Chart)

작업자 특히 기계설비별로 현재의 능력에 대해서 어느 정도의 작업량(또는 계획량)이 부하되어 있는가를 보여주는 도표이다. 즉, 기계 부하표를 간트 차트로 나타낸 것이다.

4 진도관리를 위한 작업진도표(Progress Chart)

작업공정이나 제품별로 계획된 작업이 실제로 어떻게 진행되고 있는가를 보여 주는 도표이다. 즉, 계획과 실적을 비교하여 작업의 진행 상태를 나타냄으로써 전체적인 시간 관리가 가능한 간트 차트이다.

02 간트 차트의 기호 및 작성방법

1 간트 차트의 기호

사용목적	유형
	작업 개시의 일자 및 시간
	작업 개시의 완료예정일 및 시간
	예정된 작업시간
20	일정기간에 대하여 계획된 작업량
30	일정기간까지 완료할 작업량
√	체크된 일자(검토일)
	작업지연의 회복에 예정된 시간(수리, 정비 등)
	완료된 작업(굵은 선)

2 간트 차트 작성방법

작업 A는 월요일부터 수요일까지 실제 작업수행 진도를 나타내며 일부 허용시간이 주어지지만 늦어도 수요일까지 완료해야 하며, 작업 B는 월요일부터 목요일까지 실제 작업수행 진도나 금요일까지는 완료해야 하며, 작업 C는 월요일과 화요일에는 작업을 하지 않고 화요일과 수요일에 실제 작업수행 진도를 나타낸다. '유지'는 비생산활동에 배정된 시간을 뜻한다.

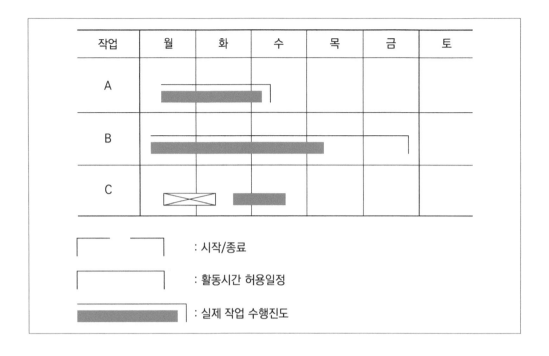

작업	월	화	수	목	금	토
A						
B						
C						

☐ ：시작/종료

☐ ：활동시간 허용일정

▬ ：실제 작업 수행진도

03 간트 차트의 한계

프로젝트 일정관리나 생산일정계획 및 통제기법으로 간트 차트가 사용되지만, 프로젝트의 규모가 크고 소요작업의 종류가 많으면 각 작업별 상관관계가 복잡하여 간트 차트로는 관리가 어려울 수 있다. 각 작업의 전후관계와 그들 소요시간의 이원적 요소를 함께 다룰 수 없는 제약이 있다.

✔ CHECK
- 계획변경에 대한 적응성이 약하다.
- 복잡하고 세밀한 일정계획 수립이 곤란하다.
- 일정의 중점관리가 어렵다.
- 작업 상호간의 유기적인 연관성과 종속관계를 파악하기 힘들다.
- 사전 예측 및 사전 통제가 곤란하다.
- 정확한 진도관리가 곤란하다.

01 작업 일정계획

작업 일정계획(Order Scheduling)은 작업 지시서 발부 후 공장 내의 여러 작업장으로 작업지시를 할당하는 작업 분배(Dispatching)를 한다. 또한, 각 작업들의 상대적인 우선 순위를 제공한다. 작업 일정계획은 제조업체에서 매우 중요한데, 이는 정시 납품, 재고 수준, 생산주기시간, 비용, 품질과 같은 많은 성과지표가 개별 생산로트의 일정계획과 직접적으로 관련되어 있기 때문이다. 실제로 작업 일정계획 부문은 생산 통제에서 기계 로딩, 작업순서계획의 두 가지 문제를 해결하는 것이 목적이다.

기계 로딩(Machine Loading)이란 공장 내의 여러 작업장으로 주어진 작업 지시들을 할당하는 것을 말한다. 작업 지시의 횟수는 일반적으로 작업장의 수보다 많기 때문에 각 작업장은 처리를 기다리는 대기 장소가 마련되어야 할 것이다. 그 다음은 할당된 작업들을 어떤 순서로 수행해야 할 것인가를 결정하는 것인데, 이런 문제를 해결하는 것이 작업순서계획(Sequencing)이며, 여기에서 작업장 혹은 단일 기계에서 작업이 수행되어야 할 순서를 결정하게 된다. 이 순서를 결정하기 위해 대기 작업들 간의 상대적 우선순위가 수립되어야 한다.

02 작업의 우선순위 고려원칙

우선순위 규칙은 작업시간, 납기, 작업의 도착시간 등에 의해서 작업의 우선순위를 정하는 방법이다. 이 규칙은 현재의 작업장에서 주어진 상황만을 고려하여 작업순서를 결정하는 규칙인 지역특성 순위규칙(Local Sequencing Rule)과 후속 잔여 작업장의 특성까지도 고려하여 작업우선순위를 결정하는 전체특성 순위규칙(Global Sequencing Rule)으로 구분된다.

1 지역특성 순위규칙

(1) 선착순 규칙(FCFS: First Come, First Service)

선착순 규칙은 선입선출 규칙이라고도 하는데 먼저 주문이 된 것부터 처리한다. 즉 작업이 도착한 순서에 따라서 작업의 순서를 결정해 주는 규칙이다. 작업장에서는 기계에 도착한 순서대로 작업을 수행한다. 사람을 대상으로 하는 서비스부문의 경우 일반적으로 결정되는 규칙이라 할 수 있다.

(2) 최단처리시간 규칙(SPT: Shortest Processing Time)

가장 처리시간이 짧은 작업부터 먼저 실행하게 하는 규칙이다.

(3) 최장처리시간 규칙(LPT: Longest Processing Time)

최장처리시간을 갖는 작업부터 처리하는 규칙이다.

(4) 최소납기 규칙(ED: EArly Date Due)

납기일이 가장 빨리 도래하는 작업부터 먼저 처리하게 되는 규칙이다.

2 전체특성 순위규칙

최소여유시간 규칙(STR/OP: Slack Time Remaining Per Operation)은 전체특성 순위규칙에 속하는데, 여유 시간(Slack Time)이 적은 작업 순으로 우선권을 부여하는 규칙으로, 최종 납기일까지 남은 시간에서 잔여 작업을 처리하기 위해 소요되는 시간을 뺀 잔여 유휴시간을 잔여 작업의 수로 나눈 값을 나타낸다. 즉, 잔여 작업 각각이 가지는 평균유휴시간의 크기를 나타내며, 이것이 작을수록 먼저 처리하게 하는 규칙이다. 작업이 지연된 경우는 STR/OP의 값이 부(−)의 값을 가지게 된다.

3 긴급율 규칙(CR: Critcal Ratio)

긴급율이란 최종 납기일까지 남은 시간과 잔여 작업을 처리하기 위해 소요되는 시간의 비율을 나타내며, 이 비율이 작은 작업부터 처리하는 규칙이다.

$$CR = \frac{납기일까지\ 남아있는\ 시간}{작업완료시까지\ 필요한\ 시간} = \frac{납기일 - 현재일자}{작업완료\ 소요시간}$$

여기서, $CR > 1$인 경우: 일정보다 빨리 생산이 가능함
$CR = 1$인 경우: 일정에 맞는 생산이 가능함
$CR < 1$인 경우: 작업이 빨라야 일정에 맞추는 것이 가능함

현재일이 30일이고, 긴급률(CR)에 의해 처리순서를 결정하는 작업장에서 다음 세 개의 작업들 중 가장 먼저 처리해야하는 작업의 긴급률은?

작업	납기일	잔여 제조일수
A	60	10
B	48	9
C	35	2

해설 A: (60 − 30)/10 = 3.0, B: (48 − 30)/9 = 2.0, C: (35 − 30)/2 = 2.5 따라서 B작업   답 B(2.0)

여러 작업들 중의 상대적 우선순위는 시간이 경과함에 따라 변할 수 있다. 그 이유는 제품수요의 변동, 기계 고장에 따른 지연, 고객으로 인한 작업의 취소, 자재결함에 따른 지연 등을 들 수 있다. 이런 경우 우선순위 관리기능이 상대적 우선순위를 검토하여 그에 따른 작업분배 목록을 조정하게 된다.

4 평가기준

순위규칙에 따라 작업순서를 결정한 후에 효율성이 높은 순위규칙을 찾는 평가기준은 아래의 4가지 항목으로 이루어지며, 총 완료시간은 모든 작업이 완료되는 시간으로 짧을수록 좋으며, 평균완료시간 역시 짧을수록 좋다. 시스템 내 평균 작업수는 작업장 내에 머무는 작업의 수가 많을수록 보관 장소가 많이 필요하고 작업장 내부가 혼란스러워지므로 효율성이 떨어지게 되므로 시스템 내 평균 작업수는 적을수록 좋다. 평균납기지연시간은 짧을수록 좋고, 유휴시간도 짧을수록 좋다.

• 평균완료시간 = 총 흐름시간 / 작업수
• 평균납기지연 = 총 납기지연 / 작업수
• 납기지연시간 = 흐름시간 − 납기시간
• 평균작업수 = 총 흐름시간 / 총 작업시간

- 다수의 작업이 2개의 작업장을 거쳐 처리되는 경우
- 존슨 법칙(Johnson's Rule) 적용

1 존슨 법칙의 개념

n개의 작업을 2대의 기계로 가공하는 경우를 고려해 본다. 작업의 처리는 일괄해서 하며 작업흐름은 일정한 순서를 따르며, 2개의 작업장이나 2대의 기계에서 순차적으로 n개의 작업을 처리한다고 했을 때 존슨 법칙을 이용해서 2대의 기계에 대한 각각의 가공순서를 결정할 수 있다.

2 존슨 법칙의 적용순서

① 각 작업의 기계별 작업시간을 표로 정리한다.
② 표에서 최소작업시간을 갖는 작업을 찾는다(단, 시간치가 동일하면 임의로 선택).
③ 최소시간치가 기계 #1의 작업시간치일 때는 첫 번째에 두고, 기계 #2의 것일 때는 마지막에 둔다.
④ ③에서 선택된 작업의 작업시간치(기계 #1과 기계 #2의 것 모두)를 표에서 지운다.
⑤ 순서의 모든 위치가 결정될 때까지 ②, ③, ④ 단계를 반복한다.

▶▶ 필수예제

01

5개의 일감을 2대의 기계로 가공하는 일정계획 문제에서 아래에 주어진 자료를 기초로 기계가공시간을 최소화하는 가공순서를 존슨 법칙을 이용하여 결정하시오.

기계 \ 일감	A	B	C	D	E
기계 #1	5	1	9	3	10
기계 #2	2	6	7	8	3

해설 (1) 존슨 법칙의 단계 ②와 ③: 최소시간치를 갖는 일감을 표에서 찾는다.
일감 B를 기계 #1로 가공하는 시간이 1시간으로 최소치이므로 첫 번째에 둔다.

- 가공순서 첫 번째 → ② → ③ → ④ → ⑤
- 일감   B   D   C   E   A

(2) 존슨 법칙의 단계 ④: 선택된 일감의 시간치를 표에서 지운다.

순서 결정의 중복을 없애기 위해서 기계 #1과 기계 #2의 일감 B를 함께 지운다.

기계＼일감	A	B	C	D	E
기계 #1	5		9	3	10
기계 #2	2		7	8	3

(3) 단계 ⑤: 순서의 모든 위치가 결정될 때까지 반복한다.

기계 #2의 일감 A의 가공시간이 2로서 최소치이므로 제일 뒤로 보내며, 일감 A를 모두 지운다. 또한 기계 #1의 일감 D의 가공시간이 3으로서 최소치이므로 두 번째 순서가 되며 지운다.

기계＼일감	A	B	C	D	E
기계 #1			9		10
기계 #2			7		3

기계 #2의 일감 E의 가공시간이 3으로서 최소치이므로 맨 뒤 A의 바로 앞으로 두고 지운다.

따라서 남는 일감은 C가 되므로 세 번째에 둔다.

②, ③, ④ 단계를 반복하여 결정된 일감의 가공순서는 B → D → C → E → A가 된다.

이 경우에 작업 진행시간(Flow Time)은 30시간이며, 기계의 활용도는 아래와 같다.

기계 #1 = {(30 − 2)/30} × 100 = 93.3(%)

기계 #2 = {(30 − 4)/30} × 100 = 86.7(%)

02

2개의 공정을 거쳐야하는 5개의 작업이 있다. 각 작업은 모두 기계 1을 이용한 전처리 공정을 거친 후 기계 2를 이용하는 본 공정으로 넘어간다. 각 작업의 소요시간이 다음과 같을 경우 전체 작업완료시간을 최소화하기 위한 작업순서를 결정하기 위해 존슨의 규칙을 적용하시오.

작업	가공시간	
	기계 #1	기계 #2
A	3	2
B	6	3
C	9	8
D	4	6
E	7	4

해설 (1) 제시된 작업시간 중 최솟값인 2는 작업 A를 기계 2에서 처리하는 데 소요되는 시간이다. 최소 작업시간이 기계 2에서 발생하고 있으므로 작업 A를 제일 끝에 배정한다.

				A

(2) 작업순서가 결정된 작업 A를 제외한 나머지 4개 작업의 가공시간 중 최소치는 작업 B의 3인데, 이것
은 기계 2를 이용하는 작업이므로 작업 B를 남은 자리 중 제일 끝에 배정한다.

			B	A

(3) 작업 B를 추가적으로 제거하면 나머지 가공시간 중에서 최단시간은 작업 D와 작업 E의 4이다. 두 작
업의 최단시간이 같으므로 임의로 작업 D의 4를 선택해 보자. 이 시간은 기계 1에서 발생하고 있으므
로 작업 D는 빈자리 중에서 제일 앞에 배정한다.

D			B	A

(4) 나머지 작업의 가공시간 중에서 가장 짧은 것은 작업 E의 4이다. 이 시간은 기계 2에 속하므로 작업
E를 남은 자리 중에서 제일 끝에 배정한다. 작업 E가 배정된 후 남은 자리는 하나뿐이므로 작업 C가 자동
적으로 여기에 들어간다(D C E B A).

D	C	E	B	A

(5) 따라서 실행 가능한 120(= 5!)가지의 작업순서 중 전체 완료시간(Makespan)과 설비 유휴시간을 최소
로하는 작업순서는 D – C – E – B – A가 된다. 이 순서에 따라 작업을 진행하면 아래에 나타낸 바와 같이
전체 완료시간은 31이 된다. 또한 기계 유휴시간(빗금 친 부분)은 모두 8시간이 된다.

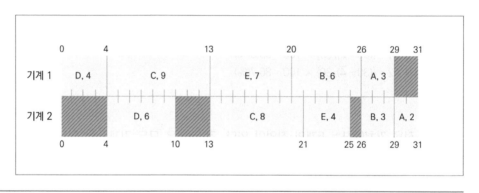

01 애로공정의 의미

생산 작업장의 설비 배치방법은 크게 공정별 배치와 제품별 배치방법으로 구분한다. 공정별 배치방법은 생산물의 흐름이 매우 가변적인 데 반해 제품별 배치방법은 그 흐름이 일정하다. 즉, 제품별 배치방법에서는 특정 제품의 생산과정 순으로 생산설비 등이 배치되며 물자는 이들 생산라인을 따라 흐른다. 한편 연속생산 및 조립작업에 있어서 각 공정 간의 생산능력과 공정의 흐름이 균형을 이루지 못할 때에는 공정품의 정체현상 또는 공정의 유휴현상이 발생한다. 따라서 제품별 배치에서의 핵심은 각 공정이 갖고 있는 능력을 충분히 발휘하면서 전체 공정이 원활히 진행되도록 배열하는 것이다. 전체 생산라인의 능력을 균형 있게 배열하는 것을 라인 밸런싱(Line Balancing)이라 한다.

생산라인을 구성하는 각 공정의 능력을 전체적으로 균형되게 하여 작업장이나 작업순서를 배열하는 것이 일반적이다. 여러 공정을 하나의 생산라인으로 연결했을 경우 공정 간에 균형을 이루지 못하면 그 라인의 생산속도는 전체 공정 중에서 가장 능력이 뒤지는 공정의 속도와 같게 된다. 이 경우 상대적으로 가장 느리게 진행되는 공정을 가리켜 애로공정(Bottle-neck Operation)이라고 하는데, 생산 및 조립 작업에 있어서 공정별 작업량(부하량)이 각각 다를 때, 가장 큰 작업량을 가진 공정을 말하며, 이 공정의 작업 소요시간이 가장 길고, 가장 지연되는 공정을 의미한다. 애로공정으로 인해 공정의 유휴율은 높아지고 능률은 떨어진다. 공정 간에 균형이 이루어지면 투입된 노동이나 설비의 능률을 올릴 수가 있다. 애로공정이 발생하는 이유는 다음과 같다.

(1) 각 공정의 평형화(Balancing)가 되어 있지 않기 때문에 발생한다.
(2) 일시적인 여력의 불균형 때문에 발생한다.
(3) 여러 병렬 공정으로부터 흘러들어올 때 발생한다.
(4) 전, 후 공정 로트의 크기가 다르거나 전, 후 공정의 작업시간이 다를 경우에 발생한다.
(5) 납기가 단축되었을 때, 또는 다른 작업이 중간에 끼어들어 납기가 연장되었을 때 수주의 변경에 의하여 발생한다.

⑫ 라인 밸런스의 능률(효율)

능률(Efficiency, E)은 투입에 대한 산출로 흔히 말하는데, 생산라인의 가공시간율이나 능률을 측정하는 산출식은 아래와 같다.

$$라인 능률(E) = \frac{라인의 순소요시간}{작업장 수 \times 사이클 타임(c \text{ or } t_{\max})} = \frac{\sum_{i=1}^{k} t_i}{n \times c}$$

여기서, n: 공정(작업장)의 수

c: 라인의 사이클 타임(= 총작업시간 / 생산량)

t_i: 라인(작업)의 순소요시간

k: 라인을 구성하는 공정(작업)의 수

불균형률(Balance Delay, d)

$$d = 1 - E = \frac{n \times c - \sum_{i=1}^{k} t_i}{n \times c}$$

$$= \frac{라인의 유휴시간}{라인 투입시간} = \frac{총 유휴시간}{작업장 수 \times 사이클타임}$$

$$= \frac{유휴시간}{n \times c}$$

한편 생산라인의 유휴시간(Idle Time, IT)는 다음의 식으로 산출할 수 있다.

$$IT = 라인 투입시간 - 라인(작업)의 순소요시간$$

$$= n \times c - \sum_{i=1}^{k} t_i$$

▶▶ 필수예제

01

제품별 설비배치인 경우에 각 공정의 작업분할이 가능하다는 가정 하에서 라인밸런싱 분석표에 따라 라인밸런싱 효율의 목표를 75% 한도(경제성 고려)로 한다. 이론적으로는 80% 정도로 추진하여도 실제 효율은 다양한 인자로 인해 다소 낮게 실천한다.

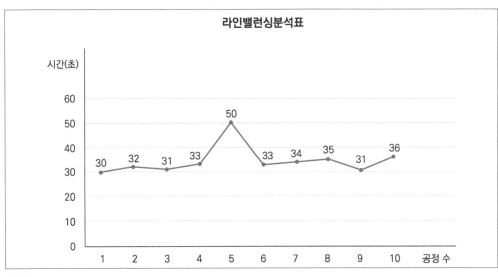

라인밸런싱분석표

시간(초)

공정 수: 1 → 30, 2 → 32, 3 → 31, 4 → 33, 5 → 50, 6 → 33, 7 → 34, 8 → 35, 9 → 31, 10 → 36

해설

① 현상분석

- 애로공정은 5공정(50초)이며, $\sum_{i=1}^{10} t_i = 345$초
- 일일 실제 가동시간은 40분으로 한다.
- 분석표에 의하면 애로공정은 5번이며 소요시간은 50초이다.
- 현재 작업자 수는 공정당 1명으로 구성되어 있다.
- 일일 생산량 $= \dfrac{\text{실제가동시간} \times 60초}{\text{애로공정시간}} = \dfrac{400 \times 60}{50} = 480$개
- 유휴시간 = (애로공정시간 × 전체작업자 수 − 공정누계시간)
  = (50초 × 10명 − 345초) = 15초
- 라인밸런싱 효율

  라인능률$(E) = \dfrac{\text{라인의 순소요시간}}{\text{작업장수} \times \text{사이클타임}(c \text{ or } t_{\max})} = \dfrac{\sum_{i=1}^{k} t_i}{n \times c} = \dfrac{345}{10 \times 50} = 69\%$

② 1회 작업분할

제5공정에 작업자 1명을 추가하여 2명이 배분되어 $t_{\max} = 50$초를 25초로 나누었을 때 $t_{\max}$는 10 공정(36초)으로 바뀐다.

- 일일 생산량 $= \dfrac{\text{실제가동시간} \times 60초}{\text{애로공정시간}} = \dfrac{400 \times 60}{35} = 666.7$개
- 작업자 수 = 11명
- 유휴시간 = (애로공정시간 × 전체작업자 수 − 공정누계시간)
  = (36초 × 11명 − 345초) = 51초

- 라인능률$(E) = \dfrac{\text{라인의 순소요시간}}{\text{작업장수} \times \text{사이클타임}(c \text{ or } t_{\max})} = \dfrac{\sum_{i=1}^{k} t_i}{n \times c} = \dfrac{345}{11 \times 36} = 87.1\%$
- 불균형율(라인 손실율) = 100(%)−87.1(%) = 12.9(%)

이후, 2회 작업분할을 하여도 작업자 수가 증가할 때마다 일일 생산량은 증가하지만 라인밸런싱 효율은 증가하지 않는다. 라인밸런싱 효율 등을 고려하여 개선안을 종합적으로 분석 검토해서 결정하여야 한다.

02

각 작업장의 작업시간이 아래와 같을 때 라인밸런스 효율을 구하시오(단, 각 작업장의 작업자는 모두 1명씩이다).

작업장	1	2	3	4
작업시간	15분	20분	25분	14분

해설 라인밸런스 효율 = (15 + 20 + 25 + 14)/(25 × 4) × 100
= (74/100) × 100 = 74%

03

아래의 표는 어떤 공정에 대해서 각 작업장별로 작업시간을 나타낸 것이다. 이 공정의 불균형률을 구하시오(단, 각 작업장의 작업자는 모두 1명씩이다).

작업장	1	2	3	4
작업시간	35분	40분	45분	60분

해설 라인밸런싱 효율 = [라인의 작업시간 합계/(작업장수 × 사이클타임)] × 100
= [(35 + 40 + 45 + 60)/(4 × 60)] × 100 = (180/240) × 100 = 75(%)

🔖 불균형률(%) = 100 − 75 = 25(%)

04

생산가공이나 조립라인에서 공정 간에 균형을 이루지 못해 상대적으로 시간이 많이 소요되는 애로공정으로 인하여 공정의 유휴율이 높아지고 능률이 떨어지는 경우에 각 공정의 소요시간이 균형이 되도록 작업장이나 작업순서를 배열하는 것은?

🔖 라인 밸런싱

01 JIT 생산방식의 의미

JIT 시스템은 제품과 서비스의 생산 및 운영에 요구되는 부품 등 자재를 필요한 시기에, 필요한 수량만큼 조달하여 낭비 요소를 근본적으로 제거하려는 생산시스템을 말한다. 재고를 문제의 근원으로 여겨 무재고 생산시스템이라고도 한다. 생산의 모든 관리시스템에 폭넓게 적용되고 있는 시스템으로, 원가절감, 재고 감축, 품질 향상, 생산성 확보를 통하여 이익을 극대화하는 데 궁극적인 목적을 두고 있다. 통상 JIT 시스템이 적용되는 생산공정은 반복 생산이 이루어지는 경우이며, 표준화된 제품을 대량으로 생산하는 형태를 따르고 있다. 일부의 비 반복적인 로트 생산에서도 적용되고 있다.

02 JIT 생산방식의 구성요소

JIT를 구성하는 요소들이 무엇인지에 대해 학자들마다 각각 조금씩은 다른 견해를 밝히고 있다. 앞에서 JIT의 의미에 대해 간략히 살펴 보았지만, 이 또한 견해가 다양한 만큼이나 무엇이 JIT의 구성요소가 되어야 하는지에 대해서도 매우 다양한 견해가 존재한다. JIT 시스템이 세상에 알려지고부터 발표되는 학자들의 견해는 연구 시기와 관점에 따라 조금씩 변화되어 왔다는 의미이다. 따라서 본 학습서에서는 JIT를 깊이 있게 다룬 기존의 연구에서 공통적으로 언급한 JIT의 핵심적 요소들을 중심으로 제시하였다.

JIT 생산방식의 구성요소는 ① 간반(Kanban)방식, ② 생산의 평준화, ③ 준비교체시간(Setup Time)의 단축과 소로트화, ④ 설비배치 전환과 ⑤ 작업자의 다기능화 등이다. 간반 방식의 간반(Kanban)에 의하여 제조 공정의 흐름이 거꾸로 흐르게 하는 것과 앞 공정에서 뒷 공정으로 물품의 흐름과 뒷 공정에서 앞 공정으로의 정보 흐름이 동기화되고 병행화되도록 하는 기능의 중요한 역할을 한다. 이를 실현하기 위하여 생산의 평준화, 준비교체시간의 단축과 소로트화, 설비배치 전환과 작업자의 다기능화 등이 뒷받침되어야 한다.

1 생산의 평준화

생산 평준화는 최종 조립라인의 1일 생산량의 편차를 최소화하여 여러 제품을 사이클 타임에 맞추어 일정한 비율로 생산하는 것을 말한다. 생산 평준화로 일별 생산수량과 수요량이 일치하게 되어 최종제품의 재고수준이 최소가 되게 하는 것이다. 부하가 균일하도록 월간·일간 수준으로 계획을 수립한다. 이러한 균등생산은 일정한 기간 동안 생산량을 일정하게 유지하는 실행계획을 의미한다.

2 준비교체시간 단축과 로트 사이즈 축소

(1) 준비교체시간 단축

준비교체시간은 제품을 생산하기 전에 지그·공구의 교체 및 조정, 기계의 재조정에 따른 조립 방법의 차이나 순서를 조정하는 데 소요되는 시간, 제품 생산 완료 후 지그·공구의 정리 등에 소요된 시간을 말한다. 준비교체시간의 단축 문제는 생산 평준화와는 상반된 성격을 띠고 있어 두 가지를 모두 만족하는 데 어려움이 따른다. 재고 축소를 위하여 로트 수를 되도록 적게 할 경우 생산 평준화는 수월해지지만, 로트 수가 적어질수록 생산준비 횟수는 증가하여 준비시간이 많이 소요된다. 제조준비 비용의 절감은 준비교체시간 단축을 통하여 가능하므로 준비교체시간을 단축하기 위하여 준비시간을 구성하는 내용을 분석하고 개선할 필요가 있다.

(2) 로트 사이즈 축소

로트 사이즈 축소를 JIT 시스템에서는 소로트화라고 한다. 이것은 고객이 원하는 만큼만 생산하는 것으로 단위 생산량을 줄이는 것을 말한다. 소로트화는 수요변화에 적응이 쉬운 장점이 있지만, 생산준비 횟수가 증가되기 때문에 준비교체시간을 단축하는 것이 관건이다. 준비교체시간의 단축은 리드타임을 축소할 수 있어 생산의 소로트화가 가능해진다. 소로트화를 위해서는 재공품재고 최소화, 준비교체시간 단축, 작업부하 균형 유지를 실행한다.

3 설비배치의 전환

적시생산을 위하여 설비배치는 공정의 흐름이 U라인이나 셀(cell) 라인의 형태로 배치하며, 1인 다수의 공정을 동시에 수행할 수 있도록 한다. 셀 라인은 셀 형태로 구성된

라인으로 1개의 셀에 필요한 만큼의 인원을 투입하여 작업을 진행한다. 숙련도에 따라 1인 셀도 가능하다. 다품종 소량생산시스템에 적당하고 숙련도에 따라 생산성이 달라지는 특징이 있다.

4 작업자의 다기능화

JIT 시스템은 요구되는 부품이 바뀔 때마다 작업장을 옮겨 가면서 해당 기계를 운전해야 하기 때문에 1인 작업자가 여러 공정을 담당하는 다기능 작업자를 필요로 한다. 균등생산을 유지하기 위해서는 서로 다른 기계의 운전 능력, 기계의 정비능력, 작업준비를 위한 공구의 교체능력이 요구된다. 이러한 다공정 담당에 따른 다기능화의 장점은 생산 리드타임을 단축하고 공정 간 재공품재고를 줄일 수 있다. 그리고 생산량의 변동에 대하여 공정을 담당하는 인원을 증감함으로써 신속하게 대응할 수 있다.

5 간반 시스템의 활용

간반 시스템은 생산 간반과 인수 간반을 활용한 JIT 재고관리시스템의 실행 도구이다. 간반 시스템은 정량의 용기를 사용하고, 용기의 크기는 전체 JIT 시스템의 로트 크기가 된다. 용기가 모두 채워지면 최대 재고수준에 이르게 되며, 생산활동은 중단된다. 즉 재공품재고의 수준은 용기 수에 의하여 결정된다.

6 풀 방식의 자재 흐름

간반 시스템은 수요견인 시스템으로 뒷 공정에서 앞 공정을 끌어당기는 풀(pull) 시스템 방식을 취하고 있다. 풀 시스템은 독립수요 품목의 재고관리시스템인 재주문점 시스템이나 JIT 시스템과 같이 뒷 공정의 주문이나 생산의뢰 없이는 생산하지 않도록 되어 있는 생산시스템이다. JIT 시스템에서는 모든 작업지시가 최종조립 생산라인에서 시작하여 앞 공정으로 진행되며, 결과적으로 모든 공정이 최종조립 생산스케줄에 맞추어 유기적으로 연결된다.

03 JIT 시스템과 MRP 시스템의 차이

1 관리 시스템

JIT 시스템은 고객의 요구에 따라가는 풀(pull) 시스템이다. 풀 시스템은 독립수요 품목의 재고관리시스템인 재주문점 시스템이나 뒷 공정의 주문이나 생산의뢰 없이는 생산하지 않도록 되어 있는 시스템이다. MRP 시스템은 계획대로 생산하는 푸시(push) 시스템이다. 푸시 시스템은 생산계획을 먼저 수립하고 이것을 바탕으로 판매계획을 수립하는 형태라고 할 수 있다.

2 관리 목표

JIT 시스템의 운용목표는 최소의 재고를 구현하여 낭비를 제거하는 것이다. MRP 시스템은 계획 및 통제에 따라 운용되며, 필요에 따라 필요량의 재고를 확보하는 형태를 취한다.

3 생산시스템 및 관리도구

JIT 시스템은 생산 사이클타임 중심으로 운영되고, 관리도구는 눈으로 보는 관리 실현을 위하여 간반 방식을 사용한다. MRP 시스템은 주생산계획 중심으로 운영되고, 관리도구는 컴퓨터 처리가 필수적으로 사용된다.

4 생산계획의 특징과 집행

JIT 시스템은 반드시 안정된 생산계획이 필요하다. 생산계획을 실행하는 방법은 간반을 활용한다. 생산계획은 생산 간반으로 운용되고, 자재계획은 인수 간반으로 운용된다. MRP 시스템은 비교적 변경이 잦은 생산계획을 수용하는 측면이 있고, 생산계획을 실행하는 도구는 작업전표, 생산지시서를 활용한다. 자재계획은 주문서를 사용한다.

5 계획 및 통제 우선순위

계획의 우선순위는 JIT 시스템은 생산 평준화를 바탕으로 한 품목별 일차 적응을 한다. 통제의 우선순위는 간반의 도착순으로 통제된다. MRP 시스템은 주생산계획을 바탕으로 한 필요품목 중심의 일정계획에 따라 우선순위가 결정된다. 통제는 작업배정 순서에 따라 통제된다.

6 자재소요 판단 및 재고수준

JIT 시스템은 간반을 사용하여 소요량을 판단한다. 생산로트를 소로트로 하고 재고수준은 최소한의 재고를 유지하게 된다. MRP 시스템은 자재소요량 판단을 MRP 시스템을 실행하여 자재를 확보한다. 재고수준은 조달기간 중 소요재고를 확보하는 것이 원칙이다.

6 품질관리 및 공급자와의 관계

JIT 시스템은 100% 양품을 추구한다. 품질 문제는 현장에서 근원적으로 해결하는 것을 원칙으로 하여 공정 완결의 개념을 추구한다. 공급자와의 관계 측면에서는 구성원 입장에서의 장기거래를 추구한다. MRP 시스템은 약간의 부적합은 인정하는 측면이 있고, 품질 문제는 품질 담당자에 의하여 규명되는 것이 기본개념이라고 할 수 있다.

7 적용분야 특성

JIT 시스템은 반복적 생산의 특징이 있는 분야에 적합하다. MRP 시스템은 비 반복적 생산을 포함한, 업종에 제한없이 적용할 수 있다.

▶▶ 필수예제

아래에서 설명하는 것은 무엇에 대한 내용인가?

> "필요한 것을 필요할 때 필요한 만큼 만드는 생산방식"으로, 재고를 모든 악의 근원이라고 본다. 따라서 악의 근원인 재고를 없애는 방향으로 노력한다. 또한 개선활동을 중요시하기 때문에 소요기간을 줄이고 불량률과 실수를 최소화하기 위해 끊임없는 노력을 기울인다.

해설 JIT(Just In Time) 생산방식에 대한 설명이다.　　　　　　　　　　答 JIT

04 간반의 역할과 종류

　　JIT 운영의 핵심은 간반방식에 있으며, 각 공정의 생산량을 원활하게 관리하는 정보 시스템이라 할 수 있다. 그러나 JIT의 여러 전제조건들이 충족되지 않으면 비록 간반방식을 도입하더라도 JIT의 실현은 곤란하게 된다. 간반은 대표적으로 인수간반과 생산지시간반의 두 종류가 이용된다. 인수간반은 후속공정이 인수해야 하는 제품(재공품)의 종류와 양을 지정하며 생산지시간반은 선행공정이 생산해야 할 제품과 양을 표시함으로써 JIT 생산을 실현하기 위한 인수량과 생산량에 관한 정보를 전달한다.

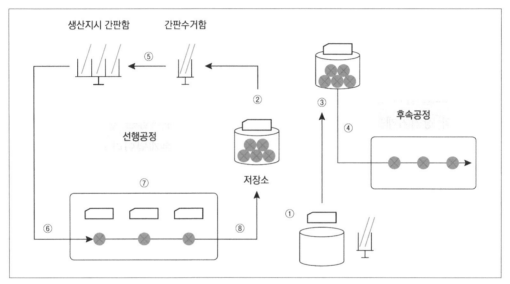

▲ 간반의 운영도(Two Card 방식)

1. 인수간반과 빈대차를 가지고 선행공정의 저장소로 이동함
2. 인수간반의 매수만큼 부품상자를 인수함
3. 생산간반을 떼고 인수간반을 부착함
4. 인수간반을 떼고 부품을 후속공정에 투입함
5. 생산간반을 수거함에 수집함
6. 생산간반의 순서에 따라 부품을 생산함
7. 부품과 생산간반이 짝을 이루어서 이동함
8. 생산간반을 부착하여 저장소에 부품을 보관함

　　간반의 역할은 진도관리를 포함해서 생산 또는 운반의 지시정보 역할을 하며, 눈으로 보는 관리도구로서의 기능이 자율적으로 이루어진다. 과잉 생산과 과잉 운반을 억제

하고 공정진도의 확인과 관리 및 현물 관리가 간단히 이루어진다. 그리고 공정의 작업 개선 도구로서의 기능과 재고절감이나 인원감축의 개선역할을 한다. 간반을 운영하는 규칙은 아래와 같다.

(1) 모든 컨테이너에는 반드시 간반을 붙인다.
(2) 모든 자재의 인출은 해당 작업장에서만 인출한다.
(3) 자재의 이동은 인수간반으로 시작한다.
(4) 모든 용기의 자재 적재량은 같은 양이어야 한다.

전체 재고량은 용기의 크기나 용기의 수를 줄임으로써 감소하게 된다. 용기 수를 줄이기 위해서는 준비교체시간, 생산시간, 대기시간, 이동시간 등의 순환소요시간을 줄여야 하고, 이를 통하여 자연스럽게 용기의 수는 줄어들게 된다.

(1) 간반의 종류

① 인수(운반)간반: 자재 생산자가 정해진 수량의 자재를 용기에 담아 제품 생산자에게 자재의 생산을 요청하는 것
② 생산(생산지시)간반: 제품 생산자가 자재의 생산을 요청하는 것
③ 신호간반: 프레스 등과 같이 설비금액이 많이 들어 준비교체시간이 다소 걸리는 경우 큰 로트를 만드는 생산지시가 필요할 때 사용하는 간판
④ 특급(express)간반: 부품 부족이 발생했을 때 발행하며, 사용 후에는 즉시 회수
⑤ 외주간반: 외주품 인수용 간반
⑥ 임시간반: 재작업, 긴급 부품용으로 활용되는 간반

기타 주문간반, 통과간반, 공용간반, 대차간반 등이 있다.

(2) 간반 운영규칙

① 후속공정은 필요한 부품을, 필요한 때에, 필요한 수량만을 요청한다.
② 선행공정은 후속공정에서 요청한 수량만큼만 생산한다.
③ 불량품을 후속공정에 절대로 보내서는 안 된다.
④ 간반의 수는 최소화되어야 한다.
⑤ 간반은 소폭의 수요변동에 적응하기 위해 이용한다.

05 5S의 개념

JIT 도입의 첫 단계는 작업장의 정비(Workplace Organization)에서부터 시작한다. 작업장 정비는 작업현장에서 시작하지만 제조조직 전체로 확산되어야 한다는 것이다. 작업장 정비의 목적은 문제가 발생한 곳에서 신속하게 해결책을 강구한다는 데에 있으며, 5S 운동이라 불리는 5단계를 거쳐 진행된다. 5S는 Seiri(정리), Seiton(정돈), Seison(청소), Seiketsu(청결), Shitsuke(습관화, 규율)라는 일본어의 영문표기의 첫 글자에서 따온 것이다.

1 정리

당장 쓸 것이 아니면 모두 치워라. 불필요한 재공품과 유휴설비, 사용하지 않는 각종 계기, 자재, 쓰레기통 등 불필요한 것들을 현장에서 깨끗이 치워 정돈된 작업환경을 유지한다.

2 정돈

작업장 내의 모든 공구와 물자에 대해 놓여 있어야 할 위치를 결정하고 항상 제자리에 되돌려 놓도록 함으로써 언제나 지체하지 않고도 찾아 쓸 수 있도록 한다. 작업자 스스로가 모든 것의 상세한 위치와 레이아웃을 결정하도록 하고 자신의 일과 작업장에 100% 책임을 지도록 한다.

3 청소

작업장 자체의 청소는 물론 기계설비, 공구의 청소와 정비를 게을리해서는 안 된다. 자신이 쓰는 기계를 닦고 조이고 기름칠하여 항상 좋은 상태로 유지함으로써 기계고장의 징후도 쉽게 발견할 수 있다.

4 청결

앞의 세 가지를 항상 지킴으로써 작업환경을 언제나 청결하게 유지한다.

5 규율(습관화)

모든 사람들이 이러한 규칙을 이해하고 지키며 또한 어떤 방법으로든지 이 운동에 적극적으로 참여한다.

06 JIT의 7가지 낭비

7가지 낭비는 일본의 Taichi Ohno에 의해 낭비를 관리적 차원에서 분류한 것이다. JIT의 목표는 낭비의 제거이며, 토요타(Toyota)는 7가지 낭비를 없애기 위해 노력한다.

1 과잉생산(Overproduction)

과잉생산은 자재의 원활한 흐름을 방해하고, 품질과 생산성을 감소시킨다. JIT의 의미도 바로 모든 아이템은 필요한 때 만들어져야 한다는 것이다. 과잉생산은 리드타임을 길게 하고 재고유지 비용을 증대시키며, 불량을 발견하기 어렵게 한다.

2 대기(Waiting)

재화가 움직이지 않거나 가공되고 있지 않을 때마다 대기라는 낭비가 발생한다. 전통적인 배치생산 후 대기 형태의 생산방식에서는 후속 프로세스에서 가공되기 위한 대기시간이 매우 길게 발생한다. 생산가동시간이 길며, 따라서 대기시간도 길어지고 자재의 흐름이 좋지 않게 되어 리드타임의 대부분이 대기시간에 소요된다.

3 운송(Transportation)

프로세스 사이의 운송은 제품에 부가가치를 주지 않고 비용만을 발생시킨다. 이동거리가 길고 자재취급이 많아지면 자재가 훼손되거나 품질이 떨어질 가능성이 커진다. 따라서 제품 흐름을 그림으로 나타내어 가시화하는 것은 프로세스 선후관계와 연계성을 파악하는 데 도움을 준다.

4 부적당한 가공(Inappropriate Processing)

가공을 위해서는 적당한 기계와 방법이 선택되어야 한다. 종종 단순하고 유연한 자동화 장비가 매우 비싸며, 정교한 장비보다 더 효과적이다. 값비싼 장비는 때로는 선후 프로세스를 멀리 떨어지게 하고 자산활용율(투자수익률)을 높이기 위해서 로트(Lot)를 커지게 한다. 작고 유연한 장비, 셀 생산, 단계들의 결합 등은 이러한 낭비를 없앤다.

5 불필요한 재고(Unnecessary Inventory)

재공품은 과잉생산과 대기의 직접적인 결과이다. 과잉재고는 작업장의 문제를 숨기고 리드타임을 늘리며 작업장의 공간을 차지하게 된다. 작업장 간의 틈이 없는 유연한 흐름은 이러한 재공품재고를 줄일 수 있다.

6 불필요하거나 과잉 움직임(Unnecessary/Excess Motion)

인간공학과 관련된 것으로 구부리거나 뻗거나 걷거나 끌어 올리거나 닿거나 하는 움직임이 이러한 예이며, 이러한 것들은 작업자의 건강과 안전에 밀접한 관련이 있다. 과잉 움직임을 유발하는 직무는 개선을 위해서 재설계되어야 한다.

7 결함(Defects)

품질의 결함이 발견되면 재작업 혹은 폐기처리 등을 해야 하는데, 이는 조직에 막대한 비용을 초래한다. 재고 증대, 재검사, 스케줄 변경, 생산능력의 손실 등 부가가치 보다는 비용의 증대를 초래한다.

01

2018년
3회

부하율의 산출식으로 맞는 것은?

① 평균작업량 ÷ 최대작업량　　　② 평균할당량 ÷ 최대할당량

③ 실제작업시간 ÷ 전체작업시간　　④ 실제할당시간 ÷ 전체할당시간

해설 부하율 = 평균작업량 ÷ 최대작업량　　　　　　　　　　　　　　**답** ①

02

2018년
3회

다음 [보기]에 해당하는 공정을 표시하는 기호는 무엇인가?

> **[보 기]**
>
> 원료, 재료, 부품 또는 제품이 체류되어 있는 상태를 나타낸다.

① ○　　　　　　　　　　　　　　② ⇨

③ □　　　　　　　　　　　　　　④ D

해설 D(지체, 정체)　　　　　　　　　　　　　　　　　　　　　　**답** ④

03

2018년
3회

다음 중 공수계획의 기본적 방침이 아닌 것은?

① 가동률의 향상　　　　　　　　② 생산량의 최적 결정

③ 부하와 능력의 균형화　　　　　④ 적정 배치와 전문화 촉진

해설 생산량의 최적 결정은 생산계획에 해당한다.　　　　　　　　　　**답** ②

04

2018년
3회

'학습률 80%'에 대한 설명으로 맞는 것은?

① 생산량이 늘어날 때마다 평균생산능력이 80%씩 증가한다.

② 생산량이 늘어날 때마다 평균생산능력이 20%씩 증가한다.

③ 생산량이 2배가 될 때마다 평균생산시간이 80%씩 감소한다.

④ 생산량이 2배가 될 때마다 평균생산시간이 20%씩 감소한다.

해설 산량이 늘어날 때마다 평균생산시간이 감소하는 현상을 공수체감법칙이라 한다.　　**답** ④

05 공정관리의 대외적인 목표는 다음 중 무엇인가?

2018년
3회

① 주문자 또는 수요자의 요건을 충족시켜야 함

② 재공품의 감소와 생산속도 향상을 목적으로 함

③ 자재 투입부터 제품 출하까지의 시간을 단축시켜야 함

④ 작업자 대기나 설비 유휴시간 감소로 가동률을 향상시켜야 함

해설 정관리의 대내적 목표는 작업자의 대기 및 설비 유휴시간을 최소화하여 가동율을 향상시키고, 재공품을 최소화하고 사이클타임을 단축시키며, 기계 및 인력 이용율을 높인다. 대외적 목표는 주문자 또는 수요자의 요건을 충족시키고, 수요자의 요구에 따라 생산을 한다는 것이다. 🔖 ①

06 다음 [보기]의 괄호 안에 공통으로 들어가는 용어를 한글로 쓰시오.

2018년
3회

[보 기]

JIT의 사고는 (   )을/를 모든 악의 근원으로 본다. (   )가(이) 많은 만큼 돈이 묶이는 것과 같다. (   )가(이) 많으면 보관할 장소가 많이 필요하고, 관리할 인력이 필요하며, 잃거나 손상될 우려도 높다. 생산과정에서 문제가 일어나도 (   )가(이) 많은 부분을 커버해 주므로 문제가 밝혀지지 않는다. 따라서 모든 노력은 이러한 악의 근원인 (   )을/를 없애는 방향으로 확대된다.

🔖 재고

07 각 작업장의 작업자는 모두 1명씩이고 작업시간이 표와 같을 때, 라인의 불균형율을 구하시오(단 숫자로만 표기하시오).

2018년
3회

작업장	1	2	3	4
작업시간	25분	20분	15분	25분

해설 • LB 효율 = 작업시간 합계/[작업장 수 × 사이클 타임{(C, t max)}] × 100

= (25 + 20 + 15 + 25)/(4 × 25) × 100 = 85%

• 불균형율 = 1 − LB 효율 = 15 🔖 15(%)

08 다음 [보기]가 설명하는 공정의 명칭을 한글로 쓰시오.

2018년
3회

> **[보 기]**
> 제조의 목적을 직접적으로 달성하는 공정으로 그 내용은 변질이나 변형 그리고 변색, 조립, 분해로 되어 있으며, 대상물을 목적에 접근시키는 유일한 상태인 공정이다.

해설 ASME의 공정분석에 근거하여 가공, 운반, 검사, 정체, 저장 공정으로 구분(분류)한다.

답 가공공정

09 다음 [보기]가 설명하는 것으로 적절한 공정분석기호는?

2018년
4회

> **[보 기]**
> 계획적인 보관이며 다음의 가공조립으로 허가 없이 이동하는 것이 금지되어 있는 상태이다.

① ▽ 　　　　　　② ○
③ ◇ 　　　　　　④ D

해설 저장

답 ①

10 능력계산에 대한 내용으로 적절하지 않은 것은?

2018년
4회

① 실제가동시간은 간접작업률을 고려한 정미시간을 말한다.
② 인적능력은 환산인원, 실제가동시간, 가동률을 곱하여 계산한다.
③ 가동률이란 전체 작업자가 실제가동시간 중에서 정미작업을 하는 시간의 비율이다.
④ 환산인원이란 실제 인원에 환산 계수를 곱하여 표준능력의 인원으로 환산하는 것이다.

해설 실제가동시간은 정규 휴식을 제외한 취업시간이다.

답 ①

11

2018년
4회

다음 [보기]가 설명하는 용어는?

> [보 기]
>
> 계획된 실제의 작업량을 작업일정이나 시간(이정표)으로 구분하여 가로선으로 표시함으로써, 계획과 통제의 기능을 동시에 수행하는 전통적인 일정관리기법

① PERT/CPM
② Line Balancing
③ Gantt Chart
④ Johnson's Algorithm

답 ③

12

2018년
4회

다음 [보기]의 괄호 안에 들어 갈 용어로 적절한 것은?

> [보 기]
>
> 애로공정이란 작업장에 능력 이상의 부하가 적용되어 전체 공정의 흐름을 막고 있는 것을 말한다. 즉, (   )현상이라고도 말하는데 전체라인의 생산속도를 좌우하는 작업장을 말하기도 한다.

① 제한
② 결합
③ 병목
④ 불균형

해설 병목 현상(애로 공정, Bottle neck)

답 ③

13

2018년
4회

다음 [보기]의 괄호 안에 적절한 용어는?

> [보 기]
>
> (   )시스템이란 Just In Time을 실현시키기 위한 일종의 정보 시스템이자 눈으로 보는 관리의 도구이다. 필요한 시기와 수량에 맞도록 적절히 제품을 만들어서 낭비를 줄이고, 좀 더 신속, 저렴하게 생산하기 위해 사용된다.

① 5S
② 간판
③ 자동
④ 푸쉬

답 ②

14

2018년
4회

A작업장 작업원의 출근율이 70%이고 작업에 소요되는 간접작업의 비율은 30%라고 한다면 이 작업장의 가동률(단위: %)은 얼마인가? (숫자만 쓰시오)

해설 가동율 = 출근율 × (1 − 간접작업율) **답** 49(%)

15

2018년
4회

다음 [설명]에 해당하는 용어를 한글로 쓰시오.

> **[설 명]**
> 필요한 물품과 불필요한 물품을 구분하여 불필요한 물품은 처분한다. 현장에 존재하는 불필요한 물품은, 직장을 그만큼 협소하게 하여 비능률·재해의 원인이 된다. 사용하지 않는 예비품·치공구의 오사용에 의해 품질불량·기계고장을 일으킨다.

답 정리

16

2018년
4회

다음의 이미지를 보고 가장 우선적으로 작업해야 하는 작업의 긴급률을 숫자로 쓰시오.

작업	납기일	같은 날	잔여 작업일수
A	75	70	4
B	78	70	8
C	76	70	5

해설
- 작업A = (75 − 70)/4 = 1.25
- 작업B = (78 − 70)/8 = 1
- 작업C = (76 − 70)/5 = 1.2
- 긴급율이 적은 순서대로 작업해야 하므로 B → C → A **답** 1

17

2018년
5회

공정계획 중 제품을 생산하기 위한 작업의 순서 및 표준시간, 작업장소 등을 결정한 것으로서, 리드타임 및 자원의 소요량을 계산하여 원가계산의 기초자료로 활용되는 것은?

① 절차계획 ② 투입계획

③ 능력계획 ④ 공수계획

답 ①

18 K작업장 작업원의 출근율이 90%이고, 작업에 소요되는 간접작업율이 30%라면 이 작업장의 가동률은?
2018년
5회

① 27% ② 56%

③ 63% ④ 70%

해설 가동률 = 출근율 × (1 – 간접작업률) = 0.9 × 0.7 = 56 답 ③

19 다음은 간트차트를 완성하기 위해 필요한 정보를 나타낸 것이다. 이들 중 간트차트를 완성하기 위해 필요한 정보와 가장 거리가 먼 것은?
2018년
5회

① 각 작업에 소요되는 비용 List

② 이용 가능한 생산능력(Capacities)에 대한 List

③ 작업장별 기계대수와 가동시간 정보

④ 작업 오더에 대한 List와 현재 진행된 작업의 위치정보

해설 간트 차트는 각 작업에 소요되는 비용을 구체적으로 산출 불가하다. 답 ①

20 다음 중 간트 차트(Gantt Chart)의 정보를 이용하여 결정할 수 있는 것이 아닌 것은?
2018년
5회

① 각 작업의 완료시간 ② 다음 작업의 시작시간

③ 각 작업의 전체 공정시간 ④ 각 작업 사이의 의존관계

해설 간트 차트는 작업들 간 유기적인 관계를 설명할 수 없다. 답 ④

21 다음 중 JIT(Just In Time) 방식의 특징으로 볼 수 없는 것은?
2018년
5회

① 부품의 적기 구매로 생산준비시간을 줄이는 데 그 의의가 있다.

② 생산이 필요하다는 특정신호에 의해 Pull System으로 작업이 진행된다.

③ 작업을 할 수 있는 여력이 있을 때 미리 작업을 진행하여 효율성을 높인다.

④ 현재 필요한 것만 만들고 더 이상은 생산하지 않으므로 큰 로트 규모가 필요 없다.

해설 작업이 필요할 때 작업을 진행한다. 답 ③

22
2018년
5회

다음 [설명]에서의 괄호 안에 해당하는 용어를 한글로 쓰시오.

> **[설 명]**
> 공정관리의 세 가지 기능 중에서 (   )기능은 생산계획을 통칭하는 것으로서 공정
> 계획을 행하여 작업의 순서와 방법을 결정하고, 일정계획을 통해 공정별 부하를 고려한
> 개개 작업의 착수시기와 완성일자를 결정하며 납기를 유지하게 한다.

해설   공정관리의 기능은 계획기능, 통제기능, 감사기능이 있다.   **답** 계획

23
2018년
5회

각 작업장의 작업시간이 아래와 같을 때 불균형률을 구하시오(단, 각 작업장의 작업자는
모두 1명씩이다). 정답은 수치만 제시하시오.

작업장	1	2	3	4
작업시간	24분	30분	26분	22분

해설 • LB 효율 = 작업시간 합계/[작업장 수 × 사이클 타임{(C, t max)}] × 100
         = (24 + 30 + 26 + 22)/(4 × 30) × 100 = 85%
       • 불균형율 = 1 − LB 효율 = 15   **답** 15

24
2018년
5회

다음 [설명]에서의 괄호 안에 공통으로 들어가는 용어를 한글로 쓰시오.

> **[설 명]**
> JIT(Just In Time)의 사고는 (   )을/를 모든 악의 근원으로 본다.
> (   )가 많은 만큼 돈이 묶이는 것과 같다. (   )가 많으면 보관할 장소가
> 많이 필요하고, 관리할 인력이 필요하며, 잃거나 손상될 우려도 높다. 생산과정에서 문
> 제가 일어나도 (   )가 많은 부분을 커버해 주므로 문제가 밝혀지지 않는다. 따라서
> 모든 노력은 이러한 악의 근원인 (   )을/를 없애는 방향으로 확대된다. 즉 JIT는
> 즉시 사용분만을 허용한다.

답 재고

25
2018년
6회

다음 공정분석기호에 대한 설명이 바르게 연결된 것은?

	공정분석기호	공정의 기호의 해석
①	▽	저장
②	○	운반
③	□	품질검사
④	◇	수량검사

[해설] ○: 가공, □: 수량검사, ◇: 품질검사   답 ①

26
2018년
6회

생산예정표에 의해 결정된 생산량에 대하여 작업량을 구체적으로 결정하고 그것을 현재 인원과 기계의 능력을 고려하여 양자를 조정하는 기능은?

① 부하계획   ② 공수계획
③ 능력계획   ④ 일정계획

[해설] 공수계획은 부하계획과 능력계획이 있다.   답 ②

27
2018년
6회

다음 [설명]에 해당하는 용어는?

> [설 명]
> 계획된 실제의 작업량을 작업일정이나 시간으로 견주어 가로선으로 표시함으로써, 계획과 통제의 기능을 동시에 수행하는 전통적인 일정관리기법

① PERT/CPM   ② Gantt Chart
③ Line Balancing   ④ Johnson's Algorithm

[해설] 간트 차트   답 ②

28

애로공정(Bottleneck Operation)에 관한 설명으로 옳지 않은 것은?

① 소요시간이 가장 길고 지연이 발생하는 공정이다.

② 생산라인의 생산속도를 결정하는 공정이다.

③ 라인 생산에서 공정 간 소요시간 차이는 클수록 좋다.

④ 제약이론(TOC)는 애로공정의 유휴 최소화를 추구한다.

해설 라인 생산에서 공정 간 소요시간의 차이는 적을수록 좋다.　　　　　🛈 ③

29

재고를 모든 악의 근원으로 보고 필요한 것을 필요한 때 필요한 만큼 만드는 생산방식을 무엇이라고 하는가?

① 칸반(Kanban)　　　　　② JIT(Just In Time)

③ 3정5S　　　　　④ PERT · CPM

🛈 ②

30

다음 [설명]에 해당하는 용어를 한글로 쓰시오.

> **[설 명]**
>
> 공정계획 중 최대작업량과 평균작업량의 비율을 최적으로 유지할 수 있는 작업량의 할당 계획이다.

🛈 부하(Load)

31

품목 A, B 및 C를 가공하는 MCT(Machining Center) 공정의 12월 부하계획을 수립하고자 한다. 이 공정의 가용 MCT는 2대, 1일 가동시간은 8시간, 12월 가동일수는 25일이고 MCT의 평균 가동률은 85%이다. 품목별 표준시간과 12월 생산계획이 다음 표와 같을 때, MCT 공정의 12월 여력 (= 능력 - 부하)는? (숫자만 기입할 것, 단위: Machine - Hour)

품목	표준시간 (시간/개)	생산계획 (개/월)
A	0.5	250
B	1.0	100
C	0.6	180

> **해설** · 기계능력 = 기계대수 × 1일 실제가동시간 × 1개월 가동일수 × 기계가동율
> = 2 × 8 × 25 × 0.85 = 340
> · 부하 = (0.5 × 250) + (1 × 100) + (0.6 × 180) = 333
> · 여력 = 능력 − 부하 = 340 − 333 = 7　　　　　　　　　　　　　　　　🖹 7

32
2018년
6회

다음은 칸반(Kanban) 방식에 대한 설명이다. (　　　　) 안에 들어갈 말을 영어로 표기하시오.

> **[설 명]**
> 수요가 발생할 경우에만 작업이 진행된다. 즉, 공정에서 필요한 만큼 끌어당기는 공정 인수방식인 (　　　　) 방식으로 진행된다.

🖹 PULL

CHAPTER 04 MRP/CRP

SECTION 01 재고관리

01 재고(Inventory)의 의미

재고란 '앞으로 발생될 수요를 만족시키기 위하여 비축한 물자', '수요에 부응하기 위하여 일시적으로 보관하는 물품'이라는 의미이며, 경제적 가치를 지닌 유휴 자원(Idle Resources)의 중요한 자산이다. 재고는 '물품의 흐름이 시스템 내의 어떤 지점에서 정체되어 있는 상태'를 말하며 생산에 투입되는 원·부자재, 부품에서 재공품, 반제품, 제품, 소모품 등 다양하며 과잉 재고의 경우 자본을 사용하지 않고 묵히는 것으로 자본 비용이 발생하며, 부족 재고의 경우 수요를 충족하지 못해 이익의 감소를 가져오게 된다.

02 재고관리의 의미

재고관리란 '재고를 계획·통제·관리하는 것'으로 '수요를 만족시키기 위하여 재고를 최적 상태로 관리하는 절차'라고 할 수 있다. 재고관리는 기업체가 능률적이고 계속적인 생산 판매 활동을 위하여 재고자산인 원재료, 부재료, 재공품, 반제품, 제품, 상품, 부품, 소모품 따위를 가장 적당한 양으로 계획하고 통제하는 활동이다.

재고관리의 목적은 생산 또는 개발 예산을 절감하고, 예산의 효율적 집행과 재고비용을 절감하며 생산지연 및 품절의 발생을 방지하기 위함이다. 재고관리의 기능은 아래와 같다.

1 계획 기능

BOM, 시방서, 도면 등의 문서들을 활용해 단위 제품당 소요 자재 기준을 파악한 후, 생산 또는 개발 계획에 따라 요구되는 소요 자재를 산출한다. 이를 토대로 현재 보유하고 있는 재고수량을 고려하여 발주계획을 수립할 수 있는 기능을 제공한다.

2 구매 기능

수립된 발주계획에 근거하여 요구되는 자재를 구매할 수 있도록 한다. 이는 납기, 가격, 수량 등의 결정사항을 포함하며, 생산활동에 필요한 자재의 입출고가 핵심 기능에 해당한다.

3 보관 기능

필요한 자재를 필요에 따라 사용할 수 있도록 관리하는 기능으로 자재 보유수량 파악 등의 재고 조사와 재고 자재의 통제업무가 이에 해당된다.

03 재고보유의 동기(A. J. Arrow)

1 거래 동기

사전에 수요량 예측이 가능하고 가격체계가 시간상으로 안정되어 있는 경우에 생산활동 등의 이유로 수요와 공급을 일치시키기 어려울 때 생산단가의 개선이나 재고품절에 따른 손실을 최소화하기 위함이다.

2 예방 동기

기업 경영에 있어서 불확실한 요인의 발생으로 인한 위험을 방지하기 위한 목적이며, 무재고일 경우에 수요가 발생하면 이에 즉각적으로 제품을 공급할 수 없으므로 대부분의 기업이 일정수준의 재고를 보유하게 된다.

3 투자(투기) 동기

수요와 공급의 이상적인 불균형으로 인해서 가격 변동이 클 경우에 적정 수준의 재고를 보유하였다가 유리한 시기에 확보한 재고를 방출함으로써 투자의 극대화를 가져오게 된다.

04 재고의 분류 및 종류

1 재고 분류

(1) 원자재와 부품 등의 자재재고

(2) 생산과정 중에서 발생되는 반제품(재공품)이나 가공품 등

(3) 완제품, 제품 재고

2 재고의 종류

(1) 순환재고

수요와 리드타임이 정해진 상황에서 수요 충족을 위해 필요한 수량보다 더 많이 주문하는 경우에 발생하는 재고이다. 주기적으로 일정한 로트 단위에 의해서 조달하기 때문에 발생하므로 주기재고라고도 한다. 주문비용이나 생산준비비용을 줄이거나 할인혜택을 위해 다량으로 주문할 때 발생할 수 있다.

(2) 안전재고

수요나 리드타임 등의 불확실성으로 인해 미리 확보하는 재고로서 완충재고라고도 한다. 일반적으로 순환재고량을 초과하여 유지하며, 안전재고량은 수요변동의 범위와 재고이용 가능성에 따라 확률적으로 산출하게 된다.

(3) 예상재고

계절적 요인, 가격의 변화 등을 예상하고 보유하는 재고로서, 계절재고라고도 한다. 성수기의 수요를 대비하여 비수기에 미리 생산 또는 구매하여 보유하게 된다.

(4) 수송(운송)재고

운송재고는 생산이나 판매를 위해 한 지역에서 다른 지역으로 운송 중인 완제품 또는 원자재의 재고로 이동하는 모든 재고가 포함된다. 석유류나 화학제품의 제조를 위한 장치산업에서 생산 중에 있는 재공품(Work-in-process Inventory)을 의미할 수도 있으며, 파이프라인(Pipe Line)재고라고도 한다. 수송재고는 공장의 입지, 배급망, 운송수단 등에 영향을 받는다.

(5) 분리용 재공품재고

각 공정에서 독립적이면서 효율적인 운영이 가능하도록 하기 위한 재고이다.

(6) 사급품

사급이란 '발주 회사, 모기업에서 자재를 일괄 구매하여 협력사, 자기업에 공급하는 것'으로, 발주 회사나 협력사 간에 효율적 공급라인을 구성하여 원가절감 및 구매상의 문제점을 해소하고, 상호효율적 관리를 할 수 있다. 사급은 유상 사급과 무상 사급으로 구분되며 사급 자재 물품을 사급품이라고 한다.

▶▶ 필수예제

아래의 내용에 해당하는 재고는 무엇인가?

> 일시에 필요한 양보다 더 많이 주문하는 경우에 생기는 재고를 말한다. 이와 같은 유형의 재고는 주문비용이나 생산준비비용을 줄이거나 할인혜택을 얻을 목적으로 한꺼번에 많은 양을 주문할 때 발생하는 재고이다.

🖹 순환재고

---

05 재고와 관련된 비용

1 구매비용(Purchase Cost)

구매와 관련된 제반 비용으로 구매단가 인하 및 대량 할인혜택 등을 통한 원가절감, 효율향상이 중요하며, 공급처 조사 및 시장가격 조사비용 등이 있다.

2 주문 발주 조달 비용(Ordering Cost)

주문 발주 조달에 소요되는 비용으로 측정의 어려움이 있다.

(1) 주문 처리비(Setup Cost)

주문 준비, 분석, 상담, 작성, 신청, 입력, 정리, 결재에 따른 비용, 신용장 개설, 통신비용 등

(2) 물자 취급비(Handling Cost)

물자 취급의 입고, 검사, 쌓기, 출고, 하역, 운반 등에 따른 비용

3 재고관리(유지) 비용(Holding Cost, Carrying Cost)

재고관리비는 '재고가 있기 때문에 재고를 관리 유지하는 데 드는 비용'으로 자본비용인 금리, 보관비용인 창고료, 임대료, 보험료, 고정비, 변동비, 노무비, 정보처리비, 에너지비, 수리비, 위험비용인 진부화, 열화, 분실, 도난, 파손, 재작업, 이동 등에 소요된 비용으로 재고를 줄여 재고관리비를 최소화하여야 한다.

4 품절(결품, 부족) 비용(Shortage Cost)

품절비용이란 '공급시점에서 물건이 없는 결품, 부족으로 발생되는 기회비용'으로 이에 따라 판매기회 손실, 신용 저하비, 미납주문 처리비, 생산 유휴비 등이 해당되며, 평가 측정의 어려움이 있다.

5 총재고비용(Total Inventory Cost)

총재고비용은 구매비용, 주문발주비용, 재고관리 비용, 품절(결품) 비용의 합으로 전체를 보면서 총비용이 최소화되도록 종합 관리하여야 한다.

총재고비용 = 구매비용 + 주문 발주 조달 비용 + 재고관리 비용 + 품절비용

✔ CHECK   재고 회전율

재고 회전율(Inventory Turnover)은 일정기간의 매출액(출고량)을 평균재고금액(재고량)으로 나누어 계산하며, 재고자산이 어느 정도의 속도로 판매 회전되고 있는가를 나타내는 지표로 사용된다. 재고 회전율은 높을수록 기업이 양호한 상태이며, 재고 회전율이 낮다는 것은 재고자산에 과잉 투자가 발생했음을 의미한다. 재고 회전율은 비율(%)로 나타내지만 관행적으로 비율로 나타내지 않고 몇 회전으로 표시하는 것이 일반적이다.

재고 회전율 = 매출금액(출고량)/평균재고금액(출하량) × 100

▶▶ 필수예제

5월 중 매출액이 15,000천원, 월초 재고금액이 1,500천원, 월말 재고금액이 1,400천원이었다. 5월 중 재고 회전율과 회전 일수를 구하시오.

해설
- 평균 재고금액 = (월초 재고금액 + 월말 재고금액) ÷ 2
                = (1,500천원 + 1,400천원) ÷ 2 = 1,450천원
- 재고 회전율 = 매출금액/평균 재고금액 × 100
             = 15,000천원/1,450천원 × 100 = 10.34 회전 또는 1,034%
- 재고 회전 일수 = 31일/10.34회전 = 2.99일 = 약 3일   📋 약 3일

SECTION 02 재고관리 시스템

재고관리를 보다 합리적으로 그리고 능률적으로 해결하기 위해 개발된 재고관리 시스템은 재고관련 총비용을 최소화하도록 재고품의 주문시기와 주문량 등을 결정하는 것이다. 재고관리 모형은 수요가 확정적인 경우와 확률적으로 변화하는 경우로 크게 구분할 수 있다. 물론 특수한 경우의 재고모형(단일기간, ABC, 2 Bin 등)도 개발되어 있지만, 본 학습서에서는 비교적 단순한 모형으로서, 수요가 확정적인 경우로 국한하여 기술하였다. 주문시기와 주문량을 결정하는 방식에 따라 정량발주방식과 정기발주방식, 그리고 절충형 방식으로 구분하며, 경제적 발주량에 대해서도 설명한다.

01 정량발주방식(고정주문량 발주모형, Q-system)

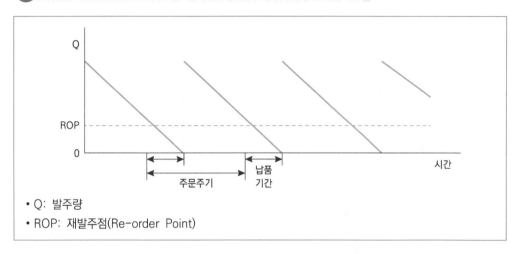

- Q: 발주량
- ROP: 재발주점(Re-order Point)

(1) 정량발주방식이란 주문량(Q)을 미리 정해 놓고, 재고가 기준량(ROP)까지 도달하면 사전에 결정된 일정량(EOQ)만큼 발주하여 일시에 보충한다.

(2) 발주량은 일정하나 발주 간격은 변하여 일정하지 않다.

(3) 정량발주방식은 실사와 기록 유지가 용이한 품목, 계속 실사하는 중요 품목, 항상 수요가 있어서 일정량의 재고를 보유해야 하는 품목, 금액이 높지 않은 B급이나 C급 품목 중 수요 변동이 작은 품목에 적용한다.

(4) 발주량은 일정 재고수준까지 내려갔을 때 아래의 식으로 산출할 수 있다.

- 발주점 = (1일 평균 수요량 × 조달 기간) + (안전 계수 × 수요의 표준 편차 × $\sqrt{\text{조달 기간}}$)
- 발주량 = 리드 타임 중의 평균 수요 + 안전 재고

안전 재고 = (안전계수 × 수요의 표준편차) × $\sqrt{\text{조달기간(Lead Time)}}$

서비스율	90%	95%	98%	99%
안전계수	1.28	1.65	2.05	2.33

▶▶ 필수예제

서비스 수준이 95%이고, 조달 리드타임이 9일 소요되는 조건에서 표준편차는 10개이다. 안전재고수준은 얼마인가?

안전재고 = 1.65 × 10개 × √9 = 49.5
정량발주방식과 깊은 관련이 있고, 주문비용과 재고유지비용 등 총 비용을 최소화하는 경제적 발주량
(EOQ)에 대해서는 재고모형의 마지막 부분에서 설명하였다.　　　📖 49.5

02 정기발주방식(고정주문간격 발주모형, P-system)

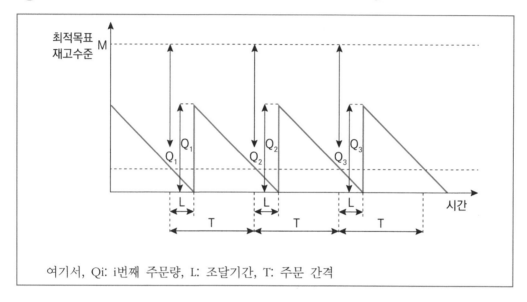

여기서, Qi: i번째 주문량, L: 조달기간, T: 주문 간격

(1) 일정한 발주간격(T)을 정해 놓고 그 시점까지 사용한 양만큼 정기적으로 발주하여 일시에 보충한다.
(2) 발주간격은 일정하나 주문량(Qi)은 변하여 일정하지 않다.
(3) 정기발주방식은 조달이 주기적으로 이루어지는 품목, 여러 품목을 동일 공급자로부터 조달 받는 경우, 사용률이 비교적 일정한 경우, 계속 실사를 요하지 않는 품목, 실사 및 발주 간격이 짧을 때는 금액 및 중요도가 높은 A급 품목에 적용한다.
(4) 정기발주량 산출식은 아래와 같다.

발주량=(발주 간격+조달 기간) 중의 평균 소비량-현재 재고+안전 재고

03 절충형 방식(P-Q 시스템)

(1) 정량발주방식과 정기발주방식의 절충형 재고관리 시스템(Min−Max 시스템)
(2) 정기적으로 재고수준이 검토되지만 사전에 결정된 발주점 이하일 때만 발주한다.
(3) 발주량이 고정되어 있지 않다. 현재고가 발주점 이하가 될 때 (현재고-발주점)만큼 발주한다.
(4) 검토주기가 길어서 검토할 때마다 주문하게 되며 정기발주방식에 가깝게 된다.

04 경제적 발주량

1 경제적 주문량(발주량)의 개념

경제적 발주량(EOQ: Economic Order Quantity)이란 가장 경제적인 주문량을 찾아 적용하는 구매자재 재고관리기법을 말한다. 재고유지 관리비와 주문 조달비가 최소가 되는 점의 주문량을 결정하며, 구매 주문할 시점과 주문수량 사이에 가장 경제적인 주문량을 결정하는 발주점 방식이다.

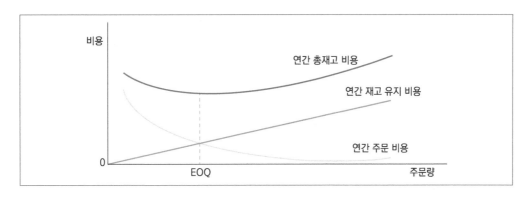

2 경제적 발주량 모형의 가정[1915년 해리스(F.W. Harris)의 연구]

(1) 수요율은 일정하며 연간 수요는 알려져 있다.
(2) 단위기간당 사용률은 일정하다.
(3) 조달기간은 일정하며 알려져 있다.
(4) 주문량은 일시에 조달된다.
(5) 수량할인을 허용하지 않는다.
(6) 하나의 품목에 대해서만 고려한다.

$$EOQ^* = \sqrt{\frac{2DC_O}{C_H}}$$

여기서, D: 연간 수요량

　　　C_O: 1회 발주비용

　　　C_H: 연간 단위당 재고유지 비용

• 발주 횟수 $= D/Q^*$

▶▶ 필수예제

01

경제적 주문량의 개념 및 공식을 활용하여 경제적 주문량을 계산해 본다.

해설

(1) P기업은 경제적 주문량 모형을 이용하여 매입 계획을 수립하려고 한다. 관련 자료는 다음과 같다.

(가) 연간 수요량(D) = 10,000개/년(※ 1일 수요량(d) = 10,000개 ÷ 365일 ≒ 27.4)

(나) 1회당 주문비용(C_O) = 1,000원

(다) 단위당 재고유지 비용(C_H) = 300원/단위: 년

(라) 납기(L) = 3일

(2) 위 자료에 의해 경제적 주문량(Q), 연간 최적 주문횟수(N), 최적 발주간격(T), 최적 재주문점은 다음과 같이 계산된다.

• EOQ $= \sqrt{\dfrac{2DC_0}{C_H}} = \sqrt{\dfrac{2(10,000)(1,000)}{300}} \doteqdot 258(개)$

• 발주 횟수 $= \dfrac{D}{Q} = \dfrac{10,000}{258} \doteqdot 38.8(회)$

• 발주간격 $= \dfrac{Q}{D} = \dfrac{1}{N} = \dfrac{1}{38.8}(년) \doteqdot 9.4(일)$

• 재발주점 $= d \times L = \left(\dfrac{10,000}{365}\right) \times 3 \doteqdot 82(개)$

01 MRP 개념

  자재소요계획이란 생산에 필요한 '자재의 소요량과 시기를 결정'하는 것이다. 자재소요계획은 그림과 같이 무엇을 언제 얼마만큼 만들 것인가하는 기준생산계획(MPS)을 기본으로 제품별 자재 명세서, 재고현황과 재고기준 방침을 비교 분석하여 자재소요계획을 산출한다. 이를 기준으로 구매외주관리, 자재운영관리가 진행된다. 자재소요계획에 의한 자재소요량 계획은 주로 주문생산방식에 적용하며, 제품에 따라 종속적으로 부품과 자재가 결정되는 방법으로서 주로 컴퓨터에 의하여 산출하고 활용된다.

  MRP는 구매와 제조 자재별로 자재소요량을 계산하기 위해 사용된다. MRP의 결과는 자재계획을 수립하고 실행할 때 필요로 하는 구매와 제조정보를 제공하고 무엇이 필요한지를 결정한다.

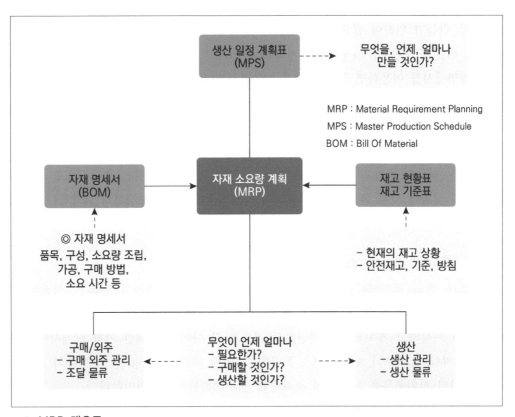

▲ MRP 개요도

02 MRP 구성체계

1 MRP 주요 입력정보

(1) MPS(기준일정계획)

MRP는 주로 완성품 생산에 필요한 하위부품들의 생산일정을 수립하는 체계이다. 따라서 완성품의 생산계획을 담은 MPS는 MRP 작성을 위해 필요한 첫 번째 입력정보가 된다. 언제 얼마만큼의 완성품 혹은 최종품목의 생산에 필요한지에 대한 정보를 가져야 이를 생산하는 데에 필요한 하위조립품, 구성부품들에 대한 생산시기와 요구수량을 결정할 수 있기 때문이다.

(2) BOM

자재명세서(BOM: Bill of Materials)란 제품을 구성하는 모든 하위조립품, 구성부품에 대한 정보와 부품 간의 관계를 정의하는 목록이다. 하나의 완성품을 만들기 위하여 필요한 반제품과 원·부자재의 수량과 관계를 나타낸 것이며, 자재명세서에서 중요한 것은 모제품을 만들기 위하여 필요한 반제품, 원·부자재의 리스트, 그리고 각각의 필요한 수량이다. 이를 모자관계(Parent-child Relationship)라고 한다.

자재명세서를 이용하면 하나의 완제품을 만들기 위하여 어떤 자재가, 어느 생산단계에서, 몇 개가 필요한지 산출할 수 있다. 그러므로 자재명세서는 기업에서 생산하거나 구매하는 최하위 구매품목까지 전개하여야 한다. 자재명세서는 담당자가 상하관계를 분석하는 데 어렵기 때문에 상하관계를 명확하게 알 수 있는 계층구조(Hierachy)로 표현하기도 한다. 필요한 자재의 생산, 구입, 납품 등 자재의 변동 사항을 총괄적으로 파악할 수 있으며 날짜와 사용 목적 등을 기재하여 자재의 변동 여부를 정확히 파악하는 데 활용된다.

(3) 재고기록철 파일(Inventory Record File)

각각의 재고 품목마다 개별 파일을 보유하는 것으로 특정기간 혹은 시점(Time Buckets)의 재고현황을 기록하여 재고의 변화를 파악할 수 있다. 재고의 입·출고가 발생할 때마다 기록하고 계속적으로 갱신하는 것으로 각 아이템에 대한 기타 상세사항(표준원가, 리드타임, 로트 크기, 안전재고)을 포함한다. 이때 페깅(pegging)은 각 부품의 소요량을 발생시킨 상위품목을 파악하여 소요량을 역추적하는 것을 의미한다.

완성품이나 최종제품의 생산에 필요한 모든 조립품과 구성품들에 대해 상위품목의 하위부품에 대한 수요량을 파악하는 것을 의미한다.

▶▶ 필수예제

01
자재소요량 계산

다음의 그림과 같은 자재명세서를 가지는 제품 X의 소요량이 50개일 때, 부품 H의 소요량을 계산하시오.[단, (   ) 안의 숫자는 상위품목 한 단위당 필요한 해당 품목의 소요량]

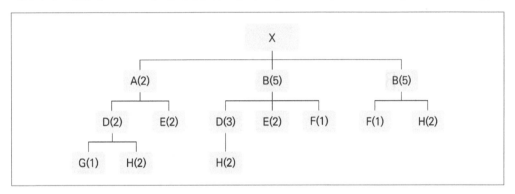

해설 자재명세서 구성표의 X 제품 50개에 필요한 종속 수요량은 구성표 (   )의 해당 부품 소요량을 적용하여 합계를 계산하면 된다.
- 품목 A: X완제품 × A부품 × D부품 × H부품 = 50 × 2 × 2 × 2 = 400개
- 품목 B: X완제품 × B부품 × D부품 × H부품 = 50 × 5 × 3 × 3 = 2,250개
- 품목 C: X완제품 × C부품 × H부품 = 50 × 3 × 2 = 300개
- 합계 = 400 + 2,250 + 300 = 2,950개

02
4주차 총 소요량이 300개이며, 2주차의 예정입고량은 120개이다. 현재 보유 재고가 50개이고, 납기(리드타임)는 3주차일 때의 순 소요량과 계획주문 발주량 및 시기를 결정하시오.

해설 • 4주차 순소요량 = 총소요량(300) − 보유재고(3주차 170) = 130
     • 계획주문 발주량 = 4주차 순소요량 = 130, 리드타임이 3주이므로 1주차에 발주한다.

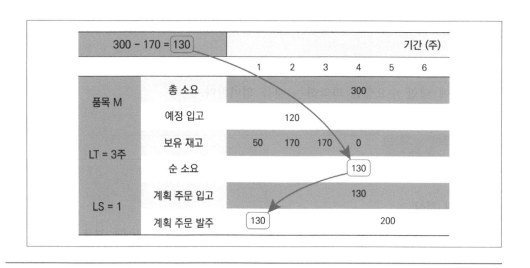

SECTION 04 / RCCP/CRP

01 개략능력계획(RCCP: Rough-Cut Capacity Planning)의 의미

수요충족을 위한 MPS가 작성된 후에는 계획한 대로 작업장에서의 생산이 가능한 지를 점검해야 한다. 전반적인 생산능력의 크기를 결정함에 있어서 중요한 역할을 하는 핵심작업장(Critical Work Stations)들을 대상으로 초기의 MPS 실행 가능성을 점검하는 과정을 개략적 생산능력계획이라고 한다. 자세한 사항은 기준생산계획(MPS)에서 설명한 내용을 참고하기 바란다.

02 능력소요계획(CRP: Capacity Requirements Planning)

1 능력소요계획(CRP)의 의미

능력소요계획(CRP: Capacity Requirement Planing)은 고객의 요구에 적합하도록 주문품을 생산하기 위하여 필요한 공수와 기계 및 설비 수량을 결정하는 것이다. MRP의 결과, 생산으로 계획된 계획오더(Planned Order)와 이미 생산 진행중인 진행오더(Open

Order)를 이용하여 작업자나 설비능력의 과부족을 계산한다. 단기의 능력계획수립 방법으로서 MRP의 실현 가능성을 점검하고, MRP에서 정한 품목을 생산하기 위하여 각 작업장마다 기간별로 필요한 능력 소요량을 상세하게 계산하는 것이다. 점검의 기본적인 개념은 RP, RCCP와 같으나 CRP에서는 전체 작업장(Work Center)을 대상으로 시행되기 때문에 데이터의 양이 많고, 많은 컴퓨터 자원을 필요로 한다.

각 작업장별, 기간별 부하의 평준화 작업 후에도 능력 부족이 판단되면 다른 작업장에서 작업하도록 하거나 일정을 조정할 수 있도록 MRP로 피드백한다. 이런 방식의 CRP는 작업이 단속적이고, 작업 대상이 공정에 따라 작업장을 이동하며 가공되는 잡샵(Job Shop) 방식에 유효한 기법이다. 잡샵 방식이 아닌 반복 라인생산이나 흐름생산에서는 생산라인의 설치 전에 라인 밸런싱(Line Balancing) 기법으로 부하 평준화를 선행하는 것이 일반적이다.

▶▶ 필수예제

아래에서 설명하는 것은 무엇인가?

> 자재소요계획(생산계획) 활동 중에서 기준생산계획(MPS)이 주어진 제조자원의 용량을 넘어서는지 아닌지를 계산하는 모듈이다.

📖 개략능력요구계획

---

2 CRP의 계산

CRP는 어떤 품목의 재고부족이 일어나지 않도록 보충주문이 도착해야 하는 MRP 상의 날짜를 이용하여 그 품목의 작업경로를 역추적해서 언제 예정입고나 계획입고가 각 작업장에 도착할 것인지를 예측한다. 그리고 그 품목의 처리시간과 가동준비시간을 고려하여 예정입고와 계획주문 때문에 각 작업장에 부가될 작업부하를 예측한다. 각 품목이 특정 작업장에서 필요로 하는 시간을 모두 더하여 각 작업장의 부하를 계산한다. 예상되는 작업부하가 작업장의 생산능력을 초과하면 그 작업장은 문제가 발생한다.

나무탁자 다리를 가공하는 선반작업장의 생산능력소요계획을 검토해 보자. 1일 2교대로 운영되는 선반 4대 각각에 대해 일정계획을 수립한다. 선반 작업장의 최대생산능력은 주당 320시간이다. 계획시간(Planned Hours)이란 선반 작업장을 거치는 모든 품목의 계획발주량을 처리하기 위해 필요한 작업 소요량이다. 실제시간(Actual Hours)이란 이 작업장에 있는 현재 작업의 누적량(예 예정입고)이다. 두 원천으로부터의 소요량을 합하면 총시간(Total Hours)이 된다. 총시간과 실제 생산능력 크기를 비교하면 잠재적인 문제에 대한 사전 경고를 찾아낼 수 있다. 계획담당자는 생산능력에 문제가 있음이 밝혀지면 수작업으로 이를 해결해야 한다.

선반작업장 주당 320시간	주, Week					
	32	33	34	35	36	37
계획시간	90	156	*(349)*	210	*(360)*	280
실제시간	210	104	41	0	0	0
총시간	300	260	*(390)*	210	*(360)*	280

위의 CRP report는 계획담당자에게 일정 조정이 필요함을 암시하고 있다. 만일 조치가 없으면 주당 320시간인 현재의 생산능력이 34주와 36주에는 부족하게 된다. 나머지 기간의 소요량은 생산능력 한계치보다 적다. 아마도 최선의 선택은 34주와 36주보다는 32, 33, 35주에 일부 주문이 선반 작업장에 도착하도록 그 주문을 계획보다 일찍 발주하는 것이다.

이렇게 조정하면 생산능력 소요가 균형있게 되고 병목이 완화된다. 다른 대안은 일부 품목의 로트 크기를 변경하거나, 초과근무 또는 외주를 이용하거나, 다른 작업장으로 이관하거나, 병목이 발생하도록 방치하는 것 등이다.

3 능력소요계획(CRP)과 개략능력계획(RCCP)의 차이

(1) CRP의 주 입력자료는 MRP에 관한 자료이지만 RCCP의 주 입력자료는 기준생산계획(MPS)이다.
(2) MPS는 제품과 주요 핵심부품에 대해서 작성되므로 자원소요량의 계산은 CRP가 RCCP보다 정확하다.
(3) CRP를 계산할 때에는 생산지시가 내려간 작업이 생산현장의 자원을 필요로 한다는 것도 고려하므로 CRP는 RCCP보다 현실적인 자원요구량 계획을 수립할 수 있다.

MRP 전개에 의해 만들어진 자재소요량 정보에는 각 부품의 주문시점, 주문량이 포함되어 있으므로 CRP가 RCCP보다 정확하게 산출된다.

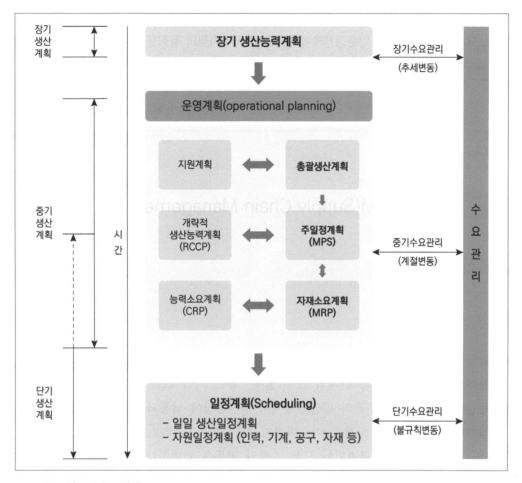

▲ CRP와 RCCP 관계도

01

폐쇄형 MRP 시스템의 계획 및 통제 활동에서 기준생산계획(MPS)을 근거로 전개한 MRP의 발주계획을 수행하는 데 필요한 자원의 소요량을 기간별·작업장별로 산출함으로써 작업계획과 실제 생산능력 간의 균형을 유지하는 것을 목표로 하는 계획은 무엇인가?

해설 능력소요계획(CRP: Capacity Requirement Planning)은 자재소요계획(생산계획) 활동 중에서 MRP 전개에 의해 생성된 계획이 얼마만큼의 제조자원을 요구하는지를 계산하는 모듈이다. CRP는 기업의 현실적인 생산능력에 맞추어 자재소요계획을 수립하기 위해 작업장의 능력 소요량을 시간대별로 예측하는 기법으로, 이미 발주된 예정입고와 발주 예정의 계획발주량을 완성하는 데 필요한 작업부하를 산정하기 위해서 이용한다. 📖 능력소요계획(CRP: Capacity Requirement Planning)

02

자재소요계획 활동 중에서 기준생산계획이 주어진 제조자원의 용량을 넘어서는지 아닌지를 계산하는 모듈으로 기준생산계획과 제조자원 간의 크기를 비교하여 자원요구량을 계산해내는 것은?

📖 RCCP(Rough Cut Capacity Planning)

SECTION 05 / SCM(Supply Chain Management)

01 SCM의 개념

1 공급망 정의

(1) 공급망(Supply Chain)이란 '공급(Supply)하는 연결망(Chain)'이라는 뜻으로, 경제활동에 따른 수요와 공급 관계의 모든 물자, 정보, 자금 흐름의 연결망을 의미한다.
(2) 공급망은 원자재와 부품의 공급업체에서 생산공장에 납품되어 생산과정을 거친 후 물류업체, 유통업체, 고객에 이르기까지 모든 원자재·부품·제품·상품·정보·서비스를 제공하는 것과 관련되는 모든 흐름과 활동을 의미한다.

2 공급망 관리 정의

(1) 물류(Physical Distribution)는 '제품을 물리적으로 생산자로부터 최종 소비자에게 이전하는 데 필요한 포장·보관·하역·운송·정보 등에 관한 행위' [미국물류관리협의회(NCPDM)]이다.
(2) 로지스틱스(Logistics)는 'Physical Distribution'이 확장 발전되어 '원·부자재의 조달에서부터 제품의 생산·판매·반품·회수·폐기에 이르기까지 구매 조달, 생산, 판매 물류가 통합된 개념의 물류'이다.
(3) 공급망 관리(Supply Chain Management)는 '원·부자재 공급자로부터 최종 소비자에 이르기까지 전 과정에서 각 기능 간 재화·정보·자금의 흐름을 최적화하고 동기화하여 공급망 전체의 경영효율을 극대화하는 전략'이다.

(4) 물류가 상품공급 지향적이라면 로지스틱스는 고객 만족을 위한 고객 지향 시스템으로 원재료, 반제품, 완성품 이외에 정보관리가 포함되어 있고, 로지스틱스는 보관보다는 흐름(Flow)관점을 우선하는 효율화를 촉진한다는 점이 '공급관점의 물류'와의 차이점이다.

(5) 공급망 관리는 공급망 전체의 불확실성에 대응하기 위하여 정보시스템에 의한 기업 간 전략적 협업의 관점이라는 데 차이가 있다.

▼ 공급망 관리의 흐름도

- 제품의 흐름: 공급자로부터 고객에게 물품을 수송하는 과정이며, 물품 반환이나 애프터서비스 요구 등을 모두 포함한다. 아래의 그림에서 물적 유통이 제품의 흐름을 의미한다.
- 정보의 흐름: 구매생산, 판매정보의 동기화를 의미하며, 고객주문에 따른 배송상황의 정보갱신 등이 포함된다.
- 재정의 흐름: 공급자로부터 최종고객에 이르기까지의 재화의 흐름을 의미하며 신용조건, 대금지불계획, 위탁판매, 권리 및 소유권 합의 등이 포함된다.

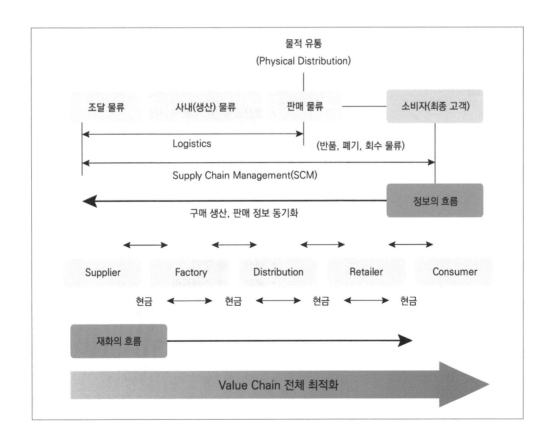

3 SCM의 추진효과

(1) 통합정보시스템 운영을 통한 업무처리시간 단축

(2) 재고유지비용, 구매비용, 물류비용 등 제 비용 절감

(3) 고객만족과 시장변화에 능동적으로 대응

(4) 생산성 증가

(5) 안정된 공급으로 시장경쟁력 확보

4 SCM의 주요 기능

공급사슬 전체의 최적화 차원에서 공급사슬의 설계 및 개선 전략을 수립하거나 현재의 공급사슬을 분석하여 최적 운영을 위한 조달, 분배, 수배송 정책 및 운영기준을 정립한다.

주요기능	세부기능	내용
계획	수요/공급 계획	• 생산능력 및 부품의 사정 • 전체 수요에 대한 우선순위 조정 • 년·월간 생산계획 수립 및 조정 • 제품기획 및 관리(수명, 수급 조절)
제조	생산/생산지원	• 부품의 발주 및 출하 • 시제품 관리 • 포장 및 부품 수불 • 설계 변경 • 생산 현황 파악 • 세부 생산 스케줄링 • 설비 및 품질 관리
조달	원자재, 부품 수배 및 조달	• 공급자 선정 및 관계 유지 • 수배, 검사, 보관, 인수 • 공급기업의 생산능력, 부품의 품질 • 공장 내 조달

		• 수주 입력과 수주 배정
수주 및 출하	수주/창고관리 운송/보관 물류 지원	• 고객 관리 • 제품 관리 • 대금 관리 • 고객별 출하(포장 포함) • 제품 출하(포장 포함) • 운송, 배차, 보관, 통관 • 물류업무관련

⑩ SCM 전략

공급망 전략이란 경영 전략의 하부 전략으로 일관성을 유지하는 것이 필요하다. 공급망 전략을 이해하기 위해서는 경영 전략과 경쟁 전략에 대한 이해가 필요하다.

🔟 경영 전략

경영 전략이란 조직체의 기본적인 장기 목표를 정하고 이를 달성하기 위해 필요한 행동방식을 채택하고 이에 소요되는 자원을 배분하는 일이다.

🔟 경쟁 전략

포터(Michael E. Porter, 1980)는 자사가 어떤 핵심 역량을 보유했는가에 따라 전략의 방향이 달라지고, 본원적 전략으로 고객에게 가치를 통한 차별화 우위전략, 가격을 통한 비용 우위전략, 틈새시장에 집중하는 시장선점 우위전략을 제시하고 있다.

🔟 공급망 전략

공급망 전략의 범위는 영업·생산·조달·물류 기능과 같은 조직 내부 공급망에서 조직 간의 관계까지도 포함하고 있다. 또한 시간적 관점에서는 공급망 전략과 설계, 공급망 계획, 공급망 운영으로 나누었을 경우 최상위 단계에 해당하는 개념이다.

03 SCM 구성요소

1 주문계획

주문계획은 증가하는 고객의 기대를 충족하기 위해 짧은 시간 내에 주문을 처리하는 것으로 계획과 실행 사이에 놓여 있는 메커니즘을 연결하고 그 인위적인 경계를 무너뜨리고자 하는 것이다. 주문계획의 목표는 운송과 제조에 관해 고객이 바라는 서비스의 수준을 가장 잘 만족시킬 계획을 선택하고 회사는 이를 이행하는 쪽으로 계획을 수립하는 것이다.

2 생산계획

생산계획은 제조자원관리 시스템을 통해 완제품을 생산하기 위한 일정계획을 확정해 관련 하부공정에서 각 제품을 만드는 데 소요되는 부품들을 언제, 어디서, 어느 정도의 양으로 투입해야 할 것인지를 도출한다.

3 보충계획

보충계획은 재고비용을 최소화하면서 적정 재고수준을 유지하되 다양한 영역에서 부품을 서로 주고받는 불필요한 과정을 조정한다.

4 유통관리

유통관리는 제조업자에서 유통센터, 그리고 최종 소비에 이르기까지 제품을 운송하는 전체적인 프로세스를 포괄한다.

5 역유통/역물류

역유통과 역물류는 다양한 제품보증제도들을 통해 고객들이 사용하던 제품의 반품 혹은 클레임이 들어오는 것을 처리하는 것을 의미한다.

- 경영정보시스템(Management Information System)
- 공급 및 조달(Sourcing and Procurement)
- 생산계획(Production Schedulimg)
- 주문처리(Order Processing)
- 현금흐름(Cash Flow)
- 재고관리(Inventory Management)
- 창고관리(Warehousing)
- 고객관리(Customer Service)

▶▶ 필수예제

공급망 관리(SCM)의 세 가지 주요 흐름을 제시하시오

📖 제품/서비스흐름, 재정흐름, 정보흐름

01
2018년
3회

안전재고에 대한 설명으로 적절한 것은?

① 유통과정 중에 있는 제품이나 생산 중에 있는 재공품을 말함
② 일시에 필요한 양보다 더 많이 주문하는 경우에 생기는 재고
③ 계절적, 가격의 변화 등을 예상하고 대비하기 위해 보유하는 재고
④ 조달기간이 불확실한 경우 예상외의 소비나 재고부족 상황에 대비하는 재고

해설 ① 파이프라인 재고 ② 순환재고 ③ 예상재고   답 ④

02
2018년
3회

CRP에 대한 내용으로 틀린 것은?

① 기준생산계획과 제조자원 간의 크기를 비교하여 자원요구량을 계산해내는 것
② MRP 전개로 생성된 계획이 얼마만큼의 제조자원을 요구하는지를 계산하는 모듈
③ 이미 발주된 예정입고와 발주예정의 계획발주량을 완성하는 데 필요한 작업부하 산정에 이용됨
④ 공장의 생산능력에 맞추어 자재소요계획을 수립하기 위해 작업장의 능력소요량을 시간대별로 예측하는 기법

해설 기준생산계획과 제조자원 간의 크기를 비교하여 자원요구량을 계산해내는 것은 RCCP(Rough Cut Capacity Planning, 개략능력소요계획)에 대한 설명이다.   답 ①

03
2018년
3회

다음 중 SCM 추진효과로 옳지 않은 것은 무엇인가?

① 구매비용 감소   ② 물류비용 증가
③ 총제적 경쟁우위 확보   ④ 통합적 정보시스템 운영

해설 물류비용 감소   답 ②

04
2018년
3회

EOQ 모형의 가정으로 적절한 것은 무엇인가?

① 조달기간은 일정하지 않다.
② 복합 품목을 대상으로 적용된다.
③ 연간 자재사용량이 일정하며 단속적이다.
④ 주문한 양은 조달기간이 지나면 즉시 일시에 전량이 들어온다.

해설 ① 조달기간은 일정하다. ② 단일 품목을 대상으로 적용된다. ③ 연간 자재사용량이 일정하며 연속적이다.   답 ④

05

2018년
3회

다음 [보기]의 상황이 주어졌을 때, 경제적 주문량은 몇 개인지 수치만 제시하시오.

> **[보 기]**
>
> • 연간 수요량 10,000개, 1회 주문비용이 10,000원, 단가가 10,000원
> • 연간 단위당 재고유지비율이 0.5

해설

$$EOQ^* = \sqrt{\frac{2DC_O}{C_H}} = \sqrt{\frac{2 \times 10,000 \times 10,000}{10,000 \times 0.5}} = 200$$

여기서, D: 연간 수요량
C_O: 1회 발주비용
C_H: 연간 단위당 재고유지 비용

답 200

06

2018년
3회

다음 [보기]의 설명으로 적절한 용어를 한글로 쓰시오.

> **[보 기]**
>
> 일시에 필요한 양보다 더 많이 주문하는 경우에 생기는 재고를 말하며, 주문비용이
> 나 생산준비비용을 줄이거나 할인혜택을 얻을 목적으로 한꺼번에 많은 양을 주문할
> 때 발생한다.

답 순환재고

07

2018년
4회

다음 [보기]가 설명하는 용어는?

> **[보 기]**
>
> 기업을 운영함에 있어서 발생할 수 있는 여러 가지 불확실한 상황에 대처하기 위해
> 미리 확보하고 있는 재고이다.

① 순환재고　　　　　　　　　② 안전재고
③ 예상재고　　　　　　　　　④ 파이프라인재고

답 ②

08 MRP에 대한 설명 중 옳은 것은?

2018년
4회

① 장래 수요를 결정하는 데 오직 역사적 수요 자료만을 이용한다.

② 많은 단계를 갖는 자재명세서, 로트(Lot) 크기가 큰 경우에 매우 적절하다.

③ 독립수요를 갖는 많은 부품의 제조를 통제하는 데 매우 유용하다.

④ 외부로부터 구매하는 완제품의 총소요량을 통제하는 하나의 유용한 재고시스템 이다.

해설   ① 장래 수요를 결정하는 데 과거 수요 자료도 활용한다.
　　　 ③ 종속수요를 갖는 많은 부품의 제조를 통제하는 데 매우 유용하다.
　　　 ④ 자체 생산하는 완제품의 총소요량을 통제하는 데 유용한 재고시스템이다.　　답 ②

09 다음 중 SCM에 대한 전략으로 가장 옳은 것은?

2018년
4회

① 공급사슬을 확장하려는 전략

② 현재의 공급사슬활동을 지속적으로 유지하고자 하는 전략

③ 공급사슬 전체적인 관점에서 총합 최적화를 추구하는 전략

④ 공급사슬 내의 운영이 부실한 분야를 매각하고 다른 분야를 강화시키는 전략

해설   ① 공급사슬을 연계시키려는 전략
　　　 ② 현재의 공급사슬활동을 지속적으로 개선시키려는 전략
　　　 ④ 공급사슬 내의 운영이 부실한 분야를 개선하고 최적화하려는 전략　　답 ③

10 다음 [보기]의 괄호 안의 번호에 해당하는 용어가 적절하게 연결되지 않은 것은?

2018년
4회

[보 기]

MRP시스템은 (　 ①　)로부터/으로부터 최종품목 소요량을 구하고, 그 품목과 부품의 자재명세서와 (　 ②　)의 정보를 얻는다. 그래서 (　 ③　)이/가 계산되고 자재가 필요할 때 도착할 수 있도록 (　 ④　)이/가 설정된다. 총소요량과 소요량은 모든 부품에 대해서 단계별로 결정된다.

① 주일정계획　　　　　　　　　② 재고상황파일

③ 부품자재량　　　　　　　　　④ 납기일

답 ④

11
2018년
4회

월 수요량이 60개, 1회 주문비용이 12원, 그리고 재고유지비가 단위당 월간 10원이라면 경제적 주문량은 얼마인가?

해설 $EOQ^* = \sqrt{\dfrac{2DC_O}{C_H}} = \sqrt{\dfrac{2 \times 720 \times 12}{120}} = 12$

여기서, D: 연간 수요량
C_O: 1회 발주비용
C_H: 연간 단위당 재고유지 비용

📖 12

12
2018년
4회

자재소요계획(생산계획) 활동 중에서 MRP전개에 의해 생성된 계획이 얼마만큼의 제조자원을 요구하는지를 계산하는 모듈은? (정답은 영문약자로 쓰시오)

📖 CRP(Capacity Requirement Planning, 생산능력소요계획)

13
2018년
5회

안전재고에 대한 설명으로 가장 적절한 것은?

① 유통과정 중에 있는 제품이나 생산 중에 있는 Work − in − Process Inventory을 말한다.
② 계절적 요인, 가격의 변화 등을 예상하고 대비하기 위해 보유하는 재고이다.
③ 주문비용이나 생산준비비용을 줄이거나 할인혜택을 얻을 목적으로 일시에 필요한 양보다 더 많이 주문하는 경우에 생기는 재고를 말한다.
④ 기업운영에서 발생할 수 있는 여러 가지 불확실한 상황에 대처하기 위해 미리 확보하고 있는 재고이다.

해설 ① 유통과정 중에 있는 제품이나 생산 중에 있는 Work − in − Process Inventory는 재공재고
② 계절적 요인, 가격의 변화 등을 예상하고 대비하기 위해 보유하는 것은 예상재고
③ 주문비용이나 생산준비비용을 줄이거나 할인혜택을 얻을 목적으로 일시에 필요한 양보다 더 많이 주문하는 것은 순환재고를 말한다.

📖 ④

14
2018년
5회

다음 중 A. J. Arrow의 재고보유 동기가 아닌 것은?

① 거래동기 ② 예방동기
③ 유지동기 ④ 투기동기

📖 ③

15

2018년
5회

A부품의 연간 수요량이 20,000개이고 1회 주문비용이 100,000원이며, 단가는 10,000원, 연간 단위당 재고유지비율이 0.4일 경우 경제적 주문량(EOQ)은 몇 개인가?

① 500개
② 1,000개
③ 1,500개
④ 2,000개

해설

$$EOQ^* = \sqrt{\frac{2DC_O}{C_H}} = \sqrt{\frac{2 \times 20,000 \times 100,000}{10,000 \times 0.4}} = 1,000$$

여기서, D: 연간 수요량
C_O: 1회 발주비용
C_H: 연간 단위당 재고유지 비용

답 ②

16

2018년
5회

자재소요계획(Material Requirement Planning; MRP)와 능력소요계획(Capacity Requirement Planning; CRP)의 관계에 관한 설명으로 옳은 것은?

① CRP의 주된 용도는 계획대상 품목의 재고 및 일정 통제이다.
② MRP 시스템과 CRP 시스템은 상호작용이 없는 독립 시스템이다.
③ CRP는 MRP가 생성한 발주계획의 타당성을 확인하는 수단이다.
④ 작업공정표는 MRP, 자재명세서는 CRP의 주요 입력자료이다.

해설
① CRP(생산능력소요계획)의 주된 용도는 MRP 정보에 따른 제조자원 소요계획이다.
② MRP 시스템과 CRP 시스템은 상호작용이 필요한 종속 시스템이다.
④ BOM은 MRP, MRP는 CRP의 주요 입력자료이다.

답 ③

17

2018년
5회

경제적주문량(EOQ) 방식으로 재고관리를 수행하는 자재 M의 연간 수요량이 2,000개, 1회 주문비용 50,000원이고 구매단가는 25,000원, 연간 단위당 재고유지 비용은 구매단가의 20%이다. 자재 M의 최적 연간 주문횟수는? (숫자만 기입할 것, 단위: 회)

해설

$$EOQ^* = \sqrt{\frac{2DC_O}{C_H}} = \sqrt{\frac{2 \times 2,000 \times 50,000}{5,000}} = 200$$

여기서, D: 연간 수요량
C_O: 1회 발주비용
C_H: 연간 단위당 재고유지 비용
• 주문횟수 = D/EOQ^* = 2,000/200 = 10
　　　　　 = 25,000 × 20% = 5,000

답 10

18 자재소요계획(생산계획) 활동 중에서 MRP전개에 의해 생성된 계획이 얼마만큼의 제조
2018년 자원을 요구하는지를 계산하는 모듈은? (정답은 영문약자로 쓰시오)
5회

📋 CRP(Capacity Requirement Planning, 능력소요계획)

19 EOQ 모형의 가정으로 올바른 것은 어느 것인가?
2018년
6회 ① 조달기간은 일정하지 않다.

② 복합 품목에 대하여 적용된다.

③ 연간 자재사용량이 일정하고 비연속적이다.

④ 주문량은 전량 일시에 입고된다.

해설 ① 조달기간은 일정하다.
② 단일 품목에 대하여 적용된다.
③ 연간 자재사용량이 일정하고 연속적이다. 📋 ④

20 다음 [설명]에 해당하는 용어는?
2018년
6회

> [설 명]
> 경제적 주문량과 주문점 산정을 기초로 하는 전통적인 재고통제기법의 여러 약점을
> 보완하기 위하여 IBM사의 올릭키(J. Orlicky)에 의해 개발된 자재관리 및 재고통제
> 기법으로 소요량으로 발주량을 계산하고 제품, 반제품을 대상으로 재고 레코드 파
> 일 및 BOM이 기준 정보가 된다.

① ERP ② MRP

③ MRP Ⅱ ④ 확장 ERP

해설 MRP(Material Requirement Planning, 자재소요계획) 📋 ②

21 기준생산계획과 제조자원 간의 크기를 비교하여 자원요구량을 계산하는 것으로 자재소
2018년 요계획(생산계획) 활동 중에서 기준생산계획(MPS)이 주어진 제조자원의 용량을 넘어서
6회 는지 아닌지를 계산하는 모듈을 무엇이라고 하는가?

① CRP ② RCCP

③ MRP ④ PERT

해설 RCCP(Rough Cut Capacity Planning, 개략능력요구계획) 📋 ②

22 다음 중 SCM(Supply Chain Management)에 대하여 가장 잘 설명한 것은?

2018년
6회

① 필요한 것을 필요할 때 필요한 만큼 만드는 생산방식이다.

② 물자, 정보 및 재정 등이 공급자로부터 생산자에게, 도매업자에게, 그리고 소비자에게 이동함에 따라 그 진행과정을 감독하는 것이다.

③ 애로공정으로 인하여 공정의 유휴율이 높아지고, 능률이 떨어지는 경우에 각 공정의 소요시간이 균형이 되도록 작업장이나 작업순서를 배열하는 것이다.

④ 생산예정표에 의해 결정된 생산량에 대하여 작업량을 구체적으로 결정하고 그것을 현재 보유하고 있는 사람이나 기계의 능력을 고려하여 양자를 조정하는 것이다.

해설 ① 필요한 것을 필요할 때 필요한 만큼 만드는 생산방식은 JIT

③ 애로공정으로 인하여 공정의 유휴율이 높아지고, 능률이 떨어지는 경우에 각 공정의 소요시간이 균형이 되도록 작업장이나 작업순서를 배열하는 것은 라인 밸런싱

④ 생산예정표에 의해 결정된 생산량에 대하여 작업량을 구체적으로 결정하고 그것을 현재 보유하고 있는 사람이나 기계의 능력을 고려하여 양자를 조정하는 것은 공수계획이다. **정답 ②**

23 다음 [설명]은 A. J. Arrow의 재고보유의 동기 중 하나에 대한 내용이다. 괄호 안에 해당하는 단어를 한글로 쓰시오.

2018년
6회

[설 명]

(   )동기란, 가격변동을 예측하고 재고를 보유할 때의 동기를 말한다.

정답 투기

24 다음 [설명]에 해당하는 재고의 종류는 무엇인가? (정답은 한글로 기입)

2018년
6회

[설 명]

일시에 필요한 양보다 더 많이 주문하는 경우에 생기는 재고를 말한다. 이와 같은 유형의 재고는 주문비용이나 생산준비비용을 줄이거나 할인혜택을 얻을 목적으로 한꺼번에 많은 양을 주문할 때 발생한다.

정답 순환(주기)

CHAPTER 05 품질관리

SECTION 01 | TQC(Total Quality Control)와 TQM(Total Quality Management)

01 품질의 이해

품질에 대한 사고가 과거에는 생산자 중심에서 현대에는 고객 중심으로 변하고 있음을 이해해야 한다.

1 품질의 정의

품질은 제품의 '고유 기능' 또는 '고객(Customer)이 원하는 특성'과 깊은 관련이 있으며, 과거 학자들의 견해와 현대적 견해를 함께 살펴보면 품질의 정의를 이해할 수 있다. 과거에는 품질은 단순히 "사용에 대한 적합성"(Fitness for Use), "요구조건에의 일치성", "제품의 특성(Characteristics)"으로 정의되었으나, 종합적 품질관리(TQC)의 창시자인 파이겐바움(A. V. Feigenbaum)에 이르러 "고객의 기대를 충족시켜주는 정도"라는 개념으로 확대되었고, 일본의 Taguchi 박사는 "제품이 출하된 시점으로부터 사회에 끼친 총 손실"이라고 정의하였다. 품질의 정의가 점차 광범위해지면서 생산자 측면에서 고객 중심으로 변하였음은 현대의 품질경영이 고객만족 경영을 중시하고 있음을 알 수 있다.

(1) 소비자의 관점

품질은 각기 다른 소비자의 요구를 가장 잘 만족시켜주는 제품이 가장 높은 품질의 제품이다. 즉 품질은 소비자들이 지불하고자 하는 가격으로 제품이나 서비스가 의도하는 목적을 정상적으로 서비스하는가의 가치이다. 품질평가는 제품을 구입할 때 이 제품이 자신에게 필요한 것인가, 구입시점이 타당한가, 어떤 회사의 제품을 구입할 것인가, 사용 중 발생한 불량처리는 잘 되는가 등을 평가하는 사용 적합성을 보게 된다.

(2) 생산자의 입장

품질은 '사양서와의 일치성' 또는 '용도의 적합성'으로 정의할 수 있다. 즉, 사전에 정해진 시방(Specfication) 또는 설계도의 내용과 제품의 품질표준이 합치되는 정도로 품질수준을 결정한다. 주로 기술적인 측면의 평가로 요구조건에의 일치성과 시장에서의 소비자 평가를 토대로 문제를 발견하여 조치하는 행동을 평가한다. 생산자가 소비자의 사용목적과 관계없이 품질특성을 선정한다든가, 품질규격을 결정한다면 이것은 적절한 품질의 선택이라고 할 수 없다.

② 품질 특성

제품이나 서비스의 품질을 평가하는 요소로서 제품의 유용성의 측정기준이 되는 성능, 성질 등을 품질특성(Quality Characteristics)이라고 하며, 품질특성치(Quality Characteristic)는 품질특성을 측정하여 수치로 표현한 것(데이터, 자료)을 말한다.

✔ CHECK   품질측정치(품질특성치)의 유형

품질특성의 상태를 객관적으로 파악하기 위해서는 적당한 척도를 사용하여 이들을 수량화하여야 한다. 이때 척도의 구성 방법에 따라 데이터는 계량값과 계수값(KS Q 3534-4)으로 분류된다. 계량값 데이터는 길이, 무게, 온도, 인장 강도, 전구의 수명, 작업 시간 등과 같이 연속형의 품질 특성의 값이며, 계수값 데이터는 부적합품 개수, 부적합 수, 안전사고 건수 등과 같이 개수로 셀 수 있는 이산형의 품질 특성의 값이다.
• 계량형 자료(Variable Data): 연속량으로 측정될 수 있는 품질 특성(예: 길이, 중량, 인장강도, 점수, 시간, 점도 등)
• 계수형 자료(Attribute Data): 이산형으로 개수를 셀 수 있는 품질 특성(예: 부적합품 수, 적합수, 부적합품률 등)

③ 품질의 분류

일반적으로 제품 및 서비스의 품질은 절대적 개념이 아니라 생산자의 조건과 소비자의 요구에 부응할 수 있는 상대적 개념이므로 제품 및 서비스의 품질은 품질특성과 가격의 양면에서 소비자와 생산자를 만족시킬 수 있는 최적의 품질이어야 한다.

(1) 요구품질

고객이 기대하는 수준의 품질이며, 고객의 요구사항을 파악하여 제품에 반영한다.

(2) 설계품질

고객의 요구사항을 파악한 요구품질을 목표로 하여 생산현장에서의 제조기술, 설비, 관리 등의 상태에 따라 경제성을 고려하여 제조 가능한 수준으로 설정한 품질이다. 제품기획 결과를 시방(Spec)으로 정리하고 문서화한 품질을 의미한다.

(3) 제조품질

설계품질에 따라 제품을 제조하여 만들어진 실제 품질을 의미한다. 제조품질을 적합품질이라고도 하며, 생산자 관점의 품질이다. 생산자의 판단에 따라 기술적 경제적으로 허용하는 범위 안에서 설계품질에 근접시키는 것이다.

(4) 사용(시장)품질

제품이 출하되어 고객에게 인도된 상태에서 제품의 고유 기능을 충분히 발휘하는가에 따라 고객이 느끼는 만족도를 인지하는 품질이다. 소비자가 원하는 기간 동안 제품의 품질이 지속적으로 유지될 때 소비자가 만족하게 되며 소비자의 요구와 기대를 충족시키는 품질이다. 소비자 관점의 품질이므로 고객 만족을 중시하는 계기가 되었다.

4 품질비용(Quality Costs)

품질비용은 품질 좋은 제품과 서비스를 만드는 데 사용되는 모든 비용이다. 크로스비는 품질비용을 부적합으로 인해 발생되는 비용이라고 하였으며, 주란은 부적합과 관련하여 발생하는 비용이라고 주장하였다. 결국 불량품의 생산비, 불량 발견 및 개선 대책비용 등이 포함된다는 것이다.

품질비용을 통제함으로서 '1－10－100'의 효과를 기대할 수 있다. 즉, 예방에 1을 투자하면 평가비용은 10을 줄일 수 있고, 그 결과 실패비용은 100을 줄일 수 있다는 의미이다. '호미로 막을 것을 가래로 막는다'는 속담이 있듯이 애초부터 에러나 불량을 예방할수록 더 큰 절약을 할 수 있다.

품질과 관련해서 발생하는 비용은 크게 세 가지로 구분하여 관리할 수 있다. 예방비용, 평가비용, 실패비용이며 실패비용은 내적 실패비용과 외적 실패비용으로 구분된다. 품질비용을 적합품질(예방 및 평가비용)과 비적합품질(실패비용)로 구분하는 경우도 있다.
(1) 예방비용은 결함이 발생되기 전에 미리 방지하는 것과 관련된 비용이다. 불량원인을 제거하기 위한 업무 프로세스의 재설계 비용, 제품을 생산하기 용이하도록 재설계하는 비용, 지속적인 개선활동을 하도록 직원에게 교육 및 훈련을 시키는 비용, 구매 제품이나 서비스의 품질 향상을 위해 공급자와 협력하는 비용 등이 포함되어 있다.
(2) 평가비용은 생산시스템에서 획득된 품질수준을 평가할 때 발생되는 비용이다. 평가는 경영진이 품질의 문제점을 밝혀내는 데 도움이 된다. 품질예방 활동을 통해 품질이 향상되면 평가비용이 감소되는데, 이는 품질검사와 발견된 문제점의 원인에 대한

사후조사의 필요성이 감소하기 때문이다.

(3) 내부 실패비용은 제품이나 서비스의 생산과정 중에서 발견된 결함에서 비롯된다. 결함 있는 제품을 폐기해야 하기 때문에 발생하는 수율 손실과 결함 있는 제품이 공정을 다시 거쳐 작업하거나 서비스를 다시 수행해야 하기 때문에 발생하는 재작업 비용이다. 제품의 판매 이전에 부적합한 재료, 부품, 기계고장으로 인한 품질 실패로 인한 재작업, 수선, 폐기, 선별 등에 발생하는 비용을 말한다.

(4) 외부 실패비용은 결함을 발견하지 못하고 제품이나 서비스가 고객에게 전달되었을 경우에 발생한다. 또한 보증서비스와 제조물 책임법과 관련된 소송비용도 포함된다. 제품이 출하한 후 발생하는 제품 보증, 무상 수리, 반환, 책임 수리 등에서 발생하는 비용을 말하며, 제품 결함으로 인해 기업의 명성이 실추됨으로써 발생되는 비용은 매우 클 것이다.

▶▶ 필수예제

생산된 제품의 품질이 설계규격에 미달하거나 소비자의 만족감을 충족시키지 못했을 때 발생하는 비용으로, 제조과정에서 발생하거나 혹은 완제품이 소비자에게 인도된 후에 발생하는 비용은?

해설 품질비용을 통제함으로써 '1-10-100'의 효과를 기대할 수 있다. 즉 예방에 1을 투자하면 평가비용은 10을 줄일 수 있고, 그 결과 실패비용은 100을 줄일 수 있다는 의미이다. '호미로 막을 것을 가래로 막는다'라는 속담이 있듯이 애초부터 에러나 불량을 예방할수록 더 큰 절약을 할 수 있음을 아래의 품질비용 모형을 통해서 이해할 수 있다. 🔖 실패비용

✔ CHECK 품질비용 모형

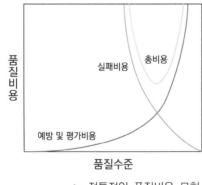

▷ 전통적인 품질비용 모형

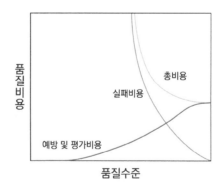

▷ 현대적인 품질비용 모형

위의 그림은 품질비용에 무형적인 요소를 포함시켰을 때 예방 및 평가비용에 강조를 하는 것이다. 전통적인 모형에서는 총 품질비용을 최소화하는 적합품질 수준이 존재하지만, 현대의 모형은 적합품질 수준을 높일수록 총 품질비용이 크게 변하지 않거나 오히려 줄어들게 된다는 것이 차이점이다. 즉 처음부터 부적합 품질을 예방하는 것이 무엇보다도 중요하다.

02 품질관리의 이해

품질관리란 고객이 요구하는 모든 품질을 확보, 유지하기 위하여 기업이 품질목표를 세우고 이것을 합리적이고 경제적으로 달성할 수 있도록 수행하는 모든 활동의 체계를 말한다. 고객의 요구를 충족할 수 있는 제품이나 서비스를 개발하여, 개발 제품이 Spec에 일치하도록 생산하여 고객에게 전달하는 일련의 과정을 계획하고 통제하는 것이다. 따라서 품질관리는 제품설계로부터 원자재의 구입, 제조공정은 물론, 판매 후의 서비스까지 보증활동이 이루어져야 한다.

1 품질관리의 역사

(1) 작업자 품질관리(Operator Quality Control)

산업화가 이루어지기 전의 무렵에는 작업자 개인이 생산자이고 동시에 검사자 역할을 하며, 품질의 표준도 개인에 의하여 수립되고, 제품 및 서비스와 고객 요구간의 일치 여부 또한 개인적으로 결정하는 시대이다.

(2) 직(조)장 품질관리(Foremen Quality Control)

산업혁명에 의해 소규모의 가내수공업 제도가 공장제도로 바뀌면서 대량 생산과 공정의 분할(분업화)이 이루어지고, 19C 말경, 비슷하거나 단순화된 작업을 하는 사람들을 감독하며 동시에 그들의 작업과 제품의 질이 표준과 목표에 일치되는 것을 보증하게 되는 시대이다.

(3) 검사자 품질관리(Inspection Quality Control)

20C 초에 과학적 관리 개념을 소개한 테일러(Taylor) 이후 생산 프로세스와 도구가 표준화되고, 작업자에게는 표준화된 단순 작업만을 요구하며, 감독자는 작업의 품질을 책임지고 작업자들이 표준을 충족하도록 감시하게 되는 시대이다.

(4) 통계적 품질관리(Statistical Quality Control)

포드(Ford)에 의하여 조립라인이 도입된 이후로 제품이 더욱 복잡해지고 생산속도가 빨라지며, 여러 가지 통계적 기법들(샘플링검사, 관리도 등)이 발표되어 각 산업에 적용되기 시작한 2차 세계대전 무렵의 시대이다.

(5) 종합적(전사적) 품질관리(Total Quality Control)

검사부서나 품질관리 부서가 중심이 되는 통계적 방법에 의한 품질관리의 한계점이 노출되면서 A.V. Feigenbaum이 종합적 품질관리(TQC)를 창시하여 통계적 기법만으로는 품질관리의 성과를 충분히 얻을 수 없으므로 회사 내 모든 부문의 노력을 모아서 종합적으로 품질관리를 추진하게 된 시대이다. 품질보증(QA: Quality Assurance) 시스템의 구축, 제품책임(PL: Product Liability), 무결점(Zero Defect) 운동 등의 개념이 확대 보급되었다.

(6) 종합적(전사적) 품질경영(Total Quality Management)

1980년대, 미국의 말콤볼드리지상 출범과 ISO 9001 품질경영시스템의 등장, 모토롤라(Motolola)사에서 시작된 6시그마 품질혁신운동 등이 세계적으로 전파되었다. 학문적으로는 1990년대 들어서 정립되기 시작하였으며, 고객만족 경영을 추구하기 위한 CEO의 강력한 Leader-ship 하에 '품질우선주의'라는 방침에 따라 종업원들의 적극적이고 자발적인 참여를 유도하여 기업의 경쟁력을 확보하는 시대이다.

03 TQC와 TQM의 의미

1941년 2차 대전의 발발과 함께 단기간에 많은 군수물자를 생산하여 공급하였으므로 군수물자의 품질 문제가 대두되면서 통계적 품질관리가 등장하게 되었고, 이후 점차적으로 다양한 산업 분야로 확산되었다. 품질은 생산 및 품질관리 부서에만 연관되어 있다는 인식에서 벗어나 품질은 기업 전반에 걸쳐 연관되어 있으므로 전원이 품질에 참여하여야 한다는 인식 하에 1956년 GE의 품질 책임자였던 파이겐바움이 최초로 Total Quality Control의 개념을 제창하였다. 그러나 당시는 미국의 호황으로 인해 미국 경영자들은 품질 문제에 많은 신경을 쏟지 않았으며, 서구의 직능주의로 인해 QC 요원을 중심으로만 TQC가 전개되는 한계로 미국 내 TQC 전개는 널리 이루어지지 않았다.

1950년 주란과 데밍의 일본 강연 이후 일본 내의 품질에 대한 인식이 크게 향상되었고, 1951년 데밍상 지정 및 정부의 주도 하에 TQC에 대한 정책적 지원이 이루어졌으며, 1982년 PL법이 제정되어 생산자의 품질 책임이 크게 확대되었다. TQC를 통한 일본 기업의 약진에 자극받아 미국 기업의 품질에 대한 관심이 높아짐에 따라 1987년 MBNQA(Malcom Baldrige National Quality Award) 제정으로 미국 내 TQM 전개가 급속도로 확대되는 계기가 되었다.

초기 SQC(Statistical Quality Control)가 단순히 생산된 제품의 품질에만 관심을 두었던 반면 일본에서 TQC로 발전하는 과정에서 생산성 향상, 안전성, 품질 보증, 납기 준수, 신제품 개발 등 모든 부문에 대한 품질관리로 목적이 확대되었다.

페이겐바움(Feigenbaum)은 종합적 품질관리(Total Quality Control)란 '소비자의 요구를 완전히 충족시키도록 제품과 서비스를 가장 경제적으로 설계 및 개발(Engineering)하고, 제조, 판매 및 서비스할 수 있도록 품질의 개발, 보존, 개선하는 기업의 모든 조직의 노력을 연대(Integrating)하는 효과적인 시스템'이라고 정의하였다.

종합적 품질경영(Total Quality Management)이란 최고 경영자의 리더십을 통해 품질을 경영의 최우선 과제로 하는 것을 원칙으로 고객 만족을 위해 모든 구성원이 지속적인 개선과 혁신에 참여하는 전사적, 종합적 경영관리 체계이다. 즉 고객의 욕구를 충족시켜 줄 수 있는 품질의 제품을 경제적으로 생산하고 서비스할 수 있도록, 조직의 모든 부서가 협력체계를 이루어 통계적 기법은 물론 제반 기법 및 활동을 통하여 품질의 개발·유지 및 개선의 과업을 수행하는 체계를 의미한다. 고객만족, 경영자의 리더십, 종업원 참여, 지속적 품질개선활동이 TQM의 핵심적 요소라고 할 수 있다.

- TQM은 전사적 품질경영으로서 제품 및 서비스의 품질을 향상시켜 장기적인 경쟁우위를 확보하기 위해 기존의 조직문화와 경영관행을 재구축하는 것이다.
- QM = QP(Quality　Planing) + QC(Quality　Control) + QA(Quality　Assurance) + QI(Quality Improvement)

여기서 QP는 품질계획, QC는 품질관리, QA는 품질보증, QI는 품질개선을 의미한다.

---

1 TQC의 원칙(원리)

(1) 고객중심

(2) 구성원의 전사적 참여

(3) 지속적인 개선

(4) 품질문화 형성

❷ PDCA Cycle

　　지속적인 품질개선을 채택하고 있는 기업들은 문제해결을 위한 절차로써 PDCA 사이클을 사용한다. PDCA 사이클은 일정한 목표를 정하고 이를 달성하기 위하여 수행하는 관리활동에서 사용하는 방법이다. 대책을 수립하고 실시하는 과정도 이와 동일하기 때문에 개선활동에서도 폭넓게 사용되고 있다. PDCA는 계획(Plan)·실천(Do)·확인(Check)·조치(Action)의 첫 글자를 따온 것으로 효과적인 활동을 전개하려면 계획수립·실시·검토·조치의 단계를 수행하는 것이 바람직하다.

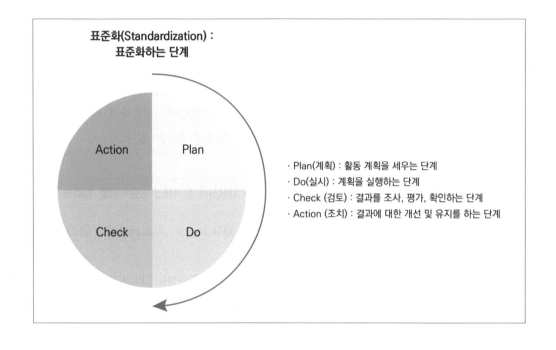

표준화(Standardization) : 표준화하는 단계

Action / Plan / Check / Do

· Plan(계획) : 활동 계획을 세우는 단계
· Do(실시) : 계획을 실행하는 단계
· Check (검토) : 결과를 조사, 평가, 확인하는 단계
· Action (조치) : 결과에 대한 개선 및 유지를 하는 단계

제품이나 서비스의 품질을 개선시키거나 문제점을 파악하고 해결하기 위한 분석 도구로서 품질관리에서는 아래와 같은 전통적인 7가지 품질도구를 활용하고 있다.

01　체크리스트(Check List)

체크리스트는 데이터를 수집하여 분석하기 용이하도록 사용자 기준별로 분류한 내용을 기록하는 일종의 양식이다. 사용자나 현장의 상황에 적합하도록 임의로 작성하여 사용한다. 아래의 양식은 일주일 동안 3가지 불량항목(분류)별로 표시한 내용이다.

......	기록자	

구분 분류	월		화		수		목		금		토		합계	
	오전	오후	오전	오후	오전	오후	오전	오후	오전	오후	오전	오후	오전	오후
더러움			○		○		○		○		○		4	
깨짐													1	
냄새	○			○			○			○			1	3

02　히스토그램(Histogram)

체크리스트를 통해 분류된 자료는 히스토그램으로 간결하고 명확하게 나타낼 수 있다. 히스토그램은 연속 척도로 측정된 자료를 요약하여 품질 특성의 분포를 보여줌으로써 자료들의 중심이나 산포를 대략적으로 파악할 수 있다.

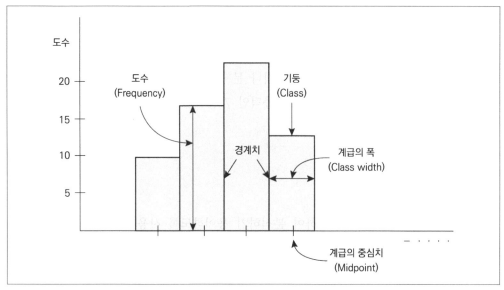

▲ 길이, 무게, 시간, 경도, 두께 등의 품질 특성치가 어떤 분포를 하고 있는지를 알아보기 위한 막대 그래프

03 산점도(Scatter Diagram)

산점도는 2개의 특성(변수)을 가로축과 세로축으로하여 관측값을 타점하여 만드는 그래프이다. 짝을 이룬 두 종류의 데이터 사이의 관계를 조사하기 위하여 각각의 특성 값을 x축과 y축에 잡고 여기에 짝을 이룬 데이터를 타점하여 나타낸다. 산점도를 통하여 두 변수 간의 상관관계를 확인할 수 있다.

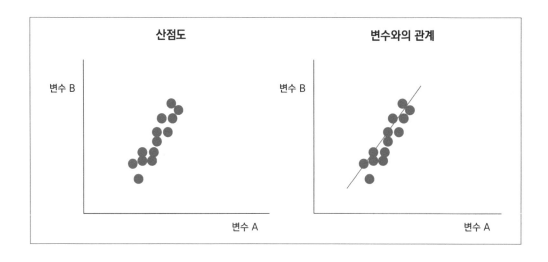

04 파레토 그림(Pareto Chart)

파레토 그림은 체크 시트를 통하여 집계된 자료를 항목별로 층별하여 출현 빈도의 크기순으로 나열함과 함께 누적합을 나타낸 그림이다. 이를 통하여 부적합품 중 발생 빈도가 큰 항목에 대하여 원인 분석과 대책 수립 활동의 대상이 되는 중점관리 항목으로 선정하게 된다. 파레토 그림은 기본적으로 수집된 부적합 데이터를 층별하여 나누어 보여 주는 이외에 문제점의 파악, 과거와 현 상태의 파악, 개선효과의 확인, 개선의 주제 선정, 원인 분석, 개선효과의 파악 등 다양한 부문에 활용할 수 있다.

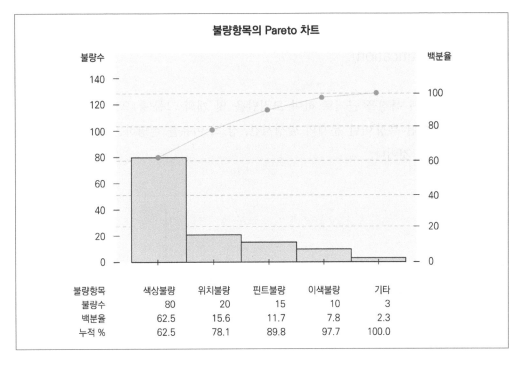

불량항목	색상불량	위치불량	핀트불량	이색불량	기타
불량수	80	20	15	10	3
백분율	62.5	15.6	11.7	7.8	2.3
누적 %	62.5	78.1	89.8	97.7	100.0

05 특성요인도(Cause and Effect Diagram)

특성요인도는 특정한 결과와 원인과의 관계를 계통적으로 나타낸 그림이다. 특성과 요인이 어떻게 관계하고 있으며 영향을 주고 있는가를 알기 위하여 작성하는 그림으로, 하나의 특성을 선정하고 이에 대한 요인을 생선 가시처럼 배치한다. 일명 Fish-bone Diagram이라고도 한다.

품질, 원가, 작업기간 등 제품의 특성(결과)에 대하여 생산요소 등의 특성요인(원인)이 어떤 관계로 영향을 미치게 되었는지를 한눈에 알아 볼 수 있도록 표시한다.

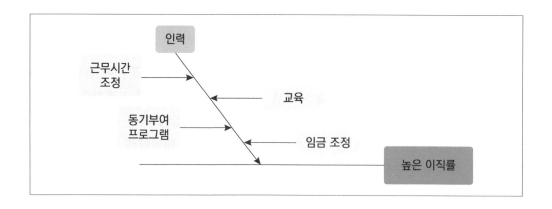

06 층별(Stratification)

층별이란 어떤 특징을 근거로 하여 모집단을 몇 개의 그룹(층)으로 나누는 것을 말한다. 여기서 '어떤 특징'이란 문제의 발생시간, 장소, 이유를 설명하는 데 도움이 될 수 있다고 판단되는 것이다.

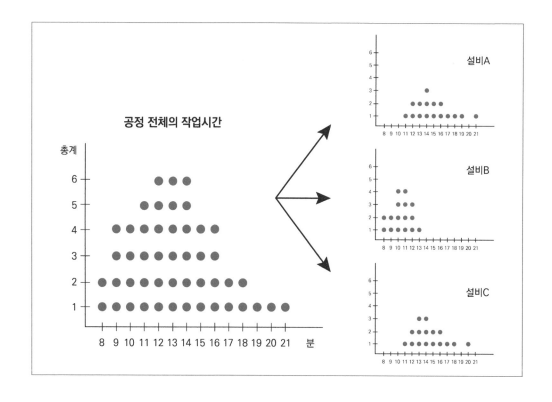

자루에 넣어 쌓아 둔 분말 물질의 수분을 조사할 때에, 상층부는 비교적 수분이 적고 하층부는 비교적 수분이 많고 중층부는 그 중간이라는 정보를 갖고 있으면 상층부, 중층부, 하층부로 나누어서 조사를 하는 것이 유리하다. 이처럼 QC 7가지 도구 중에서 데이터를 몇 개의 범주에 의해 구분함으로써 문제의 원인을 파악하려는 도구가 층별이다.

07 관리도 및 각종 그래프(Graph)

관리도란 시간의 경과에 대한 공정의 품질 특성 변화를 도식적으로 기록한 그래프를 말하는 것으로, 공정을 안정상태로 유지하기 위한 공정관리의 수단으로서뿐만 아니라 공정상태를 평가하기 위한 목적으로도 활용된다. 관리도의 자세한 내용은 다음 절에서 기술하였다.

시간에 따라 변하는 데이터를 정상적으로 작업해도 어쩔 수 없이 발생하는 산포와 그대로 보아 넘길 수 없는 산포를 구별하여 공정의 안정상태 여부를 판단하기 위해 사용되는 기법이 관리도이다.

선 그래프, 파이 차트, 스파이더 차트 등 데이터를 다양한 형식으로 보여준다. 아래의 그림은 파이 차트의 사례이다.

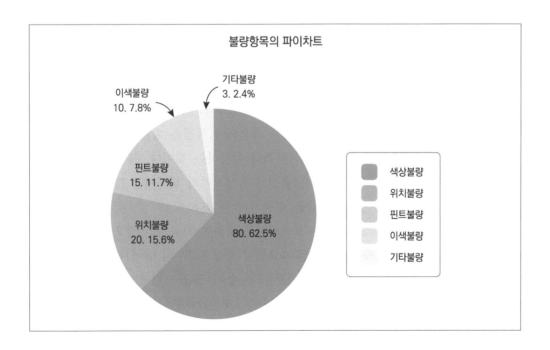

01
품질관리(QC)의 7가지 도구 중 아래에서 설명하는 것은?

길이, 무게, 시간, 경도, 두께 등의 품질 특성치가 어떤 분포를 하고 있는지를 알아보기 위한 막대 그래프

🔖 히스토그램(Histogram)

02
QC 7가지 도구 중에서 시간에 따라 변하는 데이터를 정상적으로 작업해도 어쩔 수 없이 발생하는 산포와 그대로 보아 넘길 수 없는 산포를 구별하여 공정의 안정상태 여부를 판단하기 위해 사용되는 기법은?

🔖 관리도

SECTION 03 ┃ 6 시그마(σ) 품질혁신

01 ⃝ 6 시그마(σ)의 개념

　　1987년 미국 모토롤라에 근무하던 마이클 해리(Mikel Harry)에 의해 6 시그마가 창안되었다. 무결점(Zero Defect) 운동의 정신을 계승하여 품질을 획기적으로 개선시킬 수 있는 방법을 모색하는 데 통계적인 지식을 적극 활용하는 것이다. 품질이 좋아지면 좋아질수록 비용이 더 적게 든다는 사실은 품질을 향상시키기 위해서는 많은 비용이 소요된다는 과거의 고정관념이 잘못되었음을 입증하게 되었다.
　　시그마(Sigma, σ)는 통계학에서는 표준편차를 뜻하며 자료들의 산포를 표시하는 여러 통계량 중의 하나이다. 즉, 품질 특성 자료들이 중심으로부터 떨어져 있는 정도를 나타내는 단위이다. 자료가 계수치든 계량치든 구분 없이 정규 모집단의 표준편차를 사용하여 제품이나 서비스의 품질수준을 시그마 수준으로 나타내면 편리할 뿐만 아니라 품질수준을 서로 비교하기도 용이하다.

6 시그마의 '6'을 시그마 수준이라고 하는데, 구체적인 사례를 통해서 이해할 필요가 있다.

제품의 규격 중심(목표치, 평균)과 규격 한계선의 차이(거리)가 자료들 표준편차의 6배 크기와 같을 경우 6 시그마 수준의 공정능력이라고 간주한다. 즉, 지름이 1cm인 부품을 생산할 경우에 공정에서 최적의 조건을 유지하더라도 생산되는 부품의 지름은 모두 똑같을 수 없다. 1.021cm나 0.98cm 등과 같이 1cm보다 크고 작은 변동이 있기 마련이다. 이 변동을 품질의 산포라고 하며 통계학에서 산포를 나타내는 방법 중 추정의 정밀도가 제일 높은 표준편차를 가장 많이 사용하는데, 시그마는 이 표준편차를 나타내는 기호(σ)다.

만약 부품의 지름이 0.95~1.05cm 사이의 제품을 합격품으로 판정할 경우 규격 중심으로부터 규격한계까지는 0.05cm가 된다. 그리고 부품의 지름 자료들의 표준편차(σ)가 0.0083이라고 할 때 규격의 중심에서 규격한계까지의 거리를 시그마 수준(값)으로 나타내면 $\frac{0.05}{0.0083} = 6$으로 산출되며 시그마 수준이 '6'이라는 의미이다. 반대로 산포가 커서 표준편차가 0.025일 경우 규격상한까지의 길이는 0.05/0.025 = 2 시그마가 된다. 따라서 산포가 클수록 규격범위 내에 들어올 가능성을 나타내는 시그마 수준은 낮아지며 제품의 불량률은 높아지게 된다.

문제는 생산제품의 평균과 목표값(규격의 중앙)은 항상 일치하지 않는다는 점이다. 작업자의 숙련도와 작업환경 및 생산설비의 특성에 따라 차이가 나는 것이 일반적이다. 그러나 장기적으로 평균값은 목표값에서 표준편차의 ±1.5배까지 차이가 나는 것으로 알려져 있다. 따라서 품질수준을 나타내는 시그마 수준은 목표값에서 평균값까지의 거

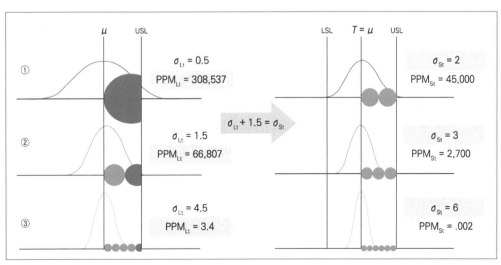

▲ 중심이동을 고려한 시그마 수준

리인 ±1.5 시그마를 감안해야 한다. 이 같은 중심이동을 고려했을 때 6 시그마 품질수준은 통계학적으로는 1백만 번에 3.4회(3.4PPM)의 에러가 발생하는 혁신적인 품질수준임을 의미한다.

여기서 LT는 Long Term, ST는 Short Term, PPM은 Parts Per Million을 의미한다.

02 6 시그마 혁신기법

제품의 설계와 제조뿐만 아니라 사무간접, 지원 등을 포함하는 모든 종류의 프로세스에서 결함을 제거하고 목표로부터의 이탈을 최소화하여 조직의 이익 창출과 함께 고객만족을 극대화하고자 하는 혁신전략을 의미한다. 통계적 척도를 활용하여 모든 프로세스의 품질수준을 향상시켜, 불량률을 3.4PPM 이하로 하고자 하는 기업의 품질경영 전략이다.

(1) 1980년대 Motorola사에서 창안된 품질개선 전략이다.
(2) 6 시그마 수준에서 규격한계와 공정평균 간 거리는 6σ이다.
(3) 품질에 결정적인 영향을 끼치는 핵심 품질 특성을 CTQ(Critical−to−Quality)라 한다.

03 6 시그마 사용단위

계수치 자료의 경우 품질수준을 측정하기 위해서는 우선 다음의 용어를 이해할 필요가 있다.

3명의 작업자가 각각 1단위에 납땜을 한 결과 불량을 1개씩 냈다면, 단위당 결함수 즉 DPU(Defect Per Unit)는 모두 1이 된다. 따라서 이 경우 DPU(Defect Per Opportunity)로 품질수준을 평가하면 4번의 작업을 해서 1개의 불량을 낸 ③번의 작업자의 경우, 1번의 작업을 해서 1개의 불량을 낸 ①번의 작업자에 비해 억울할 것이다. 따라서 DPU로 품질을 평가해서는 문제가 있다는 것을 알 수 있다.

그런데 아래의 그림에서 불량(Defect)을 총 기회의 수(TOP)로 나눈 DPO를 구하면, ③번 작업자의 경우는 0.25, ①번 작업자의 경우는 1이 되므로, DPO로 품질을 평가하는 것이 합리적인 것을 알 수 있다. 따라서 계수치의 경우 품질수준을 평가할 때 DPO를 사용하는 것이 바람직하다.

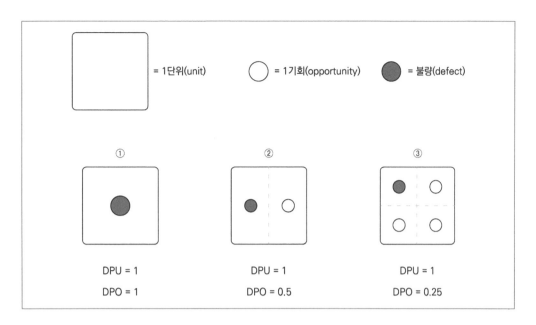

✅ CHECK

• Defect: 결함의 수
• PPM(Part Per Million): 백만 단위당 결함의 수가 몇 개인가를 나타냄
• Unit: 검사된 단위 수
• DPU(Defects Per Unit): 결함(Defects)을 단위수(Units)로 나눈 것으로 단위당 결함수를 나타냄
• DPU = Defects/Units

✅ CHECK

• Opportunity: 한 단위 내의 결함 발생기회의 수
• TOP(Total Opportunity): 다음과 같이 단위 수(Units)에 단위당 결함 발생기회수(Opportunity)를 곱한 것으로 총 기회의 수를 나타냄
  TOP = Units × Opportunity
• DPO(Defects Per Opportunity): 총결함수(Defects)를 총 기회의 수(TOP)로 나눈 것으로, 결함 발생기회수당 단위당 결함수를 나타냄
  DPO = Defects / TOP = DPU / Opportunity
• DPMO(Defects Per Million Opportunity): DPO에 백만을 곱한 것으로 백만 단위 기회당 결함수를 나타냄
  DPMO = DPO × 1,000,000 = Defects / TOP × 1,000,000

04 6 시그마 추진단계(DMAIC)

1 정의(Define)

개선의 대상이 되는 프로세스를 선택하고 개선팀을 구성하여 개선 프로젝트를 규정한다.

2 측정(Measure)

고객에게 중요한 품질변수를 측정하고 개선의 목표를 선정한다.

3 분석(Analysis)

현재의 불량수준의 근본 원인을 규명하고 프로세스의 변화를 위한 여러 대안들을 검토한다. 문제의 잠재인자 및 근본 원인을 파악하고 개선의 우선순위를 정하는 단계이다. 주요 제품의 특성치와 최고 수준의 타 회사 특성치를 벤치마킹하여 최고의 성능 요인을 조사하고 목표를 설정한다.

4 개선(Improve)

최선의 대안을 실행에 옮겨 프로세스를 변화시키고 개선 여부를 확인한다.

5 통제(Control)

개선된 프로세스가 지속적으로 유지될 수 있도록 관리한다. 새로운 공정조건을 표준화시키고, 통계적 공정관리 방법을 통하여 그 변화를 탐지한다. 새 표준으로 공정이 안정되면 공정능력을 재평가하는 단계이다.

▶▶ 필수예제

6 시그마의 네 가지 단계 중에서 '새로운 공정조건을 표준화시키고 통계적 공정관리 방법으로 그 변화를 탐지하고 새 표준으로 공정이 안정되면 공정능력을 재평가하는 과정'의 명칭은?

6 시그마는 네 가지 단계로 나눌 수 있으며 측정(Measurement), 분석(Analysis), 개선(Improvement), 관리(Control)의 순서로 앞 글자를 따서 'MAIC'이라고 부른다. 이 중 문제의 설명에 해당하는 단계는 4단계인 관리(Control)단계이다.

SECTION 04 통계적 품질관리

01 검사 업무

품질에 관련한 가장 기초 수준의 단계로, 설계단계에서 정해진 제품 규격에 따라 검사활동을 중심으로 예정된 품질을 확보해 나가는 단계이다. 품질에 대한 요건을 충족시키는 데 사용되는 운영 기법 및 활동으로, 경제적 효과를 낳기 위하여 품질 주도의 모든 단계에서 공정을 모니터링하고, 불만족스러운 결과에 대한 원인을 제거하기 위한 운영 기법 및 활동을 포함한다.

1 용어의 정의

(1) 시험

개개의 물품 또는 로트에 대하여 해당 규격에서 정해진 방법에 따라 해당 부품, 반제품, 제품의 특성에 대하여 측정·조사하는 것

(2) 검사

물품을 어떤 방법으로 측정한 결과를 판정 기준과 비교하여 개개의 물품의 적합품·부적합품 또는 로트의 합격·불합격 판정을 내리는 것

(3) 검사 항목

자재(부품, 반제품) 및 제품에 대한 특성에 따라 검사를 실시할 수 있도록 주어진 항목

(4) 부적합품

검사 항목에 따른 검사 결과 기준규격에 벗어나는 자재 및 제품의 불합격품

2 검사의 목적

합리적이고 능률적인 검사를 행함으로써 최종제품에 대한 품질을 보증 제품에 대한 고객의 신뢰를 높이는 데 그 목적이 있다.

(1) 좋은 로트와 나쁜 로트의 구분
(2) 양품과 불량(부적합)품의 구분
(3) 공정 변화 확인
(4) 측정 시스템 확인(검사자의 정밀도, 계측기의 정확도 파악)
(5) 제품의 성능평가 및 품질등급 결정

3 검사의 목적에 의한 종류

(1) 수입 검사(구입 검사, 인수 검사)

현장에서 제조에 필요한 원재료·부품·부자재 등을 외부로부터 구입할 때 구입해 온 물품을 제조공정에 투입시키기 전에 요구한 품질과 수량을 만족시키는가를 확인하기 위하여 이루어지는 검사를 인수 검사라고 한다.

(2) 공정 검사

공정 중의 반제품의 단계에서 행하는 검사로, 부적합품을 후속 공정에 보내지 않기 위하여 중간 공정이 아니면 확인할 수 없는 특성에 대하여 행한다. 샘플링 검사 또는 전수 검사가 적용된다.

(3) 완제품 검사(최종 검사)

완성된 제품에 대하여 요구 사항을 만족하는가를 판정하기 위하여 실시하는 검사이다. 또한 이 검사는 공정의 최종단계에서 이루어지기 때문에 최종 검사라고도 하고, 완성된 제품에 대하여 실시하기 때문에 완성 검사라고도 한다.

(4) 출하 검사

재고 중에 어떤 변화가 없었는가, 포장상태는 어떤가 등의 보증을 하기 위한 검사이다.

4 검사의 성질에 의한 분류

(1) 파괴 검사

물품을 파괴하지 않으면 검사의 목적을 달성할 수 없는 것 또는 시험을 하면 상품가치가 없어지는 검사를 말한다. 따라서 전수 검사는 불가능하다. 예를 들면 재료의 인장시험, 브레이크의 마모시험, 도금의 박리시험 등이다.

(2) 비파괴 검사

전구의 점등시험, 도금판의 핀홀 검사와 같이 물품을 시험하여도 상품가치가 떨어지지 않고 검사의 목적을 달성할 수 있는 검사를 말한다. 검사치수, 외관 검사, X선·초음파 검사 등이 그 예이다.

(3) 관능 검사

인간의 오감(시각, 후각, 촉각, 청각, 미각)을 이용하여 제품의 특성을 검사하는 것을 말한다.

▶▶ 필수예제

검사의 성질에 따른 분류에서 전구의 점등시험, 도금판의 핀홀 검사와 같이 물품을 시험하여도 상품가치가 떨어지지 않고 검사의 목적을 달성할 수 있는 검사를 무엇이라고 하는가?

🔖 비파괴 검사

5 검사 장소에 의한 분류

(1) 정위치 검사

물품을 검사기기가 있는 장소로 이동하여 실시하는 검사이다.

(2) 순회 검사

검사기기를 물품이 있는 장소(공정)로 가지고 가서 실시하는 검사이다.

(3) 출장 검사

물품이 외부에 있는 경우에 회사 밖으로 가서 실시하는 검사이다.

6 검사 방법에 의한 분류

(1) 개별 검사(전수 검사)

물품을 검사기기가 있는 장소로 이동하여 실시하는 검사이다.

(2) 샘플링 검사

제품의 로트에서 빼낸 샘플을 조사한 후 그 결과를 판정 기준과 비교하여 로트(Lot)의 합격·불합격을 결정한다.

(3) 체크 검사

제조의 공정관리 또는 기계의 조정 등을 위하여 소수의 샘플을 채취하여 체크하고, 작업상태 등 적합·부적합을 확인하기 위하여 행한다. 예를 들면 작업 조정 시의 검사, 정기적 순회점검 검사 등이다.

(4) 무검사

제품의 품질수준이 구매계약 단계에서 확인되어 별도의 검사가 필요 없는 경우에는 검사를 생략할 수 있다.

(5) 자주 검사

품질부서 검사원이 검사를 실시하지 않고 생산부서에서 자체적으로 실시하는 검사이다.

7 검사 항목에 의한 분류

수량검사, 외관 검사, 치수 검사, 중량 검사, 성능(기능) 검사

02 전수 검사

전수 검사란 검사를 위하여 제출된 제품 한 개 한 개에 대하여 시험 또는 측정하여 그 결과를 규격과 비교하여 적합품과 부적합품으로 분류하고, 적합품만을 합격으로 하는 검사를 말한다. 따라서 전수 검사는 다른 검사에 비하여 비용이 많이 들고, 시간이 많이 걸리고, 검사 개수나 검사 항목이 증가하면 선별의 오류가 증가하는 등의 문제점

이 많다. 예로 인쇄물의 오탈자가 있는데 2~3회의 교정을 하여도 완전을 기할 수 없듯이 부적합품을 완전히 제거하기 위해서는 많은 비용과 노력이 필요하다. 최근에는 검사의 자동화가 각 기업에서 개발되어 중요한 특성이나 성능에 대하여는 전수 선별에 의해 빠르고 경제적으로 검사가 이루어지고 있다.

✔ CHECK   전수 검사를 필요로 하는 경우
- 전수 검사에 의하지 않고는 부적합품을 제거할 수 없을 경우
- 제조 공정이 안정되지 않아 물품에 부적합품이 다수 섞여 있어 로트를 층별하여도 부적합품률을 줄일 수 없을 경우
- 전수 검사가 용이하고 또한 그것이 경제적일 경우(소로트 생산제품)

03 샘플링 검사

1 샘플링 검사의 개념

샘플링 검사란 로트로부터 샘플을 취하여 조사하고, 그 결과를 로트의 판정 기준과 비교하여 그 로트의 합격·불합격을 판정하는 검사이다. 이 경우 로트와 샘플 크기와의 관계, 샘플의 샘플링 방법 및 판정 기준 등은 경제적인 요구를 기초로 하고, 통계적 방법에 의하여 정해진다. 샘플링 검사로 개개의 제품 품질을 보증할 수는 없으나 어떤 확률값으로 로트별 품질을 보증할 수 있다.

(1) 샘플링 검사가 필요한 경우

① 파괴 검사의 경우: 재료의 인장강도 시험, 수명 시험 등
② 연속체나 대량 제품: 석탄, 전선, 가솔린, 볼트·너트, 면사 등

(2) 샘플링 검사가 전수 검사보다 유리한 경우

① 다수 다량의 것으로 어느 정도 부적합품이 섞여도 무방한 경우이다.
② 기술적으로 보아 개별 검사가 무의미한 경우로, 프레스 부품, 구조품, 성형품 등이다.
③ 불완전한 전수 검사에 비해 신뢰성이 높은 결과를 얻을 수 있는 경우로, 검사 수량과 검사 항목이 많을 때에는 일반적으로 샘플링 검사 쪽이 신뢰성이 높다.
④ 검사 비용을 적게 하는 편이 이익이 되는 경우로, 단위당 검사 비용과 부적합품으로 인한 손실 비용의 합이 전수 검사의 경우보다 적을 때 유리하다.

⑤ 생산자나 납품업자에게 품질 향상의 자극을 주고 싶을 경우로 전수 검사 때에는 부적합품에 대해서만 조처가 취해지지만, 샘플링 검사 때에는 로트 단위로 합·부가 판정되므로 그 영향이 커진다.

2 샘플링 검사의 종류

샘플링 검사의 종류를 이해하려면 먼저 품질측정치(품질 특성치)의 유형을 이해해야 한다.

✅ CHECK   품질측정치(품질 특성치)의 유형

품질 특성의 상태를 객관적으로 파악하기 위해서는 적당한 척도를 사용하여 이들을 수량화하여야 한다. 이때 척도의 구성방법에 따라 데이터는 계량값과 계수값(KS Q 3534 – 4)으로 분류된다. 계량값 데이터는 길이, 무게, 온도, 인장 강도, 전구의 수명, 작업시간 등과 같이 연속형의 품질특성의 값이며, 계수값 데이터는 부적합품 개수, 부적합 수, 안전사고 건수 등과 같이 개수로 셀 수 있는 이산형의 품질특성의 값이다.
• 계량형 자료(Variable Data): 연속량으로 측정될 수 있는 품질 특성
  (예 길이, 중량, 인장강도, 점수, 시간, 점도 등)
• 계수형 자료(Attribute Data): 이산형으로 개수를 셀 수 있는 품질 특성
  (예 부적합품수, 적합수, 부적합품률 등)

샘플링 검사의 종류도 크게 계수형 샘플링 검사와 계량형 샘플링 검사로 분류한다. 검사방식에 의한 샘플링 검사 방법은 아래와 같다.

(1) 규준형 샘플링 검사

생산자측에 대한 보호와 소비자측에 대한 보호의 두 가지를 규정하여, 양자의 요구를 동시에 만족하도록 설계된 샘플링 검사이다. 즉 생산자 측에 대하여는 생산자 위험 (α)을, 소비자 측에 대하여는 소비자 위험(β)을 각각 일정한 값으로 정하고 있다.

(2) 선별형 샘플링 검사

시료를 시험한 결과 불합격으로 판정한 로트는 전수 선별하는 샘플링 검사를 의미하며, 불합격품에 대한 처리방법은 불합격품 수만큼 양품으로 교체하는 방법과 불합격품은 제외하고 합격품만을 공급하는 방법이 있다.

(3) 조정형 샘플링 검사

① 로트의 판정이 연속해서 실시되고, 과거의 검사이력 등의 품질정보에 따라서 검사의 방식을 조정하는 샘플링 검사이다.

② 조정형 샘플링 검사는 보통 검사·까다로운 검사·수월한 검사를 변환규칙과 품질수준에 따라 변환하면서 사용하는 것이다.

(4) 연속형 샘플링 검사

생산공정에서 나오는 제품을 전수 검사(각개 검사)를 하다가 연속된 몇 개의 제품이 양품으로 판단되면 샘플링 검사(일부 검사)로 전환하며, 일부 검사 실시 중 불량제품이 발견되면 다시 전수 검사(각개 검사)를 실시하는 검사이다.

SECTION 05 ‌통계적 프로세스 관리(SPC)

01 SPC(Statistical Process Control)의 의미

생산공정상의 산출물을 모니터링(Monitoring)하여 제품이나 서비스의 설계와 합치하는지의 여부를 판단하기 위한 통계적 분석기법이다. 생산되고 있는 제품이 설계명세를 충족시키고 있는지에 대해 적시에 정보를 제공하고, 제품의 품질에 영향을 미치는 공정상의 변화를 찾아내어 그 변화를 발생시키는 원인을 규명한 후 생산공정에 feed – back함으로써 공정의 문제점이나 품질의 변동을 제거하는 것이다.

SPC는 TQC의 일환으로 품질규격에 합격할 수 있는 제품을 만들어내기 위하여 통계적 방법에 의하여 공정을 관리해 나가는 관리방법이다. 즉, SPC란 종업원 개인의 예측이나 의견으로 어떤 사실을 보거나 판단하는 것이 아니라 과학적인 정보 데이터를 근거로 문제를 직시하고 해석하며, 해결책이나 향상 방안을 찾아내는 것을 말하므로 과학적 기본 정보 데이터와 이를 분석하여 각 공정에서 품질규격에 맞는 제품을 만들어 낼 수 있는 상태로 관리해 가는 기법이라 할 수 있다.

SPC에서는 생산공정으로부터 정기적으로 표본을 추출하여 검사를 한 다음, 공정상의 품질 특성이 변화했다고 판단되면 공정을 중단시키고 이상원인을 찾아내어 이에 시정조치를 취한다. 이상원인이 발견되어 시정되면 공정을 다시 가동시킨다. 생산공정에서 이상원인에 의한 품질변동의 발생을 모니터링(Monitoring)하는 도구로서 관리도(Control Chart)를 활용한다.

02 품질변동

1 품질변동의 의미

통계적 공정관리에서 제일의 해결 대상은 공정의 품질변동이다. 품질평균의 이동은 고유기술의 연구나 최적조건을 찾기 위한 실험 등으로 가능하다. 품질변동이 큰 경우 이를 줄이는 것은 쉽지 않으며 품질불량은 주로 이 품질변동에 의하여 발생된다.

2 품질변동의 원인

(1) 우연원인(Chance, Random Cause)

생산조건이 엄격히 관리된 상태에서도 어느 정도의 품질변동이 발생되는 것은 불가피하다고 판단하는 것이며, 우연원인에 의한 변동만이 존재할 때 공정은 안정되고, 예측 가능하며, 관리상태에 있다고 한다. 그 특징은 다음과 같다.

① 일정한 규칙이나 순서 없이 'Random 변동'으로 이루어짐
② 모든 공정에 존재한다.
③ 공정이 안정적, 지속적으로 운영되면서 발생한다.

(2) 이상원인(Assignable Cause)

작업자의 부주의, 불량자재의 사용, 생산설비의 이상, 생산조건 오인 등에 의해 품질변동이 발생하는 경우에는 그 원인을 반드시 찾아서 규명해야 하는 것으로, 이상원인에 의한 변동을 나타내는 공정은 불안정하고, 관리되고 있지 않은 상태라고 한다. 그 특징은 다음과 같다.

① 예측할 수 없다.
② 일시적으로 또는 연속적으로 공정이 방해를 받는 경우 발생한다.
③ 일회성 사건이거나 또는 공정의 만성적인 문제일 수 있다.
④ 항상 나쁜 것은 아니다(어떤 경우에는 공정을 개선할 수 있는 기회가 될 수 있다).

03 관리도(Control Chart)

　의사가 진찰을 통해 증상으로부터 병의 원인을 찾아 환자를 치료하듯이, 공정을 올바로 관리 또는 개선하기 위해서는 우선 관리도를 통해 공정을 해석해야 한다. 관리도를 통해 공정을 해석할 경우 품질문제에 대한 책임의 소재를 파악할 수 있을 뿐만 아니라 올바른 개선방향을 제시할 수 있다.

　관리도는 1924년 Bell 전화연구소에 근무하던 슈하르트(W. A. Shewhart)에 의해 고안되어 사용된 이래 가장 널리 사용되는 품질관리도구 중의 하나이다. 우리나라에는 1963년 한국공업규격으로 KSA 3201(관리도법)이 제정된 이래 널리 사용되어 왔다. 관리도는 생산현장뿐 아니라 데이터의 산포가 존재하는 곳이라면 어느 분야라도 적용될 수 있기 때문에 그 활용도는 매우 광범위하고 다양하다고 할 수 있다.

1 관리도의 통계적 의미

　슈하트 관리도에는 중심선(CL: Center Line)이 있고 위쪽 선을 관리상한(UCL: Upper Control Limit)이라고 하고 아래쪽 선을 관리하한(LCL: Lower Control Limit)이라고 한다. 슈하트 관리도의 관리한계는 중심선으로부터 양쪽으로 ± 3σ의 거리에 있다. ± 3σ 관리한계는 공정이 관리상태에 있을 때 근사적으로 타점된 점의 99.73%가 관리한계 내에 포함된다는 것이며, 이는 100개의 제품이 생산될 때 관리상한 또는 관리하한을 벗어나는 횟수가 3회인 것을 의미한다. 관리상한 또는 관리하한을 벗어나 타점된 측정값이 있거나 일련의 타점이 관리도의 패턴 분석에서 이상한 패턴을 가질 경우 이는 통계적 관리상태에 있다고 할 수 없다. 이와 같은 현상이 일어날 때 이상원인을 찾기 위한 조사를 시작하고 공정을 정지하거나 또는 조정할 수 있다.

✔ CHECK　관리한계선 산출 원리

$\hat{\mu} \pm 3\hat{\sigma}$, 여기서 $\hat{\mu}$는 품질 특성의 평균값, $\hat{\sigma}$는 품질 특성 자료들의 표준편차이다.

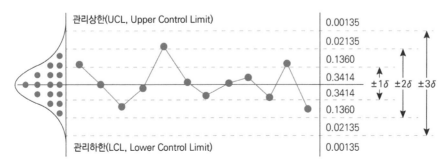

2 관리도의 종류

계량형 관리도는 공정의 평균수준 또는 중심값 및 변동성을 동시에 관리할 수 있도록 2개의 관리도가 사용된다. 즉 중심 위치를 나타내는 표본평균, 중위수 관리도와 변동성을 타나내는 표본 범위, 표본 표준편차 관리도 등이 사용되며 정규분포를 가정하고 있다. 계수형 관리도에는 이항 분포 또는 포아송(Poisson) 분포를 가정한다.

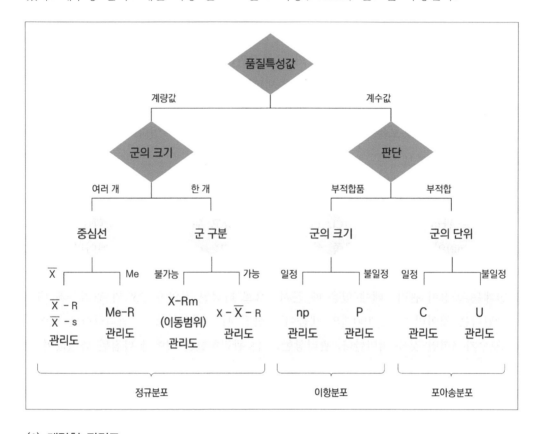

(1) 계량형 관리도

① $\overline{X}$ - R 관리도(평균 – 범위 관리도)
- 공정 평균을 의미하는 $\overline{X}$와 범위를 의미하는 Range를 이용하는 관리도이다.
- 계량형 관리도에서 가장 많이 사용되는 관리도이다.
- 공정 평균의 관리를 위한 $\overline{X}$ 관리도와 표본 내 최대값과 최소값의 범위를 이용하는 R 관리도를 합쳐서 만든 관리도이다.
- 공정의 평균과 산포를 동시에 관리할 때 사용한다.

② $\overline{X}$ – s 관리도(평균 – 표준편차 관리도)

공정 평균을 의미하는 $\overline{X}$와 표준편차를 의미하는 s를 이용하는 관리도이다.

③ X – MR 관리도(개별값 – 이동 범위 관리도)
- 부분군의 크기가 1인 데이터의 관리도를 작성할 때 사용하는 관리도이다.
- 프로세스 속도가 너무 느려 둘 이상의 제품으로 부분군을 형성하기 어렵거나 측정비용이 너무 비싼 경우 이용한다.

(2) 계수형 관리도

① P(부적합품률) 관리도
- 계수형 관리도에서 가장 많이 사용된다.
- 불량률의 변화 감지나 평균 불량률을 추정하고 싶을 때 사용한다.
- 다양한 부분군의 크기를 갖는다.
- 이항 분포를 갖는 대상에 적용된다.

② np(부적합품수) 관리도
- 부적합품수 관리도는 공정을 부적합품 수에 따라 관리할 경우에 사용되는 방법으로 각 군의 표본의 크기 n은 반드시 일정하여야 한다.
- 부적합품률을 얻기 위하여 부적합품 수를 시료 크기로 나누는 계산이 필요하지 않다.
- 소수점으로 나타나는 부적합품률 p값의 점을 찍는 것보다 부적합품 수 np값을 찍는 것이 쉽고 빠르다.
- 관리한계의 계산이 다소 쉽다.

③ c(결점수, 부적합수) 관리도
- 앞의 부적합품수 관리도와 혼동을 가져오는 경향이 있으므로 유의하여야 한다.
- 부적합품수 관리도는 n개의 제품 중에서 몇 개가 부적합품인가를 다루었다면, 부적합수 관리도는 일정 단위 중에 포함된 부적합수에 관심이 있다.
- 예로 컴퓨터 기판 중에 납땜 부적합수, 길이가 같은 오일 파이프에서 용접 결함 수, 모직물의 일정 면적에서 나타나는 흠의 수 등이다. 단위가 일정하지 않은 경우에는 u관리도를 사용한다.

④ u(단위당 결점수, 단위당 부적합수) 관리도

부적합수 관리도는 검사하는 단위(표본의 면적이나 길이 등)가 일정하지 않는 경우에 사용한다. 예로서 직물의 얼룩, 에나멜선의 Pin-hole 등이 있다.

▶▶ 필수예제

01

모니터 한 대에서 발생하는 불량화소의 수와 같이 품목 한 단위에서 발생하는 결점수를 관리하는데 사용되는 관리도는?

해설   결점수 관리도는 c 관리도이다. 여타의 다른 관리도와 달리 표본에서 도출되는 결점수는 포아송 분포를 이룬다는 가정 하에 관리한계선을 계산한다.   🖹 결점수 관리도

02

부분군의 크기(n)가 일정한 경우 부적합품률 대신 부분군 내의 부적합품수를 관리하기 때문에 부적합품률 관리도에 비해서 계산량이 적고 사용이 편리한 관리도는?

🖹 pn(부적합품수)

(3) 관리도 작성 및 판정

계량형 및 계수형 관리도의 작성과 판정 방법은 유사하다. 각 종류별 관리도에서 품질 특성이나 속성값을 도출하여 그 값을 관리도에 타점한다. 타점한 점들이 모두 관리상한선과 관리하한선 내에 있으면 '공정이 관리(안정)상태에 있다'라고 판정한다. 그러나 타점된 점들 중 관리한계선을 벗어나는 점이 있으면, 그 점은 이상원인에 의해 벗어났다고 판단하며 '공정은 관리상태가 아니다'라고 판정하는 것이다. 또한 이상원인에 의한 품질변동 문제는 반드시 그 원인을 찾아서 제거해야 한다.

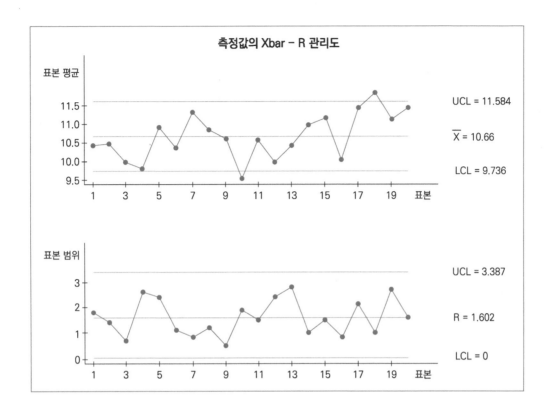

측정값의 Xbar − R 관리도

위의 그림은 $\overline{X}$ − R 관리도(평균 − 범위 관리도)의 작성 사례이며, $\overline{X}$관리도에서 10번째와 18번째 점이 관리상한선을 벗어났으므로 '공정은 관리상태가 아니다'라고 판정한다. 따라서 10번째와 18번째 점은 이상원인에 의한 품질변동이라고 판단하여 그 원인을 찾아서 품질문제를 반드시 해결해야 하는 것이다.

01 다음 문항 중 품질에 대한 설명으로 적절한 것은?

2018년 3회

① 시장품질: 실제로 제조된 품질 특성, 즉 실현되는 품질

② 제조품질: 소비자의 기대품질로 당연히 갖추어야 할 품질

③ 요구품질: 소비자가 원하는 기간 동안 제품이 지속적으로 유지될 때 소비자가 만족하게 되는 품질

④ 설계품질: 요구품질을 실현하기 위해 제품을 기획하고 그 결과를 시방으로 정리하여 도면한 품질

해설 ① 제조품질 ② 요구품질 ③ 시장품질　　　　　　　　　　　　　　　**답** ④

02 다음 중 계수치 관리도가 아닌 것은?

2018년 3회

① P관리도　　　　　　　　　　② c관리도

③ u관리도　　　　　　　　　　④ x관리도

해설 계량형 관리도는 $\overline{X} - R$, $X - R_s$ 등이 있다.　　　　　　　　　　**답** ④

03 다음 문항 중 샘플링 검사의 특징으로 옳지 않은 것은?

2018년 3회

① 로트 크기가 작을 때 적합하다.

② 검사항목이 많고 복잡한 검사에 유리하다.

③ 생산자에 대한 품질향상 자극효과가 크다.

④ 절대로 불량이 있어서는 안 되는 경우에는 부적합하다.

해설 로트(Lot) 크기가 클 때 적합하다.　　　　　　　　　　　　　　　　**답** ①

04 문제를 유발하는 여러 가지 요인들 중 가장 중요한 요인을 추출하기 위한 기법으로 총

2018년 3회 발생율에 대해서 높은 비율로 나타나는 몇 가지의 주요 요소를 추출하기 위한 지속적 개선방법을 위한 QC 7가지 도구 중 하나는 무엇인지 쓰시오(정답은 한글로 쓰시오).

답 파레토도(Pareto Chart)

05
2018년
3회

다음 [보기]가 설명하는 용어를 한글로 쓰시오.

> **[보 기]**
>
> 제품의 설계와 제조분만 아니라 사무간접, 지원 등을 포함하는 모든 종류의 프로세스에서 결함을 제거하고 목표로부터의 이탈을 최소화하여 조직의 이익 창출과 함께 고객만족을 극대화하고자 하는 혁신전략을 의미한다. 통계적 척도를 활용하여 모든 프로세스의 품질수준을 향상시켜, 불량률을 3.4PM 이하로 하고자 하는 기업의 품질경영 전략이다.

해설 품질혁신, 경영혁신 기법 　　　　　　　　　　　　　　　**답** 6 시그마(σ)

06
2018년
4회

다음 중 TQM의 원칙이 아닌 것은?

① 고객만족　　　　　　　　　　② 총체적 참여
③ 신속한 제품개발　　　　　　　④ 지속적인 공정개선

해설 ① 고객만족은 고객중심
　　　② 총체적 참여는 전사적 참여
　　　④ 지속적인 공정개선은 지속적인 개선이 적합한 표현으로 판단되며, 품질문화 형성도 포함된다.

답 ③

07
2018년
4회

샘플링 검사의 특징이 아닌 것은?

① 검사항목이 많고 복잡한 검사에 유리
② 로트 크기가 작고 파괴검사가 아닐 때 적합
③ 절대로 불량이 있어서는 안 되는 경우에는 부적합
④ 생산자에게 품질향상의 자극을 주고 싶을 경우 적합

해설 로트 크기가 작고 비파괴검사일 경우에는 전수 검사가 유리함 　　　　**답** ②

08
2018년
4회

다음 중 p관리도를 사용해야하는 경우는?

① 평균　　　　　　　　　　　　② 범위
③ 결점수　　　　　　　　　　　④ 불량률

해설 품질 특성이 불량률(부적합품율)일 경우 사용한다. 　　　　　　　　**답** ④

09 아래의 보기가 설명하는 단어를 예와 같이 영어 약자(스펠링)로 써넣으시오(예 ERP).

2018년
4회

> [보 기]
>
> (   )은/는 TQC의 일환으로 품질규격에 합격할 수 있는 제품을 만들어내기
> 위하여 통계적 방법에 의하여 공정을 관리해 나가는 관리방법이다.
> 즉, (   )란/이란 종업원 개인의 예측이나 의견으로 어떤 사실을 보거나 판단
> 하는 것이 아니라 과학적인 정보 데이터를 근거로 문제를 직시하고 해석하며, 해결
> 책이나 향상 방안을 찾아내는 것을 말하므로 과학적 기본 정보 데이터와 이를 분석
> 하여 각 공정에서 품질규격에 맞는 제품을 만들어 낼 수 있는 상태로 관리해 가는
> 기법이다.

📖 SPC(Statistical Process Control, 통계적 공정관리)

10 다음 [보기]가 설명하는 계수치 관리도를 영어 알파벳으로 쓰시오.

2018년
4회

> [보 기]
>
> 제품의 크기가 여러 가지로 변할 경우에는 결점수를 일정 단위당으로 바꾸어서 사
> 용한다.

해설 U관리도는 여러 가지 결점을 동시에 나타낼 때 사용하며, 검사단위가 일정하지 않은 경우에 사용된다.

📖 u(단위당 결점수)

11 QC 7가지 도구 중에서 길이, 무게, 시간, 경도 등을 측정하는 데이터가 어떠한 분포를
하고 있는가를 알아보기 쉽게 나타낸 그림은?

2018년
5회

① 히스토그램   ② 파레토도

③ 체크시트   ④ 특성요인도

해설 히스토그램(Histogram)은 수집한 자료들의 특성(중앙의 위치, 산포의 크기)과 분포 형태를 대략적
으로 파악하는 도구이다.

📖 ①

12
2018년
5회

6 시그마 활동은 품질수준을 정량적으로 평가하고 품질혁신과 고객만족을 달성하기 위해 전사적으로 실행하는 품질전략이다. 6 시그마의 품질혁신의 추진단계 중 주요 제품의 특성치와 최고 수준의 타 회사 특성치를 벤치마킹하여 최고의 성능 요인을 조사하고 목표를 설정하는 것은 어느 단계의 작업인가?

① 측정(Measurement)
② 분석(Analysis)
③ 개선(Improvement)
④ 관리(Control)

해설 분석(Analysis)단계
답 ②

13
2018년
5회

모토롤라나 GE 등에서 문제점 해결을 위한 품질 혁신의 방법으로 채택한 6 시그마의 네 단계가 문제해결을 위한 과정으로 바르게 연결된 것은?

① A − I − C − M
② I − A − M − C
③ C − I − A − M
④ M − A − I − C

해설 M − A − I − C(5단계일 때는 D − M − A − I − C, D: Define)
답 ④

14
2018년
5회

불량률이 작업장의 습도와 밀접한 관계가 있다고 의심될 때 일정기간에 관측된 습도와 불량률의 데이터를 도면상에 타점하여 두 변수 간의 상관관계를 도식화하여 품질문제의 원인을 발견하거나 확인할 수 있다. QC 7가지 도구 중에서 이처럼 두 변수 간의 상관관계를 도식화하여 보여주어 품질문제의 원인을 발견하거나 확인하는 데 사용되는 것은 무엇인지 한글로 쓰시오.

답 산점도

15
2018년
5회

TV 한 대의 납땜 불량건수, 책 한 쪽의 오자 수 등과 같이 품목 한 단위에서 발생하는 결점수를 관리하는 데 사용되는 관리도는 무엇인지 영어 알파벳으로 쓰시오.

해설 결점수 관리도는 계수형 관리도로서 품질을 단순히 적합, 부적합으로 판정하는 것이 아니라 여러 가지 결점을 동시에 나타낼 때 사용하며, 파레토도와 함께 사용하는 것이 바람직하다. 이것은 만일 결점이 다수 발생될 경우 어떤 결점이 가장 많은 비중을 차지하는가를 파악한 후 이 중 비중이 높은 결점을 우선적으로 개선함으로써 보다 큰 성과를 낼 수 있다.
답 C(결점수)

16 QC 7가지 도구 중 공정의 불량, 결점, 고장 등의 발생건수 혹은 손실금액을 항목별로
2018년 분류하여 큰 순서대로 나열함으로써 중점관리 대상을 식별하는 데 사용되는 것은?
6회
① 특성요인도   ② 관리도

③ 히스토그램   ④ 파레토도

[해설] 파레토도(Pareto Chart)   탑 ④

17 6 시그마 품질향상 기법에 관한 설명으로 옳지 않은 것은?
2018년
6회   ① 1980년대 Motorola사에서 창안된 품질개선 전략이다.

② 6 시그마 수준에서 규격한계와 공정평균 간 거리는 6σ이다.

③ 품질에 결정적인 영향을 끼치는 핵심 품질 특성을 CTQ라 한다.

④ 6 시그마 프로젝트는 PDCA 관리 사이클에 따라 진행된다.

[해설] 6 시그마 프로젝트는 (D)MAIC 순서에 따라 추진한다.   탑 ④

18 다음 중에서 샘플링 검사가 유리한 경우는?
2018년
6회   ① 검사항목이 적은 경우

② 불완전한 전수검사에 비해 신뢰성이 낮은 결과가 얻어지는 경우

③ 생산자에게 품질향상의 자극을 주고 싶은 경우

④ 다수 다량의 것으로 불량품이 섞이면 경제적 손실이 큰 경우

[해설] 나머지는 전수검사가 유리한 경우에 대한 설명이다.   탑 ③

19

2018년
6회

다음 [보기]는 품질변동 요인을 설명하고 있다. 다음 [보기]의 괄호 안에 해당하는 품질변동 요인을 한글로 쓰시오.

> **[보 기]**
>
> 모든 생산공정에서는 그 공정이 제대로 관리되고 있다 할지라도 품질상의 변동이 발생한다. 이러한 변동은 통제하기가 불가능할 뿐만 아니라 사소한 원인에 의해서도 발생하는 것으로 이를 (   )에 의한 변동이라 하며 이러한 상태의 생산공정을 통계적 관리상태에 있다고 한다.

해설 이상원인(Assignable Cause)에 의한 변동(산포)은 예측할 수 없고, 일시적 또는 연속적으로 공정이 방해를 받는 경우, 일회성이거나 공정의 만성적인 문제일 수 있다.

🔲 우연원인(Random Cause)

20

2018년
6회

TV 한 대의 납땜 불량건수, 책 한 쪽의 오자 수 등과 같이 품목 한 단위에서 발생하는 결점수를 관리하는 데 사용되는 관리도는 무엇인지 영어 알파벳으로 쓰시오.

🔲 C(결점수)

실무 완전 정복

생산 1급

CHAPTER 01
icube 프로그램 설치

01 ERP 프로그램 icube 설치

icube는 ㈜더존에서 개발한 ERP 프로그램으로서 한국생산성본부(KPC)에서 주관하는 ERP 정보관리사 자격시험의 실무 문제를 해결하는 데 사용한다. icube 프로그램은 KPC와 ㈜더존의 홈페이지에서 다운로드 받을 수 있으며, 설치방법은 다음과 같다.

1 핵심ERP icube 설치폴더 구조

- RequireServer 폴더: 설치 시 필요한 필수 구성요소 폴더
  (.Netframework 2.0, WindowsInstaller 4.5)
- SQLEXPRESS 폴더: SQL Server 2008 Express 폴더
- autorun: CD/DVD일 때 자동 실행 설정 파일
- CoreCubeSetup: 설치 실행 파일

2 설치 실행

(1) CoreCubeSetup 파일을 실행(더블클릭)한다. 아래의 화면과 같이 사용자 PC에 저장 된 폴더에서 실행하면 된다.

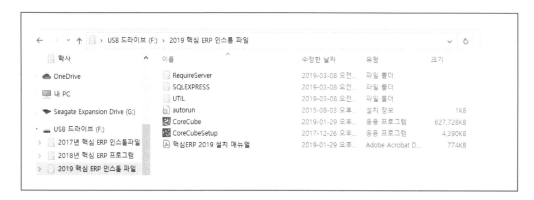

(2) icube 사용권 확인 후 '예(Y)' 버튼을 클릭한다.

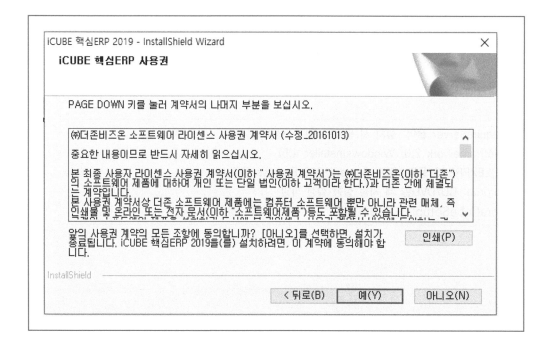

(3) SQL Server 2008 설치파일의 압축이 자동으로 해제되고, SQL Server 2008이 자동으
로 설치된다(이미 SQL Server 2008 엔진이 설치되어 있으면 설치되지 않는다).

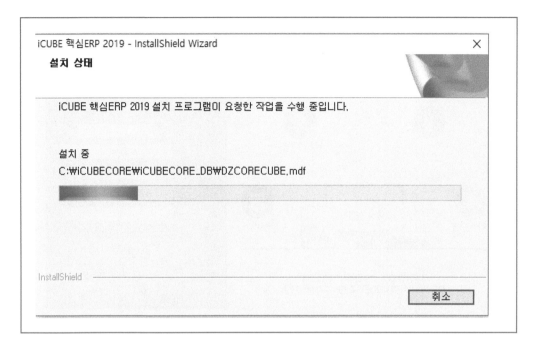

(4) 프로그램 설치가 종료되면 아래의 화면이 나타나며, '완료' 버튼을 클릭한다.

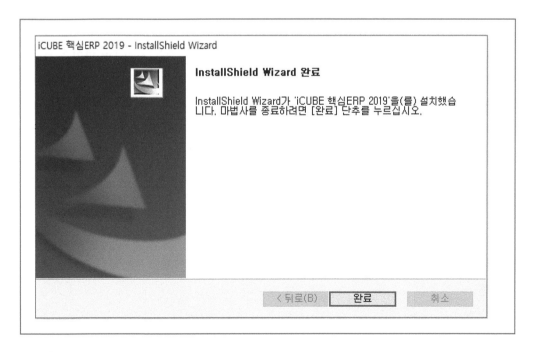

(5) 설치가 정상적으로 완료되면 아래의 로그인 화면이 나타나며, 프로그램 운용을 위한 Data Base의 복원을 준비한다.

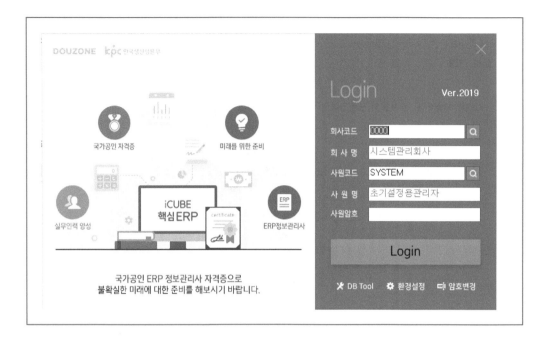

02 Database(DB) 복원

icube 프로그램의 로그인 화면의 하단에 있는 'DB Tool'을 클릭하여 DB 파일을 복원함으로써 정상적인 프로그램 운용이 가능하다. 2019년 정기시험 3회 실무시험에 적용한 DB 파일을 웹하드 홈페이지에서 미리 다운로드 받아 학습자 PC에 저장해 두어야 한다. DB 파일은 두 가지인데, 파일명은 'DZCORECUBE.mdf'와 'DZCORECUBELOG.idf'이다. 학습자 PC에 DB 파일의 저장이 완료되었다면 다음의 절차에 따라 복원 작업을 수행한다.

(1) 로그인 화면 하단 좌측의 'DB Tool'을 클릭하여 아래의 화면에서 'DB복원'을 선택한다.

(2) DB 복원 화면에서 '다른백업폴더 복원'을 선택하고 확인을 클릭한 후, DB가 저장된 폴더를 지정하여 확인을 클릭하면 DB 복원이 진행된다.

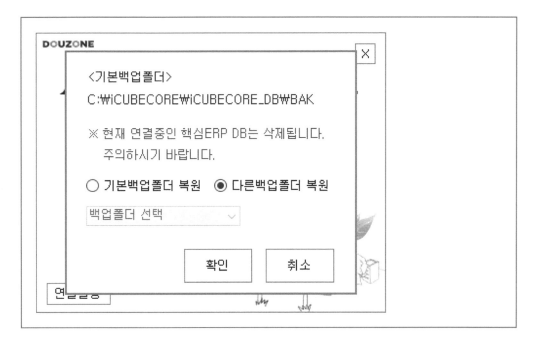

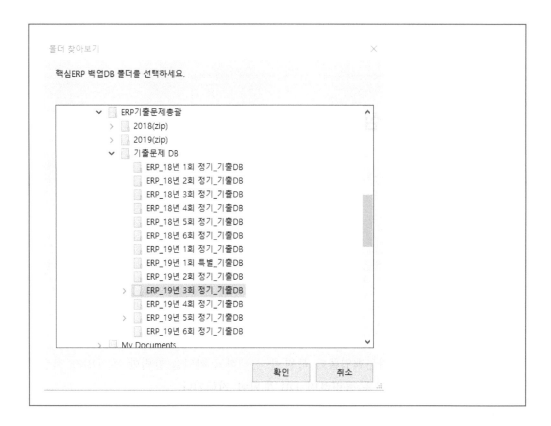

(3) DB 복원이 완료되었으면 확인을 클릭한다.

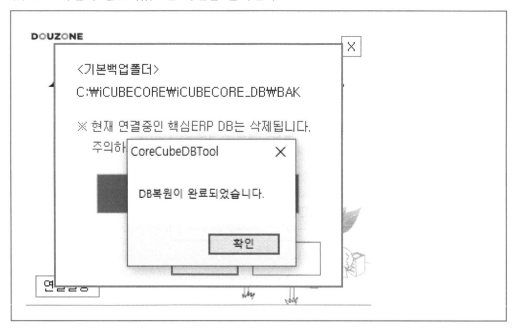

(4) 프로그램 로그인

icube 프로그램을 다시 실행 후, 회사코드 4001, 회사명 생산1급 회사A, 사원코드 ERP13P01, 사원명 홍길동을 각각 입력하여 로그인을 클릭한다. 사원암호는 입력하지 않아도 무방하다.

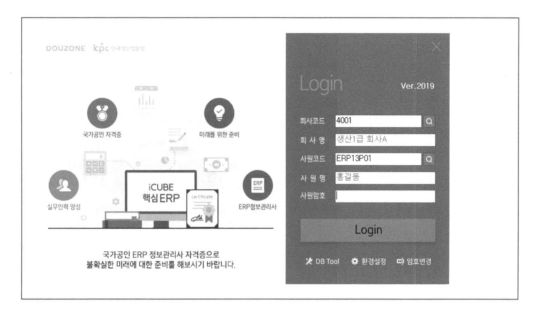

✅ CHECK

icube 프로그램 설치가 원활하지 않다면 프로그램 설치와 관련된 전문적인 텍스트 및 동영상 파일을 KPC, ㈜더존, 웹하드 홈페이지에서 제공하고 있으므로 검색하여 해결하기 바란다.

CHAPTER 02 시스템관리

01 iCUBE 핵심ERP Login

　본 교재에서는 2019년 5월 25일에 시행된 ERP정보관리사 정기시험 3차의 실무 DB를 적용하여, 각 모듈별 상세 기능을 설명하였다.

　위의 로그인 화면 하단에 있는 'DB Tool' 기능을 활용하여 해당 DB를 복원한 후, 회사코드 4001, 생산1급 회사A를 선택하고, 사원코드 ERP13P01, 홍길동을 선택하여 로그인하면 아래와 같은 화면이 나타나는데, 사원암호는 입력할 필요가 없다.

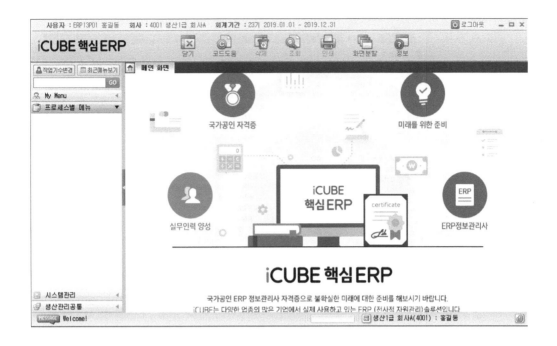

02 회사등록정보

1 회사등록

위치: 시스템관리 ▷ 회사등록정보 ▷ 회사등록

ERP 프로그램인 icube를 활용하기 위해서는 제일 먼저 입력해야 할 내용이 회사등록이며, 구축 초기에 등록을 한다. 회사가 등록되면 자동으로 사업장등록에 본사 하나가 등록된다. 두 개 이상의 회사를 관리할 경우나 사업자정보가 변경이 되어 한 회사코드로 관리를 할 수 없는 경우에는 회사를 추가시키며 사업자등록증을 보고 그대로 입력하면 된다.

'회사등록'을 클릭하여 화면 상단의 '조회' 아이콘을 클릭하면 아래의 화면이 나타난다. '기본등록사항'에서 노란색으로 처리된 필드(field)는 사용자가 반드시 입력해야 함을 의미하며, 다른 프로그램(메뉴)에서도 동일하게 적용됨을 유의하기 바란다.

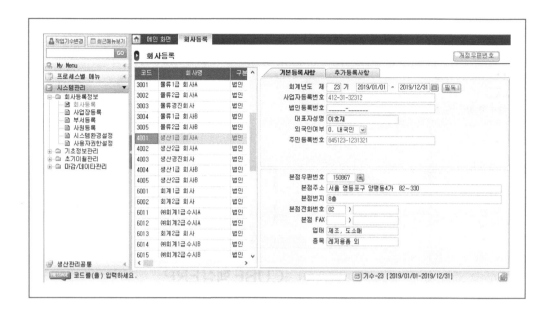

프로그램 학습을 목적으로 할 때 본 메뉴를 통해서 사용자 임의의 가상 회사에 대한 회사정보를 입력해서 추가로 등록할 수도 있다. 기본등록사항 이외에 추가등록사항은 사용자가 반드시 입력하지 않아도 되는 내용이다.

2 사업장등록

위치: 시스템관리 ▷ 회사등록정보 ▷ 사업장등록

사업장등록은 회사등록에서 입력한 회사의 사업장에 대해서 입력하는 것으로, 회사 등록이 완료되면 자동으로 사업장등록에 본사 하나가 등록된다. 두 개 이상의 사업장을 관리하고자 하는 경우에는 사업장을 추가시킨다. 본사에서 영업관리를 하고 지사에서 공장을 운영하거나, 여러 개의 공장을 운영하는 경우 등에 사용한다.

사업장등록 실행화면에서는 코드번호가 1,000 ㈜한국자전거본사와 2,000 ㈜한국자 전거지사 그리고 3000 ㈜대한자전거지사가 등록되어 있다. 아래의 사업자등록 실행화면에서 ㈜한국자전거본사와 지사를 각각 클릭해 보면 사업장 주소가 다름을 알 수 있으며, 사업장이 여러 곳에 위치한 경우에는 모든 사업장에 대해 사업장등록을 해야 한다. 신고관련사항과 추가등록사항은 회사정보와 마찬가지로 사용자가 선택적으로 사용할 수 있다.

3 부서등록

위치: 시스템관리 ▷ 회사등록정보 ▷ 부서등록

부서등록은 등록한 회사의 조직구조를 반영하는 것으로서 업무영역에 따라 아래의 그림과 같이 여러 부서를 등록하여 관리하게 된다. 부서등록 실행화면의 우측 상단에 있는 부문등록 탭은 회사별 조직구조에 따른 부문별 부서를 구성할 때 사용하는 것으로서 총무부와 경리부는 부문코드가 1,000으로서 동일하고, 국내영업부와 관리부는 부문코드가 2,000번으로서 동일한 부문으로 구성되어 있음을 알 수 있으며 사용자의 선택사항이다.

4 사원등록

위치: 시스템관리 ▷ 회사등록정보 ▷ 사원등록

사원등록은 부문 혹은 부서에 소속된 사원과 관련된 정보를 입력하는데, ERP 시스템의 인사 및 회계 입력방식과 시스템 조회, 품의서, 검수조서 권한 등을 구분하여 입력할 수 있다.

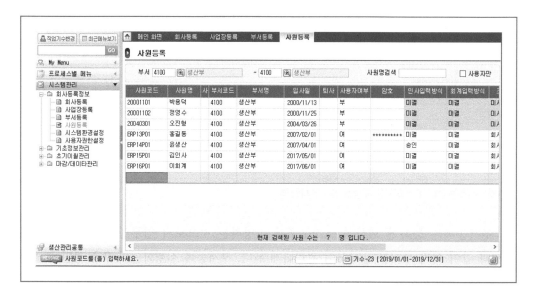

5 시스템환경설정

위치: 시스템관리 ▷ 회사등록정보 ▷ 시스템환경설정

시스템환경을 설정하는 단계이다. 구축 초기에 등록을 해야 하며, ERP 시스템에서 사용하는 조회구분별 입력기준을 설정하는 것으로 '조회구분'을 펼치면 공통, 회계, 인사, 물류, 원가 등의 구분이 있다. '조회구분'에서 '4. 물류'를 선택하면 출고 및 입고 의뢰 운영여부, 출고전 및 입고전 검사 운영여부, 실적검사 및 외주검사 운영여부 등에 대해 선택범위를 결정할 수 있다.

6 사용자권한설정

위치: 시스템관리 ▷ 회사등록정보 ▷ 사용자권한설정

　　사용자권한설정은 사원등록에서 등록된 각 사원별로 ERP 시스템에서의 접근 권한을 부여하고 해제하는 기능이며, 권한 설정이 부여된 모듈만 활용이 가능하다. 사원등록에서는 사용자의 입력방식과 사용등급을 설정하였고, 이 프로그램에서는 사용자의 메뉴(프로그램)사용 권한을 설정한다. 아래의 실행화면은 홍길동 사원에 대한 사용자권한을 나타내고 있다.

✔ CHECK　작업방법
- 권한설정을 하고자 하는 사원을 선택한다.
- 각 모듈별로 사용 가능한 메뉴를 등록한다. 모듈 선택은 탭으로 할 수 있고, 사용설정을 하고자 하는 메뉴는 중단에서 선택하여 더블클릭을 하면 우측으로 해당 메뉴가 이동이 되며 등록이 된다.
- 추가, 삭제, 수정, 권한에 대한 권한을 부여한다.
- 전 메뉴를 등록시키고 모든 권한을 부여하기 위해서는 [권한설정] 버튼을 누르고, 조회권한을 설정한다.
- 이미 등록된 사용 가능한 메뉴를 삭제하기 위해서는 해당 사용가능 메뉴를 더블클릭하면 된다.
- 전 메뉴에 대한 권한을 삭제하기 위해서는 [권한해제] 버튼을 누른다.

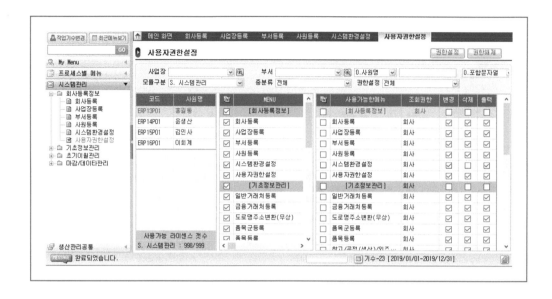

03 기초정보관리

1 일반거래처등록

위치: 시스템관리 ▷ 기초정보관리 ▷ 일반거래처등록

일반거래처등록은 회사의 거래처를 등록하는 단계이다. 영업행위와 관련된 영업 및 구매 거래처를 입력하는 것이다.

▶▶ 실무예제

다음 중 거래처명과 일반거래처정보가 다르게 연결된 곳은 어디인가?

① ㈜대흥정공 ······························ 업태: 제조외
② ㈜하나상사 ······························ 대표자성명: 김재영
③ ㈜빅파워 ······························ 종목: 자전거판매
④ ㈜제동기어 ······························ 사업자번호: 105 − 82 − 26636

해설 일반거래처등록을 실행하면 등록된 거래처명 내역이 나타나고, 거래처명에서 각각 클릭하면 해당 거래처의 기본등록사항을 확인할 수 있다. ㈜빅파워의 종목은 자전거부품제조, 판매외이다. 📖 ③

❷ 금융거래처등록

위치: 시스템관리 ▷ 기초정보관리 ▷ 금융거래처등록

　　금융거래처를 등록하는 단계이다. 금융기관, 정기예금, 정기적금, 카드사, 신용카드를 등록한다. 기본등록사항은 금융거래처 구분에 따라 세부 항목들이 다르게 표시된다. 금융거래처 구분에 따라 다르게 관리되어야 할 항목들이 기본등록사항에 표시된다.

　　고정자금등록을 통해 정기적으로 사용되는 자금내역을 등록하여 관리할 수 있으며, 고정자금등록은 구분이 금융기관일 때만 활성화된다.

③ 품목군등록

위치: 시스템관리 ▷ 기초정보관리 ▷ 품목군등록

품목군등록은 회사에서 취급하고 있는 품목들을 기준별로 그룹화하여 관리하는 것이다. 실행화면 상단의 '조회' 아이콘을 클릭하면 등록된 품목군 정보를 확인할 수 있으며, 품목군등록은 사용자 선택사항이다.

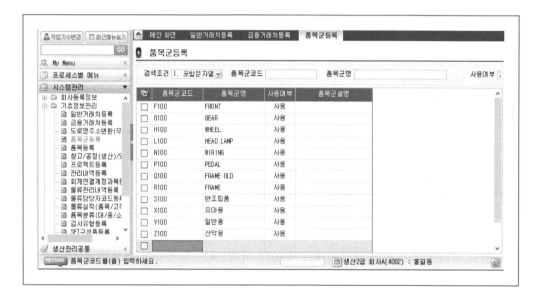

④ 품목등록

위치: 시스템관리 ▷ 기초정보관리 ▷ 품목등록

회사에 관리하고 있는 품목 전체를 등록한다. 영업/구매/무역/생산/원가 관리에 재고 및 판매/구매/원가정보를 산출하는 기초정보로 활용이 되며, 회계모듈에서도 관리항목으로 등록하여 판매/구매정보로도 활용된다. 모듈을 운영하기 위해서는 필수적으로 입력해야 하는 중요한 정보이다.

✔ CHECK   MASTER/SPEC 주요 필드 설명
- 계정구분: 원자재, 부자재, 제품, 반제품, 상품, 저장품, 비용, 수익으로 구성되어 있다. 회계처리 시 해당 계정을 기준으로 분개된다.
- 조달구분: 품목을 마련하는 조달 기준으로 구매, 생산, Phantom으로 구성되어 있다.
  Phantom은 공정상 잠시 존재하지만, 구매 및 수불 활동이 없는 품목이다.

- 재고단위: 입/출고, 재고관리, 생산/외주 시 사용되는 단위이다.
- 관리단위: 영업의 주문, 구매의 발주 시 사용되는 단위이다.
- 환산계수: 재고단위와 관리단위가 다른 경우 동일한 정보로 활용할 수 있게 하는 기초정보이다. 환산계수 = 관리단위 / 재고단위이다.
- 품목군: 품목의 특성별로 그룹(Group)화하여 관리하는 기초정보이다.
- LOT 여부: 품목의 입출고 시 LOT 관리 여부를 설정한다. 입/출고, 생산시점에 따라 품질에 차이가 발생하여 추후에 관리가 필요한 품목들을 관리하는 기능이다.
- SET품목: 한 개 이상의 상품이나 제품들을 재구성하여 판매 단위로 재생성하는 품목을 의미한다.
- 검사여부: 검사 Process 운영 시 검사 품목의 대상 여부를 설정하는 항목이다.
- 사용여부: 품목의 사용 여부를 설정하는 항목으로서 '부'로 설정하는 경우에는 입력화면, 출력화면의 코드 도움 시 나타나지 않는다.

✅ CHECK ORDER/COST 주요 필드 설명
- LEAD TIME: 품목의 조달 시 소요되는 기간을 의미하며, 일(日) 단위로 설정한다. 조달구분이 '구매'인 경우 발주에서 입고까지의 소요되는 일자를 의미하며, 조달구분이 '생산'인 경우 지시에서 생산 완료까지의 소요되는 일자를 의미한다 (회사 기준).
- 안전재고량(Safety Stock): 수요와 공급을 감안한 재고량을 의미한다(회사 기준).
- 일별생산량(Daily Capacity): 품목 생산 시 일별 가능한 수량을 의미하며. 재고단위 기준의 가능한 수량을 의미한다(회사 기준).
- 표준원가: 기업이 이상적인 제조활동을 하는 경우에 소비될 원가로서 품목단가, 거래처별 단가 산정 시 기준이 되는 단가이다.
- 실제원가: 제조작업이 종료되고 제품이 완성된 후에 제조를 위해 발생한 가치의 소비액을 산출한 원가이다. 견적 단가, 거래처별 단가 산정 시 기준이 되는 단가이다.

✅ CHECK 유의사항
- 신규 품번을 입력한 후 저장이 되면 품번을 변경할 수 없다.
- 삭제를 원하는 품번의 경우에는 프로세스를 진행하기 이전에 선택하여 삭제한 후, 신규로 입력하여야 한다.
- 기타 입력화면(프로세스)에서 등록된 품번을 삭제할 수 없다.

다음 중 품목등록 메뉴를 통해 관리할 수 없는 항목은 무엇인가?

① 품목군   ② 최대판매가

③ 안전재고량   ④ LEAD TIME

해설 안전재고량과 LEAD TIME은 ORDER/COST 탭에서 확인할 수 있다. 품목군에 등록된 품목인 경우에 품목등록에서 확인 가능하며, 최대판매가는 확인할 수 없다.   답 ②

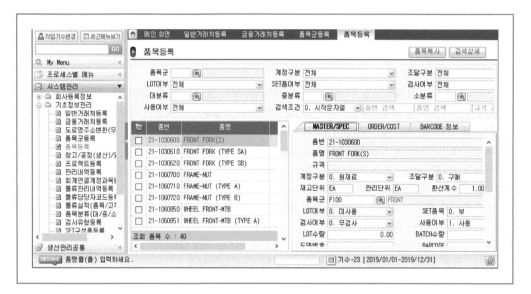

5 창고/공정(생산)/외주공정등록

위치: 시스템관리 ▷ 기초정보관리 ▷ 창고/공정(생산)/외주공정등록

사업장별로 관리하는 창고 및 공정 외주에 대한 기준정보를 등록하여 관리하며, 재고수불이 발생하는 창고, 공정(생산, 외주)을 설정한다. 생산, 물류 모듈을 사용하기 위해 반드시 필요한 단계이다.

✔ CHECK   용어 설명

• 창고코드: 문자/숫자/문자＋숫자 혼용하여 입력 가능하며 최대 4자리까지 가능하다.
• 입고기본위치: 품목의 입고가 발생할 때 가장 많이 사용되는 창고 및 위치를 설정하여 입고에 관한 데이터를 입력할 때 자동으로 반영하기 위해서 등록하는 필드이다.
• 출고기본위치: 품목의 출고가 발생할 때 가장 많이 사용되는 창고 및 위치를 설정하여 출고에 관한

데이터를 입력할 때 자동으로 반영하기 위해서 등록하는 필드이다.
- 사용여부: 해당 창고의 사용, 미사용 여부를 선택한다.
- 위치코드: 창고에 종속되는 관계로 숫자/문자/숫자 + 문자 4자리로 입력한다.
- 가출고 거래처: 가출고는 샘플이나 선출고 시 매출이 미확정인 경우 일정재고를 자사의 자산관리 하에 거래처, 대리점, 특수매장에 임시 출고를 하고자 할 경우에 사용한다.
- 부적합여부: 품목의 상태에 따라 적합과 부적합으로 구분을 할 수 있다.
- 가용재고여부: 가용재고란 미래에 발생할 수 있는 거래에 대해서 예상해서 재고값을 설정하는 것으로 가용재고의 여부를 결정하는 필드이다. '여'는 가용재고 산출 시 해당 장소에 대하여 가용재고를 포함하는 것이고 '부'는 가용재고를 포함하지 않는 것이다.

✔ CHECK   참고사항
- 창고/장소: 품목의 입출고가 일어나는 프로세스에 활용한다.
- 생산공정/작업장: 생산관리메뉴에서 활용한다.
- 외주공정/작업장: 생산관리 및 외주관리 프로세스에서 활용한다.
- 창고/공정/외주등록은 사업장 단위로 관리를 하기 때문에 사업장을 반드시 선택한 후 입력해야 한다.
- 사업장이 다른 경우에도 창고를 등록할 때 같은 코드를 사용할 수 없다.
- 입고기본위치, 출고기본위치의 경우 해당 창고에 장소가 하나인 경우에 운영하는 것이 좋다.

▶▶ 실무예제

㈜한국자전거지사에서 활용 중인 창고와 장소(위치)의 적합 여부를 연결한 것 중 옳지 않은 것은 무엇인가?

① 제품창고_인천지점 – 제품장소_인천지점: 적합
② 제품창고_인천지점 – 부품/반제품_부품장소_불량: 부적합
③ 부품창고_인천지점 – 부품/반제품_부품장소: 적합
④ 부품창고_인천지점 – 부품/반제품_부품장소_불량: 적합

해설   창고/공정(생산)/외주공정등록에서 ㈜한국자전거지사를 선택한 후 창고/장소 탭에서 조회하면 조회 내역이 나타난다. 각 창고명을 클릭하면 하단 창에서 해당 창고의 위치 내역을 확인할 수 있다. ④ 부품창고_인천 지점 – 부품/반제품_부품장소_불량: 부적합이다.   답 ④

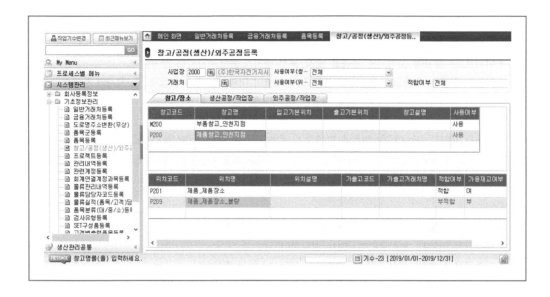

6 프로젝트등록

위치: 시스템관리 ▷ 기초정보관리 ▷ 프로젝트등록

특정 TF team을 일정기간 운영할 때 프로젝트를 등록하고 수급 등록을 하는 단계이다.

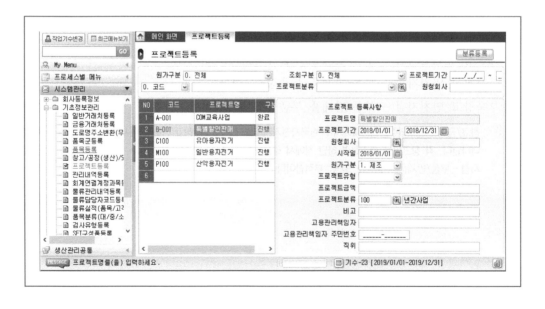

7 관리내역등록

위치: 시스템관리 ▷ 기초정보관리 ▷ 관리내역등록

시스템 전반에서 사용하는 코드 관리 단계이다. 예금종류, 거래처등급 등의 관리항목을 등록하며, 회계 모듈에서 주로 사용된다.

8 회계연결계정과목등록

위치: 시스템관리 ▷ 기초정보관리 ▷ 회계연결계정과목등록

영업관리/자재 구매관리/생산관리/무역관리 모듈에서 매입이나 매출을 마감처리한 후 회계 전표를 발생시키기 위해 계정과목을 설정하는 단계이다.

매입이나 매출 정보를 마감처리할 때 자동으로 분개하기 위한 계정과목코드를 등록하며, 회계처리 관련 프로그램에서 전표 처리를 하면 '회계연결계정과목'에 등록되어 있는 계정이 대체차변, 대체대변에 생성이 된다. 각 모듈에서 회계처리된 것은 미결전표로 생성되므로 회계 승인권자가 '전표승인/해제' 단계에서 승인을 해야 승인전표가 된다.

✅ CHECK 유의사항
• 시스템 도입 초기에는 초기설정이 되어 있지 않다. 각 모듈의 회계처리를 위해서는 반드시 회계연결 계정이 설정되어 있어야 한다.

- 회사의 환경에 따라서 초기값을 수정을 할 수 있으나 차대구분과 계정코드를 수정할 경우에는 회계담당
  자와 협의를 하여야 한다. 임의로 수정하는 경우 물류 전표 발생 시 문제가 야기될 수 있으므로 신중히
  고려하여 수정하여야 한다.
- 회사에서 사용하지 않는 항목이 있을 경우에는 삭제를 할 수 없으므로 사용 여부를 미사용으로 설정한다.

▶▶ 실무예제

한국자전거본사 '생산관리' 모듈의 전표코드가 '외주가공비'에 해당하지 않는 '계정코드'를 찾으시오.

① 53300   ② 13500

③ 25200   ④ 25100

해설   회계연결계정과목등록에서 모듈은 생산관리, 전표코드는 외주가공비를 선택하면 전표명이 외주가공비로 처
리된 내역을 확인할 수 있다. 계정코드 25200은 조회 내역에 없다.   답 ③

9 물류관리내역등록

위치: 시스템관리 ▷ 기초정보관리 ▷ 물류관리내역등록

물류(영업/구매(자재)/무역)/생산(외주)모듈 운영 시 관리항목의 특성과 업무 분석의
특성에 따라 관련된 코드를 등록한다. 화면 좌측의 코드 및 관리항목명은 시스템에서
제공이 되며, 화면 우측의 관리내역코드 및 관리항목명은 입력이나 수정 가능하다. 사용
여부가 '미사용'인 항목은 다른 단계에서 사용이 불가능하다.

한국자전거본사의 물류관리를 위한 재고조정구분의 '관리항목'에 해당되지 않는 것은?

① 보관불량(폐기)　　　　　　　　　② 조립불량(폐기)

③ 검사후불량(폐기)　　　　　　　　④ 작동불량(수리)

해설　물류관리내역등록에서 재고조정구분을 선택하면 우측 창에 내역이 나타난다. ④ 작동불량(수리)은 내역에
없다.　　　　　　　　　　　　　　　　　　　　　　　　　　　　　　　　　　　답 ④

10 물류담당자코드등록

위치: 시스템관리 ▷ 기초정보관리 ▷ 물류담당자코드등록

　　물류(영업, 구매/자재, 무역)에서 차후 프로세스를 효율적으로 관리하기 위해서 담당자
를 등록한다. '사원등록'에서 등록한 사원은 담당업무가 변화할 수 있기 때문에 담당자로
등록하여 관리하는 것이 효율적이다. 담당자들의 관리를 효율적으로 하기 위해서 담당자
를 그룹화시켜 관리할 수도 있다. 등록된 담당자코드는 품목이나 거래처별 물류실적 담
당자등록에서 등록하여 차후 프로세스에서 이용된다.

▶▶ 실무예제

한국자전거본사 '물류담당자코드'와 '사원명'이 일치하지 않는 것을 찾으시오(단, 기준일자는 오
늘 현재, 예를 들면 2019년 9월 3일).

① A100 − 권대호   ② A200 − 김승학

③ A300 − 양송희   ④ A400 − 이민주

해설   오늘 현재 기준일자의 조회 내역이 나타난다. ④ A400 − 임성환이다.   답 ④

11 물류실적(품목/고객)담당자등록

위치: 시스템관리 ▷ 기초정보관리 ▷ 물류실적(품목/고객)담당자등록

　　물류담당자코드등록 단계에서 등록한 물류담당자를 조회하여 거래처(고객)나 품목별
로 담당자코드를 등록한다. 품목별 등록에서는 품목별 영업, 구매 자재의 담당자를 설정
하고, 거래처별 등록에서는 영업, 구매의 담당자와 지역, 거래처(고객)분류, 기본단가유
형을 설정한다(지역, 거래처 분류, 기본단가유형은 관리내역등록에서 등록된 데이터가 조회된
다). 물류실적(품목/고객)담당자코드는 차후 영업관리 프로세스에 많이 활용된다.

▶▶ 실무예제

다음 중 물류실적(품목/고객)담당자등록의 품목 탭에 대한 설명이 바르지 않은 것은?

① FRONT FORK(S)의 단위는 EA이다.

② FRAME COLOR−GRAY WHITE의 단위는 KG이다.

③ HELMET 2010 시리즈의 단위는 PCS이다.

④ 전장품 ASS'Y의 단위는 BOX이다.

해설 품목 탭에서 조회하면 품목별 단위를 확인할 수 있다. ④ 전장품 ASS'Y의 단위는 EA이다. 답 ④

12 품목분류(대/중/소)등록

위치: 시스템관리 ▷ 기초정보관리 ▷ 품목분류(대/중/소)등록

　품목의 효율적인 관리를 위해서 그룹화하여 관리하는 품목군과 달리 품목을 특성에 따라 분류화하여 관리하고자 대분류, 중분류, 소분류로 등록할 수 있다. 품목분류(대/중/소)등록 프로그램에서 품목분류를 등록하면 '품목등록' 프로그램에서도 동일하게 적용된다.

▶▶ 실무예제

다음 중 '품목군'에 등록되지 않은 품목은?

① GEAR REAR METAL　　　　② HEAD LAMP

③ FRAME NUT　　　　　　　④ BREAK SYSTEM

해설 품목분류(대/중/소)등록에서 조회하면 등록 내역을 확인할 수 있다. ① GEAR REAR METAL 품목은 품목군에 등록되어 있지 않다. 답 ①

🔢 검사유형등록

위치: 시스템관리 ▷ 기초정보관리 ▷ 검사유형등록

　　물류 모듈의 입고검사/출고검사 관련 단계에서 각 품목에 대한 검사내역을 관리하기 위해 등록한다. '검사구분'은 구매, 외주, 공정, 출하 검사가 있으며, 검사유형별 검사유형질문을 등록할 수 있다.

✅ CHECK　유의사항
- 입력할 때 코드, 검사유형명, 사용여부는 필수 입력값이다.
- 삭제를 할 때 디테일 부분을 먼저 삭제하고 헤더 부분을 삭제한다.
- 입력 필수는 필수일 때 빨간색으로 표시된다.

▶▶ 실무예제

검사구분이 '41. 공정검사'일 때 '검사유형명'에 해당되지 않는 것을 찾으시오.

① 바디조립검사　　　　　　　　　② 휠조립검사
③ 외관검사　　　　　　　　　　　④ 자전거ASS'Y최종검사

해설　검사구분에서 41. 공정검사를 선택한 후 조회하면 ③ 외관검사는 검사유형에 없다. 참고로 각 검사유형별로 클릭하면 하단 창에서 등록된 검사유형질문을 확인할 수 있다.　　　　　🔖 ③

14 SET구성품등록(2018년 신규 추가메뉴)

위치: 시스템관리 ▷ 기초정보관리 ▷ SET구성품등록

두 가지 이상의 품목을 SET품으로 구성할 때 SET품(모품목, HEADER), SET구성품(자품목, DETAIL)을 등록한다. '품목등록' 단계에서 'SET품목'에 '1. 여'로 등록된 품목이 조회된다.

✔ **CHECK** 작업방법
- 추가: SET품을 먼저 품번등록에서 등록하고 품목에 대한 계정은 제품 혹은 반제품, 계정은 생산으로 설정하여야 한다. 품목등록에서 SET품일 경우에는 SET품 구성여부에서 '여'로 선택한다. 화면에서 헤더는 품목등록에서 SET품 여부에서 '여'로 설정된 품목에 대해서만 자동으로 조회되고 디테일은 헤더의 각 품목별로 SET구성품에 해당하는 품목을 직접 입력해야 한다. SET품을 구성하는 SET구성품의 수량은 관리단위를 기준으로 하며, SET품의 관리단위를 기준으로 구성된다.
- 수정: 헤더 데이터는 수정할 수 없고 디테일의 품목 내역만 수정할 수 있다.
- 삭제: 디테일의 품목 내역만 삭제할 수 있다.

✔ **CHECK** 유의사항
품목등록 시 재고단위와 관리단위가 같지 않은 경우, SET구성품 등록 시 주의하여 등록하여야 한다.

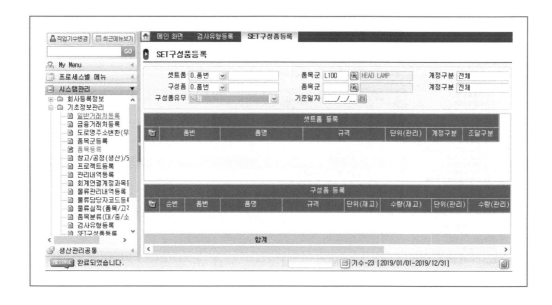

15 고객별출력품목등록(2018년 신규 추가메뉴)

위치: 시스템관리 ▷ 기초정보관리 ▷ 고객별출력품목등록

고객별출력품목등록은 한 품목에 대해서 고객별로 품번, 품명, 규격, 관리단위, 환산
계수 등이 회사에서 등록한 정보와 다를 수 있다. 이때 고객마다 요구하는 품번, 품명,
규격, 관리단위를 세금계산서나 거래명세서 등 출력 시 선택하여 고객의 요구에 맞도록
출력하기 위해 등록한다.

16 계정과목등록

위치: 시스템관리 ▷ 기초정보관리 ▷ 계정과목등록

　　기업회계기준에 따라 가장 일반적인 계정과목은 이미 등록되어 있는 상태이므로 회사의 특성에 따라 계정과목을 계정과목코드 체계에 따라 수정하거나 추가하여 사용할 수 있다. 전표입력은 계정과목별로 입력하면 된다.

04 초기이월관리

1 회계초기이월등록

위치: 시스템관리 ▷ 초기이월관리 ▷ 회계초기이월등록

　　사업장별로 계정과목별, 거래처별 전기분 대차대조표, 손익계산서, 제조원가보고서를 조회, 입력한다. 프로그램을 설치한 당기의 자료는 자동으로 차기로 이월이 되지만, 전기의 자료는 프로그램에 반영되어 있지 않으므로 초기이월관리에서 입력해주어야 한다. 입력한 전기분 금액이 당기의 각 장부에 이월금액으로 반영된다. 대차대조표의 경우 차변과 대변항목을 올바르게 입력하였다면 잔액은 '0'이 될 것이고, 손익계산서의 경우 잔액은 '당기 순이익'이 될 것이다. 차기에는 '마감및년도이월' 프로그램에서 회계이월작업을 할 수 있다.

CHECK 유의사항

매출원가의 경우 손익계산을 위해서 재고사항(기초재고, 당기 매입, 관세환급금, 기말재고액)을 추가 입력하여야 한다. 재고사항을 입력해 주지 않으면 기말재고액만 조회된다.

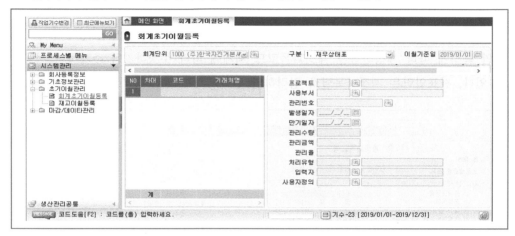

2 재고이월등록

위치: 시스템관리 ▷ 초기이월관리 ▷ 재고이월등록

대상년도 말의 기말재고를 차기의 기초재고로 반영하여 이월시킨다. 재고이월 작업 후에 대상년도 재고를 수정하지 않으면 '자재마감/통제등록' 프로그램에서 마감등록을 해야 한다.

CHECK 버튼 설명

• 재고이월: 전년도 재고를 차기년도 기초로 이월할 경우 대상년도와 이월년도를 선택 후 '재고이월' 아이콘을 눌러 이월한다.
• 이월 데이터 조회: 재고이월 작업 후 '이월 데이터 조회'를 누르면 이월된 기초재고가 조회된다.

05 마감/데이터관리

1 영업마감/통제등록

위치: 시스템관리 ▷ 마감/데이터관리 ▷ 영업마감/통제등록

영업모듈에서 사업장별 단가정보, 품목코드 도움정보, 전 단계 적용정보와 사업장 단위의 마감일자정보 및 입력일자정보를 통제하기 위해 설정하는 단계이다. 판매단가를 적용하면 견적, 수주등록 시 단가를 자동으로 반영할 수 있다.

✔ CHECK 주요 필드 설명
- 판매단가: 수출관리 모듈에서 품목에 적용할 단가의 유형을 선택한다. 선택하고자 하는 항목(품목단가, 고객별단가, 고객&품목유형별단가, 품목유형별단가, 직전단가(품목/거래처) 통합단가)에 대해서 설정을 해야 견적(수출)이나 주문등록(수출), 출고(수출) 시 해당 단가 적용이 된다.
- 품목코드도움창: 품목 수가 많아 조회하는 데 시간이 많이 소요되는 업체의 경우에는 대용량코드도움을 선택한다.
- 전 단계적용 여부: 전 단계의 데이터를 적용받을 시 관리구분과 실적담당자는 전 단계의 데이터를 그대로 가져오도록 설정하고, 디테일의 비고는 복사하도록 하는 기능이다(체크가 되어 있을 때).
- 마감일자: 마감일자 이전의 영업품목 이동(출고)을 통제한다. 재고평가를 하였을 경우에는 마감일자가 재고평가월의 마지막 일자로 자동설정되고 사용자가 직접 마감일자를 입력할 수도 있다.
- 주문(유통) 여신통제방법: 주문등록(유통)의 여신한도초과 시 '경고'인 경우 메시지 표시 후 저장은 가능하지만, '통제'인 경우는 메시지 표시 후 해당 주문 건이 저장되지 않는다.
- 주문(유통)출고 여신통제방법: 주문(유통)출고처리에서 예외출고 시에만 적용되며 반영 내역은 주문(유통) 여신통제방법과 동일하다.
- 주문(유통) 승인방법: '자동승인'을 선택하면 여신한도 미초과 시 해당 주문 건이 자동승인된다.
- 일괄마감 후 출고변경통제: 마감처리된 내역에 대하여 출고 수량 및 금액에 대한 변경을 통제한다.
- 입력통제일자: 수불과 관련 없는 메뉴(웹 견적등록(수출)/주문등록(수출))에서 입력 통제일자와 같거나 이전 일자로 데이터를 등록, 삭제, 변경할 수 없도록 하는 기능이다.
- 주문(유통) 여신 통제방법: 주문(유통)프로세스를 사용할 경우에만 적용되며, 여신한도등록 메뉴의 여신체크 여부에 따라 적용방법의 차이가 있다.

> - [여신한도등록]메뉴에서 [여신체크]항목이 '체크함'으로 되어 있는 경우
>   - [통제안함]: 여신한도의 초과여부를 통제하지 않음
>   - [경고]: 여신한도가 초과되었을 경우 경고 메시지로 보여주고 사용자가 선택적으로 저장 가능
> - [여신한도등록]메뉴에서 [여신체크]항목이 '체크안함'으로 되어 있는 경우
>   [통제안함], [경고], [통제] 상관 없이 여신한도를 체크하지 않음

㈜한국자전거본사에서는 사용하는 판매단가를 품목단가에서 고객별단가로 변경하려고 한다. 다음 중 판매단가를 설정하는 메뉴는 무엇인가?

① 사용자권한설정   ② 시스템환경설정

③ 영업마감/통제등록   ④ 물류관리내역등록

해설 판매단가에서의 품목단가는 품목등록에서 등록된 단가가 적용된다.   답 ③

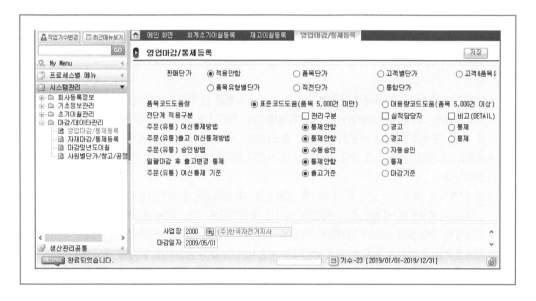

2 자재마감/통제등록

위치: 시스템관리 ▷ 마감/데이타관리 ▷ 자재마감/통제등록

구매/자재관리 혹은 수입모듈에 대한 사업장별 단가정보, 재고평가정보, 사업장이동 평가정보, 품목코드도움정보, 재고일괄집계기능, 재고집계방식정보, 재고(−)통제여부정보, 전 단계 적용정보와 사업장 단위의 마감일자정보 및 입력일자정보를 통제하기 위해 설정한다. 구매단가를 적용하면 발주나 입고처리 시 단가를 자동으로 반영할 수 있다.

✔ CHECK   주요 필드 설명
- 구매단가: 구매/자재관리 – 기초정보관리 프로그램에서 품목에 적용할 단가의 유형을 선택한다. 선택하고자 하는 항목(품목단가, 고객별단가, 구매관리단가, 품목유형별단가, 직전단가(품목/거래처))에 대한 설정을 하여 발주나 입고처리 시 해당 단가가 적용된다.

- 재고평가방법: 총평균법, 이동평균법, 선입선출법 중 회사별 선정된 재고평가 방법을 선택하여 재고평가 시 이용된다. 방법을 수시로 변경하여서는 안 되고, 기업에서 방침을 변경하고 신고를 한 후 적용시점에 맞추어 변경을 하여야 한다.
- 품목코드도움창: 품목 수가 많은 경우 조회하는 데 많은 시간이 소요되는 경우에는 대용량코드도움을 선택한다.
- 전 단계적용 여부: 전 단계의 데이터를 적용받을 시 관리구분과 전 단계의 데이터를 그대로 가져오도록 설정한다.
- 마감일자: 마감일자 이전의 발주 품목 이동(입고)을 통제한다. 재고평가를 하였을 경우에는 마감일자가 재고평가 월의 마지막 일자로 자동설정되고 사용자가 직접 마감일자를 입력할 수도 있다.
- 입력통제일자: 수불과 관련 없는 메뉴(예 청구등록(수입)/발주등록(수입))에서 입력 통제일자와 같거나 이전 일자로 데이터를 등록, 삭제, 변경할 수 없도록 하는 기능이다.
- 일괄 마감 후 입고변경통제: 마감처리된 내역에 대하여 입고수량 및 금액에 대한 변경을 통제한다.
- 재고평가방법의 평가설정: 재고평가 방법이 선입선출이거나 후입선출일 경우 영업출고반품 또는 구매입고반품 내역에 대하여 반품된 수량에 대한 단가 설정 시 어떤 단가를 적용할 것인지 설정하는 기능이다.
  - 영업출고반품과 구매입고반품 모두 출고/입고처리 메뉴의 예외 입/출고 내역을 적용받아 반품을 등록한다.

▶▶ 실무예제

다음 중 자재마감/통제등록에 대한 설정으로 옳은 것을 고르시오.

① 단가 등록 시, 예외입고처리 시 거래처마다 다른 단가를 자동으로 반영할 수 있다.
② 재고평가 이후 재고금액은 수정할 수 있다.
③ 출고처리 시 재고가 없는 품목은 출고할 수 없도록 통제 중이다.
④ 발주등록 시 적용한 구매자재구분이 입고처리에 반영될 수 있도록 설정되어 있다.

해설
- 구매단가는 품목단가로 거래처와 상관없이 품목마다 동일한 단가를 반영한다.
- 재고평가방법은 총평균법(평가내역 수정 가능)으로 맞는 설명이다. 재고 통제는 사용하지 않을 때, 출고처리 시 재고가 없어도 출고 가능하다.
- 전 단계 적용여부의 관리구분이 체크되어 있지 않으므로 발주의 관리구분은 입고에 자동 적용되지 않는다. 따라서 '② 재고평가 이후 재고금액은 수정할 수 있다'가 옳은 설명이다. 정답 ②

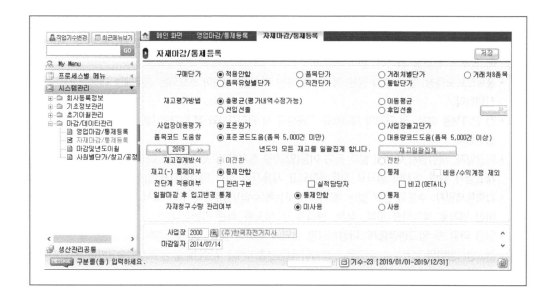

③ 마감및년도이월

위치: 시스템관리 ▷ 마감/데이타관리 ▷ 마감및년도이월

회계처리 등 모든 입력 작업을 마치고, 결산을 완료한 후에 마감 및 이월 작업을 행하면, 기존 자료의 추가입력 및 수정이 불가능하게 되어 기존의 입력한 자료가 안전하게 보존될 수 있다. 차기 회계연도로 회계정보의 이월을 통해, 당기의 재무제표를 다음 연도의 초기이월 데이터로 이월할 수 있다.

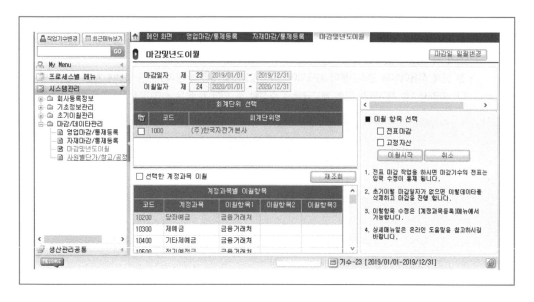

4 사원별단가/창고/공정통제설정

위치: 시스템관리 ▷ 마감/데이타관리 ▷ 사원별단가/창고/공정통제설정

메뉴별로 사원단가통제, 창고/공정통제를 설정한다. [시스템관리] − [회사등록정보] − [시스템환경설정]에서 조회구분 '4. 물류'의 '55. 사원별 창고 및 단가입력 통제' 적용 여부를 '1.운영함'으로 설정했을 경우에 적용된다.

✅ CHECK   주요 필드 설명

• 단가통제
  − 조회통제: 단가, 공급가, 부가세, 합계액의 조회 및 입력/변경을 통제한다.
  − 입력/변경통제: 단가, 공급가, 부가세, 합계액의 입력/변경을 통제한다.
• 창고/공정통제
  사용가능창고: 사원별로 사용 가능한 창고에서만 수불이 발생할 수 있도록 통제하는 기능이다.

01 기초정보관리

1 BOM등록

위치: 생산관리공통 ▷ 기초정보관리 ▷ BOM등록

BOM은 시스템 전반에 영향을 미치므로 프로그램을 처음 사용하는 시점에서 정확하게 등록하여야 한다. 모품목 단위 수량을 만들기 위해서 사용되는 품목들을 등록한다. 자재명세서(BOM: Bills of Material)는 소요량 전개, 작업지시확정 등에 사용되는 중요한 정보이다. BOM과 관련한 내용은 이론 부분(생산계획)에서 자세히 설명하였으므로 참고하기 바란다.

✔ CHECK   용어 설명
- 모품목: 하위자재를 투입하여 만들어지는 품목
- 정미수량: 설계상 혹은 이론상 필요한 수량
- LOSS: 실제로 사용될 때 인정되는 LOSS율(%)
- 필요수량: (정미수량 × LOSS(%)) × 100 실제 모품목에 필요한 수량계산에 사용된다.
- 사급구분: 해당 품목이 사내 재고인지 아니면 다른 회사에서 무상 제공받은 품목인지의 구분이며, 일반적으로(0. 자재)로 입력한다.
- 외주구분: 모품목을 외주처리하는 경우 해당 (자)품목을 외주처에 제공하는 경우에 무상으로 제공하는지 아니면 외주거래처에 유상판매 처리하는지의 구분이다. 외주처리, 임가공처리 없는 사내 제조업체의 경우 사급구분은 0. 자재, 외주구분은 0. 무상으로 입력한다.
- 사용유무: 해당 (자)품목의 사용여부 표시

✔ CHECK   버튼 설명
- BOM복사: 먼저 조회된 BOM에 복사할 (자)품목을 선택하고 BOM복사 버튼을 클릭하면 아래 창이 뜨고, 조회하면 BOM 등록이 안 된 제품이 기본으로 뜨며, 복사할 (모)품목을 선택한 후 복사를 선택하면 된다.

- 일괄자재변경
  - 먼저 변경한 자재가 자품목으로 등록된 모품목을 선택한다.
  - [일괄자재변경] 버튼을 클릭한다.
  - 코드도움 또는 직접 선택하여 변경 전 품목을 선택한 [변경대상조회] 버튼을 클릭하여 조회한다.
  - 조회 후 변경 전 품목이 자품목으로 등록된 모품목이 조회된다. 이 중에 변경할 모품목을 선택한 후 [변경]을 클릭한다.

✔ CHECK 작업방법
- 모품목을 등록한 후 조회 커서가 입력 항목으로 간 후 품번은 도움창(F2)이나 품번을 수동으로 선택하여 입력하면 품명/규격/단위가 자동으로 표시되고 정미수량, LOSS, 필요수량을 입력한다.
- 시작일자, 종료일자, 사급구분, 외주구분, 사용여부를 입력한다.

▶▶ 실무예제

아래 [보기]의 조건으로 데이터를 조회한 후 물음에 답하시오.

[보 기]
- 모품목: NAX-A421, 산악자전거(P-21G, A421)
- 기준일자: 2019/05/25
- 사용여부: 1. 사용

다음 중 [보기]의 자재명세서에 대한 설명으로 옳지 않은 것은?

① 자품목 21−3001610, PEDAL(TYPE A)의 필요수량은 1EA이다.
② 자품목 21−9000201, HEAD LAMP(TYPE A)의 외주구분은 유상이다.
③ 자품목 83−2000110, 전장품 ASS'Y(TYPE A)의 사급구분은 자재이다.
④ 자품목 87−1002011, BREAK SYSTEM(TYPE A)의 조달구분은 생산이다.

해설 [보기]의 조건을 입력 후, 조회하면 5가지의 자품목 내역이 나타난다. 각 품목을 클릭하면 하단 창에 계정 구분, 조달구분, 주거래처 등의 정보를 확인할 수 있다. ② 자품목 21-9000201, HEAD LAMP(TYPE A) 의 외주구분은 "무상"이다.　　　　　　　답 ②

2 BOM정전개

위치: 생산관리공통 ▷ 기초정보관리 ▷ BOM정전개

특정한 하나의 모품목을 기준으로 하위 자품목들을 모두 전개시켜서 전체적인
BOM 트리 구조를 확인해 보기 위한 현황이다.

✅ **CHECK** 버튼 설명
- 이전 품목: 현재 모품목 조회조건에 설정되어 있는 품번 바로 이전 품목으로 자동설정한다.
- 다음 품목: 현재 모품목 조회조건에 설정되어 있는 품번 바로 다음 품목으로 자동설정한다.

✅ **CHECK** 작업방법
- 모품목 조건을 설정한 후 조회 버튼을 클릭한다.
- BOM 총전개: 선택한 모품목 기준으로 다단계 레벨이 존재할 경우 모든 레벨을 전개시킨다.
- LOCATION 표시: BOM LOCATION을 표시한다.
- BOM탭/BATCH BOM탭: 각각 일반 BOM과 BATCH BOM 기준으로 정전개 한다.

▶▶ 실무예제

아래 [보기]의 조건으로 데이터를 조회한 후 물음에 답하시오.

[보 기]
- 모품목: NAX-A420, 산악자전거(P-20G)
- 기준일자: 2019/01/31   • 사용여부: 1. 여

다음 중 BOM정전개 시 2 LEVEL에 속하는 자품목으로 옳지 않은 것은?

① 21-3001600, PEDAL

② 21-3065700, GEAR REAR C

③ 21-1060950, WHEEL REAR-MTB

④ 21-1060850, WHEEL FRONT-MTB

해설 [보기]의 조건을 입력 후, 조회하면 모품목의 자품목 내역이 출력되며, ⊞ 표시를 클릭하면 해당 자품목의
하위수준의 자품목을 확인할 수 있다. 또는 화면 상단의 BOM 총전개에 ☑를 하여 조회하면 같은 결과를
확인할 수 있다.
　　① 21-3001600, PEDAL: 1 LEVEL
　　② 21-3065700, GEAR REAR C: 2 LEVEL
　　③ 21-1060950, WHEEL REAR-MTB: 2 LEVEL
　　④ 21-1060850, WHEEL FRONT-MTB: 2 LEVEL　　　　　　　답 ①

3 BOM역전개

위치: 생산관리공통 ▷ 기초정보관리 ▷ BOM역전개

특정 하나의 자품목을 기준으로 상위의 어떤 모품목들에서 사용되는지를 역으로 전
개시켜 볼 수 있는 현황이다. 버튼 및 작업방법은 BOM 정전개와 유사하므로 참고하기
바란다.

아래 [보기]의 조건으로 데이터를 조회한 후 물음에 답하시오.

[보 기]

• 자품목: 21-1060700, FRAME-NUT
• 기준일자: 2019/01/31
• 사용여부: 1. 여

㈜한국자전거지사는 1월 말일부터 반제품인 21-1060700, FRAME-NUT에 대한 생산이 중단될 예정이다. 이에 반제품에 대한 상위 모품목 정보를 확인하여 대체 반제품 정보로 대처하려고 한다. 다음 중 반제품인 21-1060700, FRAME-NUT의 상위 모품목으로 옳지 않은 것은?

① 85 – 1020400, POWER TRAIN ASS'Y(MTB)

② 81 – 1001000, BODY – 알미늄(GRAY WHITE)

③ NAX – A400, 일반자전거(P – GRAY WHITE)

④ NAX – A420, 산악자전거(P – 20G)

해설 [보기]의 조건을 입력 후 조회하면 모품목의 자품목 내역이 출력되며, ⊞ 표시를 클릭하면 해당 자품목의 하위수준의 자품목을 확인할 수 있다. 또는 화면 상단의 BOM 총전개에 ☑를 하여 조회하면 같은 결과를 확인할 수 있다. 레벨 1은 [보기]의 자품목을 사용하는 바로 상위 레벨의 품목이며, 레벨 2는 레벨 1을 사용하는 상위의 품목이다.
　　① 85-1020400, POWER TRAIN ASS'Y(MTB)은 [보기]의 품목과 동일 레벨 품목이다.　　답 ①

4 외주단가등록

위치: 생산관리공통 ▷ 기초정보관리 ▷ 외주단가등록

외주입고단가를 관리, 적용하고자 할 경우에 등록하며 외주처별로 품목에 대한 외주단가를 입력하는 단계이다.

✔ CHECK 용어 설명
- 표준원가: 품목등록에서 등록한 표준원가
- 실제원가: 품목등록에서 등록한 실제원가
- 외주단가: 직접 입력

✔ CHECK 버튼 설명
- 품목전개: [품목전개] 버튼을 클릭하면 조회조건에 설정되어 있는 품번의 범위대로 나열된다.
- 품목복사: 기 등록된 타 거래처의 품목 및 외주단가를 복사하는 기능이다. 외주공정, 외주처를 입력 후 조회하면 기 등록된 자료가 나오고 복사하고자 하는 품목은 선택복사를 클릭하면 복사된다.

5 불량유형등록

자체 생산된 품목에 대해 생산실적검사 단계에서 각 품목별에 대한 불량내역을 등록하여 관리한다.

불량군 등록: 관리의 편의를 위해서 몇 가지 불량유형을 불량군 단위로 묶어서 관리하는 것이다.

▶▶ 실무예제

아래 [보기]의 조건으로 데이터를 조회한 후 물음에 답하시오.

[보 기]

사용여부: 1. 사용

다음 중 불량군이 같은 불량유형명을 연결한 것으로 옳은 것은?

① 바디(BODY)불량 — 타이어 불량

② 도색불량 — 휠(WHEEL)불량 17인치

③ 브레이크(BREAK)불량 — 얼라이어먼트 불량

④ 휠(WHEEL)불량 — 조립불량

해설   [보기]의 조건을 입력 후 조회하면 불량유형별 불량군을 확인할 수 있다.
       ① 바디(BODY)불량 – 조립불량
       ② 도색불량 – 도색불량
       ③ 브레이크(BREAK)불량 – 조립불량
       ④ 휠(WHEEL)불량 – 조립불량   답 ④

02 생산관리

1 생산계획등록

> 위치: 생산관리공통 ▷ 생산관리 ▷ 생산계획등록

수요예측, 수주량, 생산능력을 바탕으로 작업예정일별로 제품이나 반제품의 생산계획수량을 입력 및 관리한다. 등록한 수량은 생산계획 기준 소요량 전개 시 여기서 등록된 수량을 바탕으로 전개한다. 화면 좌측 품목은 추가, 삭제되지 않고 계정구분 등의 조회조건 조정 후 조회하거나 생산계획 조회품목만 조회조건을 체크한다. 생산계획등록은 생산관리 부문에서 기초가 되고 중요한 기능이므로 숙지하기 바란다.

✅ **CHECK** 주요 필드 설명
- 일생산량: 일별로 생산 가능한 수량 → 품목등록에서 등록한다.
- 작업예정일: 생산계획상의 작업예정일

▶▶ **실무예제**

아래 [보기]의 조건으로 데이터를 조회한 후 물음에 답하시오.

> [보 기]
> - 사업장: 2000, ㈜한국자전거지사
> - 작업예정일: 2019/02/01 ~ 2019/02/15
> - 계정구분: 선택전체

㈜한국자전거지사는 품목등록에 등록된 일별생산량을 근거로 생산계획을 등록하고 있다. 다음 중 일별생산량을 초과하여 생산계획이 등록된 품목으로 옳은 것은?

① NAX-A420, 산악자전거(P-20G)

② 88-1002000, PRESS FRAME-Z

③ NAX-A401, 일반자전거(P-GRAY RED)

④ NAX-A400, 일반자전거(P-GRAY WHITE)

> **해설** [보기]의 조건을 입력 후 품목별 탭에서 조회하면 화면 좌측에는 품목별 일생산량, 우측에는 품목별 작업예정일과 수량이 나타나므로 품목별 생산계획 내역을 확인할 수 있다.
> 88-1002000, PRESS FRAME-Z는 일생산량이 330EA이며, 2019년 2월 9일의 작업수량은 340EA이다.
> 답 ②

2 작업지시등록

위치: 생산관리공통 ▷ 생산관리 ▷ 작업지시등록

　　품목별 작업공정경로 순서에 근거하여 작업지시를 관리하고자 할 경우 사용하며 지시품목/지시수량/공정경로 등을 설정하여 작업지시 데이터를 등록하는 단계이다. 영업에서 등록한 수주건과 자재에서 생산청구에 의해 계획된 수량을 작업지시에 적용하여 생산하도록 지시하는 구조이며, 소요량 전개에서는 생산계획을 기초로 한 자재소요량을 산출한 후 청구등록을 통해서 작업지시가 내려오면 작업지시를 등록하게 된다. 따라서 생산관리 모듈은 영업관리 및 구매/자재관리 모듈과 연계되어 있음을 숙지하기 바란다.

✅ CHECK　주요 필드 설명
- 상태: 해당 작업지시의 상태를 의미한다.
- 계획: 작업지시 등록 후 최초의 상태를 의미한다.
- 확정: 작업지시 등록 후 작업지시확정 단계까지 거친 상태를 의미한다.
- 마감: 강제적으로 지시마감 처리한 상태를 의미한다.

✅ CHECK　버튼 설명
- 청구조회: 생산품 청구등록 데이터를 작업지시에 적용하기 위해 사용한다.
- 주문조회: 수주등록 데이터를 작업지시에 적용하기 위해 사용한다.
- 생산계획조회: 생산계획 데이터를 작업지시에 적용하기 위해 사용한다.
- Option: 지시품목에 Option BOM의 Option 항목을 적용하기 위해 사용한다.
- 특기사항: 해당 작업지시의 추가적인 상세 비고 내역을 등록하기 위해 사용한다.

아래 [보기]의 조건으로 데이터를 조회한 후 물음에 답하시오.

[보 기]

- 사업장: 2000, ㈜한국자전거지사
- 공정: L200, 작업공정　　　　　　　　・ 작업장: L201, 제품작업장
- 지시기간: 2019/05/01 ~ 2019/05/31
- 계획기간: 2019/05/01 ~ 2019/05/31

㈜한국자전거지사는 작업지시를 등록할 때 생산계획 데이터를 적용받아 등록한다. 다음 중 생산계획조회 시 품목별 계획잔량의 합으로 옳은 것은?

① 85 – 1020400, POWER TRAIN ASS'Y(MTB), 200

② 81 – 1001000, BODY – 알미늄(GRAY – WHITE), 350

③ 81 – 1001020, BODY – 알미늄(GRAY – WHITE, TYPE B), 180

④ 83 – 2000100, 전장품 ASS'Y, 300

해설　[보기]의 조건을 입력 후 조회한다. 생산계획조회 버튼을 클릭하여 [보기]의 계획기간을 입력 후 확인 버튼을 누르면 생산계획조회 도움창에서 품목별 계획잔량을 확인할 수 있다.　　　🖺 ①

생산계획조회 도움창

계획기간	2019/05/01 ~ 2019/05/31						
3.품번범위 ∨	~		계정 ∨		조달 ∨		

조회[F12] 적용[F10] 취소[ESC]

	품번	품명	규격	단위	계획잔량	작업예정일	비고
☐	81-1001020	BODY-알미늄 (GRAY-WHITE, TYPE B)		EA	150.00	2019/05/09	
☐	83-2000100	전장품 ASS'Y		EA	100.00	2019/05/06	
☐	83-2000110	전장품 ASS'Y (TYPE A)		EA	150.00	2019/05/11	
☐	83-2000120	전장품 ASS'Y (TYPE B)		EA	150.00	2019/05/01	
☐	83-2000120	전장품 ASS'Y (TYPE B)		EA	200.00	2019/05/09	
☐	85-1020400	POWER TRAIN ASS'Y(MTB)		EA	200.00	2019/05/11	
☐	85-1020410	POWER TRAIN ASS'Y(MTB, TYPE A)		EA	200.00	2019/05/02	
☐	85-1020410	POWER TRAIN ASS'Y(MTB, TYPE A)		EA	250.00	2019/05/07	
☐	85-1020420	POWER TRAIN ASS'Y(MTB, TYPE B)		EA	200.00	2019/05/02	
☐	85-1020420	POWER TRAIN ASS'Y(MTB, TYPE B)		EA	150.00	2019/05/09	
☐	85-1020420	POWER TRAIN ASS'Y(MTB, TYPE B)		EA	150.00	2019/05/18	
☐	87-1002001	BREAK SYSTEM		EA	150.00	2019/05/14	
☐	87-1002001	BREAK SYSTEM		EA	320.00	2019/05/06	
☐	87-1002011	BREAK SYSTEM (TYPE A)		EA	180.00	2019/05/03	
☐	87-1002021	BREAK SYSTEM (TYPE B)		EA	180.00	2019/05/03	
☐	87-1002021	BREAK SYSTEM (TYPE B)		EA	200.00	2019/05/16	
☐	88-1001000	PRESS FRAME-W		EA	200.00	2019/05/07	
☐	88-1001000	PRESS FRAME-W		EA	200.00	2019/05/04	

3 작업지시확정

위치: 생산관리공통 ▷ 생산관리 ▷ 작업지시확정

계획상태의 품목별 작업지시 데이터를 확정상태로 변경하고, 필요한 자재를 청구 및 출고하는 단계이다. 또한 소요자재를 필요로 하는 공정을 설정하는 단계이기도 하다.

✔ CHECK 주요 필드 설명
- 확정: 작업지시 데이터를 선택하고 확정을 클릭한다(일반BOM 기준 소요자재 전개).
- BATCH: 작업지시 데이터를 선택하고 BATCH를 클릭한다(BATCH BOM 기준 소요자재 전개).
- 취소: 작업지시 데이터를 선택하고 취소를 클릭한다. 소요자재를 삭제하고, 해당 작업지시를 계획상태로 변경한다.
- 자재출고: 작업지시 데이터에 소요자재를 출고 처리한다.

✔ CHECK 버튼 설명
- 자재출고: 청구된 자재를 출고 처리한다.

- 확정: 지시품목이 BOM등록의 모품목인 자품목들을 전개한다. 단 자품목 중에 조달구분이 Phatom인 품목은 전개하지 않고 Phantom 품목의 자품목들을 전개한다. 해당 작업지시 데이터의 상태를 계획에서 확정으로 변경한다.
- BATCH: 지시품목이 BATCH BOM등록의 모품목인 자품목들을 전개한다. 단, 자품목 중에 조달구분이 Phantom인 품목은 전개하지 않고 Phantom품목의 자품목들을 전개한다. 해당 작업지시 데이터의 상태를 계획에서 확정으로 변경한다.
  - BOM 비고 복사 선택 시 BOM에 등록한 비고를 하단 비고에 입력시킨다.
  - 재생산 선택 시 BOM전개를 하지 않고 지시품목을 하단에 입력시킨다.
- 취소: 전개된 소요자재정보를 삭제하고, 작업지시 데이터의 상태를 확정에서 계획으로 변경한다.
- 지시복사: 확정상태의 기존 작업지시 데이터를 복사하여 확정상태의 새로운 작업지시 데이터로 자동 생성한다.

✅ **CHECK** 유의사항
- 작업지시 데이터가 계획상태일 경우에만 확정 또는 BATCH 기능을 사용할 수 있다.
- 작업지시 데이터가 확정상태일 경우에만 취소기능을 사용할 수 있다.
- 해당 작업지시 기준의 생산자재출고 또는 작업실적 데이터가 존재하면 확정상태라도 취소기능을 사용할 수 없다.
- 확정 또는 BATCH 기능을 통해 소요자재 전개 시 기본적으로 첫 번째 공정이 청구공정으로 설정된다.
- 생산모듈을 사용하는 경우, 시스템환경설정에 [생산운영여부(62)]를 "1. 운영함"으로 설정되어 있어야 한다. 그렇지 않으면 자재 출고할 때 창고의 재고가 공정(작업장)으로 이동하지 못하는데, 사용자재 보고를 하게 되면 공정에 재공이 없어(-)재공이 된다.
  - 1. 운영함: 자재 출고 시 창고의 재고는 감소하고, 공정(작업장)의 재공이 증가된다.
  - 0. 운영안함: 자재 출고 시 창고의 재고는 감소하나 공정의 재공은 변함없다.

▶▶ 실무예제

아래 [보기]의 조건으로 데이터를 조회한 후 물음에 답하시오.

[보 기]
- 사업장: 2000, ㈜한국자전거지사
- 작업장: L202, 반제품작업장
- 지시기간: 2019/05/01 ~ 2019/05/31
- 공정: L200, 작업공정
- 상태: 전체

다음 중 [보기]의 지시기간 동안에 작업지시가 확정된 작업지시번호가 아닌 것은?

① WO1905000010
② WO1905000015
③ WO1905000016
④ WO1905000017

해설 [보기]의 조건을 입력 후 조회한다. 상태 필드에서 확정으로 표시된 작업지시건은 작업지시가 확정되어 있음을 의미한다. ④ WO1905000017 계획 상태 📖 ④

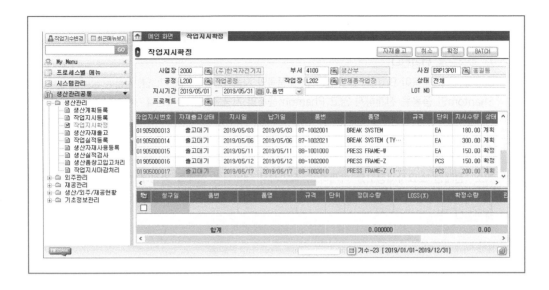

4 생산자재출고

위치: 생산관리공통 ▷ 생산관리 ▷ 생산자재출고

　　제품 또는 반제품을 자체 생산공정의 작업장에서 생산하기 위하여 필요한 자재를 창고에서 공정으로 출고하는 단계이다. 창고에서 출고된 품목의 재고감소가 발생된다.

✅ CHECK　용어 설명

- 출고번호: 자동채번 가능하다.
- 출고창고: 사업장에 속한 창고만 자재 출고가 가능하며, 사용여부가 '여'인 창고만 조회된다.
- 출고장소: 출고창고에 속한 장소만 조회되며, 사용여부가 '여'인 장소만 조회된다.
- 입고공정: 사업장에 속한 공정만 자재 입고가 가능하며, 사용여부가 '여'인 공정만 된다.
- 입고작업장: 입고공정에 속한 작업장만 조회되며, 사용여부가 '여'인 작업장만 조회된다.
- 요청수량: 작업지시, 생산지시에서 자재청구한 수량을 의미한다.
- 출고수량: 실제 공정, 작업장에 불출한 수량을 의미한다.
- LOT No.: 품목등록 항목 중 LOT 여부가 '여'인 품목에 대하여 출고 시 코드도움을 통하여 출고처리할 LOT 재고를 조회한 후 선택, 적용하여 출고를 처리한다.
  (출고하려는 창고에 LOT 재고가 존재해야 처리가 가능하다.)
- 모품목: 자재 투입 시 자재가 사용되는 지시(모)품목을 의미한다.
- 지시번호: 출고요청 또는 일괄적용을 통하여 작업지시, 생산지시에서 자재청구를 적용한 지시번호를 의미한다.

✅ **CHECK** 버튼 설명

- 복사: 기존에 출고 처리한 생산자재(재공)품에 대하여 복사하여 자재를 공정/작업장으로 출고 처리하는 기능이다.
- 출고요청: 작업지시 또는 생산지시에서 자재 청구한 내역 중 청구잔량이 남은 내역에 대해서만 조회된다. 잔량이 남아 있더라도 작업지시 마감처리한 작업지시 또는 생산지시의 청구잔량은 조회되지 않는다.
- 일괄적용: 작업지시 또는 생산지시에서 자재 청구한 내역 중 청구잔량이 남은 내역에 대해서만 조회되며, 공정/작업장별, 창고/장소(출고요청)별 탭으로 구분되어있어 사용자에게 적합한 조회화면을 선택하여 일괄 처리할 수 있다. 잔량이 남아 있더라도 작업지시 마감처리한 작업지시 또는 생산지시의 청구잔량은 조회되지 않는다.
- 재고확인: 재고/재공에 대하여 확인하는 버튼이다. 사업장별 현재고와 창고/장소별 현재고를 조회할 수 있으며 사업장별 현재공과 공정/작업장별 현재공을 조회할 수 있다.

✅ **CHECK** 유의사항

- 조회 시 사업장, 부서, 사원, 출고기간은 필수 입력 항목으로 반드시 입력하여야 한다.
- 사용자권한설정에서 조회권한에 따라 등록한 데이터를 조회할 수 있다.
- 구매/생산관리 시스템통제등록의 마감일자가 출고일자 이전인 경우에는 신규 입력, 수정, 삭제할 수 없다.
- 시스템환경설정 메뉴의 항목 중 '생산운영여부'가 '0. 운영안함'을 선택한 경우에는 자재출고를 하면 재고는 감소되나, 재공은 변화가 없다.
- 시스템환경설정 메뉴의 항목 중 '생산운영여부'가 '1. 운영함'을 선택한 경우에는 자재출고를 하면 재고는 감소되고, 재공은 증가된다.
- 시스템환경설정 메뉴의 항목 중 '생산운영여부'의 설정값은 사용 중에 변경할 경우에는 재고, 재공수량에 영향을 미칠 수 있으므로 주의가 요구되며, 생산자재출고 처리의 내역은 재고평가의 대상이 되는 수량이다.

▶▶ 실무예제

아래 [보기]의 조건으로 데이터를 조회한 후 물음에 답하시오.

[보 기]

- 사업장: 2000, ㈜한국자전거지사
- 출고기간: 2019/05/15 ~ 2019/05/31   • 청구기간: 2019/05/15 ~ 2019/05/31

㈜한국자전거지사는 생산자재에 대한 출고처리 시 출고요청 조회 기능을 통하여 처리하고 있다. 다음 중 출고요청 조회 시 청구잔량의 합이 가장 많은 품목으로 옳은 것은?

① 87 – 3001600, PEDAL

② 21 – 1080800, FRAME – 알미늄

③ 88 – 1001000, PRESS FRAME – W

④ 21 – 3001610, PEDAL(TYPE A)

해설 [보기]의 조건을 입력 후 조회한다. 커서를 조회내역 제일 아래 빈칸을 클릭한 후 출고요청 버튼을 클릭하여 출고요청 조회 적용 창에서 청구기간을 입력 후 조회하면 각 품목별 청구수량, 투입수량, 청구잔량 등을 확인할 수 있다.

• 21 - 1080800, FRAME-알미늄의 청구잔량은 130EA로 가장 많다. 답 ②

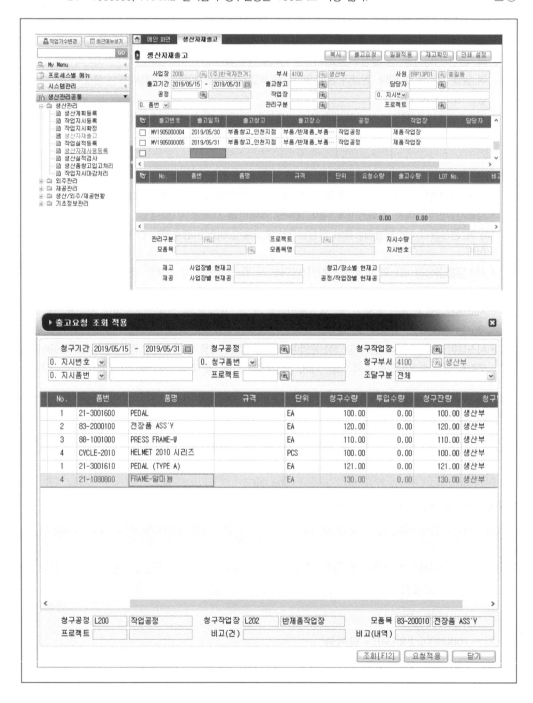

5 작업실적등록

위치: 생산관리공통 ▷ 생산관리 ▷ 작업실적등록

　특정 작업지시 기준으로 작업실적을 관리하고자 할 경우 사용하며, 품목별 작업지시 및 공정/작업장별 작업지시 데이터에 근거하여 실적일/실적수량 등의 실적 데이터를 등록하는 단계이다. 또한 생산자재출고와는 무관하게 작업실적등록을 할 수 있음을 유의하기 바란다.

▶▶ **실무예제**

아래 [보기]의 조건으로 데이터를 조회한 후 물음에 답하시오.

> **[보 기]**
> • 사업장: 2000, ㈜한국자전거지사
> • 지시(품목) 기간: 2019/05/06 ~ 2019/05/17
> • 지시공정: L200, 작업공정　　　　　　• 지시작업장: L201, 제품작업장

㈜한국자전거지사는 작업실적에 대한 실적수량의 합이 가장 많은 작업팀에게 인센티브를 주기로 하였다. 다음 중 작업 실적수량의 합이 가장 많은 작업팀으로 옳은 것은?

① 작업 A팀　　　　　　　　　　　② 작업 B팀
③ 작업 C팀　　　　　　　　　　　④ 작업 D팀

해설　[보기]의 조건을 입력 후 조회한다. 조회된 작업실적 건별로 클릭하면 하단 창에서 해당 작업실적과 작업팀을 확인할 수 있다.
　　① 작업 A팀: 80 + 40 = 120, ② 작업 B팀: 100 + 120 = 220
　　③ 작업 C팀과 ④ 작업 D팀은 실적수량이 없음　　　　　　　　　　　　**답** ②

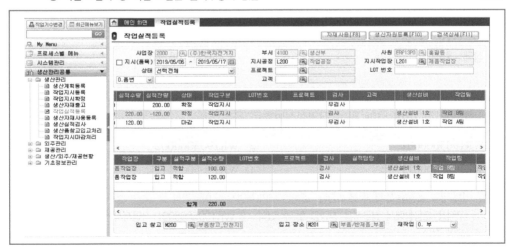

6 생산자재사용등록

위치: 생산관리공통 ▷ 생산관리 ▷ 생산자재사용등록

생산실적(작업실적/외주실적/생산실적 등)을 통해 완성된 생산품을 만드는 데 사용된 자재들과 사용량을 등록한다.

✔ CHECK   주요 필드 설명
• 사용수량: 생산품 실적수량 대비 사용한 자재의 소모수량을 의미한다.

✔ CHECK   버튼 설명
• 일괄적용: 지시확정시 등록된 공정/작업장별 소요자재 내역에 근거하여 지시수량 대비 실적수량 비율로 해당 실적공정/실적작업장에 필요한 모든 소요자재들과 사용수량을 일괄로 등록하기 위해 사용한다.
• 청구적용: 지시확정시 등록된 공정/작업장별 소요자재 내역에 근거하여 청구된 자재내역과 지시수량 대비 실적수량 비율로 해당 실적공정/실적작업장에 필요한 모든 소요자재들과 사용수량을 함께 사용자에게 도움창 형태로 먼저 보여 주고, 사용자가 특정 자재사용 내역만 선택 적용하여 등록하기 위해 사용한다.

▶▶ 실무예제

아래 [보기]의 조건으로 데이터를 조회한 후 물음에 답하시오.

[보 기]
• 사업장: 2000, ㈜한국자전거지사
• 구분: 1. 생산
• 실적기간: 2019/05/15 ~ 2019/05/31
• 실적공정: L200, 작업공정   • 실적작업장: L202, 반제품작업장
• 상태: 확정   • 사용일: 05/16

㈜한국자전거지사는 생산품에 대한 자재사용 내역을 등록하려고 한다. 다음 중 청구적용 시 잔량의 합이 가장 적게 남아 있는 작업실적번호로 옳은 것은?

① WR1905000001   ② WR1905000002
③ WR1905000011   ④ WR1905000012

해설 [보기]의 조건을 입력 후 조회한다. 조회된 내역(작업지시건)을 각각 클릭하여 청구적용 버튼을 누르면 청구적용 도움창에서 청구적용 잔량을 할 수 있다. ① WR1905000001 작업지시번호의 잔량이 32.5로서 제일 적다.   답 ①

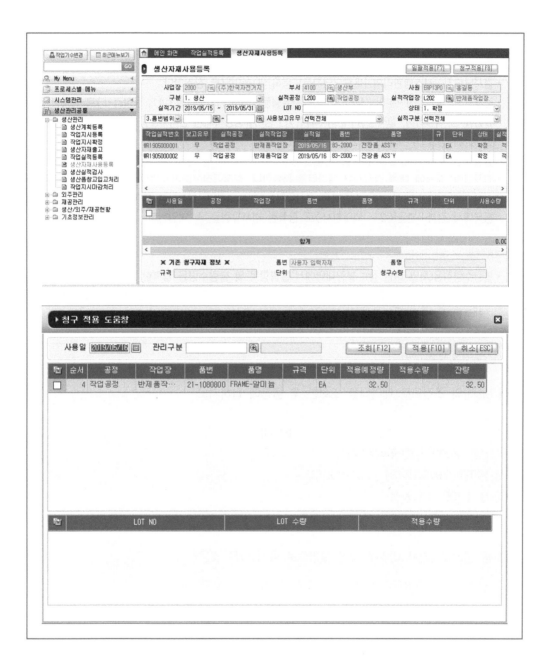

7 생산실적검사

> 위치: 생산관리공통 ▷ 생산관리 ▷ 생산실적검사

　특정 공정기준으로 검사구분이 <검사>인 생산실적 데이터에 근거하여 실적검사 데이터를 입력하는 단계이다. 생산재공을 운영하는 경우에 적용할 수 있다.

주요 필드 설명

- 검사일: 검사등록일이다.
- 검사담당자: 시스템관리의 [물류담당자코드등록]의 데이터를 참조한다.
- 검사구분: 실적공정구분이 〈 생산 〉이면 검사유형등록에서 검사구분을 〈 41. 공정검사 〉로 등록한 검사 유형들 중 택일하며, 실적공정구분이 〈 외주 〉면 검사유형등록에서 검사구분을 〈 21. 외주검사 〉로 등록한 검사유형들 중 택일한다.
- 검사유형: 전수검사/샘플검사 중 택일한다.
- 검사내역: 품목에 대한 검사세부 데이터를 등록한다. 실적공정구분이 〈 생산 〉이면 검사유형등록에서 검사구분을 〈 41. 공정검사 〉로 등록한 검사유형들 중 택일하며, 실적공정구분이 〈 외주 〉이면 검사유형 등록에서 검사구분을 〈 21. 외주검사 〉로 등록한 검사유형들 중 택일한다.

버튼 설명

- 불량수량적용(화면 하단 창): 불량내역에서 불량항목 및 불량수량을 입력한 후 불량수량적용 버튼을 클릭하면 해당 생산실적검사 데이터의 불량수량 합계가 〈 전수검사 〉일 경우 불량수량에 업데이트되고, 〈 샘플검사 〉일 경우 불량시료수에 업데이트된다.

▶▶ 실무예제

아래 [보기]의 조건으로 데이터를 조회한 후 물음에 답하시오.

[보 기]

- 사업장: 2000, ㈜한국자전거지사
- 실적기간: 2019/05/01 ~ 2019/05/31
- 공정: L200, 작업공정
- 작업장: L202, 반제품작업장

다음 중 생산실적검사 내역에 대한 설명으로 옳지 않은 것은?

① 작업실적번호 WR1905000004은 검사당당자가 '양송희'이다.
② 작업실적번호 WR1905000006에 대한 검사유형은 '전수검사'이다.
③ 작업실적번호 WR1905000008에 대한 불량명은 '조립불량'이다.
④ 작업실적번호 WR1905000009에 대한 검사구분은 '자전거ASS'Y최종검사'이다.

해설　[보기]의 조건을 입력한 후 조회한다. 각 작업지시건별로 클릭하면 중간 및 하단 창에서 검사구분, 검사유형, 불량명 및 설명을 확인할 수 있다. ③ 작업실적번호 WR1905000008에 대한 불량명은 휠(WHELL)불량, 도색불량, 포장불량이다.　　　　　　　　　　　　　　　　　　　　　　　🔖 ③

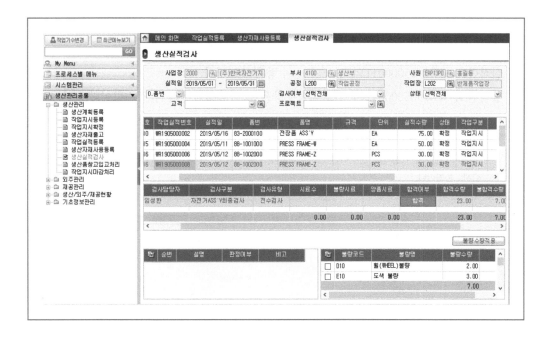

8 생산품창고입고처리

위치: 생산관리공통 ▷ 생산관리 ▷ 생산품창고입고처리

　　재공을 운영하는 경우에 생산과정을 마치고 공정에서 창고로 입고 처리하는 단계이다. 생산공정 경로별 생산지시 데이터 중 마지막 공정의 실적데이터(구분: < 입고 >)에 근거하여 실적입고 데이터를 입력한다. 창고에 입고처리되면 재공(반제품/완제품)이 재고로 바뀌게 되어 재고는 증가하고 재공은 감소한다.

▶▶ 실무예제

아래 [보기]의 조건으로 데이터를 조회한 후 물음에 답하시오.

[보 기]

• 사업장: 2000, ㈜한국자전거지사
• 실적기간: 2019/05/01 ~ 2019/05/31
• 공정: L200, 작업공정
• 작업장: L201, 제품작업장

다음 중 [보기]의 조건으로 등록된 생산품창고입고 내역에 대한 설명으로 옳지 않은 것은?

① 실적번호 WR1905000022의 검사구분은 '무검사'이다.

② 실적번호 WR1905000014의 실적품목은 LOT품목이다.

③ 실적번호 WR1905000011의 입고가능 수량은 100이다.

④ 실적번호 WR1905000012의 입고대상수량은 생산실적검사의 합격수량이다.

[보기]의 조건을 입력한 후 조회한다. 조회 내역에서 기입고수량 실적이 없는 품목은 검사구분이 검사인 품목이고 실적이 있는 품목들은 검사구분이 무검사인 품목으로서, 무검사 품목은 자동으로 입고처리된다. 또한 검사구분에서 1.검사를 선택하면 검사품목들이 조회된다. ① 실적번호 WR1905000022의 검사구분은 '검사' 품목이다.   답 ①

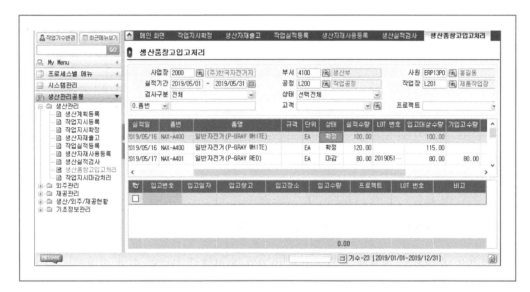

9 작업지시마감처리

위치: 생산관리공통 ▷ 생산관리 ▷ 작업지시마감처리

작업지시 잔량 또는 외주발주 잔량이 남아 있는 상태에서 진행 중인 생산지시 데이터를 사용자가 강제적으로 마감처리할 수 있는 단계이다. 확정 상태인 지시건에 대해 마감처리가 가능하며, 계획 상태인 경우에는 마감처리가 불가능하다. 품목별 지시와 공정경로별 지시의 상태는 항상 동일하다.

✔ CHECK   버튼 설명
• 마감처리: 품목별 지시와 공정경로별 지시의 상태를 〈 확정 〉에서 〈 마감 〉으로 변경한다.
• 마감취소: 품목별 지시와 공정경로별 지시의 상태를 〈 마감 〉에서 〈 확정 〉으로 변경한다.

▶▶ 실무예제

아래 [보기]의 조건으로 데이터를 조회한 후 물음에 답하시오.

[보 기]
• 사업장: 2000, ㈜한국자전거지사   • 지시일: 2019/05/01 ~ 2019/05/31
• 공정: L200, 작업공정   • 작업장: L202, 반제품작업장

㈜한국자전거지사는 실적잔량이 가장 많이 남겨진 지시 건에 대하여 마감을 진행하려고 한다.
다음 중 실적잔량이 가장 많이 남겨진 작업지시번호로 옳은 것은?

① WO1905000011   ② WO1905000012
③ WO1905000013   ④ WO1905000014

해설 [보기]의 조건을 입력하여 조회한다. 각 작업지시건별로 클릭하면 하단 창에서 지시수량, 실적수량, 실적잔
량을 확인할 수 있으며, ④ WO1905000014 건의 실적잔량이 300개로 제일 많다.   **답** ④

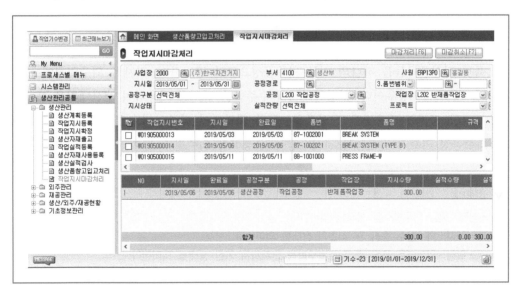

CHAPTER
04

외주관리/재공관리

---

01 외주관리

1 외주발주등록

> 위치: 생산관리공통 ▷ 외주관리 ▷ 외주발주등록

　특정 지시품목들을 하나의 외부 외주공정으로만 관리하며, 자재를 외주업체에 주고 가공을 의뢰하는 경우이다. 영업관리에서 수주받은 정보를 적용하여 생산계획을 등록한 후, 소요량 전개를 적용받은 생산품청구등록 내역에서 외주업체로 발주할 반제품에 대해 외주공정/외주처/지시품목/지시수량을 설정하여 외주발주 데이터를 등록한다.

✔ CHECK　주요 필드 설명
- 상태: 해당 외주발주의 상태를 의미한다.
  - 계획: 외주발주 등록 후 최초의 상태를 의미한다.
  - 확정: 외주발주 등록 후 외주발주확정 단계까지 거친 상태를 의미한다.
  - 마감: 강제적으로 지시마감 처리한 상태를 의미한다.
- 단가: 시스템관리의 [외주단가]에서 외주공정, 외주처의 단가가 자동 반영된다. 자동으로 단가를 반영한 경우에도 직접 변경할 수도 있다.

✔ CHECK　버튼 설명
- 청구조회: 생산품청구등록 데이터를 외주발주에 적용하기 위해 사용한다.
- 주문조회: 수주등록 데이터를 외주발주에 적용하기 위해 사용한다.
- Option: 지시품목에 Option BOM의 Option 항목을 적용하기 위해 사용한다.

- 청구된 자재 중 무상사급 자재만 외주자재출고 및 자재사용보고 대상이 된다.
- 청구된 자재 중 유상사급 자재는 주문등록(유상사급)의 적용 대상이 된다.
- 외주모듈 사용하는 경우 시스템환경 설정에 [외주운영여부(63)]를 "1. 운영함"으로 설정되어 있어야 한다. 그렇지 않으면 자재 출고할 때 창고의 재고가 외주공정(작업장)으로 이동하지 못해 사용자재 보고를 하게 되면 외주공정에 재공이 없어 (−)재공이 된다.
  - 1. 운영함: 자재 출고 시 창고의 재고는 감소하고, 외주공정(작업장)의 재공은 증가된다.
  - 0. 운영안함: 자재 출고 시 창고의 재고는 감소하나 외주공정의 재공은 변함없다.

▶▶ 필수예제

01

아래 [보기]의 조건으로 데이터를 조회한 후 물음에 답하시오.

[보 기]

- 사업장: 2000, ㈜한국자전거지사
- 공정: R200, 외주공정
- 외주처: R221, ㈜영동바이크
- 지시기간: 2019/05/01 ~ 2019/05/31

다음 중 [보기]의 조건으로 외주발주를 등록할 때 외주 품목에 대하여 지시수량이 가장 많은 품목으로 옳은 것은?

① NAX−A420, 산악자전거(P−20G)

② NAX−A421, 산악자전거(P−21G, A421)

③ NAX−A401, 일반자전거(P−GRAY RED)

④ NAX−A400, 일반자전거(P−GRAY WHITE)

해설 [보기]의 조건을 입력 후 조회하면 품목별 지시수량을 확인할 수 있다.
　　① NAX-A420, 산악자전거(P-20G): 180
　　② NAX-A422, 산악자전거(P-21G, A422): 100
　　③ NAX-A401, 일반자전거(P-GRAY RED): 100
　　④ NAX-A402, 일반자전거(P-GRAY BLACK): 150　　　　　　　　　　　　　　閏 ①

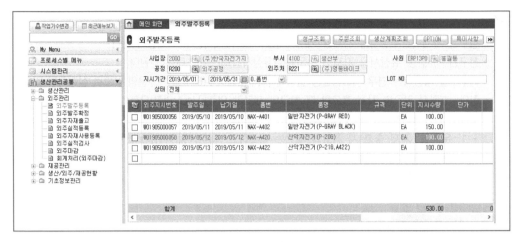

02

아래 [보기]의 조건으로 데이터를 조회한 후 물음에 답하시오.

[보 기]

• 사업장: 2000, ㈜한국자전거지사

• 공정: R200, 외주공정   • 외주처: R221, ㈜영동바이크

• 지시기간: 2019/05/01 ~ 2019/05/31

다음 중 [보기]의 기간 동안 생산계획등록 데이터를 적용하여 외주발주를 등록할 경우에
83-2000100, 전장품 ASS'Y 품목의 계획잔량으로 옳은 것은?

① 100EA   ② 200EA

③ 300EA   ④ 400EA

해설 [보기]의 조건을 입력 후 조회한 후, 조회내역 제일 하단의 빈칸에 커서를 두고 생산계획조회 버튼을 클릭
하면 생산계획등록의 품목별로 계획잔량과 작업예정일을 확인할 수 있다. **답 ①**

2 외주발주확정

위치: 생산관리공통 ▷ 외주관리 ▷ 외주발주확정

계획상태의 외주발주(외주처별) 데이터를 확정상태로 변경하고, 필요한 자재를 청구 및 출고하는 단계이다. 외주발주 데이터가 계획상태일 경우에만 확정 또는 BATCH 기능을 사용할 수 있으며, 외주발주 데이터가 확정상태일 경우에만 취소기능을 사용할 수 있다.

✔ CHECK 주요 필드 설명
- 자재출고상태: 해당 생산지시번호로 출고된 자재가 있는지를 알려 준다. '출고대기'로 표시되면 출고된 자재가 없다는 것이고, '출고중'은 출고된 자재가 하나라도 있다는 것이고 '출고완료'는 요청한 수량이 모두 출고됐음을 의미한다.
- 상태: 계획인 경우에 확정이 가능하고 마감상태인 경우는 확정, 취소가 불가능하고 변경이 필요한 경우 외주마감 화면에서 마감취소 후에 작업이 가능하다.

✔ CHECK 버튼 설명
- 자재출고: 작업지시확정인 상태에서 청구된 자재를 창고에서 출고 처리한다.
- 취소: 전개된 소요자재정보를 삭제하고, 외주발주 데이터의 상태를 확정에서 계획으로 변경한다.
- 확정: 지시품목이 BOM등록의 모품목인 자품목들을 전개한다. 단 자품목 중에 조달구분이 Phatom인 품목은 전개하지 않고 Phantom 품목의 자품목들을 전개한다. 해당 외주발주 데이터의 상태를 계획에서 확정으로 변경한다.
- BATCH: 지시품목이 BATCH BOM등록의 모품목인 자품목들을 전개한다. 단, 자품목 중에 조달구분이 Phantom인 품목은 전개하지 않고 Phantom품목의 자품목들을 전개한다. 해당 외주발주 데이터의 상태를 계획에서 확정으로 변경한다.

✔ CHECK 작업방법
- 확정: 외주발주 데이터를 선택하고 확정을 클릭한다(일반BOM 기준 소요자재 전개).
- BATCH: 외주발주 데이터를 선택하고 BATCH를 클릭한다(BATCH BOM 기준 소요자재 전개).
- 취소: 외주발주 데이터를 선택하고 취소를 클릭한다. 소요자재를 삭제하고, 해당 외주발주를 계획상태로 변경한다.
- 구분: 기본적으로 BOM등록 사항 중 외주구분에 따라 설정이 되며 무상/유상 중 택일하여 변경 가능하다.

아래 [보기]의 조건으로 데이터를 조회한 후 물음에 답하시오.

[보 기]

- 사업장: 2000, ㈜한국자전거지사
- 공정: R200, 외주공정
- 외주처: R251, ㈜형광램프
- 지시기간: 2019/05/02 ~ 2019/05/02
- 생산지시번호: WO1905000033

다음 [보기]의 조건으로 청구한 자재 중 BOM등록 정보와 다르게 청구한 품목으로 옳은 것은?

① 21 – 3001620, PEDAL(TYPE B)

② 83 – 2000110, 전장품 ASS'Y(TYPE A)

③ 88 – 1001010, PRESS FRAME – W(TYPE A)

④ 85 – 1020410, POWER TRAIN ASS'Y(MTB, TYPE A)

해설
(1) [보기]의 조건을 입력하여 조회를 한 후, 생산지시번호 WO19050000033, NAX-401 모품목에 대한 외주발주 자품목들을 하단 창에서 조회할 수 있다.
(2) 기초정보관리 모듈의 BOM등록에서 모품목 NAX-401를 입력 후 조회한다.
(3) 외주발주확정 품목들과 BOM등록 품목들과 비교해 보면, 4가지 품목들 중 ① 21-3001620, PEDAL(TYPE B)이 다름을 알 수 있다. 따라서 BOM등록에서 등록된 품목으로 변경해야 할 것이다. 즉, ① 21-3001620, PEDAL(TYPE A)로 발주해야 한다는 의미이다. 답 ①

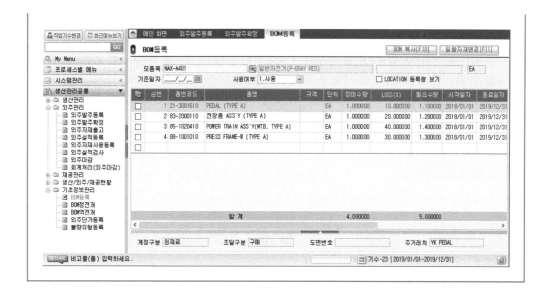

3 외주자재출고

위치: 생산관리공통 ▷ 외주관리 ▷ 외주자재출고

　　제품 또는 반제품을 외주공정, 외주처에서 생산하기 위하여 필요한 무상 사급자재를 외주공정으로 출고 처리하는 단계이다. 시스템환경설정 메뉴의 항목 중 '외주운영여부'가 '0. 운영안함'을 선택한 경우에는 자재출고를 하면 재고는 감소되나, 재공은 변화가 없다. 그러나 '외주운영여부'가 '1. 운영함'을 선택한 경우에는 자재출고를 하면 재고는 감소되고, 재공은 증가된다.

✅ CHECK　　용어 설명
- 요청수량: 외주발주, 공정구분이 '외주'인 생산지시에 대한 자재를 청구한 수량을 의미한다.
- 모품목: 자재 투입 시 자재가 사용되는 지시(모)품목을 의미한다.
- 지시번호: 출고요청 또는 일괄적용을 통하여 외주발주, 공정구분이 '외주'인 생산지시의 자재 청구를 적용한 지시(외주발주)번호를 의미한다.

✅ CHECK　　버튼 설명
- 복사: 기존에 출고 처리한 외주자재(재공)품에 대하여 복사하여 자재를 외주공정/외주처로 출고 처리하는 기능이다.
- 출고요청: 외주발주, 공정구분이 '외주'인 생산지시의 자재청구한 내역 중 청구잔량이 남은 내역에 대해서만 조회된다. 잔량이 남아 있더라도 작업지시 마감처리한 작업지시 또는 생산지시의 청구 잔량은 조회되지 않는다.

- 일괄적용: 외주발주, 공정구분이 '외주'인 생산지시의 자재청구한 내역 중 청구잔량이 남은 내역에 대해서만 조회되며, 공정/작업장별, 창고/장소(출고요청)별 탭으로 구분되어 있어 사용자에게 적합한 조회화면을 선택하여 일괄 처리할 수 있다. 잔량이 남아 있더라도 지시를 마감처리한 외주발주, 공정구분이 '외주'인 생산지시의 청구잔량은 조회되지 않는다.
- 재고확인: 재고/재공에 대하여 확인하는 버튼이다. 사업장별 현재고와 창고/장소별 현재고를 조회할 수 있으며 사업장별 현재공과 공정/작업장별 현재공을 조회할 수 있다.

▶▶ 실무예제

아래 [보기]의 조건으로 데이터를 조회한 후 물음에 답하시오.

[보 기]
- 사업장: 2000, ㈜한국자전거지사
- 출고기간: 2019/05/01 ~ 2019/05/10
- 청구기간: 2019/05/01 ~ 2019/05/10
- 출고일자: 2019/05/10
- 출고창고: M200, 부품창고_인천지점
- 출고장소: M201, 부품/반제품_부품장소

㈜한국자전거지사는 외주처로 출고될 자재에 대하여 일괄적용 기능을 이용하여 출고처리하고 있다. 다음 중 일괄적용 기능을 이용하여 자재출고 처리 시 ㈜형광램프 외주처로 출고되는 자재들의 출고수량의 합으로 옳은 것은?

① 7,020
② 7,176
③ 7,320
④ 7,542

해설　(1) [보기]의 사업장, 부서, 출고기간을 입력 후 조회한다.
　　　(2) 일괄적용 버튼을 클릭하여 [보기]의 청구기간을 입력 후 창고/장소별 탭에서 조회한다.
　　　(3) 조회된 내역 전체를 체크하여 일괄적용을 클릭하면 자재출고 복사 도움창이 나타나며, 출고일자를 입력 후 확인 버튼을 누른다.
　　　(4) 외주처 ㈜형광램프를 클릭하면 출고되는 자재들의 출고수량을 하단 창에서 확인할 수 있다. 요청수량 합은 ④ 7,542이다.　　　답 ④

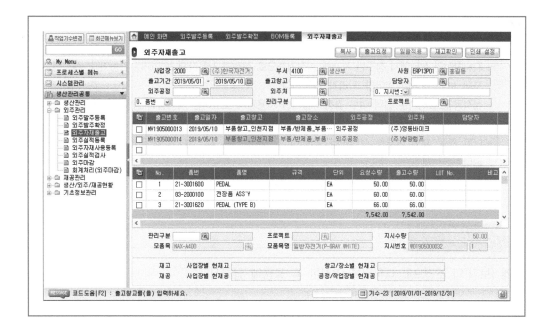

4 외주실적등록

위치: 생산관리공통 ▷ 외주관리 ▷ 외주실적등록

특정 외주공정 기준으로 외주처의 생산실적을 관리하고자 할 경우 사용하며, 외주발주 데이터에 근거하여 실적일/실적수량 등의 실적 데이터를 등록하는 단계이다. 외주 생산실적은 등록된 창고로 입고처리된다.

✔ CHECK   주요 필드 설명
- 자재투입유무: 출고된 자재가 있는지를 알려 준다. '유'로 표시되면 출고가 된 자재가 하나라도 있다는 것을 나타낸다.
- 실적수량: 실적등록된 수량의 합계이다. 실적구분에 상관없는 합계 수량이다.
- 헤드 검사: 지시등록 시 등록한 검사구분이고 실적등록 시 자동 반영되며, 실적등록 시 변경이 가능하다.
- 자재사용유무: 해당 실적번호로 사용 보고된 자재가 있는지를 알려 준다. '유'로 표시되면 사용 보고가 된 자재가 하나라도 있다는 것을 나타낸다.
- 공정 및 작업장: 헤드의 순서에 해당하는 공정, 작업장을 기본값으로 저장해 준다. 지시와 실적공정, 작업장이 틀린 경우에 수정이 가능하다. 실적공정, 작업장 수정에 따른 사용자재 보고, 자재출고 부분도 체크해서 변동이 발생한 경우 수정해야 한다.
- 구분: 이동 또는 입고가 존재한다. 해당 실적이 마지막 공정순서인 경우에는 '입고'로 나오고 나머지 공정은 '이동'으로 나타낸다. '입고'를 '이동'으로 수정한 경우 해당 실적공정에 재공에 남게 되므로 이를 따로 처리하는 작업을 해야 한다.

✔ CHECK 버튼 설명

- 자재사용
  - 지시확정인 상태에서 청구된 자재를 실적기준으로 실적별 사용자재 보고하는 기능이다. 실적별 사용자재 보고 권한이 있어야 처리가 가능하다.
  - 실적공정/날짜기준 선택 여부 결정 – 실적별 사용자재 보고하는 사용일과 공정/작업장이 틀린 경우는 선택한 후 사용일자, 공정, 작업장을 등록한다.
  - LOT 품목 제외 여부를 선택한다. 선택이 안 되어 있는 경우, LOT 품목이 있는 경우 처리가 안 된다.
  - 출고자재를 동시에 처리하는 경우는 출고동시처리를 선택한다.

▶▶ 실무예제

아래 [보기]의 조건으로 데이터를 조회한 후 물음에 답하시오.

[보 기]

- 사업장: 2000, ㈜한국자전거지사
- 지시(품목) 기간: 2019/05/01 ~ 2019/05/25
- 외주공정: R200, 외주공정
- 외주처: R221, ㈜영동바이크

㈜한국자전거지사는 ㈜영동바이크에 외주 의뢰 후 실적 품목에 대하여 P200, 제품창고_인천지점, P201, 제품_제품장소로 입고시켜 관리 중이다. 하지만 일부 외주 품목이 M200, 부품창고_인천지점, M201, 부품/반제품_부품장소로 잘못 입고가 된 것으로 확인되었다. 다음 중 잘못 입고가 이뤄진 작업실적번호로 옳은 것은?

① WR1905000020 ② WR1905000021
③ WR1905000022 ④ WR1905000023

해설 [보기]의 조건을 입력 후 조회한다. 조회된 내역을 각각 클릭하면 하단 창에 작업지시 건별 작업실적 정보가 나타나며, 하단 창에서 작업실적 건을 클릭하면 화면 제일 하단에 입고창고와 입고장소에 관한 정보를 확인할 수 있다. ④ WR1905000023이 M200, 부품창고_인천지점, M201, 부품/반제품_부품장소이다.

답 ④

5 외주자재사용등록

위치: 생산관리공통 ▷ 외주관리 ▷ 외주자재사용등록

외주 생산실적을 통해 얻은 생산품을 만드는 데 사용된 자재들과 사용량을 등록한다. 외주자재 출고를 통해 출고된 자재들은 사용등록 전까지 재공으로 남아 있으므로 외주자재사용등록에서 재공을 사용 처리하여 외주처에 남아 있는 재공을 감소시킨다.

✅ CHECK   주요 필드 설명
• 사용수량(하단 창): 생산품 실적수량 대비 사용한 자재의 소모 수량을 의미한다.

✅ CHECK   버튼 설명
• 일괄적용: 지시확정시 등록된 공정/작업장별 소요자재 내역에 근거하여 지시수량 대비 실적수량 비율로 해당 실적공정/실적작업장에 필요한 모든 소요자재들과 사용수량을 일괄로 등록하기 위해 사용한다.
• 청구적용: 지시확정시 등록된 공정/작업장별 소요자재 내역에 근거하여 청구된 자재내역과 지시수량 대비 실적수량 비율로 해당 실적공정/실적작업장에 필요한 모든 소요자재들과 사용수량을 함께 사용자에게 도움창 형태로 먼저 보여 주고, 사용자가 특정 자재사용 내역만 선택 적용하여 등록하기 위해 사용한다.
 – 생산 실적 데이터를 선택하고 청구적용 버튼을 클릭한다.
 – 청구수량: 지시확정시 자재 청구된 수량
 – 기사용량: 사용자재 보고된 수량
 – 필요수량: 지시수량 대비 실적수량 기준 필요수량

- 사용수량: 만약 ((청구수량 – 기사용량) 〈 필요수량)이면 사용수량 = 청구수량 – 기사용량이다. 그렇지 않다면 사용수량 = 필요수량이 된다.
- LOT관리 자재일 경우는 하단 그리드(품목별 LOT 재고 내역)의 LOT번호별 재고현황을 파악한 후 적용수량을 입력하면 상단 그리드의 사용수량에 반영된다.
- 상단 그리드에서 자재사용 보고할 데이터를 선택한 후 적용 버튼을 클릭하면 자동으로 자재사용 보고가 된다.

▶▶ 실무예제

아래 [보기]의 조건으로 데이터를 조회한 후 물음에 답하시오.

[보 기]

- 사업장: 2000, ㈜한국자전거지사
- 구분: 2. 외주
- 실적기간: 2019/05/20 ~ 2019/05/24
- 외주공정: R200, 외주공정
- 외주처: R231, ㈜제일물산
- 상태: 확정

다음 중 작업실적번호 WR1905000040에 대해서 청구적용을 이용하여 외주자재사용등록을 처리할 경우, 외주자재사용 잔량의 합으로 옳은 것은?

① 40EA   ② 50EA

③ 60EA   ④ 70EA

해설 [보기]의 조건을 입력 후 조회한다. 조회된 내역 중 작업실적번호 WR1905000040을 클릭한 후, 청구적용 버튼을 클릭하면 품목별 잔량을 확인할 수 있다. 50EA(= 5 + 30 + 15)   답②

6 외주실적검사

위치: 생산관리공통 ▷ 외주관리 ▷ 외주실적검사

　　특정 외주공정 기준으로 검사구분이 〈 검사 〉인 외주실적 데이터에 근거하여 실적검사 데이터를 입력하는 단계이다. 불합격수량 및 불량시료수만 사용자 입력이 가능하고, 합격수량 및 양품시료수는 자동으로 계산되며, 시스템환경설정 중 외주검사운영여부가 〈 운영함 〉으로 설정되어 있어야 한다.

✅ CHECK　버튼 설명
- 불량수량적용: 불량내역에서 불량항목 및 불량수량을 입력한 후 불량수량적용 버튼을 클릭하면 해당 작업실적검사 데이터의 불량수량 합계가 〈 전수검사 〉일 경우 불량수량에 업데이트되고, 〈 샘플검사 〉일 경우 불량시료수에 업데이트된다.

▶▶ 실무예제

아래 [보기]의 조건으로 데이터를 조회한 후 물음에 답하시오.

[보 기]
- 사업장: 2000, ㈜한국자전거지사
- 지시(품목) 기간: 2019/02/01 ~ 2019/02/28
- 외주공정: R200, 외주공정
- 외주처: R221, ㈜영동바이크

㈜한국자전거지사는 ㈜영동바이크에 외주 의뢰 후 외주실적 품목에 대하여 검사를 실시한다. 작업실적번호 WR1902000021의 실적검사에 사용된 불량시료 – 양품시료가 옳은 것은?

① 30－150　　　　　　　　　　② 20－120
③ 20－130　　　　　　　　　　④ 30－120

해설　[보기]의 조건을 입력 후 조회한다. 조회된 내역을 각각 클릭하면 하단 창에 작업지시 건별 검사실적 정보를 확인할 수 있다.　　　　　　　　　　　　　　目 ④

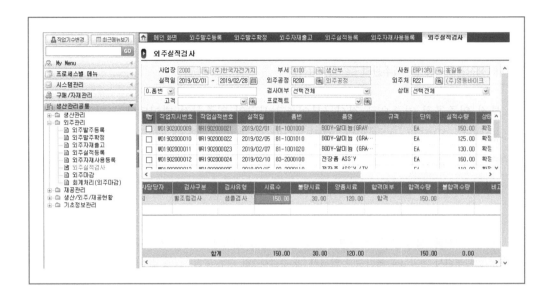

7 외주마감

위치: 생산관리공통 ▷ 외주관리 ▷ 외주마감

　　외주실적 데이터를 근거로하여 임가공비 정산 내역을 등록하는 단계이다. 자동전표
처리를 통해 회계 쪽에 전표를 넘긴 상태라면 데이터 수정이 불가능하다.

✅ CHECK　　버튼 설명
- 실적적용: 외주실적 데이터를 근거로 하여 임가공비 정산(외주마감)을 할 때 적용할 데이터를 선정하기
위해 사용한다.
- 실적일괄적용: 외주실적 데이터를 일괄적용할 때 사용한다.

▶▶ 　실무예제

아래 [보기]의 조건으로 데이터를 조회한 후 물음에 답하시오.

[보 기]

- 사업장: 2000, ㈜한국자전거지사　　　　　　　　• 마감일: 2019/05/01 ~ 2019/05/31

[검색조건]
- 외주공정: R200, 외주공정　　　　　　　　　　　• 실적일: 2019/05/01 ~ 2019/05/31
- 불량구분: 선택전체　　　　　　　　　　　　　　• 실적구분: 선택전체

[일괄적용값]

- 마감일자: 2019/05/31
- 과세구분: 0. 매입과세
- 세무구분: 21. 과세매입
- 외주단가 등록의 단가 적용: 체크함

㈜한국자전거지사는 매달 말일 해당 월의 외주실적 건을 실적일괄적용 기능을 이용하여 외주마감을 한다. 다음 [보기]의 조건으로 외주마감을 처리하였을 때 외주처에 대한 마감금액의 합(합계액의 합산)이 가장 많은 외주처로 옳은 것은?

① 한돈형공㈜   ② ㈜형광램프
③ ㈜제일물산   ④ ㈜영동바이크

해설 [보기]의 조건을 입력 후 조회한다. 실적일괄적용 버튼을 클릭하여 [검색조건]과 [일괄적용값]을 각각 입력후 확인한다. 외주처별로 클릭하면 하단 창에서 외주가공 품목별 외주비와 총 합계액을 각각 확인할 수 있다.
① 한돈형공㈜: 21,054,000
② ㈜형광램프: 104,676,000
③ ㈜제일물산: 18,636,750
④ ㈜영동바이크: 113,124,000   달 ④

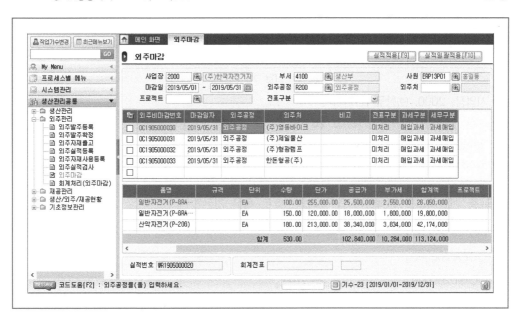

8 회계처리(외주마감)

위치: 생산관리공통 ▷ 외주관리 ▷ 회계처리(외주마감)

외주실적 데이터에 근거하여 외주마감처리한 데이터를 회계 전표로 자동생성하기 위한 단계이다. 회계연결계정과목등록에 설정된 분개기준에 따라 외주마감 데이터를 회계전표로 자동 분개하여 생성한다. 전표 상태가 < 승인 >일 경우에는 전표 삭제가 불가능하다. 외주마감 탭에서 외주마감 내역을 추가/수정/삭제할 수 없으며, 회계전표 탭에서 자동 생성된 분개 내역을 추가/수정/삭제할 수 없다.

✔ CHECK   주요 필드 설명
- 상태
  - 미결: 외주마감관리의 회계처리를 통해 자동 생성된 회계전표가 아직 전표승인이 되지 않은 상태이다.
  - 승인: 외주관리에서 자동으로 생성한 미결전표에 대하여 회계관리에서 전표승인 과정을 거쳤을 경우의 상태이다.

✔ CHECK   버튼 설명
- 전표생성: 회계연결계정과목등록에서 설정한 분개기준에 따라 회계전표를 자동 생성하기 위해 사용한다.
- 전표 삭제: 전표생성을 통해 자동 생성된 회계전표를 삭제하기 위해 사용한다.

▶▶ 실무예제

아래 [보기]의 조건으로 데이터를 조회한 후 물음에 답하시오.

[보 기]
- 사업장: 2000, ㈜한국자전거지사
- 기간: 2019/02/01 ~ 2019/02/28
- 외주공정: R200, 외주공정
- 외주처: R221, ㈜영동바이크

다음 중 전표처리를 진행하지 않은 마감번호로 옳은 것은?

① OC1902000005

② OC1902000006

③ OC1902000007

④ OC1902000008

해설   [보기]의 조건을 입력 후 조회하면, 상태 필드에서 전표처리가 진행되지 않은 마감 건을 확인할 수 있다.

답 ④

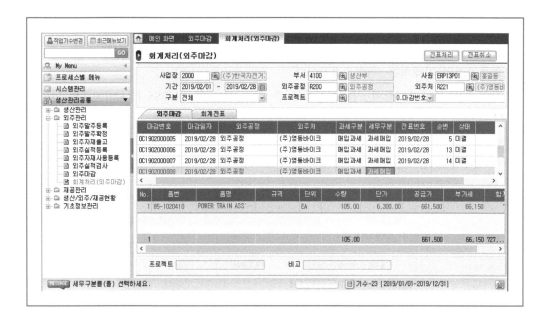

02 재공관리

1 기초재공등록

> 위치: 생산관리공통 ▷ 재공관리 ▷ 기초재공등록

　내부 생산공정 또는 외부 외주공정의 기초재공 수량 및 금액을 등록하는 화면이다. 보통 시스템 초기 도입 시 한 번만 등록하는 과정이다.

▶▶ 실무예제

아래 [보기]의 조건으로 데이터를 조회한 후 물음에 답하시오.

> [보 기]
> • 사업장: 2000, ㈜한국자전거지사
> • 등록일: 2019/01/01 ~ 2019/01/31
> • 품목군: P100, PEDAL

다음 중 기초재공등록에 대한 설명으로 옳지 않은 것은?

① 작업공정, 제품작업장의 모든 품목에 대한 기초수량의 합은 530,000이다.

② 외주공정, 제품작업장의 품목 21 – 3001600, PEDAL의 기초수량은 6,000이다.

③ 외주공정의 거래처는 ㈜대흥정공이다.

④ 작업공정, 제품작업장의 기초재공품목 중 88 – 1002000, PRESS FRAME – Z의 단위는 KG이다.

[보기]의 조건을 입력하여 조회한다. 5월 1일 등록일자 건을 클릭하면 하단창에서 기초수량을 확인할 수 있다. 작업공정, 제품작업장의 기초재공품목 중 88-1002000, PRESS FRAME-Z의 단위는 PCS이다.

📭 ④

② 재공창고입고/이동/조정등록

위치: 생산관리공통 ▷ 재공관리 ▷ 재공창고입고/이동/조정등록

재공입고(공정 → 창고), 재공이동(공정 → 공정), 재공조정(조정출고) 등 예외적인 재공 수불을 실적이나 지시와 관계 없이 처리하는 단계이다.

✔ CHECK 탭 설명
• 재공입고: 생산공정에서 작업 후 사용하다 남은 재공품을 창고로 입고한다.
• 재공이동: 생산공정에서 작업 중 재공품을 다른 공정으로 이동한다.
• 재공조정: 생산공정에 있는 재공품의 실사 수량과 장부상 수량의 차이를 조정한다.

▶▶ 실무예제

아래 [보기]의 조건으로 데이터를 조회한 후 물음에 답하시오.

[보 기]

- 사업장: 2000, ㈜한국자전거지사
- 실적기간: 2019/05/01 ~ 2019/05/04
- 출고공정: L200, 작업공정
- 출고작업장: L202, 반제품작업장
- 입고창고: M200, 부품창고_인천지점
- 입고장소: M201, 부품/반제품_부품장소

다음 중 재공에 남아 있는 반제품에 대하여 창고, 장소로 입고한 품목이 아닌 것은?

① 83－2000100, 전장품 ASS'Y

② 87－1002001, BREAK SYSTEM

③ 88－1002000, PRESS FRAME－Z

④ 83－2000110, 전장품 ASS'Y(TYPE A)

해설　[보기]의 조건을 입력하여 재공입고 탭에서 조회하면 ④ 83-2000110, 전장품 ASS'Y(TYPE A) 건이 조회 내역에 없는 품목이다.　답 ④

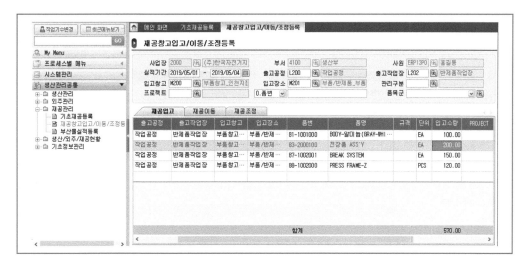

③ 부산물실적등록

위치: 생산관리공통 ▷ 재공관리 ▷ 부산물실적등록

특정 주요 생산물의 실적과 더불어 덤으로 부산물이 발생했을 경우에 사용하며, 반드시 생산실적 데이터를 근거로하여 부산물실적 데이터를 등록한다.

아래 [보기]의 조건으로 데이터를 조회한 후 물음에 답하시오.

[보 기]

- 사업장: 2000, ㈜한국자전거지사
- 공정: L200, 작업공정
- 작업장: L202, 반제품작업장
- 실적기간: 2018/05/01 ~ 2018/05/31
- 구분: 0. 공정

다음 중 [보기]의 기간에 생산한 반제품들의 실적에 대하여 21-1030600, FRONT FORK(S) 품목의 부산물실적 수량으로 옳은 것은?

① 20EA   ② 15EA

③ 10EA   ④ 5EA

해설   [보기]의 조건으로 입력 후 조회한다. 조회된 내역에서 각 품목을 클릭하면 해당 품목과 관련된 부산물실적을 하단 창에서 각각 확인할 수 있다. 21-1030600, FRONT FORK(S) 품목의 부산물실적 수량은 ④ 5EA이다.

답 ④

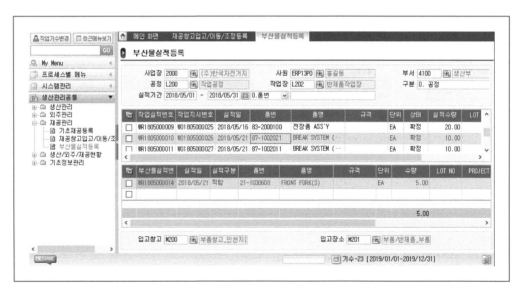

생산/외주/재공현황

1 작업지시/외주발주 현황

생산관리공통 ▷ 생산/외주/재공현황 ▷ 작업지시/외주발주 현황

생산 관련 지시(작업지시, 외주발주, 생산지시 등) 데이터 전체를 기준으로 하며 각각 지시 데이터별 진행 내역을 확인해 보기 위한 현황이다.

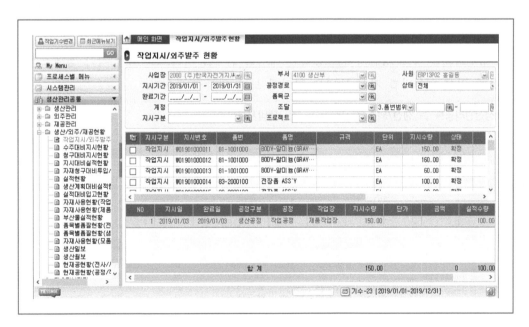

2 수주대비지시현황

생산관리공통 ▷ 생산/외주/재공현황 ▷ 수주대비지시현황

주문조회를 통해 생산지시를 등록한 데이터 전체를 기준으로 하며 각각 주문조회를 적용한 지시 데이터별 진행 내역을 확인해 보기 위한 현황이다.

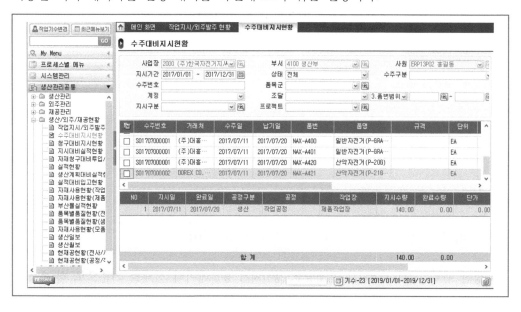

3 청구대비지시현황

청구조회를 통해 생산지시를 등록한 데이터 전체를 기준으로 하며 각각 청구조회를 적용한 지시 데이터별 지시 내역을 확인해 보기 위한 현황이다.

위생산관리공통 ▷ 생산/외주/재공현황 ▷ 청구대비지시현황

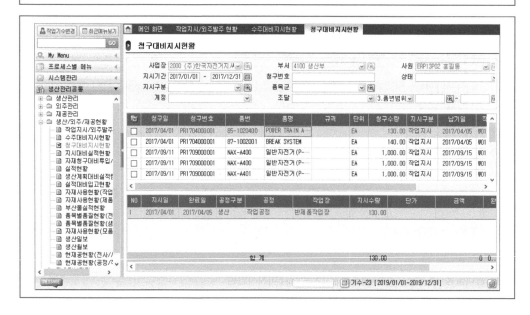

4 지시대비실적현황

생산관리공통 ▷ 생산/외주/재공현황 ▷ 지시대비실적현황

생산관련 지시(작업지시, 외주발주, 생산지시 등) 데이터 전체를 기준으로 지시 내역을 확인해 보기 위한 현황이다.

▶▶ 실무예제

아래 [보기]의 조건으로 데이터를 조회한 후 물음에 답하시오.

[보 기]

- 사업장: 2000, ㈜한국자전거지사
- 지시기간: 2019/02/01 ~ 2019/02/28
- 공정: L200, 작업공정
- 작업장: L201, 제품작업장

다음 중 [보기]의 기간 동안 발생한 실적 중 NAX-A420, 산악자전거(P-20G) 품목의 실적수량의 합으로 옳은 것은?

① 300EA   ② 200EA
③ 100EA   ④ 150EA

해설 [보기]의 조건을 입력한 후 조회한다. 조회된 내역 중 NAX-A420, 산악자전거(P-20G) 품목의 실적수량은
      ③ 100(= 50 + 50)   답 ③

5 자재청구대비투입/사용현황

생산관리공통 ▷ 생산/외주/재공현황 ▷ 자재청구대비투입/사용현황

　　지시확정을 통해 등록된 자재청구 데이터를 기준으로 하며 각각 자재청구 데이터별 자재출고, 자재사용 내역을 확인해 보기 위한 현황이다.

6 실적현황

생산관리공통 ▷ 생산/외주/재공현황 ▷ 실적현황

　　전체 지시 근거 실적데이터의 생산 관련 실적내역을 확인해 보기 위한 현황이다.

▶▶ 　실무예제

아래 [보기]의 조건으로 데이터를 조회한 후 물음에 답하시오.

[보 기]

- 사업장: 2000, ㈜한국자전거지사
- 지시기간: 2019/02/01 ~ 2019/02/28
- 지시공정: L200, 작업공정
- 지시작업장: L201, 제품작업장

다음 중 [보기]의 기간 동안 발생한 NAX-A420, 산악자전거(P-20G) 품목의 실적수량은?

① 200EA　　　　　　　　　　　　　② 150EA

③ 100EA　　　　　　　　　　　　　④ 250EA

해설　[보기]의 조건을 입력한 후 조회한다. 조회된 내역 중 NAX-A420, 산악자전거(P-20G) 품목의 잔량을 합
산하면 된다. 100 = 50 + 50　　　　　　　　　　　　　　　　　　　　　　답 ③

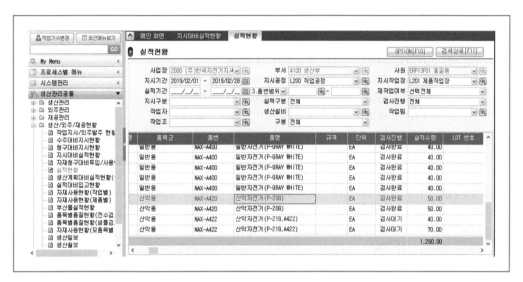

7 생산계획대비실적현황(월별)

생산관리공통　▷　생산/외주/재공현황　▷　생산계획대비실적현황(월별)

　등록된 생산계획 대비 실적(월별)을 조회하기 위한 프로그램이다. 해당 월의 생산계
획 수량 중 마지막 공정까지 실적(검사) 처리한 DATA를 집계하여 보여준다(실적 일이 해
당 월로 등록되어야 함). 검사대기 수량은 검사대기현황에서 조회 후 검사등록 처리하면
좀 더 정확한 현황을 볼 수 있다.

▶▶　실무예제

아래 [보기]의 조건으로 데이터를 조회한 후 물음에 답하시오.

[보 기]

• 사업장: 2000, ㈜한국자전거지사　　• 해당 연도: 2019
• 탭: 실적검사기준　　　　　　　　　• 조회기준: 전체

㈜한국자전거지사는 2019년도의 계획대비 실적에 대한 분석을 하고 있다. 다음 중 계획대비 실적이 가장 좋지 않은 품목으로 옳은 것은?

① 83 – 2000100, 전장품 ASS'Y

② 87 – 1002001, BREAK SYSTEM

③ 83 – 2000110, 전장품 ASS'Y(TYPE A)

④ 81 – 1001000, BODY – 알미늄(GRAY – WHITE)

해설 [보기]의 조건을 입력 후 조회한다. 조회된 내역 중 합계의 계획 대비 실적을 확인할 수 있다.
　　① 83-2000100, 전장품 ASS'Y: 계획/실적(400/620)
　　② 87-1002001, BREAK SYSTEM: 계획/실적(650/280)
　　③ 83-2000110, 전장품 ASS'Y(TYPE A): 계획/실적(300/323)
　　④ 81-1001000, BODY-알미늄(GRAY-WHITE): 계획/실적(850/990)　　　　답 ②

8 실적대비입고현황

생산관리공통 ▷ 생산/외주/재공현황 ▷ 실적대비입고현황

실적입고처리 데이터를 기준으로 실적수량 대비 입고수량 또는 미입고수량 등을 확인해 보기 위한 현황이다.

 실무예제

아래 [보기]의 조건으로 데이터를 조회한 후 물음에 답하시오.

- 사업장: 2000, ㈜한국자전거지사
- 실적기간: 2019. 02. 01. ~ 2019. 02. 28.
- 출고공정: L200, 작업공정
- 출고작업장: L201, 제품작업장
- 입고창고: P200, 제품창고_인천지점
- 입고장소: P201, 제품_제품장소

㈜한국자전거지사는 2019년 2월의 실적대비 입고현황을 분석을 하고 있다. 다음 중 실적대비 입고수량이 일치하지 않는 품목은?

① 일반자전거(P – GRAY WHITE)　　　② BODY – 알미늄(GRAY WHITE)
③ 산악자전거(P – 20G)　　　　　　　④ 산악자전거(P – 21G, A422)

해설 [보기]의 조건을 입력 후 조회한다. 조회된 내역 중 실적대비 입고수량을 확인할 수 있다.
① 일반자전거(P-GRAY WHITE) 실적수량은 40, 입고수량은 35　　　답 ①

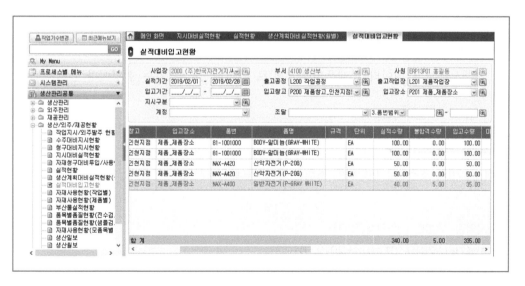

⑨ 자재사용현황(작업별)

생산관리공통 ▷ 생산/외주/재공현황 ▷ 자재사용현황(작업별)

작업지시별 자재사용보고 데이터를 확인해 볼 수 있는 현황이다.

10 자재사용현황(제품별)

생산관리공통 ▷ 생산/외주/재공현황 ▷ 자재사용현황(제품별)

자재사용보고 데이터를 제품별(품목별)로 확인해 볼 수 있는 현황이다.

▶▶ 실무예제

아래 [보기]의 조건으로 데이터를 조회한 후 물음에 답하시오.

[보 기]
- 사업장: 2000, ㈜한국자전거지사
- 사용기간: 2019. 01. 01. ~ 2019. 01. 31.
- 공정: R200, 외주공정
- 작업장: R201, ㈜대흥정공

다음 중 ㈜대흥정공의 실적수량의 합으로 옳은 것은?

① 173EA ② 273EA

③ 373EA ④ 473EA

해설 [보기]의 조건을 입력 후 조회한다. 조회된 내역의 실적수량 합계는 ④ 473EA 답 ④

11 부산물실적현황

생산관리공통 ▷ 생산/외주/재공현황 ▷ 부산물실적현황

　부산물실적등록 데이터를 기준으로 하면 부산물 실적내역을 확인해 보기 위한 현황 메뉴이다.

12 품목별품질현황(전수검사)

생산관리공통 ▷ 생산/외주/재공현황 ▷ 품목별품질현황(전수검사)

생산실적검사, 외주실적검사 데이터 중에 검사유형을 <전수검사>로 등록한 데이터를 기준으로 기간별/품목별로 합격수량/합격률, 불량유형별 불량수량/불량률 등을 확인해 볼 수 있는 통합 품질현황이다.

✔ CHECK   주요 필드 설명
- 검사수량: 실적 검사의 (합격수량 + 불합격 수량)을 의미한다.
- 합격수량: 실적 검사의 합격수량을 의미한다.
- 합격률: (합격수량/검사수량) × 100(%)
- 불량수량: 실적 검사의 불합격 수량을 의미한다.
- 불량률: (불량수량/검사수량) × 100(%)

⑬ 품목별품질현황(샘플검사)

생산관리공통 ▷ 생산/외주/재공현황 ▷ 품목별품질현황(샘플검사)

생산실적검사, 외주실적검사 데이터 중에 검사유형을 <샘플검사>로 등록한 데이터를 기준으로 기간별/품목별로 합격수량/합격률, 불량유형별 불량수량/불량률 등을 확인해 볼 수 있는 통합 품질현황이다.

✔ CHECK   주요 필드 설명
- 검사수량: 실적 검사의 (합격수량 + 불합격수량)을 의미한다.
- LOT합격수량: 실적 검사의 합격수량을 의미한다.
- LOT합격률: (합격수량 / 검사수량) × 100(%)
- LOT불량수량: 실적 검사의 불합격수량을 의미한다.
- LOT불량률: (불량수량 / 검사수량) × 100(%)
- 시료수: 실적 검사의 시료수를 의미한다.
- 샘플합격수: 실적 검사의 양품시료수를 의미한다.
- 불량수: 실적 검사의 불량시료수 또는 불량내역의 불량수량을 의미한다.
- 샘플합격률: (샘플합격수 / 시료수) × 100(%)
- 불량률: (불량수 / 시료수) × 100(%)

⑭ 자재사용현황(모품목별)

생산관리공통 ▷ 생산/외주/재공현황 ▷ 자재사용현황(모품목별)

자재사용보고 데이터를 모품목별로 확인해 볼 수 있는 현황이다.

생산일보

생산관리공통 ▷ 생산/외주/재공현황 ▷ 생산일보

실적 기준 또는 실적검사 기준으로 일별 생산실적 집계를 확인해 보기 위한 현황이다.

▶▶ **실무예제**

아래 [보기]의 조건으로 데이터를 조회한 후 물음에 답하시오.

[보 기]

- 사업장: 2000, ㈜한국자전거지사
- 실적기간: 2019. 02. 01. ~ 2019. 02. 28.
- 공정: L200, 작업공정　　　　　　　· 작업장: L201, 제품작업장
- 구분: 1. 공정　　　　　　　　　　　· 수량조회기준: 0. 실적입고기준
- 탭: 실적검사기준　　　　　　　　　· 검사기준: 검사

다음 [보기]의 조건으로 생산일보를 조회한 후 실적수량 대비 불량수량이 가장 많은 품목으로 옳은 것은?

① 일반자전거(P-GRAY WHITE)　　　② 일반자전거(P-GRAY RED)
③ 산악자전거(P-21G, A421)　　　　　④ 산악자전거(P-21G, A422)

해설　[보기]의 조건을 입력 후 조회한다. 조회된 내역 중 실적대비 불량수량을 확인할 수 있다.
　　　① 일반자전거(P-GRAY WHITE)의 실적수량 200, 불량수량 43이다.　　　　답 ①

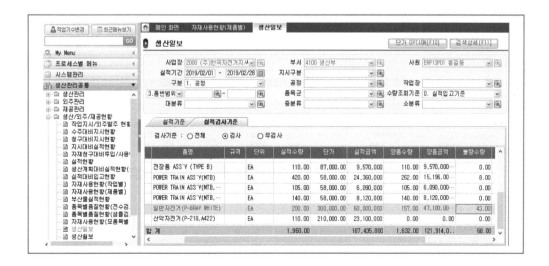

16 생산월보

생산관리공통 ▷ 생산/외주/재공현황 ▷ 생산월보

실적 기준 또는 실적검사 기준으로 월별 생산실적 집계를 확인해 보기 위한 현황이다.

17 현재공현황(전사/사업장)

생산관리공통 ▷ 생산/외주/재공현황 ▷ 현재공현황(전사/사업장)

품목별로 재공 수량을 확인해 보거나 또는 사업장별/품목별로 재공 수량을 확인해 볼 수 있는 현황이다.

▶▶ 실무예제

아래 [보기]의 조건으로 데이터를 조회한 후 물음에 답하시오.

[보 기]

• 사업장: 2000, ㈜한국자전거지사
• 해당 연도: 2019   • 조달: 1. 생산계정

다음 중 재공수량이 가장 많은 반제품 품목으로 옳은 것은?

① 83－2000100, 전장품 ASS'Y

② 87－1002001, BREAK SYSTEM

③ 85－1020400, POWER TRAIN ASS'Y(MTB)

④ 88－1002000, PRESS FRAME－Z

해설   [보기]의 조건을 입력 후 사업장 탭에서 조회한다. 조회된 내역에서 품목별 재공수량을 확인할 수 있다.

답 ③

현재공현황(공정/작업장)

생산관리공통 ▷ 생산/외주/재공현황 ▷ 현재공현황(공정/작업장)

사업장별/공정별/품목별로 재공 수량을 확인해 보거나 또는 사업장별/공정별/작업장별/품목별로 재공 수량을 확인해 볼 수 있는 현황이다.

▶▶ 실무예제

아래 [보기]의 조건으로 데이터를 조회한 후 물음에 답하시오.

[보 기]	
• 사업장: 2000, ㈜한국자전거지사	• 해당 연도: 2019
• 공정: L200, 작업공정	• 작업장: L202, 반제품작업장
• 계정: 4. 반제품	• 재공유무: 1. 유

다음 중 재공수량이 가장 많은 반제품 품목으로 옳은 것은?

① 83 - 2000100, 전장품 ASS'Y

② 87 - 1002001, BREAK SYSTEM

③ 88 - 1001000, PRESS FRAME - W

④ 88 - 1002000, PRESS FRAME - Z

해설 [보기]의 조건을 입력 후 작업장 탭에서 조회한다. 조회된 내역에서 품목별 재공수량을 확인할 수 있다.

답 ③

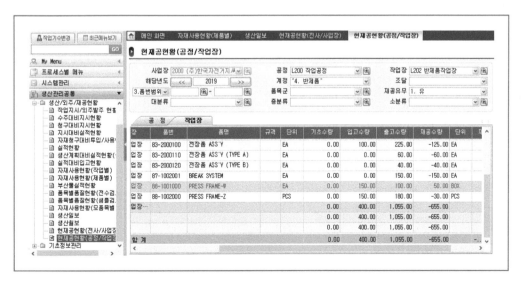

최신기출 완전 정복

생산 1급

01 다음 중 ERP 도입전략으로 ERP 자체개발 방법에 비해 ERP 패키지를 선택하는 방법의 장점으로 가장 적절하지 않은 것은 무엇인가?

① 검증된 방법론 적용으로 구현 기간의 최소화가 가능하다.

② 검증된 기술과 기능으로 위험 부담을 최소화할 수 있다.

③ 시스템의 수정과 유지보수가 지속적으로 이루어질 수 있다.

④ 향상된 기능과 최신의 정보기술이 적용된 버전(Version)으로 업그레이드 (Upgrade)가 가능하다.

02 다음 중 확장된 ERP 시스템의 SCM 모듈을 실행함으로써 얻는 장점으로 가장 적절하지 않은 것은 무엇인가?

① 공급사슬에서의 가시성 확보로 공급 및 수요변화에 대한 신속한 대응이 가능하다.

② 정보투명성을 통해 재고수준 감소 및 재고회전율(Inventory Turnover) 증가를 달성할 수 있다.

③ 공급사슬에서의 계획(Plan), 조달(Source), 제조(Make) 및 배송(Deliver) 활동 등 통합 프로세스를 지원한다.

④ 마케팅(Marketing), 판매(Sales) 및 고객서비스(Customer Service)를 자동화함으로써 현재 및 미래 고객들과 상호작용할 수 있다.

03 ERP의 특징으로 가장 적절하지 않은 것은 무엇인가?

① 다국적, 다통화, 다언어 지원   ② 실시간 정보처리 체계 구축

③ 개별 업무 단위로 체계 구축   ④ 선진화된 프로세스의 내장

04 경영환경 변화에 대한 대응방안 및 정보기술을 통한 새로운 기회 창출을 위해 기업경영의 핵심과 과정을 전면 개편함으로써 경영성과를 향상시키기 위한 경영기법은 무엇인가?

① MRP(Material Requirement Program)

② MBO(Management By Objectives)

③ JIT(Just In Time)

④ BPR(Business Process Re-engineering)

05 ERP 시스템 구축 절차 중 구현 단계에서 수행할 내용으로 가장 적절하지 않은 것은 무엇인가?

① 시스템 평가
② 시험가동(Prototyping)
③ 커스터마이징(Customizing)
④ 데이터 전환(Data Conversion)

06 생산이란 생산요소(투입물)를 유형·무형의 경제재(산출물)로 변환시킴으로써 효용을 산출하는 과정이라 할 수 있다. 이러한 생산 및 운영관리의 목표라고 할 수 없는 것은 무엇인가?

① 품질
② 시간(납기)
③ 원가
④ 재고최소화

07 선풍기를 생산하는 공장에서 과거 8시간 작업하여 8대를 생산하였다. 그러나 현재는 공정을 개선한 결과 5시간 작업하여 동일한 양을 생산하고 있다. 이 공장의 생산성은 몇 % 향상되었는가?

① 20%
② 25%
③ 50%
④ 60%

08 ㈜한국의 금년 6월의 컴퓨터 판매량의 예측치는 25,000대, 판매 실적은 30,000대였다. 지수평활계수 α = 0.2인 단순 지수평활법(Exponential Smoothing)을 이용하여 7월의 컴퓨터 판매량을 예측하면 얼마인가?

① 24,000대
② 26,000대
③ 29,000대
④ 31,000대

09 흐름생산방식(Flow Shop)의 특징이 아닌 것은?

① 주문에 의한 생산
② 특수기계의 생산라인
③ 전용기계
④ 적은 유연성

10 총괄생산계획과 관련하여 기업이 사용할 수 있는 전략으로 적절하지 않은 것은?

① 수요의 변동에 따라 신속하게 신설비를 도입한다.

② 수요의 변동에 따라 조업시간을 변동한다.

③ 수요의 변동에 따라 고용수준의 규모를 조정한다.

④ 고용수준이나 생산율을 고정시키고 재고수준을 조절한다.

11 다음은 ㈜한국이 주문받은 A제품의 납기를 나타낸 것이다. 현재일이 30일이라면 긴급율(CR)에 의해 작업의 우선순위를 구했을 때, 가장 우선순위로 진행해야 하는 작업의 순서를 바르게 나타낸 것은?

작업	납기일	잔여 제조일수
가	60	6
나	50	5
다	46	8

① 가 – 나 – 다

② 나 – 다 – 가

③ 다 – 가 – 나

④ 다 – 나 – 가

12 3가지 제품을 생산하는 기업A의 제조1팀에는 5명의 작업자가 주당 52시간을 근무하고 있으며, 지난 주의 제품별 생산수량과 판매단가는 표와 같다. 시간당 산출액으로 측정한 제조1팀의 지난 주 노동생산성은? (답에는 숫자만 기입할 것, 단위: 천원/인시)

제품	P1	P2	P3
생산수량(개)	130	100	150
판매단가(천원)	10.0	15.2	7.2

답 ( )천원/인시

13 ㈜한국이 지난 1년간 판매한 제품의 총 가치는 550억원, 제품의 생산과 판매를 위해 외부에서 구입한 가치는 325억원이었다. 지난 해 종업원의 수가 연평균 150명이었다면, ㈜한국의 종업원 1인당 부가가치 생산성은? (소수점 첫째자리까지 숫자만 기입할 것)

답 ( )억원/인

14 다음은 공정의 분류 중 공정분석법의 4가지 공정에 해당하지 않는 것은?

① 검사 공정   ② 애로 공정
③ 운반 공정   ④ 정체 공정

15 다음 [보기]의 괄호 안에 해당하는 용어끼리 맞게 나열한 것은?

[보 기]
공정분석이란 (㉠)가 출고되면서부터 (㉡)으로 출하될 때까지 다양한 경로에 따른 (㉢)과/와 이동 거리를 (㉣)기호를 이용하여 계통적으로 나타냄으로써 공정계열의 합리화를 위한 개선방안을 모색할 때 매우 유용한 방법을 말한다.

① ㉠ – 원재료, ㉡ – 상품, ㉢ – 공정순서, ㉣ – 공정도시
② ㉠ – 원재료, ㉡ – 상품, ㉢ – 공정순서, ㉣ – 작업분석
③ ㉠ – 원재료, ㉡ – 제품, ㉢ – 경과시간, ㉣ – 공정도시
④ ㉠ – 원재료, ㉡ – 제품, ㉢ – 경과시간, ㉣ – 작업분석

16 다음 [설명]에 해당하는 용어는?

[설 명]
계획된 실제의 작업량을 작업일정이나 시간으로 견주어 가로선으로 표시함으로써, 계획과 통제의 기능을 동시에 수행하는 전통적인 일정관리기법

① PERT/CPM   ② Gantt Chart
③ Line Balancing   ④ Johnson's Algorithm

17 각 작업장의 작업자는 모두 1명씩이고 작업시간이 표와 같을 때, 라인의 불균형률을 구하시오(단 숫자로만 표기하시오).

판매량(개)	30	100	120	70
가중치	0.1	0.3	0.4	0.2

① 15.25%   ② 16.75%
③ 18.75%   ④ 20.25%

18 재고를 모든 악의 근원으로 보고 필요한 것을 필요한 때 필요한 만큼 만드는 생산방식을 무엇이라고 하는가?

① 칸반(Kanban)
② JIT(Just In Time)
③ 3정 5S
④ PERT/CPM

19 다음 [설명]에 해당하는 용어를 한글로 쓰시오.

[설 명]
공정계획 중 최대작업량과 평균작업량의 비율을 최적으로 유지할 수 있는 작업량의 할당 계획

답 (   ) 계획

20 생산가공 내지는 조립라인에서 공정 간에 균형을 이루지 못하여 공정의 유휴율이 높아지고 능률이 떨어지는 경우에 각 공정의 소요시간이 균형을 이루도록 작업장이나 작업순서를 배열하는 것을 무엇이라 하는지 한글로 쓰시오.

답 (   )

21 다음과 같은 [상황]이 주어졌을 때 가동률을 구하시오. 단, 가동률 단위는 %로 하고, 수치만 제시하시오.

[상 황]
L 작업장의 인원 10명 중 2명이 현재 예비군훈련에 동원되었고, 작업 정리 등 간접작업에 실제 가동시간의 20% 정도가 소요되었다.

답 (   )%

22 다음 [설명]의 내용은 재고 보유의 동기 중 어디에 해당하는지 고르시오.

> [설 명]
>
> 수요량을 미리 알고 있으며, 시장에 있어서의 가치체계가 시간적으로 변화하지 않은 경우의 재고보유 동기

① 거래동기   ② 순환동기

③ 예방동기   ④ 투기동기

23 자재소요계획(MRP)에 대한 설명으로 옳은 것은?

① 장래의 수요는 오직 과거의 수요 자료만을 이용하여 예측한다.

② Push 방식의 시스템으로서 비반복적 생산품목의 일정 및 재고통제에 적합하다.

③ 독립수요를 갖는 많은 부품의 제조를 통제하는 데 매우 유용하다.

④ 외부로부터 구매하는 완제품의 총소요량을 통제하는 하나의 유용한 재고시스템이다.

24 생산능력계획(CRP: Capacity Requirement Planning)에 대한 내용으로 옳지 않은 것은?

① 필요한 생산능력을 산출하기 위한 주요 입력자료는 최종제품에 대한 기준생산계획(MPS)임

② MRP 전개로 생성된 계획이 얼마만큼의 제조자원을 요구하는지를 계산하는 모듈

③ 이미 발주된 예정입고와 발주예정의 계획발주량을 완성하는 데 필요한 작업부하 산정에 이용됨

④ 공장의 생산능력에 맞추어 자재소요계획을 수립하기 위해 작업장의 능력소요량을 시간대별로 예측하는 기법

25 공급망 관리(SCM)에 대한 설명으로 적절하지 않은 것은?

① 공급망 내의 불필요한 낭비요소를 제거함으로써 최적화를 추구한다.

② SCM은 한 기업체 내부에서 수행되는 업무의 기능적 최적화를 달성하기 위한 도구이다.

③ SCM의 최종 목표는 기업 자원의 효율적인 활용을 통한 고객가치 창출 및 경쟁 우위 달성에 있다.

④ 공급업체, 제조기업, 도매상, 소매상, 소비자 간 물자, 재정 및 정보의 흐름을 통합적으로 관리하는 시스템을 말한다.

26 다음 [설명]은 A.J. Arrow의 재고보유의 동기 중 하나에 대한 내용이다. 괄호 안에 해당하는 단어를 한글로 쓰시오.

> [설 명]
> (   )동기란, 가격변동을 예측하고 재고를 보유할 때의 동기를 말한다.

🔳 (   ) 동기

27 다음은 L 부품의 연간 수요량이 200개이고 1회 주문비용이 100원이며 단가가 10원 그리고 연간 단위당 재고 유지비율이 0.4일 경우에는 EOQ는 얼마인지 구하시오.

🔳 (   )개

28 다음 중 좋은 제품과 서비스를 만드는 데 사용된 모든 비용을 의미하는 품질비용과 가장 거리가 먼 것은?

① 예방비용   ② 평가비용
③ 실패비용   ④ 지연비용

29 품질관리(QC) 도구인 특성요인도에서 제품의 품질에 영향을 미치는 요인을 분류하는데 활용되는 4M과 가장 거리가 먼 것은?

① 작업자(Man)   ② 설비(Machine)
③ 자금(Money)   ④ 재료(Material)

30 6 시그마 경영에서 품질수준이 6 시그마 수준에 도달한 공정의 DPMO(Defects Per Million Opportunities)는?

① 0.34   ② 3.40

③ 34.0   ④ 340

31 다음 [보기]가 설명하는 용어를 쓰시오(한글로).

> [보 기]
>
> 정상상태에 있는 공정의 관리도에서 정규분포를 따르는 제품 품질 특성의 평균값에 해당하는 선

🔲 (   )선

32 TV 한 대의 납땜불량 건수, 책 한 쪽의 오자 수 등과 같이 품목 한 단위에서 발생하는 결점수를 관리하는 데 사용되는 관리도는 무엇인지 영어 알파벳으로 쓰시오.

🔲 (   )관리도

01 다음 중 계정구분이 나머지와 다른 품목으로 옳은 것은 무엇인가?

① 산악자전거(P-20G)
② 유아용자전거(TYPE 2010)
③ 일반자전거(P-GRAY RED)
④ 일반자전거(P-GRAY WHITE)

02 다음 [보기]에 해당하는 BOM 내역 중 기준일자에 해당하지 않는 품목으로 옳지 않은 것은 무엇인가?

[보 기]
• 모품목: POWER TRAIN ASS'Y(MTB)
• 기준일자: 2019/11/23

① PEDAL
② FRAME-NUT
③ GEAR REAR C
④ WHEEL REAL - MTB

03 다음 [보기]에 해당하는 외주단가 중 2019년 11월 20일로 외주발주일을 등록할 경우 반영되는 외주단가로 옳은 것은 무엇인가?

[보 기]
• 사업장: ㈜한국자전거지사
• 외주공정: 외주공정
• 외주처: ㈜하나상사
• 품목: 전장품 ASS'Y

① 64,500
② 67,500
③ 68,850
④ 69,680

04 다음 불량코드 중 사용되지 않은 불량군으로 옳은 것은 무엇인가?

① 조립불량
② 도색불량
③ 포장불량
④ 파손불량

05 다음 중 생산관리 모듈의 외주가공비 전표코드에 해당하는 계정코드로 옳지 않은 것은 무엇인가?

① 14700 – 제품 구매

② 25100 – 외상 매입금 증가

③ 53300 – 외주 가공비 발생

④ 13500 – 외주가공비 부가세대급금

06 다음 [보기]에 해당하는 생산계획 내역 중 품목과 품목별 일생산량을 초과하는 년월일을 연결한 것으로 옳지 않은 것은 무엇인가?

> **[보 기]**
> • 사업장: ㈜한국자전거지사
> • 작업예정일: 2019/12/01 ~ 2019/12/10

① 전장품 ASS'Y – 2019/12/06

② 산악자전거 (P – 20G) – 2019/12/01

③ PRESS FRAME – W (TYPE B) – 2019/12/03

④ BODY – 알미늄(GRAY – WHITE) – 2019/12/04

07 다음 [보기]에 해당하는 작업지시 건 중 작업지시번호와 상태를 연결한 것으로 옳은 것은 무엇인가?

> **[보 기]**
> • 사업장: ㈜한국자전거지사
> • 공정: 작업공정
> • 작업장: 제품작업장
> • 지시기간: 2019/10/01 ~ 2019/10/15

① WO1910000001 – 확정   ② WO1910000002 – 계획

③ WO1910000004 – 마감   ④ WO1910000006 – 확정

08 다음 [보기]에 해당하는 작업지시 건 중 LOSS율이 가장 높은 청구품목과 해당 청구품목의 작업지시번호를 연결한 것으로 옳은 것은 무엇인가?

> [보 기]
>
> - 사업장: ㈜한국자전거지사
> - 공정: 작업공정
> - 작업장: 제품작업장
> - 지시기간: 2019/10/01 ~ 2019/10/31

① GEAR REAR C — WO1910000009

② BREAK SYSTEM — WO1910000001

③ 전장품 ASS'Y(TYPE A) — WO1910000010

④ POWER TRAIN ASS'Y(MTB TYPE A) — WO1910000003

09 다음 [보기]를 참조하여 출고요청 적용하여 자재출고처리 시, 품목별 청구수량의 합으로 옳지 않은 것은 무엇인가?

> [보 기]
>
> - 사업장: ㈜한국자전거지사
> - 출고기간: 2019/11/01 ~ 2019/11/23
> - 청구기간: 2019/10/01 ~ 2019/10/31

① GEAR REAR C — 452EA ② BREAK SYSTEM — 924EA

③ PEDAL(TYPE A) — 169EA ④ HEAD LAMP(LED TYPE) — 132EA

10 다음 [보기]에 해당하는 실적내역 중 사용되지 않은 생산설비로 옳은 것은 무엇인가?

> [보 기]
>
> - 사업장: ㈜한국자전거지사
> - 지시공정: 작업공정
> - 지시기간: 2019/10/01 ~ 2019/10/15

① 생산설비 1호 ② 생산설비 2호

③ 생산설비 4호 ④ 생산설비 5호

11   다음 [보기]에 해당하는 실적번호와 사용자재, 사용수량을 연결한 것으로 옳지 않은 것
     은 무엇인가?

> [보 기]
>
> • 사업장: ㈜한국자전거지사
> • 실적기간: 2019/10/01 ~ 2019/10/31

① WR1910000006 − GEAR REAR C − 22.8EA
② WR1910000009 − BREAK SYSTEM − 84EA
③ WR1910000013 − FRAME − 알미늄(TYPE A) − 104.5EA
④ WR1910000015 − POWER TRAIN ASS'Y(MTB, TYPE A) − 67.7EA

12   다음 [보기] 중 생산실적 건 중 생산실적입고처리가 될 수 없는 실적번호로 옳은 것은 무
     엇인가?

> [보 기]
>
> • 사업장: ㈜한국자전거지사
> • 실적일: 2019/10/01 ~ 2019/10/31
> • 공정: 작업공정
> • 작업장: 제품작업장

① WR1910000003   ② WR1910000008
③ WR1910000011   ④ WR1910000015

13   다음 [보기]에 해당하는 실적 건 중 실적수량 대비 입고잔량이 가장 많은 실적번호로 옳
     은 것은 무엇인가?

> [보 기]
>
> • 사업장: ㈜한국자전거지사
> • 실적기간: 2019/10/01 ~ 2019/10/31
> • 공정: 작업공정
> • 작업장: 제품작업장

① WR1910000003   ② WR1910000007
③ WR1910000008   ④ WR1910000011

14 다음 [보기]에 해당하는 작업지시 건 중 마감처리/취소가 불가능한 작업지시번호로 옳은 것은 무엇인가?

> [보 기]
> • 사업장: ㈜한국자전거지사
> • 지시일: 2019/10/01 ~ 2019/10/31

① WO1910000002
② WO1910000003
③ WO1910000005
④ WO1910000006

15 다음 [보기]를 참조하여 청구적용하여 외주발주등록된, 품명과 금액을 연결한 것으로 옳지 않은 것은 무엇인가?

> [보 기]
> • 사업장: ㈜한국자전거지사
> • 공정: 외주공정
> • 외주처: ㈜대흥정공
> • 지시기간: 2019/11/01 ~ 2019/11/15

① PRESS FRAME-W - 270,000
② 전장품 ASS'Y - 10,440,000
③ POWER TRAIN ASS'Y(MTB) - 1,972,000
④ BODY-알미늄(GRAY-WHITE) - 1,218,000

16 다음 [보기]를 참조하여 외주발주 건에 대해 확정처리 후, 확정수량의 합으로 옳은 것은 무엇인가?

> [보 기]
> • 사업장: ㈜한국자전거지사
> • 지시기간: 2019/11/01 ~ 2019/11/30
> • 지시번호: WO1911000006
> • 사용일: 2019/10/31
> • BOM비고복사, 재생산 체크여부: 체크하지 않음

① 3,080   ② 3,476

③ 3,520   ④ 3,960

17 다음 [보기]에 해당하는 실적내역 중 적합 실적수량의 합보다 부적합 실적수량의 합이 더 큰 지시번호로 옳은 것은 무엇인가?

> **[보 기]**
>
> • 사업장: ㈜한국자전거지사
> • 지시기간: 2019/11/01 ~ 2019/11/30
> • 외주공정: 외주공정

① WO1911000002   ② WO1911000008

③ WO1911000015   ④ WO1911000026

18 다음 [보기]를 참조하여 외주실적 적용하여 외주마감 수행 시, PRESS FRAME-W 품목의 공급가의 합으로 옳은 것은 무엇인가?

> **[보 기]**
>
> • 사업장: ㈜한국자전거지사
> • 외주공정: 외주공정
> • 외주처: ㈜대흥정공
> • 실적일: 2019/11/01 ~ 2019/11/20
> • 불량구분: 1. 합격
> • 마감일자: 2019/11/23
> • 과세구분: 0. 매입과세
> • 세무구분: 21. 과세매입

① 216,000   ② 270,000

③ 420,000   ④ 466,200

19 다음 [보기]를 참조하여 외주마감 건에 대해 전표처리 후 외주마감번호별 부가세대급금을 연결한 것으로 옳지 않은 것은 무엇인가?

> **[보 기]**
>
> • 사업장: ㈜한국자전거지사
> • 기간: 2019/11/01 ~ 2019/11/20
> • 부가세사업장: ㈜한국자전거지사
> • 전표금액 0 제외 여부: 미체크
> • 주류거래여부: 미체크

① OC1911000007 − 0
② OC1911000006 − 188,000
③ OC1911000008 − 139,200
④ OC1911000009 − 495,720

20 다음 [보기]에 해당하는 실적 건 중 검사진행여부가 '검사대기'인 실적번호로 옳은 것은 무엇인가?

> **[보 기]**
>
> • 사업장: ㈜한국자전거지사
> • 지시기간: 2019/11/01 ~ 2019/11/15

① WO1911000006
② WR1911000008
③ WR1911000010
④ WR1911000023

21 다음 [보기]에 해당하는 청구대비지시내역 중 완료되지 않은 작업지시번호로 옳은 것은 무엇인가?

> **[보 기]**
>
> • 사업장: ㈜한국자전거지사
> • 지시기간: 2019/11/01 ~ 2019/11/15

① WO1911000026
② WO1911000027
③ WO1911000028
④ WO1911000029

22 다음 [보기]에 해당하는 데이터 중 실적이 존재하면서 지시대비실적잔량이 존재하는 지시번호로 옳은 것은 무엇인가? (단, 잔량은 (+) 수량을 기준으로 한다.)

> **[보 기]**
> • 사업장: ㈜한국자전거지사
> • 지시기간: 2019/10/01 ~ 2019/10/31

① WO1910000003   ② WO1910000004
③ WO1910000006   ④ WO1910000010

23 다음 [보기]에 해당하는 데이터 중 실적수량 대비 미입고수량이 가장 큰 실적입고번호로 옳은 것은 무엇인가?

> **[보 기]**
> • 사업장: ㈜한국자전거지사
> • 실적기간: 2019/10/01 ~ 2019/10/31

① IW1910000015   ② IW1910000016
③ WR1910000003   ④ WO1910000004

24 다음 [보기]에 해당하는 자품목의 상위 모품목을 연결한 것으로 옳지 않은 것은 무엇인가?

> **[보 기]**
> • 사업장: ㈜한국자전거지사
> • 사용기간: 2019/10/01 ~ 2019/10/31

① FRAME – 알미늄 – PRESS FRAME – Z
② BREAK SYSTEM – 산악용자전거(P – 20G)
③ GEAR REAR C – POWER TRAIN ASS'Y(MTB, TYPE A)
④ POWER TRAIN ASS'Y(MTB, TYPE A) – 일반자전거(P – GRAY RED)

25 다음 2019년 PEDAL(S)의 공정/작업장별 재공수량으로 옳지 않은 것은 무엇인가?

① 외주공정 − ㈜하나상사 − 84EA

② 외주공정 − ㈜대흥정공 − 175EA

③ 작업공정 − 제품작업장 − 1,388EA

④ 작업공정 − 반제품작업장 − 543.4EA

01 다음 중 ERP의 장점 및 효과에 대한 설명으로 가장 적절하지 않은 것은 무엇인가?

① ERP는 다양한 산업에 대한 최적의 업무관행인 베스트 프랙틱스(Best Practices)를 담고 있다.

② ERP 시스템 구축 후 업무재설계(BPR)를 수행하여 ERP 도입의 구축성과를 극대화할 수 있다.

③ ERP는 모든 기업의 업무 프로세스를 개별 부서원들이 분산처리하면서도 동시에 중앙에서 개별 기능들을 통합적으로 관리할 수 있다.

④ 차세대 ERP는 인공지능 및 빅데이터 분석 기술과의 융합으로 선제적 예측과 실시간 의사결정지원이 가능하다.

02 ERP 구축 시 고려해야 할 사항이 아닌 것은 다음 중 무엇인가?

① 전사적 참여 유도

② 커스트마이징의 최소화

③ 의사결정권을 가진 경영진의 확고한 의지

④ IT 업체의 철저한 주도 하에 프로젝트 진행

03 다음 ERP에 대한 설명 중 가장 맞지 않는 것은 무엇인가?

① 신속한 의사결정을 지원하는 경영정보시스템이다.

② 기능 최적화에서 전체 최적화를 목표로 한 시스템이다.

③ 인사, 영업, 구매, 생산, 회계 등 기업의 업무가 통합된 시스템이다.

④ 모든 사용자들은 사용권한 없이도 쉽게 기업의 정보에 접근할 수 있다.

04 다음 중 ERP 도입의 최종 목적으로 가장 적합한 것은 무엇인가?

① 해외 매출 확대   ② 관리자 리더십 향상

③ 경영정보의 분권화   ④ 고객만족과 이윤 극대화

05 ERP 구축절차 중 모듈조합화, 테스트 및 추가개발 또는 수정기능 확정을 하는 단계는 무엇인가?

① 구축단계
② 구현단계
③ 분석단계
④ 설계단계

06 다음 중 다양한 BOM에 대한 설명으로 잘못된 것은?

① Manufacturing BOM: 생산 관리부서 및 생산현장에서 사용되는 BOM으로 제조 공정 및 조립공정의 순서를 반영한다.
② Percentage BOM: 제품군을 구성하는 제품 또는 제품을 구성하는 부품의 양을 정수로 표현한 BOM이다.
③ Common Parts BOM: 제품 또는 제품군에 공통적으로 사용되는 부품들을 모아 놓은 BOM을 뜻한다.
④ Inverted BOM: 단일한 부품(원료)을 가공하여 여러 종류의 최종제품을 만드는 경우, 즉 역삼각형 형태의 BOM이다.

07 장소의 제한을 받고, 제품이 고정되어 있어 자재투입 및 생산공정이 시기별로 변경되는 건물, 교량, 배 등의 제품생산에 적합한 생산방식은 무엇인가?

① 프로젝트 생산방식
② 개별 생산방식
③ 연속 생산방식
④ 흐름 생산방식

08 반제품을 재고로 보유하고 고객의 주문이 발생하면 완제품을 조립하여 공급하는 방식으로 주로 자동차와 같이 옵션이 많은 제품의 생산에 활용되는 것은?

① ATO(Assemble－To－Order)
② ETO(Engineer－To－Order)
③ MTO(Make－To－Order)
④ MTS(Make－To－Stock)

09 총괄생산계획을 기준으로 보다 구체적으로 각 제품에 대한 생산시기와 수량을 수립하는 것을 기준생산계획(MPS)이라 할 때, 이를 수립하기 위해서 필요한 사항이라고 볼 수 없는 것은?

① 자재소요량
② 현재 재고량
③ 기간별 예측수요량
④ 주문정책 및 매개변수

10 다음 중 PERT와 관련된 설명으로 옳지 않은 것은?

① 총 여유시간은 자유여유시간보다 크거나 같다.
② 주로 건설공사 등 프로젝트 산업에서 활용된다.
③ 활동의 소요시간 추정치가 확정적인 경우에 사용된다.
④ 주경로는 여유시간(Slack)이 0인 노드들로 구성된다.

11 다음은 어떤 프로젝트의 네트워크 다이어그램이다. 이 프로젝트를 완성하기 위한 가장 빠른 일정은 몇 주인가?

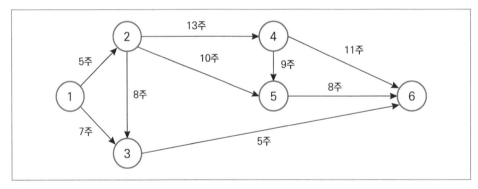

① 12주
② 18주
③ 29주
④ 35주

12 과거의 판매 실적 자료를 분석하여 제품 수요의 주기변동(Cycle), 추세변동(Trend), 계절변동(Seasonality)을 예측하고 이들을 결합함으로써 미래의 수요를 예측하는 시계열 분석 기법은 무엇인지 한글로 쓰시오.

답 (   )

13 현재일이 30일이고, 긴급률(CR)에 의해 처리순서를 결정하는 작업장에서 다음 세 개의 작업들 중 가장 먼저 처리해야 하는 작업의 긴급률을 숫자로 쓰시오.

작업	납기일	잔여 제조일수
A	60	10
B	48	9
C	35	2

🔲 (   )

14 작업장에 생산능력 이상의 부하가 적용되어 전체공정의 흐름을 막고 있는 경우의 공정은?

① Splitting   ② Bottleneck
③ Critical Path   ④ Operation Overlapping

15 다음 중 공수계획의 기본적 방침이 아닌 것은?

① 여유성   ② 가동률의 향상
③ 생산량의 최적 결정   ④ 일정별의 부하변동 방지

16 다음 중 간트 차트(Gantt Chart)의 정보를 이용하여 결정할 수 있는 것이 아닌 것은?

① 각 작업의 완료시간   ② 다음 작업의 시작시간
③ 각 작업의 전체 공정시간   ④ 작업 상호 간의 유기적인 관계

17 다음 중 JIT(Just In Time) 방식의 장점으로 볼 수 없는 것은?

① 생산 시 낭비제거로 원가가 감소되며 생산성이 향상된다.
② 유연한 설비배치와 다기능공으로 작업자의 수가 감소된다.
③ 자동화와 소 로트 생산으로 부적합품이 감소되어 품질이 향상된다.
④ 작업을 할 수 있는 여력이 있을 때 미리 작업을 진행하여 효율성을 높인다.

18 다음 [보기]가 설명하는 용어로 적절한 것은?

> [보 기]
>
> JIT 생산방식을 달성하기 위한 간판의 종류 중 하나로 프레스 등과 같이 설비금액
> 이 많이 들어 준비교체시간이 다소 걸리는 경우 큰 로트를 만드는 생산지시가 필요
> 할 때 사용하는 간판을 말한다.

① 협의간판   ② 신호간판
③ 공정인수간판   ④ 외주품 납품간판

19 생산예정표에 의해 결정된 생산량에 대하여 작업량을 구체적으로 결정하고 그것을 현재
인원과 기계의 능력을 고려하여 양자를 조정하는 것을 무엇이라 하는지 한글로 쓰시오.

답 (   )

20 다음에서 각 작업장의 작업시간이 아래와 같을 때 라인밸런스 효율을 구하시오.
(단, 각 작업장의 작업자는 모두 1명씩이다.) 정답은 수치만 제시하시오.

작업장	1	2	3	4
작업시간	15분	20분	25분	14분

답 (   )

21 다음 [설명]의 괄호 안에 해당하는 단어를 적어 넣으시오.

> [설 명]
>
> 라인밸런싱이란 생산가공 내지는 조립라인에서 공정 간에 (   )을 이루지 못하여
> 상대적으로 시간이 많이 소요되는 애로공정으로 인하여 공정의 유휴율이 높아지고 능
> 률이 떨어지는 경우에 각 공정의 소요시간이 (   )이 되도록 작업장이나 작업순서
> 를 배열하는 것

답 (   )

22 다음 [설명]의 내용에 해당하는 재고는 무엇인가?

> [설 명]
> 일시에 필요한 양보다 더 많이 주문하는 경우에 생기는 재고를 말한다. 이와 같은 유형
> 의 재고는 주문비용이나 생산준비비용을 줄이거나 할인혜택을 얻을 목적으로 한꺼번에
> 많은 양을 주문할 때 발생하는 재고이다.

① 순환재고   ② 안전재고
③ 예상재고   ④ 파이프라인재고

23 조달 품목의 발주 시점과 수량을 결정하기 위한 경제적 주문량(EOQ) 모형의 가정에 해
당하지 않는 것은?

① 품목의 수요율은 일정하다.
② 품목의 조달기간은 수량에 따라서 변한다.
③ 발주된 품목은 일시에 전량 입고된다.
④ 재고부족에 따른 품절은 허용하지 않는다.

24 재고관리는 적시, 적량의 재고수준을 최소의 비용으로 유지하는 것이다. 다음 중 재고
관련 비용으로만 이루어진 것은?

① 구매비용, 품질비용   ② 잔업비용, 재고유지 비용
③ 품절비용, 재작업비용   ④ 재고유지 비용, 주문비용

25 다음 [설명]의 내용은 SCM의 세 가지 주요 흐름 중 어디에 해당하는지 고르시오.

> [설 명]
> 공급자로부터 고객으로의 상품 이동은 물론, 어떤 고객의 물품 반환이나 애프터 서비스
> 요구 등을 모두 포함하는 흐름이다.

① 정보흐름   ② 제품흐름
③ 재정흐름   ④ 유통흐름

26 제품 P의 BOM이 다음 [그림]과 같다. P의 기준생산계획(MPS) 수량이 100개이고 반
제품 A와 B의 재고는 각각 0개, 부품 F의 현재 재고는 200개일 때, F의 순소요량을
계산하여 (   )에 쓰시오(단, BOM에서 (   )의 숫자는 모품목 1단위를 생산하
는 데 필요한 자품목의 수량을 의미함).

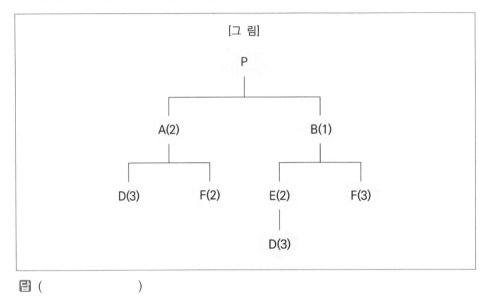

[그림]

답 (   )

27 다음 [설명]의 내용 중 괄호 안에 공통적으로 들어가는 용어를 영문 대문자로 쓰시오
(예 ERP).

> [설 명]
> (   )의 주요 입력데이터는 MPS Plan이지만, CRP의 주요 입력데이터는 MRP
> Record이다. MPS Plan은 최종제품과 주요 핵심부품에 한해서 작성되기 때문에, 자
> 원요구량을 계산하는 과정에서도 CRP가 (   )보다 정확하게 보여 줄 것이다.

답 (   )

28 다음 중 품질의 분류에 대한 설명으로 적절한 것은?
① 시장품질: 소비자가 원하는 기간 동안 제품의 품질이 지속적으로 유지될 때 소
비자가 만족하게 되는 품질
② 제조품질: 소비자가 당연히 갖추어야 한다고 기대하는 품질
③ 요구품질: 제품기획 결과를 시방으로 정리하고 문서화한 품질
④ 설계품질: 실제로 제조된 품질 특성, 즉 실현되는 품질

29 다음 [보기]의 작업은 일반적인 6 시그마 네 단계에서 어느 단계에 속하는가?

> [보 기]
> 새로운 공정조건을 표준화시키고, 통계적 공정관리 방법으로 그 변화를 탐지하고 새 표준으로 공정이 안정되면 공정능력을 재평가한다.

① 측정(Measurement) 　　② 분석(Analysis)
③ 개선(Improvement) 　　④ 관리(Control)

30 샘플링검사가 유리한 경우로 볼 수 없는 것은?

① 검사항목이 많은 경우
② 검사비용을 적게하는 편이 이익이 되는 경우
③ 불량품을 넘겼을 경우 다음 공정에 커다란 손실을 줄 경우
④ 불완전한 전수검사에 비해 신뢰성이 높은 결과가 얻어지는 경우

31 품질관리(QC)의 7가지 도구 중 [보기]가 설명하는 것이 무엇인지 한글로 쓰시오.

> [보 기]
> 길이, 무게, 시간, 경도, 두께 등의 품질 특성치가 어떤 분포를 하고 있는지를 알아보기 위한 막대 그래프

답 (　　　　　　　　)

32 QC 7가지 도구 중에서 시간에 따라 변하는 데이터를 정상적으로 작업해도 어쩔 수 없이 발생하는 산포와 그대로 보아 넘길 수 없는 산포를 구별하여 공정의 안정상태 여부를 판단하기 위해 사용되는 기법을 한글로 쓰시오.

답 (　　　　　　　　)

01 다음 중 ㈜한국자전거본사의 생산공정/작업장 또는 외주공정/작업장을 연결한 것으로 옳은 것은 무엇인가?

① 작업공정 – 제품작업장
② 외주공정 – 다스산업㈜
③ 외주공정(2 Part) – 한돈형공
④ 작업공정(도색) – 제품작업장(도색)

02 다음 중 PEDAL 품목의 상위 모품목으로 옳지 않은 것은 무엇인가? (단, BOM 총전개는 옵션은 체크, 기준일자는 2019/09/28로 설정한다.)

① 전장품 ASS'Y
② 산악자전거(P – 20G)
③ POWER TRAIN ASS'Y(MTB)
④ 일반자전거(P – GRAY BLACK)

03 다음 중 환산계수가 나머지와 다른 품목으로 옳은 것은 무엇인가?

① PRESS FRAME – W
② PRESS FRAME – Z(TYPE B)
③ PRESS FRAME – W(TYPE A)
④ PRESS FRAME – W(TYPE B)

04 다음 중 [보기]에 해당하는 외주단가 중 외주발주등록 시, 반영되는 외주단가로 옳은 것은 무엇인가?

[보 기]
- 사업장: ㈜한국자전거지사
- 공정: 외주공정
- 외주처: 한돈형공㈜
- 품명: 전장품 ASS'Y(TYPE A)
- 발주/납기일: 2019/09/05

① 79,750
② 84,500
③ 87,100
④ 88,200

05 다음 중 불량유형의 사용여부가 나머지와 다른 불량유형으로 옳은 것은 무엇인가?

① 포장불량　　　　　　　　　② 휠(WHEEL)불량
③ 브레이크(BREAK)불량　　　④ 라이트(HEADLAMP)불량

06 다음 [보기]에 해당하는 생산계획 내역 중 일생산량보다 적은 생산계획수량으로 등록된 품목으로 옳은 것은 무엇인가?

[보 기]
• 사업장: ㈜한국자전거지사
• 작업예정일: 2019/09/01 ~ 2019/09/11

① PRESS FRAME − Z
② PRESS FRAME − Z(TYPE A)
③ PRESS FRAME − Z(TYPE B)
④ POWER TRAIN ASS'Y(MTB, TYPE B)

07 다음 [보기]를 참조하여 생산계획을 적용하여 작업지시등록 시, 품목별 계획잔량의 합을 연결한 것으로 옳은 것은 무엇인가?

[보 기]
• 사업장: ㈜한국자전거지사
• 공정: 작업공정
• 작업장: 제품작업장(완제품)
• 계획기간: 2019/09/01 ~ 2019/09/11

① 전장품 ASS'Y(TYPE A) − 751EA
② BREAK SYSTEM(TYPE A) − 3,730EA
③ BODY − 알미늄(GRAY − WHITE) − 793EA
④ POWER TRAIN ASS'Y(MTB, TYPE A) − 1,830EA

08 ㈜한국자전거지사는 프로세스 개선작업을 통해 청구내역의 LOSS율을 낮추기 위해 노력하고 있다. 다음 [보기]에 해당하는 작업지시의 청구내역 중 PEDAL(TYPE B)의 LOSS율이 가장 낮은 작업지시번호로 옳은 것은 무엇인가?

[보 기]
• 사업장: ㈜한국자전거지사
• 지시기간: 2019/09/01 ~ 2019/09/11
• 품명: 일반자전거(P-GRAY BLACK)

① WO1909000104 ② WO1909000133
③ WO1909000166 ④ WO1909000186

09 다음 [보기]에 해당하는 작업실적 내역 중 지시수량 대비 실적수량이 부족한 실적번호로 옳은 것은 무엇인가?

[보 기]
• 사업장: ㈜한국자전거지사
• 지시기간: 2019/09/01 ~ 2019/09/05
• 지시공정: 작업공정지시
• 작업장: 제품작업장(완제품)

① WO1909000004 ② WR1909000004
③ WO1909000074 ④ WR1909000057

10 다음 [보기]에 해당하는 생산자재사용등록 내역 중 사용수량이 가장 큰 작업지시번호와 작업실적번호를 연결한 것으로 옳은 것은 무엇인가?

[보 기]
• 사업장: ㈜한국자전거지사
• 구분: 생산
• 실적기간: 2019/09/01 ~ 2019/09/10

① WO1909000014 − WR1909000009 ② WO1909000003 − WR1909000001
③ WO1909000108 − WR1909000077 ④ WO1909000086 − WR1909000061

11 다음 [보기]에 해당하는 생산품창고입고처리 내역 중 입고가능수량의 합이 가장 큰 품목으로 옳은 것은 무엇인가?

> [보 기]
> • 사업장: ㈜한국자전거지사
> • 실적기간: 2019/09/10 ~ 2019/09/11
> • 공정: 작업공정
> • 작업장: 제품작업장(완제품)

① 전장품 ASS'Y(TYPE B)　　② BREAK SYSTEM(TYPE A)
③ PRESS FRAME－Z(TYPE A)　　④ 일반자전거(P－GRAY BLACK)

12 다음 [보기]에 해당하는 주문내역을 적용하여 외주발주등록 시, 일반자전거(P-GRAY BLACK)의 고객별 수주잔량을 연결한 것으로 옳지 않은 것은 무엇인가?

> [보 기]
> • 사업장: ㈜한국자전거지사
> • 공정: 외주공정
> • 외주처: ㈜영동바이크수주
> • 납기기간: 2019/09/01 ~ 2019/09/30
> • 출고수량: 적용

① ㈜빅파워－149EA　　② ㈜제동기어－15EA
③ ㈜제일물산－26EA　　④ ㈜하나상사－101EA

13 다음 [보기]에 해당하는 외주지시 건 중 자재출고 상태가 나머지와 다른 생산지시번호로 옳은 것은 무엇인가?

> [보 기]
> • 사업장: ㈜한국자전거지사
> • 지시기간: 2019/08/01 ~ 2019/08/31

① WO1908000004　　② WO1908000006
③ WO1908000008　　④ WO1908000010

14 다음 [보기]에 해당하는 외주발주확정 정보를 적용하여 외주자재출고처리 시, 품목별 청구수량, 투입수량, 청구잔량을 연결한 것으로 옳지 않은 것은 무엇인가?

> **[보 기]**
> • 사업장: ㈜한국자전거지사
> • 청구기간: 2019/08/15 ~ 2019/08/17

① PEDAL − 150EA − 80EA − 70EA

② FRAME − 티타늄 − 36EA − 30EA − 6EA

③ PEDAL(TYPE A) − 132EA − 0EA − 132EA

④ POWER TRAIN ASS'Y(MTB) − 875EA − 751EA − 124EA

15 다음 [보기]에 해당하는 외주실적 건 중 지시수량보다 단일 실적수량이 큰 작업실적번호로 옳은 것은 무엇인가?

> **[보 기]**
> • 사업장: ㈜한국자전거지사
> • 지시기간: 2019/08/01 ~ 2019/08/31
> • 외주공정: 외주공정

① WR1908000002

② WR1908000008

③ WR1908000010

④ WR1908000016

16 다음 [보기]에 해당하는 정보를 참조하여 일괄적용 버튼을 활용하여 PRESS FRAME-Z 품목에 대해 외주자재사용등록 수행 후, 해당하는 하위 품목으로 옳지 않은 것은 무엇인가?

> **[보 기]**
> • 사업장: ㈜한국자전거지사
> • 구분: 외주
> • 실적기간: 2019/08/01 ~ 2019/08/31
> • 사용일자: 실적공정/날짜 기준 체크
> • 출고창고: 부품창고_인천지점
> • 출고장소: 부품/반제품_부품장소

① WIRING – DE
② GEAR REAR C
③ FRAME – 알미늄
④ HEAD LAMP(TYPE A)

17 다음 [보기]에 해당하는 외주실적검사 내역 중 불량시료와 불합격수량이 동일한 작업실
적번호로 옳은 것은 무엇인가?

[보 기]
• 사업장: ㈜한국자전거지사
• 실적기간: 2019/08/01 ~ 2019/08/31
• 외주공정: 외주공정
• 외주처: 다스산업㈜

① WR1908000006
② WR1908000007
③ WR1908000017
④ WR1908000018

18 다음 [보기]에 해당하는 외주실적내역을 적용하여 외주마감 시, 기 마감된 수량이 가장
큰 품목으로 옳은 것은 무엇인가?

[보 기]
• 사업장: ㈜한국자전거지사
• 실적일: 2019/08/01 ~ 2019/08/31
• 불량구분: 합격

① 전장품 ASS'Y
② PRESS FRAME – Z
③ PRESS FRAME – W(TYPE A)
④ 일반자전거(P – GRAY WHITE)

19 다음 [보기]에 해당하는 외주마감 내역 중 전표취소가 불가능한 마감번호로 옳은 것은
무엇인가?

[보 기]
• 사업장: ㈜한국자전거지사
• 기간: 2019/08/30 ~ 2019/08/30

① OC1908000001   ② OC1908000003

③ OC1908000004   ④ OC1908000005

20 다음 [보기]에 해당하는 작업지시 내역 중 마감처리가 불가능한 작업지시번호로 옳은 것은 무엇인가?

[보 기]
- 사업장: ㈜한국자전거지사
- 지시일: 2019/08/01 ~ 2019/09/30

① WO1909000004   ② WO1909000008

③ WO1909000012   ④ WO1909000025

21 다음 [보기]에 해당하는 내역 중 실적번호가 존재하면서 지시수량 대비 실적수량의 차이가 가장 큰 지시번호로 옳은 것은 무엇인가?

[보 기]
- 사업장: ㈜한국자전거지사
- 지시기간: 2019/09/01 ~ 2019/09/11

① WO1909000009   ② WR1909000156

③ WO1909000195   ④ WR1909000009

22 다음 [보기]에 해당하는 내역 중 청구수량 대비 투입수량이 동일한 지시번호로 옳은 것은 무엇인가?

[보 기]
- 사업장: ㈜한국자전거지사
- 지시기간: 2019/08/01 ~ 2019/08/31

① WO1908000002   ② WO1908000005

③ WO1908000007   ④ WO1908000009

23 다음 [보기]에 해당하는 공정 기준의 재공수량 중 입고수량 대비 출고수량이 큰 품목으로 옳은 것은 무엇인가?

[보 기]

- 사업장: ㈜한국자전거지사
- 해당 연도: 2019
- 공정: 외주공정

① PRESS FRAME – Z

② 전장품 ASS'Y(TYPE B)

③ PRESS FRAME – Z(TYPE B)

④ POWER TRAIN ASS'Y(MTB, TYPE B)

24 실적대비 미입고된 실적번호로 옳지 않은 것은 무엇인가?

[보 기]

- 사업장: ㈜한국자전거지사
- 실적기간: 2019/08/01 ~ 2019/09/27

① WR1908000006   ② WR1908000007

③ WR1908000014   ④ WR1908000018

25 다음 [보기]에 해당하는 내역 중 품목별 양품금액을 연결한 것으로 옳은 것은 무엇인가?

[보 기]

- 사업장: ㈜한국자전거지사   · 실적기간: 2019/08/01 ~ 2019/08/31
- 구분: 전체   · 수량조회기준: 실적입고기준
- 실적검사기준: 검사   · 단가OPTION: 표준원가[품목등록]

① 전장품 ASS'Y – 87,000

② 전장품 ASS'Y – 870,000

③ 산악자전거(P – 20G) – 4,000,000

④ POWER TRAIN ASS'Y(MTB, TYPE A) – 6,438,000

01 다음 중 ERP 도입의 예상효과로 보기 어려운 것은 무엇인가?

① 리드타임 증가
② 결산작업의 단축
③ 고객서비스 개선
④ 통합 업무 시스템 구축

02 ERP를 구축할 때, 설계단계에 해당하지 않는 것은?

① To-BE 프로세스 도출
② GAP 분석
③ 인터페이스 문제 논의
④ TFT 구성

03 다음 중 기업에서 ERP 시스템을 도입할 때의 고려사항으로 가장 적절한 것은 무엇인가?

① 시스템 도입 TFT는 IT분야의 전문가들로만 구성해야 한다.
② 구축방법론에 의해 체계적으로 프로젝트를 진행해야 한다.
③ 단기적이고 가시적인 성과만을 고려하여 ERP 패키지를 도입한다.
④ 도입하려는 기업과 유사한 매출규모를 가진 기업에서 사용하는 패키지를 선정한다.

04 다음 중 ERP의 발전과정으로 가장 적절한 것은 무엇인가?

① MRP Ⅱ → MRP Ⅰ → ERP → 확장형 ERP
② ERP → 확장형 ERP → MRP Ⅰ → MRP Ⅱ
③ MRP Ⅰ → ERP → 확장형 ERP → MRP Ⅱ
④ MRP Ⅰ → MRP Ⅱ → ERP → 확장형 ERP

05 다음 중 클라우드 서비스 기반 ERP와 관련된 설명으로 가장 적절하지 않은 것은 무엇인가?

① ERP 구축에 필요한 IT인프라 자원을 클라우드 서비스로 빌려 쓰는 형태를 IaaS라고 한다.
② ERP 소프트웨어 개발을 위한 플랫폼을 클라우드 서비스로 제공받는 것을 PaaS라고 한다.

③ PaaS에는 데이터베이스 클라우드 서비스와 스토리지 클라우드 서비스가 있다.

④ 기업의 핵심 애플리케이션인 ERP, CRM 솔루션 등의 소프트웨어를 클라우드 서비스를 통해 제공받는 것을 SaaS라고 한다.

06 다음 중 생산성측정 유형이 아닌 것은?

① 전체 척도　　　　　　　　② 부분 척도

③ 총요소 척도　　　　　　　④ 다요소 척도

07 [보기]는 수요예측의 7단계를 나타낸 것이다. 다음 중 [보기]의 각 빈칸에 들어갈 내용이 적절한 것을 고르면?

> **[보 기]**
>
> 예측의 목적과 용도 결정 - (　A　) - (　B　) - 적합한 예측 기법의 선정 - (　C　) - (　D　) - 예측치의 타당성 및 정확성 검증

① A: 예측의 시행　　　　　　② B: 예측 기간의 선정

③ C: 예측 대상 품목과 단위 결정　　④ D: 필요한 자료의 수집

08 다음 중에서 흐름생산방식(Flow Shop)의 특징을 바르게 설명한 것은?

① 주문에 의한 생산, 큰 유연성

② 범용기계, 숙련공

③ 적은 유연성, 공정 간 물자이송량이 적음

④ 공정별 기계배치, 공장 내의 물자이송량이 많음

09 총괄생산계획의 수립에 있어서 수요변동에 능동적으로 대처하기 위해 여러 가지 전략을 효과적으로 운용하여야 한다. 다음 중 수요가 증가하는 경우에 대비하여 사용할 수 있는 방법으로 가장 적합하지 않은 것은?

① 조업시간의 증가　　　　　② 하청 및 설비확장

③ 비축된 재고에 대한 판매촉진　④ 신규채용을 통한 고용수준의 증가

10 다음 중 작업의 우선순위 고려원칙에 대한 설명으로 잘못된 것은?

① 잔여 작업당 여유시간: 잔여 작업당 여유시간이 적은 순으로 처리

② 최단가공시간: 가공에 소요되는 시간이 가장 짧은 과업을 먼저 처리

③ 납기우선순위: 납기일자가 가장 여유가 있는 과업부터 먼저 시작하여 처리

④ 긴급률: 납기까지의 남은 시간을 앞으로 소요되는 가공시간으로 나눈 값이 적은 순으로 처리

11 활동소요시간을 추정하기 위해 PERT/Time 3점 견적법을 적용하고자 한다. 3개의 시간추정치가 [보기]와 같을 때, 기대시간치(Expected Time)로 적절한 것을 고르면? (단 3개의 시간추정치 모두 β분포를 따른다.)

[보 기]
• 낙관시간치(Optimistic Time) = 3일
• 정상시간치(Most Likely Time) = 5일
• 비관시간치(Pessimistic Time) = 7일

① 3일   ② 4일
③ 5일   ④ 6일

12 [그림]은 어떤 제품의 제품구조를 나타내는 BOM 구성도이다. A, B, C는 반제품이며 D, E는 원재료에 해당한다. 또한 괄호 안의 숫자는 모품목 1단위 생산에 필요한 해당 품목의 소요 수량을 나타낸다. 최종제품을 10개 생산할 경우 원재료 D, E의 필요수량을 더한 값을 구하면? (답은 단위를 제외하고 숫자로만 작성하시오)

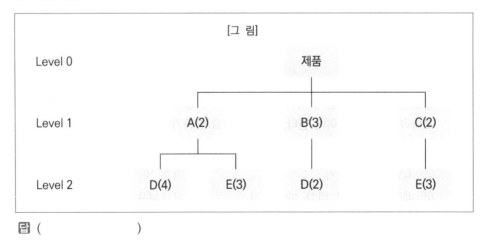

[그 림]

Level 0		제품	
Level 1	A(2)	B(3)	C(2)
Level 2	D(4) E(3)	D(2)	E(3)

답 (   )

13 [보기]에서 설명하는 것이 무엇인지 정확한 용어를 쓰시오(답은 한글로 작성하시오).

> [보 기]
> • 생산계획에 따라 실제로 작업을 실시하기 위해 작업을 언제 시작할 것인지, 언제 까지 완료할 것인지 등의 계획을 수립하는 것이다.
> • 부품의 가공이나 제품 조립에 자재가 적기에 조달되고 지정된 시기까지 생산이 완료될 수 있도록 기계나 작업의 시간을 배정하고 일시를 결정하여 생산일정을 계획하는 것이다.

📋 (   )

14 다음 중 공정관리의 기능이 아닌 것은?

① 감사기능   ② 통제기능

③ 보고기능   ④ 계획기능

15 [그림]의 공정분석기호에 대한 해석으로 옳은 것은?

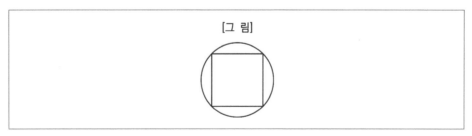
[그 림]

① 품질검사를 주로 하며 수량검사

② 수량검사를 주로 하며 품질검사

③ 가공을 주로 하며 수량검사

④ 가공을 주로 하며 운반

16 다음 중 공수체감곡선의 특징으로 알맞지 않은 것은?

① 공수체감이란 동일 작업을 반복할수록 작업 능률이 향상되는 현상을 의미한다.

② 노동 집약형 작업보다 기계 집약형일수록 공수체감이 빨리 발생한다.

③ 보통 공정 중 수작업 비율이 높을수록 공수체감률도 높다.

④ 작업 주기가 짧고 단순한 작업일수록 공수체감이 빨리 발생한다.

17 다음 중 간트 차트의 단점이 아닌 것은?

① 일정계획에 있어서 정밀성을 기대하기 어려우므로 복잡하거나 대규모 공사에 적용하기 어렵다.

② 작업 상호 간의 유기적인 관계가 명확하지 못하여 사전 예측, 사후 통제가 곤란하다.

③ 작업자별, 부문별 업무 성과의 상호 비교가 불가능하다.

④ 계획의 변화 또는 변경에 취약하다.

18 다음 중 칸반 시스템의 운영 규칙으로 적절하지 않은 것은?

① 생산을 평준화한다.

② 불량품은 절대로 후공정에 보내지 않는다.

③ 칸반 없이는 어떠한 품목도 생산하거나 이동하지 않도록 한다.

④ 전공정은 후공정의 수요량보다 여유 있게 생산한다.

19 [보기]는 어떤 작업장에 관한 자료이다. 자료에 기초하여 해당 작업장의 지난달 인적능력을 계산하시오(답은 단위를 제외하고 숫자로만 작성하시오).

[보 기]
• 총인원: 숙련공 5명
• 인적 능력 환산계수: 1. 0
• 지난달 실제 가동시간: 100시간
• 출근율: 80%
• 간접 작업률: 10%

답 ( )

20 [그림]은 어떤 공정에 대해서 각 작업장별로 작업시간을 나타낸 것이다. 이 공정의 불균형률을 구하시오(단, 각 작업장의 작업자는 모두 1명씩이며, 답은 단위를 제외하고 숫자로만 작성하시오).

[그 림]

작업장	A	B	C	D
작업시간	35분	40분	45분	60분

답 ( )

21 [보기]에서 설명하는 것이 무엇인지 정확한 용어를 쓰시오(답은 영문 약자로 작성하시오).

> **[보 기]**
> "필요한 것을 필요할 때 필요한 만큼 만드는 생산방식"으로, 재고를 모든 악의 근원이라고 본다. 따라서 악의 근원인 재고를 없애는 방향으로 노력한다. 또한 개선활동을 중요시하기 때문에 소요기간을 줄이고 불량률과 실수를 최소화하기 위해 끊임없는 노력을 기울인다.

🔲 (   )

22 다음 중 A. J. Arrow의 재고 보유의 동기가 아닌 것은?
① 거래 동기   ② 예방 동기
③ 예상 동기   ④ 투기 동기

23 EOQ 모형에 대한 설명으로 옳은 것은?
① 연간 수요량이 감소하면 경제적 주문량은 증가하는 편이다.
② 1회 주문비용이 증가하면 경제적 주문량은 감소하는 편이다.
③ 연간 단위당 재고유지 비용이 감소하면 경제적 주문량은 증가하는 편이다.
④ 연간 주문횟수는 경제적 주문량을 연간 수요량으로 나눈 값이다.

24 다음 [설명]에 해당하는 것은?

> **[설 명]**
> 자재소요계획(생산계획) 활동 중에서 기준생산계획(MPS)이 주어진 제조자원의 용량을 넘어서는지 아닌지를 계산하는 모듈이다.

① 총괄생산계획   ② 자재생산계획
③ 주생산일정계획   ④ 개략능력요구계획

25 SCM의 세 가지 주요 흐름의 하나로, [보기]의 설명에 해당하는 것은?

> [보 기]
>
> 주문의 전달과 배송상황의 갱신 등이 수반된다.

① 시간흐름(Time Flow) ② 재정흐름(Funds Flow)
③ 제품흐름(Product Flow) ④ 정보흐름(Information Flow)

26 [보기]의 설명에 해당하는 재고의 명칭을 쓰시오(답은 한글로 작성하시오).

> [보 기]
>
> 기업을 운영하면서 발생할 수 있는 여러 가지 불확실한 상황(조달기간의 불확실,
> 생산의 불확실, 수요량의 불확실 등)에 대처하기 위해 미리 확보하고 있는 재고를
> 의미한다.

답 (   )

27 폐쇄형 MRP 시스템의 계획 및 통제 활동에서 기준생산계획(MPS)을 근거로 전개한
MRP의 발주계획을 수행하는 데 필요한 자원의 소요량을 기간별·작업장별로 산출함으
로써 작업계획과 실제 생산능력 간의 균형을 유지하는 것을 목표로 하는 계획의 명칭을
쓰시오(답은 영문 약자로 작성하시오).

답 (   )

28 품질교육 및 훈련, 분임조활동, 공정관리비용 등 제품이나 서비스의 불량이 처음부터 발
생하지 않도록 하기 위해 소요되는 품질비용은?

① 예방비용 ② 평가비용
③ 실패비용 ④ 관리비용

29 품질, 원가, 작업기간 등 제품의 특성(결과)에 대하여 생산요소 등의 특성요인(원인)이
어떤 관계로 영향을 미치게 되었는지를 한눈에 알아 볼 수 있도록 표시한 것은?

① 특성요인도 ② 파레토도
③ 히스토그램 ④ 체크시트

30 품질검사에서 샘플링검사가 적합하지 않은 경우는?

① 검사비용을 절감하는 것이 유리한 경우
② 어느 정도 부적합품이 섞여도 괜찮은 경우
③ 로트의 크기가 작고 비파괴검사가 가능한 경우
④ 불완전한 전수검사에 비해 신뢰성 높은 결과가 얻어지는 경우

31 6 시그마의 네 가지 단계 중에서 '새로운 공정조건을 표준화시키고 통계적 공정관리 방법으로 그 변화를 탐지하고 새 표준으로 공정이 안정되면 공정능력을 재평가하는 과정'의 명칭을 쓰시오(답은 한글로 작성하시오).

탑 (   )

32 모니터 한 대에서 발생하는 불량화소의 수와 같이 품목 한 단위에서 발생하는 결점수를 관리하는 데 사용되는 관리도는 무엇인지 명칭을 쓰시오(답은 알파벳으로 작성하시오).

탑 (   )

01 아래 [보기]의 조건으로 데이터를 조회한 후 물음에 답하시오.

> **[보 기]**
>
> 계정구분: 2. 제품

다음 [보기]의 조건으로 조회된 품목 중 작업지시에서 생산완료까지의 소요되는 일자가 가장 긴 품목으로 옳은 것은?

① NAX – A420, 산악자전거(P – 20G)

② NAX – A421, 산악자전거(P – 21G, A421)

③ NAX – A422, 산악자전거(P – 21G, A422)

④ NAX – A401, 일반자전거(P – GRAY RED)

02 아래 [보기]의 조건으로 데이터를 조회한 후 물음에 답하시오.

> **[보 기]**
>
> • 모듈: 생산관리
> • 전표코드: 외주가공비

다음 중 회계연결계정과목등록에 대한 계정코드 및 표준적요로 옳지 않은 것은?

① 14600, 용역료 발생   ② 25100, 외상 매입금 증가

③ 53300, 외주가공비 발생   ④ 13500, 외주가공비부가세대급금

03 아래 [보기]의 조건으로 데이터를 조회한 후 물음에 답하시오.

> **[보 기]**
>
> • 계정: 4. 반제품
> • 조달: 1. 생산

다음 중 품목에 대한 생산담당자를 연결한 것으로 옳지 않은 것은?

① 83 – 2000100, 전장품 ASS'Y – 이종현

② 87 – 1002001, BREAK SYSTEM – 정영수

③ 88 – 1002000, PRESS FRAME – Z – 김종욱

④ 88 – 1001000, PRESS FRAME – W – 박용덕

04 아래 [보기]의 조건으로 데이터를 조회한 후 물음에 답하시오.

> **[보 기]**
> • 모품목: NAX-A420, 산악자전거(P-20G)
> • 기준일자: 2019/07/27
> • 사용여부: 1. 사용

다음 중 모품목 NAX-A420, 산악자전거(P-20G)에 대한 자품목 정보로 옳지 않은 것은?

① 21 – 3001600, PEDAL의 계정구분은 원재료이다.

② 21 – 9000200, HEAD LAMP의 조달구분은 구매이다.

③ 83 – 2000100, 전장품 ASS'Y의 외주구분은 유상이다.

④ 87 – 1002001, BREAK SYSTEM의 주거래처는 ㈜대흥정공이다.

05 아래 [보기]의 조건으로 데이터를 조회한 후 물음에 답하시오.

> **[보 기]**
> • 사업장: 2000, ㈜한국자전거지사
> • 외주공정: R200, 외주공정
> • 외주처: R221, ㈜영동바이크
> • 단가적용비율: 80%

다음 [보기]의 조건으로 실제원가대비 외주단가를 일괄변경한 후 품목별 외주단가로 옳지 않은 것은?

① 83 – 2000100, 전장품 ASS'Y: 69,680

② 87 – 1002001, BREAK SYSTEM: 36,000

③ 88 – 1001000, PRESS FRAME – W: 36,880

④ 81 – 1001000, BODY – 알미늄(GRAY – WHITE): 21,000

06 아래 [보기]의 조건으로 데이터를 조회한 후 물음에 답하시오.

> **[보 기]**
> • 사업장: 2000, ㈜한국자전거지사
> • 작업예정일: 2019/07/01 ~ 2019/07/10
> • 계정구분: 4. 반제품

다음 중 [보기]의 조건으로 등록된 생산계획에 대한 설명으로 옳지 않은 것은?

① 87 – 1002001, BREAK SYSTEM의 일생산량은 400이다.

② 88 – 1001000, PRESS FRAME – W의 총 생산계획수량은 380이다.

③ 생산계획수량의 합이 가장 많은 품목은 81 – 1001000, BODY – 알미늄(GRAY – WHITE)이다.

④ 83 – 2000100, 전장품 ASS'Y의 생산계획일자는 2019년 07월 04일과 2019년 07월 09일이다.

07 아래 [보기]의 조건으로 데이터를 조회한 후 물음에 답하시오.

> **[보 기]**
> • 사업장: 2000, ㈜한국자전거지사
> • 공정: L200, 작업공정
> • 작업장: L201, 제품작업장
> • 지시기간: 2019/07/01 ~ 2019/07/13

다음 중 [보기]의 작업지시내역 중 생산계획조회를 통하여 적용받은 작업지시번호로 옳은 것은?

① WO1907000003   ② WO1907000004

③ WO1907000005   ④ WO1907000006

08 아래 [보기]의 조건으로 데이터를 조회한 후 물음에 답하시오.

[보 기]
- 사업장: 2000, ㈜한국자전거지사
- 공정: L200, 작업공정
- 작업장: L202, 반제품작업장
- 지시기간: 2019/07/19 ~ 2019/07/20
- 사용일: 2019/07/20

다음 중 [보기]의 조건으로 작업지시내역을 확정처리했을 경우 청구되는 21-3001600, PEDAL의 확정수량의 합으로 옳은 것은?

① 110
② 140
③ 345
④ 455

09 아래 [보기]의 조건으로 데이터를 조회한 후 물음에 답하시오.

[보 기]
- 사업장: 2000, ㈜한국자전거지사
- 출고기간: 2019/07/10 ~ 2019/07/10
- 청구기간: 2019/07/10 ~ 2019/07/10
- 청구공정: L200, 작업공정
- 청구작업장: L201, 제품작업장
- 출고일자: 2019/07/10
- 출고창고: M200, 부품창고_인천지점
- 출고장소: M201, 부품/반제품_부품장소

㈜한국자전거지사의 생산자재출고 담당자는 생산부서로부터 청구받은 자재를 일괄적용 기능을 이용하여 출고처리를 한다. 다음 중 청구받은 자재들을 출고처리하였을 때 출고 수량의 합으로 옳은 것은?

① 460
② 560
③ 660
④ 760

10 아래 [보기]의 조건으로 데이터를 조회한 후 물음에 답하시오.

[보 기]

- 사업장: 2000, ㈜한국자전거지사
- 지시(품목)기간: 2019/07/01 ~ 2019/07/13
- 지시공정: L200, 작업공정
- 지시작업장: L201, 제품작업장
- 상태: 1. 확정

㈜한국자전거지사는 작업실적 건에 대하여 실적수량의 합을 가장 많이 달성한 작업팀에게 인센티브를 주기로 하였다. 다음 중 실적수량의 합을 가장 많이 달성한 작업팀으로 옳은 것은?

① 생산A팀   ② 생산B팀
③ 생산C팀   ④ 생산D팀

11 아래 [보기]의 조건으로 데이터를 조회한 후 물음에 답하시오.

[보 기]

- 사업장: 2000, ㈜한국자전거지사
- 구분: 1. 생산
- 실적공정: L200, 작업공정
- 실적작업장: L202, 반제품작업장
- 실적기간: 2019/07/08 ~ 2019/07/12
- 상태: 1. 확정

다음 중 생산자재사용 잔량의 합이 가장 많이 남아있는 작업실적번호로 옳은 것은?

① WR1907000023   ② WR1907000026
③ WR1907000029   ④ WR1907000030

12 아래 [보기]의 조건으로 데이터를 조회한 후 물음에 답하시오.

[보 기]

- 사업장: 2000, ㈜한국자전거지사
- 실적일: 2019/07/01 ~ 2019/07/13
- 공정: L200, 작업공정
- 작업장: L201, 제품작업장

㈜한국자전거지사는 품질관리를 위해 생산실적검사 프로세스를 운용하고 있다. 다음 중 해당 실적일 동안 사용되지 않은 불량코드와 불량명으로 옳은 것은?

① E10, 도색불량
② F10, 포장불량
③ D10, 휠(WHEEL)불량
④ A10, 바디(BODY)불량

13 아래 [보기]의 조건으로 데이터를 조회한 후 물음에 답하시오.

[보 기]

- 사업장: 2000, ㈜한국자전거지사
- 실적기간: 2019/07/07 ~ 2019/07/13
- 공정: L200, 작업공정
- 작업장: L201, 제품작업장

다음 중 생산품창고입고처리 메뉴에 대한 설명으로 옳지 않은 것은?

① 실적번호 WR1907000009의 실적수량은 70이다.
② 실적번호 WR1907000013의 기입고수량은 50이다.
③ 실적번호 WR1907000014의 입고대상수량은 49이다.
④ 실적번호 WR1907000011의 입고가능수량은 85이다.

14 아래 [보기]의 조건으로 데이터를 조회한 후 물음에 답하시오.

[보 기]

- 사업장: 2000, ㈜한국자전거지사
- 지시일: 2019/07/21. ~ 2019/07/31
- 공정구분: 1. 생산
- 공정: L300, 작업공정(도색)
- 작업장: L302, 반제품작업장(도색)

㈜한국자전거지사의 생산관리 담당자는 실적잔량이 남겨진 작업지시내역 중 더 이상 작업을 진행하지 않는 건에 대하여 마감처리를 진행하려고 한다. 다음 중 실적잔량이 남겨진 작업지시번호로 옳은 것은?

① WO1907000028
② WO1907000029
③ WO1907000030
④ WO1907000031

15 아래 [보기]의 조건으로 데이터를 조회한 후 물음에 답하시오.

[보 기]

- 사업장: 2000, ㈜한국자전거지사
- 지시기간: 2019/07/01 ~ 2019/07/09
- 공정: L200, 작업공정
- 작업장: L201, 제품작업장
- 단가 OPTION: 조달구분 구매, 생산 모두 실제원가[품목등록] 체크함

다음 중 투입금액의 합보다 사용금액의 합이 더 많이 발생한 지시번호로 옳은 것은?

① WO1907000002
② WO1907000003
③ WO1907000004
④ WO1907000005

16 아래 [보기]의 조건으로 데이터를 조회한 후 물음에 답하시오.

[보 기]

- 사업장: 2000, ㈜한국자전거지사
- 실적기간: 2019/07/21 ~ 2019/07/31
- 구분: 1. 공정
- 공정: L300, 작업공정(도색)
- 작업장: L302, 반제품작업장(도색)
- 수량조회기준: 0. 실적입고기준
- 탭: 실적기준
- 단가 OPTION: 조달구분 구매, 생산 모두 표준원가[품목등록] 체크함

㈜한국자전거지사는 생산일보를 조회하여 실적기간 동안 반제품에 대한 실적금액이 가장 큰 품목을 집중 관리하려고 한다. 다음 중 실적금액이 가장 큰 품목으로 옳은 것은?

① 83 - 2000100, 전장품 ASS'Y

② 88 - 1001000, PRESS FRAME - W

③ 83 - 2000110, 전장품 ASS'Y(TYPE A)

④ 85 - 1020400, POWER TRAIN ASS'Y(MTB)

17 아래 [보기]의 조건으로 데이터를 조회한 후 물음에 답하시오.

[보 기]

- 사업장: 2000, ㈜한국자전거지사 · 공정: R200, 외주공정
- 외주처: R271, ㈜하나상사
- 지시기간: 2019/07/28 ~ 2019/07/31
- 발주일: 2019/07/28 · 납기일: 2019/07/28

다음 중 [보기]의 조건으로 외주발주를 등록할 때 외주 품목에 대한 단가가 30,000원 이하인 품목으로 옳은 것은?

① 83 - 2000100, 전장품 ASS'Y

② 87 - 1002001, BREAK SYSTEM

③ 88 - 1001000, PRESS FRAME - W

④ 81 - 1001000, BODY - 알미늄(GRAY - WHITE)

18 아래 [보기]의 조건으로 데이터를 조회한 후 물음에 답하시오.

[보 기]
- 사업장: 2000, ㈜한국자전거지사
- 공정: R200, 외주공정
- 외주처: R271, ㈜하나상사
- 지시기간: 2019/07/01 ~ 2019/07/05
- 생산지시번호: WO1907000040
- 사용일: 2019/07/05

다음 [보기]의 생산지시번호를 '확정' 처리한 후 청구한 자재에 대한 설명으로 옳지 않은 것은?

① 21 – 3001500, PEDAL(S)는 유상 자재이다.
② 청구한 자재의 총 확정수량의 합은 90EA이다.
③ 21 – 1070700, FRAME – 티타늄의 확정수량이 가장 많다.
④ 21 – 1060850, WHEEL FRONT – MTB의 외주단가가가 가장 크다.

19 아래 [보기]의 조건으로 데이터를 조회한 후 물음에 답하시오.

[보 기]
- 사업장: 2000, ㈜한국자전거지사
- 출고기간: 2019/07/01 ~ 2019/07/25
- 청구기간: 2019/07/25 ~ 2019/07/25
- 외주공정: R200, 외주공정
- 외주처: R271, ㈜하나상사

㈜한국자전거지사는 외주처로 출고될 자재에 대하여 출고요청 기능을 이용하여 출고처리하고 있다. 다음 중 출고요청 조회 시 청구잔량이 가장 많이 남아 있는 품목으로 옳은 것은?

① 21 – 1030620, FRONT FORK(TYPE SB)
② 87 – 1002021, BREAK SYSTEM(TYPE B)
③ 88 – 1001020, PRESS FRAME – W(TYPE B)
④ 85 – 1020420, POWER TRAIN ASS'Y(MTB, TYPE B)

20 아래 [보기]의 조건으로 데이터를 조회한 후 물음에 답하시오.

[보 기]

- 사업장: 2000, ㈜한국자전거지사
- 지시(품목) 기간: 2019/07/14 ~ 2019/07/27
- 외주공정: R200, 외주공정
- 외주처: R271, ㈜하나상사
- 상태: 1. 확정

㈜한국자전거지사는 ㈜하나상사로 외주 의뢰 후 완성된 반제품을 C200, 반제품창고_인천지점, C201, 반제품_양품장소로 입고시켜 관리중이다. 하지만 생산된 일부 외주품목이 M200, 부품창고_인천지점, M201, 부품/반제품_부품장소로 잘못 입고된 것이 확인되었다. 다음 중 M200, 부품창고_인천지점, M201, 부품/반제품_부품장소로 입고가 이뤄진 작업실적번호로 옳은 것은?

① WR1907000049
② WR1907000052
③ WR1907000053
④ WR1907000055

21 아래 [보기]의 조건으로 데이터를 조회한 후 물음에 답하시오.

[보 기]

- 사업장: 2000, ㈜한국자전거지사
- 구분: 2. 외주
- 외주공정: R200, 외주공정
- 외주처: R221, ㈜영동바이크
- 실적기간: 2019/07/01 ~ 2019/07/31
- 상태: 1. 확정

다음 중 외주자재에 대한 사용내역 중 청구수량보다 사용된 수량이 더 많이 발생한 작업실적번호와 품목으로 옳은 것은?

① WR1907000060 − 21 − 3001600, PEDAL
② WR1907000062 − 21 − 3001610, PEDAL(TYPE A)
③ WR1907000064 − 88 − 1001020, PRESS FRAME − W(TYPE B)
④ WR1907000061 − 85 − 1020400, POWER TRAIN ASS'Y(MTB)

22 아래 [보기]의 조건으로 데이터를 조회한 후 물음에 답하시오.

> [보 기]
>
> • 사업장: 2000, ㈜한국자전거지사
> • 마감일: 2019/07/01 ~ 2019/07/31
>
> [검색조건]
> • 외주공정: R200, 외주공정
> • 외주처: R221, ㈜영동바이크
> • 실적일: 2019/07/01 ~ 2019/07/31
> • 불량구분: 선택전체
> • 실적구분: 선택전체
>
> [일괄적용값]
> • 마감일자: 2019/07/31
> • 과세구분: 0. 매입과세
> • 세무구분: 21. 과세매입
> • 외주단가 등록의 단가 적용: 체크안함

㈜한국자전거지사는 매월 말일 외주실적 건에 대하여 실적일괄적용 기능을 이용하여 외주마감을 한다. 다음 [보기]의 조건으로 외주마감을 처리하였을 때 마감되는 품목들의 합계액의 합으로 옳은 것은?

① 7,450,000
② 8,195,000
③ 74,500,000
④ 81,950,000

23 아래 [보기]의 조건으로 데이터를 조회한 후 물음에 답하시오.

> [보 기]
>
> • 사업장: 2000, ㈜한국자전거지사
> • 실적기간: 2019/07/01 ~ 2019/07/31
> • 조정공정: R200, 외주공정조정
> • 작업장: R221, ㈜영동바이크
> • 내용: 2019년 7월 10일 외주처인 ㈜영동바이크로부터 품목 21-9000200, HEAD
>   LAMP의 작업 중 파손으로 인한 내용을 전달받고 3EA만큼 재공조정 처리를
>   진행하였다.

다음 중 [보기]의 내용을 근거로 재공조정 내용을 반영한 조정번호로 옳은 것은?

① WA1907000002
② WA1907000003
③ WA1907000004
④ WA1907000005

24 아래 [보기]의 조건으로 데이터를 조회한 후 물음에 답하시오.

> [보 기]
> • 사업장: 2000, ㈜한국자전거지사
> • 공정: R200, 외주공정
> • 해당 연도: 2019

㈜한국자전거지사는 21-9000200, HEAD LAMP에 대한 재공수량을 가장 많이 보유하고 있는 작업장을 조사하고 있다. 다음 중 재공수량을 가장 많이 보유한 작업장으로 옳은 것은?

① ㈜대흥정공
② ㈜하나상사
③ ㈜형광램프
④ ㈜영동바이크

25 아래 [보기]의 조건으로 데이터를 조회한 후 물음에 답하시오.

> [보 기]
> • 사업장: 2000, ㈜한국자전거지사
> • 해당 연도: 2019
> • 구분: 1. 외주
> • 계정: 2. 제품
> • 탭: 실적기준
> • 조회기준: 전체
> • 집계기준: 입고

㈜한국자전거지사의 2019년 7월 한 달간 생산된 제품의 실적 수량이 가장 많은 품목으로 옳은 것은?

① NAX-A421, 산악자전거(P-21G, A421)
② NAX-A401, 일반자전거(P-GRAY RED)
③ NAX-A400, 일반자전거(P-GRAY WHITE)
④ NAX-A402, 일반자전거(P-GRAY BLACK)

01 상용화 패키지에 의한 ERP 시스템 구축 시, 성공과 실패를 좌우하는 요인으로 보기 어려운 것은 다음 중 무엇인가?

① 시스템 공급자와 기업 양쪽에서 참여하는 인력의 역량

② 기업환경을 최대한 고려하여 개발할 수 있는 자체개발인력 보유 여부

③ 제품이 보유한 기능을 기업의 업무환경에 얼마만큼 잘 적용하는지에 대한 요인

④ 사용자 입장에서 ERP 시스템을 충분히 이해하고 사용할 수 있는 반복적인 교육 훈련

02 다음 중 ERP의 기능적 특징으로 적절하지 않은 것은?

① 선진 프로세스의 내장   ② 기업의 투명경영 수단으로 활용

③ 객체지향기술의 사용   ④ 실시간 정보처리 체계 구축

03 다음 중 ERP에 대한 내용으로 가장 적절하지 않은 것은 무엇인가?

① 글로벌 환경에 쉽게 대응할 수 있다.

② 기업의 다양한 업무를 지원해주는 통합정보시스템이다.

③ 신속한 의사결정이 가능하도록 실시간으로 정보를 제공한다.

④ 인사, 영업, 구매, 생산, 회계 등 기능별로 최적화할 수 있도록 여러 개의 데이터베이스로 구성되어 있다.

04 [보기]의 괄호 안에 들어갈 용어로 맞는 것은 무엇인가?

[보 기]

ERP 도입의 성공여부는 (   )을(를) 통한 업무개선이 중요하며 이것은 원가, 품질, 서비스, 속도와 같은 주요 성과측정치의 극적인 개선을 위해 업무프로세스를 급진적으로 재설계하는 것이라고 정의할 수 있다.

① MRP   ② BPR

③ CRP   ④ MIS

05 다음 중 ERP 아웃소싱(Outsourcing)의 장점으로 가장 적절하지 않은 것은 무엇인가?

① ERP 아웃소싱을 통해 기업이 가지고 있지 못한 지식을 획득할 수 있다.

② ERP 개발과 구축, 운영, 유지보수에 필요한 인적 자원을 절약할 수 있다.

③ IT 아웃소싱 업체에 종속성(의존성)이 생길 수 있다.

④ ERP 자체개발에서 발생할 수 있는 기술력 부족의 위험요소를 제거할 수 있다.

06 Option 품목이 많은 제품을 Assemble-To-Order 방식으로 생산하는 기업에서 자재 명세서(BOM)의 유지 관리를 쉽게 하고 Option 품목을 중심으로 생산계획을 수립하고자 하는 경우에 적합한 BOM은?

① Engineering(설계) BOM   ② Percentage(비율) BOM

③ Modular(모듈) BOM   ④ Common Parts BOM

07 수요예측기법 중 과거의 실적치에 의해서 예측을 할 경우, 현시점에 가까운 실적치에 큰 비중을 주면서 과거로 거슬러 올라갈수록 그 비중을 적게 주는 것은?

① 최소자승법   ② 이동평균법

③ 지수평활법   ④ 회귀분석법

08 생산시스템의 4가지 제조전략을 납품리드타임(Delivery Lead-Time)이 짧은 것에서 긴 순서로 올바르게 나열한 것은?

① $Make-To-Stock < Make-To-Order < Assemble-To-Order <$ $Engineer-To-Order$

② $Make-To-Stock < Assemble-To-Order < Make-To-Order <$ $Engineer-To-Order$

③ $Make-To-Order < Make-To-Stock < Assemble-To-Order <$ $Engineer-To-Order$

④ $Make-To-Order < Assemble-To-Order < Make-To-Stock <$ $Engineer-To-Order$

09 수요예측 결과를 반영하여 생산자원을 효율적으로 배분과 운영하기 위한 총괄생산계획 (Aggregate Production Plan)을 수립하는 데 활용되는 전략과 가장 거리가 먼 것은?

① 인력 고용 규모의 조정

② 조업시간 변동 등 생산율 조정

③ 수요변동을 흡수하기 위한 재고수준 조정

④ 애로공정의 작업순서 조정

10 기준생산계획(MPS)을 수립하기 위해서 필요한 사항이라고 볼 수 없는 것은?

① 자재소요량   ② 현재 재고량

③ 기간별 예측수요량   ④ 주문정책 및 매개변수

11 PERT/CPM 기법의 주경로(Critical Path)에 관한 설명으로 옳지 않은 것은?

① 주경로를 구성하는 모든 활동의 여유시간은 0이다.

② 경우에 따라서 주경로는 2개 이상 존재할 수도 있다.

③ 프로젝트 일정 단축은 주경로가 아닌 활동을 대상으로 검토한다.

④ 주경로 활동의 지체는 프로젝트 완료기간의 지체를 초래한다.

12 3가지 제품을 생산하는 기업A의 제조1팀에는 5명의 작업자가 주당 52시간을 근무하고 있으며, 지난 주의 제품별 생산수량과 판매단가는 [표]와 같다. 시간당 산출액으로 측정한 제조1팀의 지난 주 노동생산성은? (답에는 숫자만 기입할 것, 단위: 천원/인시)

[표]

제품	P1	P2	P3
생산수량(개)	130	100	150
판매단가(천원)	10.0	15.2	7.2

답 (   )

13 제시된 공정계획표를 완성하기 위한 주공정 작업일수는 (A)일이며, 단계 3의 단계여유는 (B)일이라고 할 때, A와 B를 합한 값을 구하면? (답에는 숫자만 기입할 것)

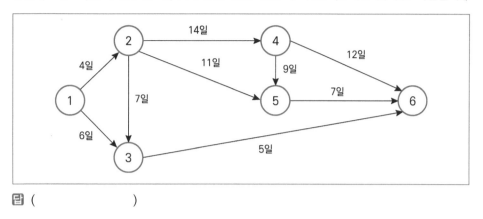

답 (   )

14 [보기]의 설명에 해당하는 공정분석기호는?

> [보 기]
> 원료나 재료 그리고 부품 또는 제품의 품질 특성을 시험하고 결과를 기준과 비교하는 과정

① ◇
② ▽
③ □
④ ○

15 다음 중 간트 차트의 정보를 이용하여 결정할 수 있는 것이 아닌 것은?

① 각 작업의 완료시간
② 다음 작업의 시작시간
③ 각 작업 사이의 의존관계
④ 각 작업의 전체 공정시간

16 애로공정에 대한 설명 중 틀린 것은?

① 애로공정을 해결하여야 생산성을 극대화할 수 있다.
② 전체 공정 유휴율이 높아지고 능률을 저하시키는 작업장을 말한다.
③ 애로공정관리는 생산능력과 부하량을 동시에 증가시키는 작업을 말한다.
④ 애로공정은 병목현상이라고도 하는데 전체라인의 생산속도를 좌우하는 작업장을 말한다.

17 JIT(Just In Time) 생산시스템에서 칸반(Kanban)의 기능과 가장 거리가 먼 것은?

① 현품관리기능   ② 원가계산기능
③ 작업지시기능   ④ 부적합품방지기능

18 JIT시스템에서 말하는 7가지 낭비에 해당하지 않는 것은?

① 가공의 낭비   ② 재고의 낭비
③ 과잉 생산의 낭비   ④ 과잉 검사의 낭비

19 [보기]의 설명에 해당하는 공정의 명칭을 한글로 쓰시오.

> [보 기]
> 원료나 재료 그리고 부품 또는 제품의 품질 특성을 시험하고 결과를 기준과 비교하는 과정

답 (   )

20 가동률은 전체 작업자가 실제 가동시간 중에서 정미작업(순수작업)을 하는 시간의 비율을 의미한다. A작업장의 작업원의 출근율이 80%이고 작업에 소요되는 간접작업의 비율이 20%일 때, A작업장의 가동률을 구하면? (답은 단위를 제외한 숫자로만 적을 것)

답 (   )

21 각 작업장의 작업시간을 나타낸 [표]를 보고 라인밸런싱 효율(%)을 구하시오(단, 각 작업장의 작업자는 모두 1명씩이며, 답은 단위를 제외한 숫자로만 적을 것).

[표]

작업장	1	2	3	4	5
작업시간	17	21	16	16	14

답 (   )

22 다음 재고비용 중 구매/발주비용에 대한 설명으로 적절한 것은?

① 가격 및 거래처 조사비용

② 창고 임대료 및 보관료 등 보관비용

③ 재고자산에 투입된 자금의 금리 등 자본비용

④ 생산공정의 변경이나 기계·공구의 교환 등으로 인한 비용

23 경제적주문량 모형의 가정이 아닌 것은?

① 연간 자재사용량이 일정하고 연속적이다.

② 단위당 구입가격은 일정하다.

③ 단위당 재고유지 비용과 1회 주문비용은 항상 일정하다.

④ 다품목에 대하여 적용된다.

24 다음 중 능력소요계획(CRP)에 대한 설명으로 틀린 것은?

① 계산 시 생산오더가 내려진 작업이 현장의 자원을 필요로하는 것도 고려한다.

② 주요입력데이터는 MRP Record이다.

③ RCCP에 비해 더 정확한 자원요구량을 계산할 수 있다.

④ 기준생산계획(MPS)이 주어진 제조자원의 용량을 넘어서지는 않는지 계산하는 모듈이다.

25 다음 중 공급망 관리(SCM)의 세 가지 주요 흐름이 아닌 것은?

① 제품/서비스흐름　　　　　② 인적자원흐름

③ 재정흐름　　　　　　　　④ 정보흐름

26 유통과정 중에 있는 제품이나 생산 중에 있는 재공을 무엇이라고 하는가? (답은 한글로 적을 것)

답 (　　　　　　　　)

27 자재명세서가 [그림]과 같은 구조를 가질 때에 제품 K의 주문량이 4개이다. 부품 D의
   총 소요량을 구하면? (단, 괄호 안의 숫자는 상위품목 1단위를 구성하기 위한 해당 품목
   의 수량을 의미하며, 답은 단위를 제외한 숫자로만 적을 것)

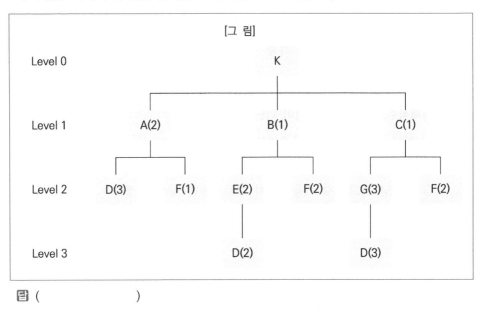

[그 림]

답 (   )

28 다음 중 QC 7가지 도구로만 구성된 것은?

① 산점도, 관리도, 매트릭스도

② 파레토도, 특성요인도, 히스토그램

③ 계통도, 산점도, 체크시트

④ 관리도, 체크시트, 유사성다이어그램

29 [보기]는 6 시그마의 네 단계 중 어느 단계에 대한 설명인가?

[보 기]
새로운 공정 조건을 표준화시키고, 통계적 공정관리 방법을 통하여 그 변화를 탐지
한다. 새 표준으로 공정이 안정되면 공정능력을 재평가한다.

① Control(관리)   ② Analysis(분석)

③ Improvement(개선)   ④ Measurement(측정)

30 다음 관리도에 대한 설명 중 가장 올바르지 않는 것은?

① Xbar - R관리도에서 Xbar관리도는 군내의 산포의 변화를 알아내기 위해서 사용하며, R관리도는 평균치의 변화를 보는 데 사용한다.

② P관리도를 통해 불량률을 알아볼 수 있으며, 시료의 크기 n이 일정하지 않을 때 사용한다.

③ C관리도는 시료의 크기가 일정할 때 사용하며, 하나의 시료에서 발생하는 결점수에 의거하여 공정을 관리할 수 있다.

④ U관리도는 계수치 관리도에 속하며, 단위당 결점수에 의거하여 공정을 관리할 때 사용한다.

31 생산된 제품의 품질이 설계규격에 미달하거나 소비자의 만족감을 충족시키지 못했을 때 발생하는 비용으로, 제조과정에서 발생하거나 혹은 완제품이 소비자에게 인도된 후에 발생하는 비용은? (답은 한글로 적을 것)

답 (   )

32 검사의 성질에 따른 분류에서 전구의 점등시험, 도금판의 핀홀 검사와 같이 물품을 시험하여도 상품가치가 떨어지지 않고 검사의 목적을 달성할 수 있는 검사를 무엇이라고 하는가?

답 (   )

01 아래 [보기]의 조건으로 데이터를 조회한 후 물음에 답하시오.

> **[보 기]**
>
> • 계정구분: 4. 반제품
> • 조달구분: 1. 생산

다음 중 품목에 대한 설명으로 옳지 않은 것은?

① 83 – 2000100, 전장품 ASS'Y 품목은 검사여부가 '0.무검사'이다.

② 88 – 1001000, PRESS FRAME – W 품목은 LEAD TIME이 '7' DAYS이다.

③ 88 – 1002000, PRESS FRAME – Z 품목의 재고단위와 관리단위는 다르다.

④ 85 – 1020400, POWER TRAIN ASS'Y(MTB) 품목은 LOT 여부가 '0. 미사용'이다.

02 아래 [보기]의 조건으로 데이터를 조회한 후 물음에 답하시오.

> **[보 기]**
>
> 사업장: 2000, ㈜한국자전거지사

다음 중 ㈜한국자전거지사의 창고/장소, 생산공정/작업장, 외주공정/작업장에 대한 설명으로 옳지 않은 것은?

① 생산공정 L200, 작업공정에 대한 작업장 L201, 제품작업장의 적합여부는 '적합'이다.

② 외주공정 R200, 외주공정에 대한 작업장 R251, ㈜형광램프의 적합여부는 '부적합'이다.

③ 창고 P200, 제품창고_인천지점에 대한 위치 P209, 제품_제품장소_불량의 가용재고여부는 '부'이다.

④ 외주공정 R200, 외주공정에 대한 작업장 R221, ㈜영동바이크의 외주거래처명은 ㈜영동바이크이다.

03 아래 [보기]의 조건으로 데이터를 조회한 후 물음에 답하시오.

> [보 기]
>
> • 계정: 2. 제품
> • 조달: 1. 생산
> • 품목: NAX-A420, 산악자전거(P-20G)

다음 [보기]의 내용을 참고하여 품목에 대한 실적담당자 중 생산담당자로 옳은 것은?

① 권대호 　　　　　　　　 ② 김승학
③ 양송희 　　　　　　　　 ④ 임성환

04 아래 [보기]의 조건으로 데이터를 조회한 후 물음에 답하시오.

> [보 기]
>
> • 모품목: NAX-A400, 일반자전거(P-GRAY WHITE)
> • 기준일자: 2019/05/25
> • 사용여부: 1. 사용

다음 [보기]의 조건에 대한 자품목의 설명으로 옳은 것은?

① 21 – 3001600, PEDAL의 외주구분은 '유상'이다.
② 83 – 2000100, 전장품 ASS'Y의 계정구분은 '원재료'이다.
③ 88 – 1001000, PRESS FRAME – W의 사급구분은 '사급'이다.
④ 21 – 3000350, WIRING – DE(세라믹)의 주거래처는 '㈜세림와이어'이다.

05 아래 [보기]의 조건으로 데이터를 조회한 후 물음에 답하시오.

> [보 기]
>
> • 사업장: 2000, ㈜한국자전거지사
> • 외주공정: R200, 외주공정
> • 외주처: R221, ㈜영동바이크
> • 품목군: S100, 반조립품
> • 단가적용비율: 80%

다음 [보기]의 조건으로 실제원가대비 외주단가를 일괄변경한 후 품목별 외주단가로 옳지 않은 것은?

① 87 - 1002001, BREAK SYSTEM: 44,080

② 83 - 2000100, 전장품 ASS'Y: 69,680

③ 88 - 1001000, PRESS FRAME - W: 36,880

④ 85 - 1020400, POWER TRAIN ASS'Y(MTB): 46,400

06 아래 [보기]의 조건으로 데이터를 조회한 후 물음에 답하시오.

> **[보 기]**
> • 사업장: 2000, ㈜한국자전거지사
> • 작업예정일: 2019/05/01 ~ 2019/05/18
> • 계정구분: 4. 반제품

다음 중 [보기]의 조건으로 등록된 생산계획에 대한 설명으로 옳지 않은 것은?

① 2019년 5월 10일자로 계획된 생산 품목은 없다.

② 87 - 1002001, BREAK SYSTEM의 일생산량은 400EA이다.

③ 계획수량의 합이 가장 적은 품목은 88 - 1001010, PRESS FRAME - W(TYPE A)이다.

④ 계획수량의 합이 가장 많은 품목은 81 - 1001020, BODY - 알미늄(GRAY - WHITE, TYPE B)이다.

07 아래 [보기]의 조건으로 데이터를 조회한 후 물음에 답하시오.

> **[보 기]**
> • 사업장: 2000, ㈜한국자전거지사
> • 지시기간: 2019/05/01 ~ 2019/05/15
> • 공정: L200, 작업공정
> • 작업장: L201, 제품작업장

㈜한국자전거지사는 수주등록 내역 또는 생산계획등록 내역을 근거로 작업지시를 등록하고 있다. 다음 중 생산계획등록 내역을 근거로 작업지시를 등록한 작업지시번호로 옳은 것은?

① WO1905000001 ② WO1905000002

③ WO1905000003 ④ WO1905000004

08 아래 [보기]의 조건으로 데이터를 조회한 후 물음에 답하시오.

[보 기]

• 사업장: 2000, ㈜한국자전거지사
• 지시기간: 2019/05/01 ~ 2019/05/17
• 공정: L200, 작업공정
• 작업장: L202, 반제품작업장
• 상태: 1. 확정

다음 중 [보기]의 조건으로 등록된 작업지시 건에 대하여 청구품목에 대한 확정수량의 합이 가장 많은 품목으로 옳은 것은?

① 21 − 3000300, WIRING − DE ② 21 − 9000200, HEAD LAMP

③ 21 − 3065700, GEAR REAR C ④ 21 − 1080800, FRAME − 알미늄

09 아래 [보기]의 조건으로 데이터를 조회한 후 물음에 답하시오.

[보 기]

• 사업장: 2000, ㈜한국자전거지사
• 출고기간: 2019/05/15 ~ 2019/05/20
• 청구기간: 2019/05/15 ~ 2019/05/20

다음 중 [보기]의 조건으로 등록된 출고요청 내역에 대하여 청구잔량의 합으로 옳은 것은?

① 100 ② 210

③ 560 ④ 750

10 아래 [보기]의 조건으로 데이터를 조회한 후 물음에 답하시오.

> [보 기]
> • 사업장: 2000, ㈜한국자전거지사
> • 지시(품목) 기간: 2019/05/11. ~ 2019/05/16
> • 지시공정: L200, 작업공정
> • 작업장: L202, 반제품작업장
> • 상태: 1. 확정

다음 중 작업지시등록 시에는 검사구분이 '무검사'로 등록이 되었으나 작업실적등록 시에는 검사구분이 '검사'로 등록된 작업지시번호와 작업실적번호로 옳은 것은?

① 작업지시번호: WO1905000010/작업실적번호: WR1905000001

② 작업지시번호: WO1905000015/작업실적번호: WR1905000005

③ 작업지시번호: WO1905000016/작업실적번호: WR1905000008

④ 작업지시번호: WO1905000016/작업실적번호: WR1905000010

11 아래 [보기]의 조건으로 데이터를 조회한 후 물음에 답하시오.

> [보 기]
> • 사업장: 2000, ㈜한국자전거지사   • 구분: 1. 생산
> • 실적기간: 2019/05/16 ~ 2019/05/16
> • 작업지시번호: WO1905000022   • 작업실적번호: WR1905000012
> • 사용일자: 2019/05/16   • 공정/외주: L200, 작업공정
> • 작업장/외주처: L201, 제품작업장   • 출고창고: M200, 부품창고_인천지점
> • 출고장소: M201, 부품/반제품_부품장소

㈜한국자전거지사는 생산자재에 대한 사용등록을 할 때 일괄적용 기능을 사용하여 등록을 한다. 다음 중 [보기]의 조건으로 일괄적용 처리 시 사용되는 자재의 총 수량의 합으로 옳은 것은?

① 436   ② 516

③ 820   ④ 910

12 아래 [보기]의 조건으로 데이터를 조회한 후 물음에 답하시오.

[보 기]

- 사업장: 2000, ㈜한국자전거지사
- 실적일: 2019/05/12 ~ 2019/05/12
- 공정: L200, 작업공정
- 작업장: L202, 반제품작업장

다음 중 [보기]의 조건으로 등록된 생산실적검사 내역에 대하여 불합격 수량을 가장 많이 발견한 검사담당자로 옳은 것은?

① 권대호   ② 김승학
③ 양송희   ④ 임성환

13 아래 [보기]의 조건으로 데이터를 조회한 후 물음에 답하시오.

[보 기]

- 사업장: 2000, ㈜한국자전거지사
- 실적일: 2019/05/16 ~ 2019/05/17
- 공정: L200, 작업공정
- 작업장: L201, 제품작업장

다음 중 [보기]의 조건으로 등록된 생산품창고입고 내역에 대한 설명으로 옳지 않은 것은?

① 실적번호 WR1905000013의 검사구분은 '검사'이다.

② 실적번호 WR1905000014의 실적품목은 LOT품목이다.

③ 실적번호 WR1905000011의 입고가능 수량은 100이다.

④ 실적번호 WR1905000012의 입고대상수량은 생산실적검사의 합격수량이다.

14 아래 [보기]의 조건으로 데이터를 조회한 후 물음에 답하시오.

[보 기]
- 사업장: 2000, ㈜한국자전거지사
- 지시일: 2019/05/17 ~ 2019/05/20
- 공정: L200, 작업공정
- 작업장: L201, 제품작업장

㈜한국자전거지사의 홍길동 과장은 실적잔량이 남아 있지 않는 작업지시내역을 실수로 마감처리를 하였다. 이에 홍길동 과장은 잘못 마감처리된 작업지시번호를 마감취소를 진행하려고 한다. 다음 중 마감취소를 진행해야 하는 작업지시번호로 옳은 것은?

① WO1905000023 ② WO1905000024
③ WO1905000025 ④ WO1905000026

15 아래 [보기]의 조건으로 데이터를 조회한 후 물음에 답하시오.

[보 기]
- 사업장: 2000, ㈜한국자전거지사
- 실적기간: 2019/05/27 ~ 2019/05/31
- 구분: 1. 공정
- 공정: L200, 작업공정
- 작업장: L201, 제품작업장
- 수량조회기준: 0. 실적입고기준
- 탭: 실적기준 탭
- 단가 OPTION: 조달구분 구매, 생산 모두 실제원가[품목등록] 체크함

㈜한국자전거지사는 생산품에 대한 실적금액이 가장 큰 품목을 조사하려고 한다. 다음 중 실적금액이 가장 큰 품목으로 옳은 것은?

① NAX－A420, 산악자전거(P－20G)

② NAX－A401, 일반자전거(P－GRAY RED)

③ NAX－A402, 일반자전거(P－GRAY BLACK)

④ NAX－A400, 일반자전거(P－GRAY WHITE)

16 아래 [보기]의 조건으로 데이터를 조회한 후 물음에 답하시오.

[보 기]
• 사업장: 2000, ㈜한국자전거지사
• 지시기간: 2019/05/27 ~ 2019/05/31
• 공정: L200, 작업공정
• 작업장: L201, 제품작업장
• 단가 OPTION: 조달구분 구매, 생산 모두 표준원가[품목등록] 체크함

다음 중 지시번호에 대하여 청구된 금액의 합보다 투입된 금액의 합이 더 많이 발생한 지시번호로 옳은 것은?

① WO1905000027
② WO1905000028
③ WO1905000029
④ WO1905000030

17 아래 [보기]의 조건으로 데이터를 조회한 후 물음에 답하시오.

[보 기]
• 사업장: 2000, ㈜한국자전거지사
• 공정: R200, 외주공정
• 외주처: R211, 다스산업㈜
• 지시기간: 2019/05/01 ~ 2019/05/31
• 발주일: 2019/05/25
• 납기일: 2019/05/27

다음 중 [보기]의 조건으로 외주발주를 등록할 때 외주 품목에 대하여 단가가 가장 큰 품목으로 옳은 것은?

① NAX-A420, 산악자전거(P-20G)
② NAX-A421, 산악자전거(P-21G, A421)
③ NAX-A401, 일반자전거(P-GRAY RED)
④ NAX-A400, 일반자전거(P-GRAY WHITE)

18 아래 [보기]의 조건으로 데이터를 조회한 후 물음에 답하시오.

> **[보 기]**
> • 사업장: 2000, ㈜한국자전거지사
> • 공정: R200, 외주공정
> • 외주처: R251, ㈜형광램프
> • 지시기간: 2019/05/02 ~ 2019/05/02
> • 생산지시번호: WO1905000033

다음 [보기]의 조건으로 청구한 자재 중 BOM등록 정보와 다르게 청구한 품목으로 옳은 것은?

① 21－3001620, PEDAL(TYPE B)

② 83－2000110, 전장품 ASS'Y(TYPE A)

③ 88－1001010, PRESS FRAME－W(TYPE A)

④ 85－1020410, POWER TRAIN ASS'Y(MTB, TYPE A)

19 아래 [보기]의 조건으로 데이터를 조회한 후 물음에 답하시오.

> **[보 기]**
> • 사업장: 2000, ㈜한국자전거지사
> • 출고일자: 2019/05/10
> • 출고기간: 2019/05/01 ~ 2019/05/10
> • 청구기간: 2019/05/01 ~ 2019/05/10
> • 출고창고: M200, 부품창고_인천지점
> • 출고장소: M201, 부품/반제품_부품장소

㈜한국자전거지사는 외주처로 출고될 자재에 대하여 일괄적용 기능을 이용하여 출고처리하고 있다. 다음 중 일괄적용 기능을 이용하여 자재출고 처리 시 ㈜형광램프 외주처로 출고되는 자재들의 출고수량의 합으로 옳은 것은?

① 7,020　　　　② 7,176

③ 7,320　　　　④ 7,542

20 아래 [보기]의 조건으로 데이터를 조회한 후 물음에 답하시오.

> **[보 기]**
> • 사업장: 2000, ㈜한국자전거지사
> • 지시(품목) 기간: 2019/05/01 ~ 2019/05/25
> • 외주공정: R200, 외주공정
> • 외주처: R221, ㈜영동바이크

㈜한국자전거지사는 ㈜영동바이크에 외주 의뢰 후 실적 품목에 대하여 P200, 제품창고
_인천지점, P201, 제품_제품장소로 입고시켜 관리 중이다. 하지만 일부 외주 품목이
M200, 부품창고_인천지점, M201, 부품/반제품_부품장소로 잘못 입고가 된 것으로 확
인되었다. 다음 중 잘못 입고가 이뤄진 작업실적번호로 옳은 것은?

① WR1905000020   ② WR1905000021

③ WR1905000022   ④ WR1905000023

21 아래 [보기]의 조건으로 데이터를 조회한 후 물음에 답하시오.

> **[보 기]**
> • 사업장: 2000, ㈜한국자전거지사
> • 구분: 2. 외주
> • 실적기간: 2019/05/20 ~ 2019/05/24
> • 외주공정: R200, 외주공정
> • 외주처: R231, ㈜제일물산

다음 중 외주실적 건 중 외주자재사용 잔량의 합이 가장 많이 남아 있는 작업실적번호
로 옳은 것은?

① WR1905000036   ② WR1905000037

③ WR1905000039   ④ WR1905000040

22 아래 [보기]의 조건으로 데이터를 조회한 후 물음에 답하시오.

> [보 기]
>
> • 사업장: 2000, ㈜한국자전거지사
> • 마감일: 2019/05/01 ~ 2019/05/31
>
> [검색조건]
> • 외주공정: R200, 외주공정
> • 실적일: 2019/05/01 ~ 2019/05/31
> • 불량구분: 선택전체
> • 실적구분: 선택전체
>
> [일괄적용값]
> • 마감일자: 2019/05/31
> • 과세구분: 0. 매입과세
> • 세무구분: 21. 과세매입
> • 외주단가 등록의 단가 적용: 체크함

㈜한국자전거지사는 매달 말일 해당 월의 외주실적 건을 실적일괄적용 기능을 이용하여 외주마감을 한다. 다음 [보기]의 조건으로 외주마감을 처리하였을 때 외주처에 대한 마감금액의 합(합계액의 합)이 가장 큰 외주처로 옳은 것은?

① 한돈형공㈜   ② ㈜형광램프
③ ㈜제일물산   ④ ㈜영동바이크

23 아래 [보기]의 조건으로 데이터를 조회한 후 물음에 답하시오.

> [보 기]
> • 사업장: 2000, ㈜한국자전거지사
> • 실적기간: 2019/05/01 ~ 2019/05/31
> • 출고공정: L200, 작업공정
> • 출고작업장: L202, 반제품작업장
> • 입고창고: M200, 부품창고_인천지점
> • 입고장소: M201, 부품/반제품_부품장소

다음 중 재공에 남아 있는 반제품에 대하여 창고, 장소로 입고한 품목이 아닌 것은?

① 83 - 2000100, 전장품 ASS'Y

② 87 - 1002001, BREAK SYSTEM

③ 88 - 1001000, PRESS FRAME - W

④ 83 - 2000110, 전장품 ASS'Y(TYPE A)

24 아래 [보기]의 조건으로 데이터를 조회한 후 물음에 답하시오.

> **[보 기]**
> • 사업장: 2000, ㈜한국자전거지사　　• 공정: R200, 외주공정
> • 해당 연도: 2019

㈜한국자전거지사는 R200, 외주공정으로 관리하고 있는 외주 작업장에 대하여 83-2000100, 전장품 ASS'Y에 대한 재공수량을 가장 많이 보유하고 있는 작업장을 조사하고 있다. 다음 중 재공수량이 가장 많은 작업장으로 옳은 것은?

① 다스산업㈜　　　　　　　　② ㈜대흥정공

③ ㈜제일물산　　　　　　　　④ ㈜영동바이크

25 아래 [보기]의 조건으로 데이터를 조회한 후 물음에 답하시오.

> **[보 기]**
> • 사업장: 2000, ㈜한국자전거지사
> • 사용기간: 2019/05/01 ~ 2019/05/31
> • 공정: R200, 외주공정
> • 작업장: R231, ㈜제일물산

㈜한국자전거지사는 ㈜제일물산 외주처에 지시한 반제품들에 대한 자재사용내역을 확인하고자 한다. 다음 중 지시한 반제품에 사용된 자재에 대하여 사용수량의 합이 가장 많은 반제품 품목으로 옳은 것은?

① 83 - 2000100, 전장품 ASS'Y

② 88 - 1001000, PRESS FRAME - W

③ 88 - 1002000, PRESS FRAME - Z

④ 81 - 1001000, BODY - 알미늄(GRAY - WHITE)

01 다음은 ERP 도입 의의를 설명한 것이다. 가장 적절하지 않은 설명은 다음 중 무엇인가?

① 기업의 프로세스를 재검토하여 비즈니스 프로세스를 변혁시킨다.

② 공급사슬의 단축, 리드타임의 감소, 재고비용의 절감 등을 이룩한다.

③ 기업의 입장에서 ERP 도입을 통해 업무 프로세스를 개선함으로써 업무의 비효율을 줄일 수 있다.

④ 전반적인 업무 프로세스를 각각 개별 체계로 구분하여 관리하기 위해 ERP를 도입한다.

02 ERP의 성공적인 구축을 위한 주요 요인이라 볼 수 없는 것은 무엇인가?

① IT 중심의 프로젝트로 추진하지 않도록 한다.

② 최고경영층이 프로젝트에 적극적 관심을 갖도록 유도한다.

③ 회사 전체적인 입장에서 통합적 개념으로 접근하도록 한다.

④ 기업이 수행하고 있는 현재 업무방식만을 그대로 잘 시스템으로 반영하도록 한다.

03 다음 중 e-Business 지원 시스템을 구성하는 단위 시스템에 해당되지 않는 것은 무엇인가?

① 성과측정관리(BSC)　　　　② EC(전자상거래) 시스템

③ 의사결정지원시스템(DSS)　　④ 고객관계관리(CRM) 시스템

04 ERP 시스템이 갖는 특징을 기능적 특징과 기술적 특징으로 구분할 수 있는데 그 중에서 기술적 특징에 해당되는 것은 다음 중 무엇인가?

① 객체지향기술 사용

② 투명경영의 수단으로 활용

③ 경영정보제공 및 경영조기경비체계를 구축

④ 표준을 지향하는 선진화된 최고의 실용성을 수용

05 아래의 [보기]는 무엇에 대한 설명인가?

> **[보 기]**
>
> 비용, 품질, 서비스, 속도와 같은 핵심적 부분에서 극적인 성과를 이루기 위해 기업의 업무프로세스를 기본적으로 다시 생각하고 근본적으로 재설계하는 것

① BPR   ② JIT

③ TQM   ④ 커스터마이징

06 12명이 120개를 생산하던 공정에서 10명이 120개를 생산하는 것으로 공정이 개선되었다. 이때 노동생산성은 몇 % 향상되었는가?

① 20   ② 25

③ 50   ④ 100

07 다음 중 BOM에 대한 설명으로 바르지 못한 것은?

① Planning BOM: 생산관리부서 및 판매, 마케팅부서에서 사용되며 생산계획, 기준일정계획에서 사용된다.

② Inverted BOM: 여러 종류의 부품들을 조립하여 적은 종류의 상위부품/제품을 만드는 형태의 BOM이다.

③ Manufacturing BOM: 생산관리부서 및 생산현장에서 사용되며 제조공정 및 조립공정의 순서를 반영한다.

④ Percentage BOM: 제품군을 구성하는 제품 또는 제품을 구성하는 부품의 양을 백분율로 표현한 BOM이다.

08 다음 중 과거의 판매자료가 갖고 있는 변화를 추세변동, 주기변동, 불규칙변동으로 구분하여 각각을 예측한 후 이를 결합하여 미래수요를 예측하는 방법으로 계절성이 있는 소비재의 경우 많이 사용하며 많은 기간의 과거자료가 필요한 수요예측 기법은 무엇인가?

① 분해법   ② 확산모형

③ 지수평활법   ④ 이동평균법

09 기준생산계획(Master Production Plan) 수립을 위한 발주정책들 중 품목을 운반하는 용기의 크기 등을 반영하여 매번 일정한 양을 주문하는 방식에 해당하는 것은?

① FOQ(Fixed Order Quantity) ② LFL(Lot for Lot)

③ ROP(Reorder Point System) ④ POQ(Periodic Order Quantity)

10 합리적인 일정계획을 수립하기 위한 방침이 아닌 것은?

① 생산기간의 단축 ② 작업의 분업화

③ 애로공정의 능력증강 ④ 생산활동의 동기화

11 주공정(Critical Path)에 대한 설명으로 옳은 것은?

① 주공정은 가장 이른 예정일을 연결한 경로를 의미한다.

② 주공정은 총여유시간의 값이 가장 큰 작업의 경로를 말한다.

③ 여유시간의 값이 0이 되는 단계를 연결한 경로를 말한다.

④ 가장 늦은 완료일에서 가장 이른 예정일을 빼서 가장 값이 큰 단계를 연결한 경로를 의미한다.

12 다음 [보기] 내용 중 (   ) 안에 들어갈 용어를 한글로 표기하시오.

> [보 기]
> 생산방식에 의한 생산시스템의 분류에서 선박 및 항공기의 건조, 건물 및 교량의 건설, 영화제작 등과 같이 독특한 제품/서비스를 창출하기 위한 대규모의 비반복적인 생산활동에서 쓰이는 생산방식을 (   ) 생산방식이라고 한다.

🖹 (   )

13 제품P의 수요는 평활상수 $\alpha = 0.2$인 단순지수평활법을 사용하여 예측하며 과거 5년간의 수요예측과 실제수요 자료가 다음 [표]와 같다. 제품 P의 Y년 수요를 예측하고 실제수요가 244개로 집계된 경우, 6년간의 자료로 평가한 예측기법의 평균절대오차(MAD)를 구하시오(숫자만 기입할 것, 단위: 개/년).

[표]

단위: 개

연도	Y-5	Y-4	Y-3	Y-2	Y-1
수요예측	250	252	253	253	252
실제수요	260	257	253	248	242

🔲 (   )

14 다음 중 공정관리의 대외적인 목표는?

① 주문자 혹은 수요자의 요건을 충족시켜 주어야만 한다.
② 재공품의 감소와 함께 생산속도 향상을 목적으로 해야만 한다.
③ 자재의 투입에서부터 제품이 출하되기까지의 시간을 단축시켜야만 한다.
④ 작업자의 대기나 설비의 유휴에 의한 손실시간을 감소시켜서 가동률을 향상시켜야만 한다.

15 다음 [설명]에 해당하는 공정분석기호는?

[설 명]
원료, 재료, 부품 또는 제품을 계획에 따라 저장하는 과정임

① ▽   ② ○
③ ◇   ④ D

16 공수계획의 기본방침에 대한 설명 중 틀린 것은?

① 부하, 능력 두 측면에 적당한 여유를 둔다.
② 사람이나 기계가 유휴상태가 되도록 작업량을 할당한다.
③ 특정 공정에 부하가 과도하게 집중하지 않도록 조정한다.
④ 작업의 성질이 작업자의 특성과 기계의 성능에 맞도록 할당한다.

17 다음 중 간트 차트(Gantt Chart)의 단점에 관한 설명 중 가장 거리가 먼 것은?

① 간트 차트는 변화나 변경에 약한 편이다.

② 일정계획에 있어서 정밀성을 기대하기 어려운 편이다.

③ 일정의 완료시간을 계산하기 어렵다.

④ 작업 상호 간의 유기적인 관계가 명확하지 못한 편이다.

18 다음 중 JIT시스템에 대한 설명으로 틀린 것은?

① JIT시스템은 대규모 로트 생산을 통해 낭비적 요소를 제거한다.

② JIT시스템이 생성된 배경은 일본기업의 경영환경에서 찾아 볼 수 있다.

③ JIT시스템은 생산활동에서의 낭비적 요인을 제거하는 것이 궁극적인 목표이다.

④ JIT시스템에서 제조준비시간의 단축은 고객의 다양한 요구에 부응하여 다양한 제품을 생산하는 데 도움이 된다.

19 다음 [설명]에 해당하는 용어를 한글로 쓰시오.

> [설 명]
>
> 공정계획 중 최대작업량과 평균 작업량의 비율인 부하율을 최적으로 유지할 수 있는 작업량의 할당계획임

🔲 (   )

20 생산가공 또는 조립라인에서 공정 간에 균형이 이뤄지지 않는 애로공정으로 인해 공정의 유휴율이 높아지고 능률이 떨어지는 경우에 각 공정의 소요시간이 균형이 되도록 작업장이나 작업순서를 배열하는 것을 무엇이라고 하는지 한글로 쓰시오.

🔲 (   )

21 [보기]의 설명에서 (   ) 안에 들어갈 말을 영어로 표기하시오.

> **[보 기]**
>
> 칸반(Kanban) 방식의 설명 중 수요가 발생할 경우에만 진행되는 작업으로 공정에서 필요한 만큼 끌어당기는 공정인수방식인 (   ) 방식으로 진행이 된다.

📋 (   )

22 [보기]의 설명에 해당하는 동기는?

> **[보 기]**
>
> A.J. Arrow의 재고 보유의 동기 중 위험에 대비하기 위한 것으로, 오늘날 대부분 기업의 주된 재고 보유 동기임

① 예방 동기　　　　　　　② 거래 동기
③ 안전 동기　　　　　　　④ 투기 동기

23 MRP 시스템의 투입요소가 아닌 것은?
① 주생산일정계획(MPS)　　② 재고기록파일(IRF)
③ 경제적주문량(EOQ)　　　④ 자재명세서(BOM)

24 능력소요계획(Capacity Requirement Planning: CRP)에 필요한 자료가 아닌 것은?
① 발주계획량　　　　　　② 자재명세서
③ 작업공정표　　　　　　④ 작업장정보

25 다음 중 SCM 추진 효과로 옳지 않은 것은?
① 구매비용절감　　　　　② 물류비용절감
③ 생산 비효율화　　　　　④ 통합적 정보시스템 운영

26 [보기]와 같은 상황이 주어졌을 때에 경제적 주문량은 몇 개인지 수치만 제시하시오.

> [보 기]
>
> 부품 A의 연간 수요량이 3,000개, 1회 주문비용이 120원, 개당 가격이 10,000원, 연간 단위당 재고 유지비율은 2.88

답 (   )

27 제품 P의 제품구조도가 [그림]과 같고, (   )의 숫자는 상위품목 1단위에 사용되는 해당 품목의 수량을 의미한다. 제품 P의 순소요량이 100개인 경우 품목 C의 순소요량은? (단, 품목별 보유재고가 A는 50개, B는 30개이고 C, D 및 E의 재고는 0이다.)

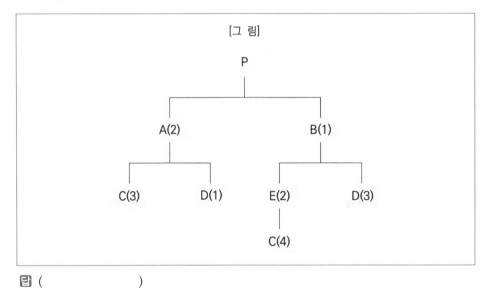

[그 림]

답 (   )

28 품질관리의 발전순서가 바르게 연결된 것은?

① 작업자품질관리 – 검사자품질관리 – 통계적품질관리 – 종합적품질관리 – 종합적품질경영

② 작업자품질관리 – 통계적품질관리 – 검사자품질관리 – 종합적품질관리 – 종합적품질경영

③ 검사자품질관리 – 작업자품질관리 – 통계적품질관리 – 종합적품질관리 – 종합적품질경영

④ 작업자품질관리 – 검사자품질관리 – 통계적품질관리 – 종합적품질경영 – 종합적품질관리

29 6시그마 품질향상 추진절차 중 문제의 잠재인자 및 근본 원인을 파악하고 개선의 우선
    순위를 정하는 단계는?

    ① 측정(Measure)   ② 분석(Analyze)

    ③ 개선(Improve)   ④ 관리(Control)

30 샘플링 검사의 특징으로 옳지 않은 것은?

    ① 생산자에 대한 품질향상 자극효과가 크다.

    ② 검사항목이 많고 복잡한 검사에 유리하다.

    ③ 일반적으로 로트 크기가 작을 때 적합하다.

    ④ 절대로 불량이 있어서는 안 되는 경우에는 부적합하다.

31 자루에 넣어 쌓아 둔 분말 물질의 수분을 조사할 때에, 상층부는 비교적 수분이 적고 하
    층부는 비교적 수분이 많고 중층부는 그 중간이라는 정보를 갖고 있으면, 상층부, 중층
    부, 하층부로 나누어서 조사를 하는 것이 유리하다. 이처럼 QC 7가지 도구 중에서 데
    이터를 몇 개의 범주에 의해 구분함으로써 문제의 원인을 파악하려는 기법은 무엇인지
    한글로 쓰시오.

    답 (   )

32 부분군의 크기(n)가 일정한 경우 부적합품률 대신 부분군 내의 부적합품수를 관리하기
    때문에 부적합품률 관리도에 비해서 계산량이 적고 사용이 편리한 관리도를 영어로 쓰
    시오.

    답 (   )

01 아래 [보기]의 조건으로 데이터를 조회한 후 물음에 답하시오.

[보 기]
- 계정구분: 0. 원재료
- 조달구분: 0. 구매

다음 중 LEAD TIME이 같은 품목끼리 나열한 것으로 옳은 것은?

① 21 – 1060700, FRAME – NUT와 21 – 3001520, PEDAL(S, TYPE B)
② 21 – 1070700, FRAME – 티타늄과 21 – 3000310, WIRING – DE(TYPE A)
③ 21 – 1080800, FRAME – 알미늄과 90 – 9001000, FRAME COLOR – GRAY WHITE
④ 21 – 1060850, WHEEL FRONT – MTB와 21 – 9000210 HEAD LAMP(LED TYPE)

02 아래 [보기]의 조건으로 데이터를 조회한 후 물음에 답하시오.

[보 기]
거래처분류: 3000, 외주거래처

다음 중 거래처명과 외주담당자를 연결한 것으로 옳지 않은 것은?

① 런닝정밀㈜ – 이종현
② 한돈형공㈜ – 박용덕
③ ㈜세림와이어 – 김종욱
④ ㈜영동바이크 – 정영수

03 아래 [보기]의 조건으로 데이터를 조회한 후 물음에 답하시오.

[보 기]
- 검사구분: 21. 외주검사
- 검사유형질문: BREAK 밀림이 발생하는가?

다음 중 [보기]의 조건의 검사유형명으로 옳은 것은?

① 휠조립검사
② 바디조립검사
③ BREAK 최종검사
④ 자전거ASS'Y 최종검사

04 아래 [보기]의 조건으로 데이터를 조회한 후 물음에 답하시오.

> **[보 기]**
> • 모품목: 85-1020400, POWER TRAIN ASS'Y(MTB)
> • 기준일자: 2019/03/23
> • 사용여부: 1. 사용

다음 중 [보기]의 조건의 자재명세서에 대한 설명으로 옳지 않은 것은?

① 자품목 21 − 1060700, FRAME − NUT의 정미수량은 6EA이다.

② 모품목에 대한 LEVEL 1의 자품목의 종류는 총 5가지이다.

③ 자품목 21 − 3001600, PEDAL의 정미수량과 필요수량은 같다.

④ 자품목 21 − 3065700, GEAR REAR C의 외주구분은 '유상'이다.

05 아래 [보기]의 조건으로 데이터를 조회한 후 물음에 답하시오.

> **[보 기]**
> • 자품목: 21-1060700, FRAME-NUT
> • 기준일자: 2019/03/23
> • 사용여부: 1. 여

㈜한국자전거는 4월부터 원재료에 대한 자재변경이 있을 예정이다. 이에 원재료에 대한 상위 모품목 정보를 사전에 식별하여 관리하려고 한다. 다음 중 자품목에 대한 상위 모품목으로 옳지 않은 것은?

① 83 − 2000100, 전장품 ASS'Y

② 87 − 1002001, BREAK SYSTEM

③ 88 − 1001000, PRESS FRAME − W

④ 85 − 1020400, POWER TRAIN ASS'Y(MTB)

06 아래 [보기]의 조건으로 데이터를 조회한 후 물음에 답하시오.

[보 기]
- 사업장: 2000, ㈜한국자전거지사
- 작업예정일: 2019/03/01 ~ 2019/03/31
- 계정구분: 4. 반제품

㈜한국자전거지사는 품목등록의 일별생산량을 기준으로 생산계획을 등록하여 관리하고 있다. 다음 중 일생산량을 초과하여 등록한 수량의 품목과 작업예정일로 옳은 것은?

① 83 – 2000100, 전장품 ASS'Y – 2019/03/30
② 87 – 1002001, BREAK SYSTEM – 2019/03/30
③ 88 – 1002000, PRESS FRAME – Z – 2019/03/07
④ 88 – 1001000, PRESS FRAME – W – 2019/03/18

07 아래 [보기]의 조건으로 데이터를 조회한 후 물음에 답하시오.

[보 기]
- 사업장: 2000, ㈜한국자전거지사
- 지시기간: 2019/03/01 ~ 2019/03/31
- 공정: L300, 작업공정(도색)
- 작업장: L211, 반제품작업장(바디)

㈜한국자전거지사는 청구등록 내역 또는 생산계획등록 내역을 근거로 작업지시를 등록하고 있다. 다음 중 생산계획등록 내역을 근거로 작업지시를 등록한 작업지시번호로 옳은 것은?

① WO1903000001
② WO1903000006
③ WO1903000013
④ WO1903000018

08 아래 [보기]의 조건으로 데이터를 조회한 후 물음에 답하시오.

[보 기]

• 사업장: 2000, ㈜한국자전거지사
• 지시기간: 2019/03/07 ~ 2019/03/15
• 공정: L200, 작업공정
• 작업장: L201, 제품작업장

다음 중 자재출고상태가 '출고중'인 작업지시내역 중 생산자재출고가 한 번도 처리되지 않은 작업지시번호와 품명으로 옳은 것은?

① WO1903000026 – HEAD LAMP
② WO1903000026 – FRONT FORK(S)
③ WO1903000034 – WIRING – DE(TYPE B)
④ WO1903000022 – PRESS FRAME – W(TYPE B)

09 아래 [보기]의 조건으로 데이터를 조회한 후 물음에 답하시오.

[보 기]

• 사업장: 2000, ㈜한국자전거지사
• 출고기간: 2019/03/01 ~ 2019/03/31
• 출고창고: M200, 부품창고_인천지점

다음은 생산자재출고 내역에 대한 질문이다. 작업지시확정에서 청구한 품목에 대하여 요청수량을 초과하여 출고한 출고번호와 품목으로 옳은 것은?

① MV1903000009 – PEDAL
② MV1903000010 – PEDAL(S)
③ MV1903000008 – GEAR REAR C
④ MV1903000014 – POWER TRAIN ASS'Y(MTB)

10 아래 [보기]의 조건으로 데이터를 조회한 후 물음에 답하시오.

> **[보 기]**
> • 사업장: 2000, ㈜한국자전거지사 지시(품목)
> • 기간: 2019/03/01 ~ 2019/03/31
> • 지시공정: L300, 작업공정(도색)지시
> • 작업장: L211, 반제품작업장(바디)

㈜한국자전거지사는 실적구분이 '부적합'인 반제품 품목에 대하여 실적수량의 합이 가장 많은 품목은 별도의 관리대상 품목으로 지정하려고 한다. 다음 중 관리대상 품목으로 옳은 것은?

① 83 – 2000100, 전장품 ASS'Y
② 88 – 1002000, PRESS FRAME – Z
③ 83 – 2000110, 전장품 ASS'Y(TYPE A)
④ 88 – 1001020, PRESS FRAME – W(TYPE B)

11 아래 [보기]의 조건으로 데이터를 조회한 후 물음에 답하시오.

> **[보 기]**
> • 사업장: 2000, ㈜한국자전거지사
> • 구분: 1. 생산
> • 실적공정: L200, 작업공정
> • 실적작업장: L202, 반제품작업장
> • 실적기간: 2019/03/01 ~ 2019/03/31
> • 상태: 1. 확정

㈜한국자전거지사는 생산 품목에 대한 자재사용내역에 대하여 청구적용을 통하여 등록을 한다. 다음 중 21-3001500, PEDAL(S)의 청구내역 중 잔량이 가장 많이 남아 있는 작업실적번호로 옳은 것은 무엇인가?

① WR1903000094
② WR1903000084
③ WR1903000096
④ WR1903000085

12 아래 [보기]의 조건으로 데이터를 조회한 후 물음에 답하시오.

[보 기]
- 사업장: 2000, ㈜한국자전거지사
- 실적일: 2019/03/14 ~ 2019/03/25
- 공정: L300, 작업공정(도색)
- 작업장: L211, 반제품작업장(바디)

㈜한국자건거지사는 검사 품목에 대하여 불합격수량을 가장 많이 발견한 검사담당자에게 불합격에 대한 사유를 조사하기로 하였다. 다음 중 불합격수량의 합이 가장 많은 검사담당자로 옳은 것은?

① 김종욱   ② 이종현
③ 정영수   ④ 박용덕

13 아래 [보기]의 조건으로 데이터를 조회한 후 물음에 답하시오.

[보 기]
- 사업장: 2000, ㈜한국자전거지사
- 실적기간: 2019/03/10 ~ 2019/03/17
- 공정: L300, 작업공정(도색)
- 작업장: L211, 반제품작업장(바디)

생산품의 실적을 등록할 때 실적구분에 따라 생산품창고입고가 자동으로 등록되기도 하고 생산품창고입고처리 메뉴에서 수동으로 등록하기도 한다. 다음 중 생산품창고입고처리 메뉴에서 수동으로 입고처리가 이뤄진 입고번호로 옳은 것은?

① IW1903000035   ② IW1903000038
③ IW1903000040   ④ IW1903000081

14 아래 [보기]의 조건으로 데이터를 조회한 후 물음에 답하시오.

[보 기]

- 사업장: 2000, ㈜한국자전거지사
- 지시일: 2019/03/01 ~ 2019/03/31
- 공정: L300, 작업공정(도색)
- 작업장: L211, 반제품작업장(바디)

㈜한국자전거지사의 생산관리 담당자인 홍길동 과장은 2019년 3월 한 달간의 작업지시 내역에 대하여 실적잔량이 가장 많이 남아있는 지시 건에 대하여 마감처리를 진행하려고 한다. 다음 중 실적잔량이 가장 많이 남아있는 작업지시번호로 옳은 것은?

① WO1903000004
② WO1903000011
③ WO1903000012
④ WO1903000014

15 아래 [보기]의 조건으로 데이터를 조회한 후 물음에 답하시오.

[보 기]

- 사업장: 2000, ㈜한국자전거지사
- 지시기간: 2019/03/01 ~ 2019/03/31
- 공정: L200, 작업공정
- 작업장: L202, 반제품작업장
- 단가OPTION:
    - 조달구분 구매: 실제원가[품목등록]
    - 조달구분 생산: 실제원가[품목등록]

다음 [보기]의 조건에 해당하는 지시번호 중 자재에 대한 청구금액의 합과 사용금액의 합이 다른 지시번호로 옳은 것은?

① WO1903000038
② WO1903000039
③ WO1903000042
④ WO1903000043

16 아래 [보기]의 조건으로 데이터를 조회한 후 물음에 답하시오.

[보 기]
- 사업장: 2000, ㈜한국자전거지사
- 지시기간: 2019/03/01 ~ 2019/03/31
- 실적기간: 2019/03/10 ~ 2019/03/31

㈜한국자전거지사는 실적수량을 가장 많이 달성한 작업조에게 인센티브를 제공하기로 하였다. 다음 중 [보기]의 기간 동안 실적수량을 가장 많이 달성한 작업조는 어디인가? (단, 작업조가 없는 실적내역은 인센티브 제공 대상이 아니다.)

① 작업조A   ② 작업조B
③ 작업조C   ④ 작업조D

17 아래 [보기]의 조건으로 데이터를 조회한 후 물음에 답하시오.

[보 기]
- 사업장: 2000, ㈜한국자전거지사
- 지시기간: 2019/03/01 ~ 2019/03/31
- 공정: R200, 외주공정
- 외주처: R221, ㈜영동바이크
- 발주일: 2019/03/23
- 납기일: 2019/03/25

다음 중 [보기]의 기준으로 외주 발주 시 단가가 가장 큰 품목으로 옳은 것은?

① 87 – 1002001, BREAK SYSTEM

② 83 – 2000110, 전장품 ASS'Y(TYPE A)

③ 81 – 1001000, BODY – 알미늄(GRAY – WHITE)

④ 85 – 1020420, POWER TRAIN ASS'Y(MTB, TYPE B)

18 아래 [보기]의 조건으로 데이터를 조회한 후 물음에 답하시오.

[보 기]
- 사업장: 2000, ㈜한국자전거지사
- 지시기간: 2019/03/01 ~ 2019/03/31
- 공정: R200, 외주공정
- 외주처: R201, ㈜대흥정공
- 생산지시번호: WO1903000056

다음 청구 자재 중 BOM 정보와 다르게 청구한 품목으로 옳은 것은?

① 21 – 3000300, WIRING – DE

② 21 – 1080800, FRAME – 알미늄

③ 21 – 3065750, GEAR REAR METAL

④ 21 – 9000210, HEAD LAMP(LED TYPE)

19 아래 [보기]의 조건으로 데이터를 조회한 후 물음에 답하시오.

[보 기]
- 사업장: 2000, ㈜한국자전거지사
- 출고기간: 2019/03/01 ~ 2019/03/31
- 청구기간: 2019/03/14 ~ 2019/03/14
- 외주공정: R200, 외주공정
- 외주처: R241, ㈜세림와이어

다음 중 외주발주확정에서 청구한 외주 자재품목에 대하여 출고요청 적용 시 청구잔량
이 가장 많이 남은 품목으로 옳은 것은?

① 21 – 3001520, PEDAL(S, TYPE B)

② 21 – 3000320, WIRING – DE(TYPE B)

③ 21 – 9000202, HEAD LAMP(TYPE B)

④ 21 – 1080820, FRAME – 알미늄(TYPE B)

20 아래 [보기]의 조건으로 데이터를 조회한 후 물음에 답하시오.

[보 기]
• 사업장: 2000, ㈜한국자전거지사
• 지시(품목): 2019/03/01 ~ 2019/03/31
• 외주공정: R200, 외주공정 외주처: R241, ㈜세림와이어

㈜한국자전거지사는 ㈜세림와이어에 일부 반제품 품목에 대하여 외주발주를 의뢰하고 있다. 다음 중 외주발주 시에는 '검사' 품목으로 의뢰를 하였으나 외주실적등록 시 '무검사' 품목으로 잘못 입력한 작업지시번호와 작업실적번호로 옳은 것은 무엇인가?

① WO1903000058 − WR1903000131
② WO1903000059 − WR1903000149
③ WO1903000062 − WR1903000142
④ WO1903000063 − WR1903000148

21 아래 [보기]의 조건으로 데이터를 조회한 후 물음에 답하시오.

[보 기]
• 사업장: 2000, ㈜한국자전거지사
• 구분: 2. 외주
• 외주공정: R200, 외주공정
• 외주처: R201, ㈜대흥정공
• 실적기간: 2019/03/01 ~ 2019/03/31
• 상태: 1. 확정

다음 중 외주 품목에 대한 자재사용등록 시 청구품목에 대한 잔량의 합이 가장 많이 남아 있는 작업실적번호로 옳은 것은 무엇인가?

① WR1903000111　　　② WR1903000113
③ WR1903000115　　　④ WR1903000120

22 아래 [보기]의 조건으로 데이터를 조회한 후 물음에 답하시오.

[보 기]

• 사업장: 2000, ㈜한국자전거지사
• 마감일: 2019/03/01 ~ 2019/03/31

[검색조건]
• 외주공정: R200, 외주공정
• 외주처: R201, ㈜대흥정공
• 실적일: 2019/03/01 ~ 2019/03/31
• 불량구분: 선택전체
• 실적구분: 선택전체

[일괄적용값]
• 마감일자: 2019/03/31
• 과세구분: 0. 매입과세
• 세무구분: 21. 과세매입
• 외주단가 등록의 단가 적용: 체크함

㈜한국자전거지사는 매달 말일 해당 월의 외주실적 건을 실적일괄적용 기능을 이용하여 외주마감을 한다. 다음 [보기]의 조건으로 외주마감을 처리하였을 때 마감되는 품목들의 합계액의 합으로 옳은 것은?

① 464,750   ② 5,112,250
③ 6,647,500   ④ 8,548,750

23 아래 [보기]의 조건으로 데이터를 조회한 후 물음에 답하시오.

[보 기]

• 사업장: 2000, ㈜한국자전거지사
• 실적기간: 2019/03/01 ~ 2019/03/31
• 출고공정: R200, 외주공정
• 출고작업장: R201, ㈜대흥정공
• 입고창고: M200, 부품창고_인천지점
• 입고장소: M201, 부품/반제품_부품장소

㈜한국자전거지사는 공정/작업장에 남아 있는 재공품목에 대하여 창고/장소로 재공입고를 진행하였다. 다음 중 재공품목에 대한 창고/장소로 입고처리 하지 않은 품목으로 옳은 것은?

① 21 − 3001600, PEDAL

② 21 − 9000200, HEAD LAMP

③ 21 − 1060700, FRAME − NUT

④ 21 − 1060950, WHEEL REAL − MTB

24 아래 [보기]의 조건으로 데이터를 조회한 후 물음에 답하시오.

[보 기]
• 사업장: 2000, ㈜한국자전거지사
• 해당 연도: 2019
• 탭: 실적기준
• 조회기간: 적합

㈜한국자전거지사는 3월 한 달간의 생산계획수량 대비 실적수량이 가장 좋은 품목에 대하여 할인 판매를 진행하려고 한다. 다음 중 계획대비 실적율이 가장 좋은 품목으로 옳은 것은? (단, 실적율에 대한 소수점자리 발생 시 '절사' 처리한다.)

① 83 − 2000100, 전장품 ASS'Y

② 88 − 1001000, PRESS FRAME − W

③ 85 − 1020400, POWER TRAIN ASS'Y(MTB)

④ 81 − 1001020, BODY − 알미늄(GRAY − WHITE, TYPE B)

25   아래 [보기]의 조건으로 데이터를 조회한 후 물음에 답하시오.

[보 기]
- 사업장: 2000, ㈜한국자전거지사
- 실적기간: 2019/03/01 ~ 2019/03/31
- 구분: 0. 전체수량
- 조회기준: 0. 실적입고기준
- 탭: 실적기준
- 단가OPTION:
  - 조달구분 구매: 실제원가[품목등록]
  - 조달구분 생산: 실제원가[품목등록]

㈜한국자전거지사는 생산일보를 참고하여 실적품목에 대한 실적금액이 가장 작은 품목에 대하여 특별관리 품목으로 지정할 예정이다. 다음 중 실적금액이 가장 작은 품목으로 옳은 것은?

① 83 - 2000100, 전장품 ASS'Y
② 87 - 1002001, BREAK SYSTEM
③ 88 - 1002000, PRESS FRAME - Z
④ 83 - 2000110, 전장품 ASS'Y(TYPE A)

01 다음 중 클라우드 ERP와 관련된 설명으로 가장 적절하지 않은 것은 무엇인가?

① 클라우드를 통해 ERP 도입에 관한 진입장벽을 높일 수 있다.

② IaaS 및 PaaS 활용한 ERP를 하이브리드 클라우드 ERP라고 한다.

③ 서비스형 소프트웨어 형태의 클라우드로 ERP를 제공하는 것을 SaaS ERP라고 한다.

④ 클라우드 ERP는 고객의 요구에 따라 필요한 기능을 선택·적용한 맞춤형 구성이 가능하다.

02 다음 중 ERP에 대한 설명으로 가장 적절하지 않은 것은 무엇인가?

① ERP가 구축되어 성공하기 위해서는 경영자의 관심과 기업 구성원 전원의 참여가 필요하다.

② ERP는 투명경영의 수단으로 활용이 되며 실시간으로 경영현황이 처리되는 경영정보제공 및 경영조기경비체계를 구축한다.

③ ERP란 기업 내에서 분산된 모든 자원을 부서 단위가 아닌 기업 전체의 흐름에서 최적관리가 가능하도록 하는 통합시스템이다.

④ 기업은 ERP를 도입함으로써 기업 내 경영활동에 해당되는 생산, 판매, 재무, 회계, 인사관리 등의 활동을 각 시스템별로 개발·운영하여 의사결정 시 활용한다.

03 ERP의 의미에 대한 설명 중 기업의 경영활동과 연계하여 볼 때 다음 중 가장 적절하지 않은 설명은?

① 산업별 Best Practice를 내재화하여 업무 프로세스 혁신을 지원할 수 있다.

② 기업 경영활동에 대한 시스템을 통합적으로 구축함으로써 생산성을 극대화시킨다.

③ 기업 내의 모든 인적, 물적 자원을 효율적으로 관리하여 기업의 경쟁력을 강화시켜주는 역할을 한다.

④ ERP는 패키지화되어 있어서 신기술을 도입하여 적용시키는 것은 어렵다.

04 다음 중 ERP의 발전과정으로 가장 적절한 것은 무엇인가?

① MRP Ⅱ → MRP Ⅰ → ERP → 확장형 ERP

② ERP → 확장형 ERP → MRP Ⅰ → MRP Ⅱ

③ MRP Ⅰ → ERP → 확장형 ERP → MRP Ⅱ

④ MRP Ⅰ → MRP Ⅱ → ERP → 확장형 ERP

05 다음 중 ERP 구축 절차를 바르게 나타낸 것은 무엇인가?

① 분석 → 설계 → 구현 → 구축

② 설계 → 분석 → 구축 → 구현

③ 설계 → 구현 → 분석 → 구축

④ 분석 → 설계 → 구축 → 구현

06 특정 제품이 어떤 부품들로 구성되는가에 대한 데이터인 자재명세서(BOM)은 활용하는 목적에 따라 다양한 종류가 있다. 다음 중 생산 관리부서 및 생산현장에서 사용되는 자재명세서(BOM)로 제조공정 및 조립공정의 순서를 반영한 것은?

① Manufacturing BOM   ② Engineering BOM

③ Percentage BOM   ④ Modular BOM

07 다음 수요예측방법 중 접근방법이 다른 것은?

① 델파이법   ② 시장조사법

③ 시계열분석법   ④ 패널동의법

08 다음 중 작업의 우선순위 고려원칙에 대한 설명으로 잘못된 것은?

① 잔여 작업당 여유시간: 잔여 작업당 여유시간이 적은 순으로 처리

② 최단가공시간: 가공에 소요되는 시간이 가장 짧은 과업 먼저 처리

③ 납기우선순위: 납기일자가 가장 여유가 있는 과업부터 먼저 시작하여 처리

④ 긴급율: 납기까지의 남은 시간을 앞으로 소요되는 가공시간으로 나눈 값이 적은 순으로 처리

09 수요예측의 기법 중 전문가 집단의 합치된 의견을 예측치로 받으려는 예측기법은?

① 델파이법　　　　　　　　　② 패널동의법
③ 중역의견법　　　　　　　　④ 판매원의견합성법

10 작업 우선순위 결정기법 중 긴급률에 대한 설명으로 가장 옳지 않은 것은?

① CR = 잔여납기일수/잔여 작업일수
② CR 값이 작을수록 작업의 우선순위를 빠르게 한다.
③ 긴급률 규칙은 설비 이용률에 초점을 두고 개발한 방법이다.
④ 긴급률 규칙은 주문생산시스템에서 주로 활용된다.

11 다음 [표]에서 오늘일자가 38일이라면 긴급율(Critical Ration: CR)에 의한 작업의 우선순위를 바르게 나타낸 것은 어느 것인가?

[표]

작업	납기일	오늘일자	총 잔여 가공일수
A	45	38	7
B	43	38	4
C	43	38	6
D	43	38	3
E	48	38	4

① A − B − C − D − E　　　　② A − D − B − E − C
③ C − B − D − E − A　　　　④ C − A − B − D − E

12 ㈜한국의 금년도 1월의 컴퓨터 판매예측치의 금액은 22억원이고 1월의 실제 판매금액이 25억원이었다. ㈜한국의 2월의 판매예측치를 단순 지수평활법으로 계산하여 숫자로 쓰시오(지수평활계수는 0.4이다).

답 (　　　　　　　　　)

13 네트워크 다이어그램은 활동분석에 의해 활동의 종류와 선후관계가 밝혀지면 이를 이용하여 화살표와 마디로 구성된 도표를 작성한다. 최초단계에서 최종단계로 이어지는 활동의 연결을 경로라 하는데, 가장 긴 경로를 무엇이라 하는지 한글로 답을 쓰시오.

답 (　　　　　　　　　)

14 생산가공이나 조립라인에서 공정 간에 균형을 이루지 못해 상대적으로 시간이 많이 소요되는 애로공정으로 인하여 공정의 유휴율이 높아지고 능률이 떨어지는 경우에 각 공정의 소요시간이 균형이 되도록 작업장이나 작업순서를 배열하는 것은?

① 라인 밸런싱   ② 병목현상

③ 칸트차트   ④ 피치다이어그램

15 JIT(Just In Time) 생산을 실현하기 위한 칸반(Kanban) 시스템의 운영규칙으로 옳지 않은 것은?

① 부적합품은 절대로 후공정으로 보내지 않는다.

② 전공정은 생산된 품목을 즉시 후공정에 인계한다.

③ 전공정은 후공정이 인수해 간 양만큼만 생산한다.

④ 필요한 생산량은 칸반의 수를 변경하여 조절한다.

16 JIT생산방식의 저스트인 타임을 실현하기 위한 개선사항으로 볼 수 없는 것은?

① 소인화   ② 평준화

③ 품질보증   ④ 단공정 담당

17 다음 [설명]에 해당하는 용어는?

> [설 명]
>
> 주어진 생산예정표에 의해 결정된 생산량에 대해서 작업량을 구체적으로 결정하고 이것을 현 인원과 기계설비능력을 고려하여 양자를 조정하는 기능이다.

① 절차계획   ② 부하계획

③ 일정계획   ④ 공수계획

18 능력계산에 대한 내용으로 적절하지 않은 것은?

① 실제가동시간은 간접작업률을 고려한 정미시간을 말한다.

② 인적능력은 환산인원, 실제가동시간, 가동률을 곱하여 계산한다.

③ 가동률이란 전체 작업자가 실제 가동시간 중에서 정미작업을 하는 시간의 비율
이다.

④ 환산인원이란 실제 인원에 환산계수를 곱하여 표준능력의 인원으로 환산하는
것이다.

19 다음 [설명]에 해당하는 용어를 한글로 쓰시오.

[설 명]

계획과 실행의 결과를 비교 검토하여 차이를 찾아내고 그 원인을 분석하여 적절한
조치를 취하며, 개선해 나감으로써 생산성을 향상시키는 기능이다.

답 (   )

20 다음 [보기]에서 (   ) 안에 들어갈 용어를 쓰시오(한글로 기입할 것).

[보 기]

인간은 경험을 쌓아감에 따라 작업 수행능력이 향상되며 생산시스템에서 생산을 반
복할수록 작업 능률이 향상된다. 이를 (   )이라 하며 작업의 반복에 따라 기
대되는 (   ) 현상을 그래프나 수식으로 표현한 것을 (   )곡선이라고
한다.

답 (   )

21 A작업장 작업원의 출근율이 70%이고 작업에 소요되는 간접작업의 비율은 30%라고
한다면 이 작업장의 가동률(단위: %)은 얼마인가? (숫자만 쓰시오)

답 (   )

22 시장에서의 가치체계가 시간적으로 변화하지 않고, 수요량을 미리 알고 있는 경우 재고
보유의 동기는?

① 순환동기   ② 예방동기
③ 투기동기   ④ 거래동기

23 안전재고에 대한 설명으로 옳은 것은?

① 가격변동을 예측하고 재고를 보유할 때의 동기이다.
② 위험에 대비하기 위한 것으로 오늘날 대부분 기업의 주된 재고보유 동기이다.
③ 수요량을 미리 알고 있고, 시장에 있어서의 가치체계가 시간적으로 변화하지 않는 경우의 재고보유 동기이다.
④ 기업을 운영함에 있어서 발생할 수 있는 여러 가지 불확실한 상황에 대처하기 위해 미리 확보하고 있는 재고이다.

24 다음 [설명]에 해당하는 것은?

> [설 명]
> 계절적 요인, 가격의 변화 등을 예상하고 대비하기 위해 보유하는 재고이다.

① 순환재고   ② 안전재고
③ 예상재고   ④ 파이프라인재고

25 다음 [설명]의 내용에 해당하는, SCM의 세 가지 주요 흐름 중 하나는?

> [설 명]
> 공급자로부터 고객으로의 상품 이동은 물론, 어떤 고객의 물품 반환이나 애프터서비스 요구 등을 모두 포함한다.

① 제품흐름   ② 정보흐름
③ 재정흐름   ④ 서비스흐름

26 자재의 중요도나 가치를 중심으로 자재의 품목을 분류해서 자재의 구매 내지는 재고관리에 통계적 방법을 적용하여 중점적으로 관리하는 방식은? (영문으로 작성하시오)

답 (   )

27 자재소요계획(생산계획) 활동 중에서 MRP전개에 의해 생성된 계획이 얼마만큼의 제조자원을 요구하는지를 계산하는 모듈은? (정답은 영문약자로 쓰시오)

답 (   )

28 TQM은 전사적 품질경영으로서 제품 및 서비스의 품질을 향상시켜 장기적인 경쟁우위를 확보하기 위해 기존의 조직문화와 경영관행을 재구축하는 것이다. 다음 중 TQM의 네 가지 기본원리와 거리가 먼 것은?

① 고객중심   ② 품질문화형성
③ 총체적 참여   ④ 신속한 신제품개발

29 공정품질의 변동요인 중 우연원인(Chance Cause)에 해당하는 것은?

① 불량자재 사용   ② 기계 성능 저하
③ 미숙련 작업자   ④ 작업자 부주의

30 다음 중 검사가 행해지는 장소에 의한 분류가 아닌 것은?

① 정위치검사   ② 최종검사
③ 순회검사   ④ 출장검사

31 길이, 무게, 시간, 경도 등을 측정하는 데이터(계량치)가 어떤 분포를 하고 있는지 한눈에 알아보기 쉽게 나타낸 그래프는 무엇인가? (한글로 쓰시오)

답 (   )

32 TV 한 대의 납땜불량 건수, 책 한 쪽의 오자 수 등과 같이 품목 한 단위에서 발생하는 결점수를 관리하는 데 사용되는 관리도는 무엇인지 영어 알파벳으로 쓰시오.

답 (   )

01 아래 [보기]의 조건으로 데이터를 조회한 후 물음에 답하시오.

[보 기]

• 품번: NAX-A401
• 품명: 일반자전거(P-GRAY RED)

품목정보에 대한 설명으로 옳지 않은 것은?

① 계정구분이 '2. 제품'이다.　　② 조달구분이 '1. 생산'이다.
③ 검사여부가 '1. 검사'이다.　　④ LOT 여부가 '1. 사용'이다.

02 아래 [보기]의 조건으로 데이터를 조회한 후 물음에 답하시오.

[보 기]

관련메뉴: 창고/공정(생산)/외주공정등록

다음 중 ㈜한국자전거지사의 생산공정, 작업장에 대한 설명으로 옳지 않은 것은?

① L200, 작업공정의 L201, 제품작업장에 대한 적합여부는 '적합'이다.
② L200, 작업공정의 L202, 반제품작업장에 대한 사용여부는 '사용'이다.
③ L300, 작업공정(도색)의 L301, 반제품작업장(도색)에 대한 사용여부는 '사용'이다.
④ L300, 작업공정(도색)의 L211, 반제품작업장(바디)에 대한 적합여부는 '부적합'
　이다.

03 아래 [보기]의 조건으로 데이터를 조회한 후 물음에 답하시오.

[보 기]

관련메뉴: 물류실적(품목/고객)담당자등록

다음 중 거래처별 외주담당자로 옳지 않은 것은?

① ㈜빅파워 - 김경진　　② 런닝정밀㈜ - 양송희
③ ㈜하진해운 - 양정환　　④ ㈜영동바이크 - 김수용

04 아래 [보기]의 조건으로 데이터를 조회한 후 물음에 답하시오.

> **[보 기]**
>
> 모품목: NAX-A422, 산악자전거(P-21G, A422)

모품목에 대한 자품목 정보로 옳지 않은 것은?

① 21 – 9000202, HEAD LAMP(TYPE B)의 사급구분은 '사급'이다.

② 83 – 2000120, 전장품 ASS'Y(TYPE B)의 계정구분은 '원재료'이다.

③ 87 – 1002021, BREAK SYSTEM(TYPE B)의 외주구분은 '유상'이다.

④ 85 – 1020420, POWER TRAIN ASS'Y(MTB, TYPE B)의 조달구분은 '생산'이다.

05 아래 [보기]의 조건으로 데이터를 조회한 후 물음에 답하시오.

> **[보 기]**
>
> • 사업장: 2000, ㈜한국자전거지사
> • 외주공정: R200, 외주공정
> • 외주처: R251, ㈜형광램프단가적용비율: 95%

다음 [보기]의 조건으로 표준원가대비 외주단가를 일괄변경한 후 품목별 외주단가로 옳은 것은?

① NAX – A420, 산악자전거(P – 20G) – 190,000

② NAX – A422, 산악자전거(P – 21G, A422) – 199,700

③ NAX – A401, 일반자전거(P – GRAY RED) – 304,500

④ NAX – A402, 일반자전거(P – GRAY BLACK) – 295,000

06 아래 [보기]의 조건으로 데이터를 조회한 후 물음에 답하시오.

> **[보 기]**
>
> • 사업장: 2000, ㈜한국자전거지사
> • 작업예정일: 2019/02/01 ~ 2019/02/28

다음 중 [보기]의 조건으로 등록된 생산계획에 대한 설명으로 옳지 않은 것은?

① NAX－A420, 산악자전거(P－20G)의 생산계획은 없다.

② 88－1002000, PRESS FRAME－Z의 일생산량은 340EA이다.

③ NAX－A400, 일반자전거(P－GRAY WHITE)의 작업예정일은 2019/02/17이다.

④ 85－1020400, POWER TRAIN ASS'Y(MTB)의 생산계획수량의 총합은 910EA이다.

07 아래 [보기]의 조건으로 데이터를 조회한 후 물음에 답하시오.

[보 기]
- 사업장: 2000, ㈜한국자전거지사
- 공정: L200, 작업공정
- 지시기간: 2019/02/01 ~ 2019/02/28
- 작업장: L201, 제품작업장

다음 중 [보기]의 조건으로 등록된 작업지시에 대한 설명으로 옳은 것은?

① 작업지시번호 WO1902000001의 상태는 '계획'이다.

② 작업지시번호 WO1902000003의 지시수량은 320BOX이다.

③ 작업지시번호 WO1902000005의 검사구분은 '무검사'이다.

④ 작업지시번호 WO1902000006의 생산설비는 '생산설비 1호'이다.

08 아래 [보기]의 조건으로 데이터를 조회한 후 물음에 답하시오.

[보 기]
- 사업장: 2000, ㈜한국자전거지사
- 지시기간: 2019/02/01 ~ 2019/02/28
- 공정: L200, 작업공정
- 작업장: L201, 제품작업장

다음 중 [보기]의 조건으로 등록된 작업지시내역 중 자재출고상태가 '출고중'인 작업지시번호와 자재출고가 되지 않은 품명으로 옳은 것은?

① WO1902000004－PEDAL

② WO1902000006－HELMET 2010 시리즈

③ WO1902000004－FRAME－NUT

④ WO1902000006－WIRING－DE(세라믹)

09 아래 [보기]의 조건으로 데이터를 조회한 후 물음에 답하시오.

[보 기]
- 사업장: 2000, ㈜한국자전거지사
- 출고기간: 2019/02/01 ~ 2019/02/28
- 청구기간: 2019/02/01 ~ 2019/02/28

다음 중 [보기]의 조건으로 등록된 출고요청 내역에 대하여 품목별 청구잔량으로 옳은 것은?

① 87 – 1002001, BREAK SYSTEM – 1,500
② 21 – 1060950, WHEEL REAL – MTB – 210
③ 21 – 1030600, FRONT FORK(S) – 2,750
④ 85 – 1020400, POWER TRAIN ASS'Y(MTB) – 200

10 아래 [보기]의 조건으로 데이터를 조회한 후 물음에 답하시오.

[보 기]
- 사업장: 2000, ㈜한국자전거지사
- 지시(품목) 기간: 2019/02/01 ~ 2019/02/28
- 지시공정: L200, 작업공정지시
- 작업장: L201, 제품작업장

다음 중 작업실적에 대한 실적구분이 '부적합'인 작업지시번호와 작업실적번호로 옳은 것은?

① WO1902000002 – WR1902000003
② WO1902000004 – WR1902000008
③ WO1902000004 – WR1902000011
④ WO1902000006 – WR1902000014

11 아래 [보기]의 조건으로 데이터를 조회한 후 물음에 답하시오.

[보 기]

- 사업장: 2000, ㈜한국자전거지사
- 구분: 1. 생산
- 실적공정: L200, 작업공정 실적
- 작업장: L201, 제품작업장
- 실적기간: 2019/02/01 ~ 2019/02/28
- 상태: 1. 확정
- 작업지시번호: WO1902000004
- 작업실적번호: WR1902000006

다음 중 [보기]의 조건에 맞는 작업실적 내역에 대해 사용보고를 위한 '청구적용' 시 잔량이 가장 많이 남은 품목으로 옳은 것은?

① 21 − 1060700, FRAME − NUT
② 21 − 3000300, WIRING − DE
③ 21 − 3065700, GEAR REAR C
④ 21 − 1060950, WHEEL REAL − MTB

12 아래 [보기]의 조건으로 데이터를 조회한 후 물음에 답하시오.

[보 기]

- 사업장: 2000, ㈜한국자전거지사
- 실적일: 2019/02/17 ~ 2019/02/17
- 공정: L200, 작업공정
- 작업장: L201, 제품작업장
- 실적품목: NAX-A400, 일반자전거(P-GRAY WHITE)

다음 중 [보기]의 조건으로 등록된 생산실적검사 내역에 대하여 불량수량의 합이 가장 많은 불량코드와 불량명으로 옳은 것은?

① E10 − 도색불량
② D10 − 휠(WHEEL)불량
③ B10 − 브레이크(BREAK)불량
④ C10 − 라이트(HEADLAMP)불량

13 아래 [보기]의 조건으로 데이터를 조회한 후 물음에 답하시오.

> **[보 기]**
> • 사업장: 2000, ㈜한국자전거지사
> • 실적기간: 2019/02/01 ~ 2019/02/28
> • 공정: L200, 작업공정
> • 작업장: L201, 제품작업장

다음 중 [보기]의 조건으로 등록된 생산품창고입고 내역에 대한 설명으로 옳지 않은 것은?

① 실적번호 WR1902000012의 입고수량은 35이다.

② 실적번호 WR1902000005의 입고가능수량은 40이다.

③ 실적번호 WR1902000003의 실적수량과 입고대상수량이 같다.

④ 실적번호 WR1902000016의 실적수량과 입고대상수량의 차이는 생산실적검사의 합격수량과 같다.

14 아래 [보기]의 조건으로 데이터를 조회한 후 물음에 답하시오.

> **[보 기]**
> • 사업장: 2000, ㈜한국자전거지사
> • 지시일: 2019/01/01 ~ 2019/01/31
> • 공정: L300, 작업공정(도색)
> • 작업장: L302, 반제품작업장(도색)

㈜한국자전거지사의 생산관리 담당자인 홍길동 과장은 실적잔량이 남겨진 작업지시내역 중, 더 이상 작업을 진행하지 않는 건에 대하여 마감처리를 진행하려고 한다. 다음 중 실적잔량이 남겨진 작업지시번호로 옳은 것은?

① WO1901000002 ② WO1901000003

③ WO1901000005 ④ WO1901000007

15 아래 [보기]의 조건으로 데이터를 조회한 후 물음에 답하시오.

> **[보 기]**
> • 사업장: 2000, ㈜한국자전거지사
> • 실적기간: 2019/01/01 ~ 2019/02/28
> • 입고기간: 2019/01/01 ~ 2019/02/28

다음 중 [보기]의 조건으로 M200, 부품창고_인천지점의 M201, 부품/반제품_부품장소로 입고된 실적품목 81-1001000, BODY-알미늄(GRAY-WHTE)의 입고수량의 합으로 옳은 것은?

① 160　　　　　　　　　　　② 200

③ 300　　　　　　　　　　　④ 500

16 아래 [보기]의 조건으로 데이터를 조회한 후 물음에 답하시오.

> **[보 기]**
> • 사업장: 2000, ㈜한국자전거지사
> • 실적기간: 2019/01/01 ~ 2019/02/28
> • 구분: 0. 전체
> • 수량조회기준: 0. 실적입고기준
> • 탭: 실적기준 탭
> • 단가 OPTION: 실제원가[품목등록]
> • 계정: 4. 반제품

다음 중 ㈜한국자전거지사의 생산품에 대한 실적금액이 가장 큰 품목으로 옳은 것은?

① 83 – 2000110, 전장품 ASS'Y(TYPE A)

② 85 – 1020400, POWER TRAIN ASS'Y(MTB)

③ 81 – 1001000, BODY – 알미늄(GRAY – WHITE)

④ 85 – 1020410, POWER TRAIN ASS'Y(MTB, TYPE A)

17 아래 [보기]의 조건으로 데이터를 조회한 후 물음에 답하시오.

> [보 기]
> - 사업장: 2000, ㈜한국자전거지사
> - 지시기간: 2019/01/01 ~ 2019/01/26
> - 공정: R200, 외주공정
> - 외주처: R211, 다스산업㈜
> - 발주일: 2019/01/26
> - 납기일: 2019/01/26

다음 중 [보기]의 조건으로 외주발주를 등록할 경우 외주단가가 자동으로 입력되지 않는 품목으로 옳은 것은?

① NAX－A420, 산악자전거(P－20G)

② NAX－A422, 산악자전거(P－21G, A422)

③ NAX－A401, 일반자전거(P－GRAY RED)

④ NAX－A400, 일반자전거(P－GRAY WHITE)

18 아래 [보기]의 조건으로 데이터를 조회한 후 물음에 답하시오.

> [보 기]
> - 사업장: 2000, ㈜한국자전거지사
> - 지시기간: 2019/01/01 ~ 2019/01/31
> - 공정: R200, 외주공정
> - 외주처: R201, ㈜대흥정공
> - 생산지시번호: WO19010,00019
> - 사용일: 2019/01/25

다음 중 [보기]의 조건으로 외주발주내역을 '확정' 처리를 한 후 확정수량이 가장 큰 품목으로 옳은 것은?

① 21－3001600, PEDAL ② 21－3001500, PEDAL(S)

③ 21－1070700, FRAME－티타늄 ④ 21－1080800, FRAME－알미늄

19 아래 [보기]의 조건으로 데이터를 조회한 후 물음에 답하시오.

> **[보 기]**
> - 사업장: 2000, ㈜한국자전거지사
> - 출고기간: 2019/01/01 ~ 2019/01/15
> - 출고창고: M200, 부품창고_인천지점
> - 외주공정: R200, 외주공정
> - 외주처: R201, ㈜대흥정공

다음 중 외주자재출고 내역에 대하여 요청수량보다 출고수량이 더 많이 출고된 출고번호와 품목으로 옳은 것은?

① MV1901000004 − 21 − 3065700, GEAR REAR C

② MV1901000003 − 21 − 3001620, PEDAL(TYPE B)

③ MV1901000002 − 21 − 1030610, FRONT FORK(TYPE SA)

④ MV1901000006 − 87 − 1002021, BREAK SYSTEM(TYPE B)

20 아래 [보기]의 조건으로 데이터를 조회한 후 물음에 답하시오.

> **[보 기]**
> - 사업장: 2000, ㈜한국자전거지사
> - 지시(품목) 기간: 2019/01/15 ~ 2019/01/31
> - 외주공정: R200, 외주공정
> - 외주처: R201, ㈜대흥정공
> - 상태: 1. 확정

㈜한국자전거지사는 ㈜대흥정공으로 외주 의뢰 후 완성된 반제품을 M200, 부품창고_인천지점, M201, 부품/반제품_부품장소로 입고시켜 관리중이다. 하지만 생산된 일부 외주품목이 P200, 제품창고_인천지점, P201, 제품_제품장소로 잘못 입고된 것이 확인되었다. 다음 중 P200, 제품창고_인천지점, P201, 제품_제품장소로 입고가 이뤄진 작업실적번호로 옳은 것은?

① WR19010,00010

② WR19010,00020

③ WR19010,00023

④ WR19010,00024

21 아래 [보기]의 조건으로 데이터를 조회한 후 물음에 답하시오.

[보 기]

- 사업장: 2000, ㈜한국자전거지사
- 구분: 2. 외주
- 외주공정: R200, 외주공정
- 외주처: R201, ㈜대흥정공
- 실적기간: 2019/01/01 ~ 2019/01/31

다음 중 외주실적 건에 대한 외주실적자재사용 잔량이 가장 많이 남아 있는 작업실적번호와 품목으로 옳은 것은?

① WR19010,00013 − 21 − 1060950, WHEEL REAL − MTB

② WR19010,00018 − 21 − 3000320, WIRING−DE(TYPE B)

③ WR19010,00011 − 21 − 1030620, FRONT FORK(TYPE SB)

④ WR19010,00024 − 21 − 1060852, WHEEL FRONT−MTB(TYPE B)

22 아래 [보기]의 조건으로 데이터를 조회한 후 물음에 답하시오.

[보 기]

- 사업장: 2000, ㈜한국자전거지사
- 실적일: 2019/02/01 ~ 2019/02/28
- 외주공정: R200, 외주공정
- 외주처: R221, ㈜영동바이크
- 검사여부: 1. 검사완료

㈜한국자전거지사는 ㈜영동바이크에 외주제작을 의뢰한 반제품에 대해 외주실적검사를 시행하고 있다. [보기]의 기간 동안 실시된 외주실적검사 건 중 검사구분으로 사용되지 않은 것으로 옳은 것은?

① LQB, 휠조립검사   ② LQC, 핸들조립검사

③ LQA, 바디조립검사   ④ LQD, 자전거ASS'Y최종검사

23 아래 [보기]의 조건으로 데이터를 조회한 후 물음에 답하시오.

> **[보 기]**
>
> • 사업장: 2000, ㈜한국자전거지사
> • 마감일: 2019/01/01 ~ 2019/01/31
>
> [검색조건]
> • 외주공정: R200, 외주공정
> • 외주처: R201, ㈜대흥정공
> • 실적일: 2019/01/01 ~ 2019/01/31
> • 불량구분: 선택전체
> • 실적구분: 선택전체
>
> [일괄적용값]
> • 마감일자: 2019/01/31
> • 과세구분: 0. 매입과세
> • 세무구분: 21. 과세매입
> • 외주단가 등록의 단가 적용: 체크안함

㈜한국자전거지사는 매달 말일 해당 월의 외주실적 건을 실적일괄적용 기능을 이용하여 외주마감을 한다. 다음 [보기]의 조건으로 외주마감을 처리하였을 때 마감되는 품목들의 합계액의 합으로 옳은 것은?

① 446,622　　　　　② 491,284
③ 4,466,220　　　　④ 4,912,842

24 아래 [보기]의 조건으로 데이터를 조회한 후 물음에 답하시오.

> **[보 기]**
>
> • 사업장: 2000, ㈜한국자전거지사
> • 기간: 2019/02/01 ~ 2019/02/28
> • 외주공정: R200, 외주공정
> • 외주처: R221, ㈜영동바이크

다음 중 전표처리를 진행하지 않은 마감번호로 옳은 것은?

① OC1902000003　　② OC1902000005
③ OC1902000007　　④ OC1902000009

25 아래 [보기]의 조건으로 데이터를 조회한 후 물음에 답하시오.

> **[보 기]**
> • 사업장: 2000, ㈜한국자전거지사
> • 실적기간: 2019/01/01 ~ 2019/01/25
> • 출고공정: R200, 외주공정
> • 출고작업장: R201, ㈜대흥정공
> • 입고창고: M200, 부품창고_인천지점
> • 입고장소: M201, 부품/반제품_부품장소

다음 중 재공에 남아 있는 반제품에 대하여 창고로 입고한 품목이 아닌 것은?

① 83 – 2000100, 전장품 ASS'Y

② 87 – 1002001, BREAK SYSTEM

③ 88 – 1001000, PRESS FRAME – W

④ 81 – 1001000, BODY – 알미늄(GRAY – WHITE)

생산 1급 기출문제
정답 및 해설

2019년도 제6회 생산 1급 이론 정답 및 해설

빠른 정답표

01	02	03	04	05	06	07	08	09	10	11	12	13	14	15	16
③	④	③	④	③	④	④	②	①	①	④	주관식	주관식	②	③	②

17	18	19	20	21	22	23	24	25	26	27	28	29	30	31	32
③	②	주관식	주관식	주관식	①	②	①	②	주관식	주관식	④	③	②	주관식	주관식

01 **정답** ③

해설
- 시스템의 수정과 유지보수가 지속적으로 이루어질 수는 없다.
- 시스템의 수정과 유지보수가 지속적으로 가능한 것은 ERP 자체개발 방식이다.
- ERP 자체개발 방식은 사용자 요구사항을 충실하게 반영이 가능하다.

02 **정답** ④

해설 마케팅(Marketing), 판매(Sales) 및 고객서비스(Customer Service)의 업무 프로세스를 통합하여 자원과 정보의 흐름을 최적화함으로써 현재 및 미래 고객들과 상호작용할 수 있다.

03 **정답** ③

해설
- 개별 업무 단위를 통합된 체계로 구축한다.
- ERP 시스템의 기능적 특징으로는 1. 다국적, 다통화, 다언어지원(Global에 대응하는 경영 실현), 2. 중복업무의 배제 및 실시간(Real Time) 정보처리 체계 구축, 3. 표준을 지향하는 선진화된 최고의 실용성 수용, 4. 선진비즈니스 프로세스 모델에 의한 BPR의 지원, 5. 파라미터설정에 의한 개발효과, 6. 경영정보 제공 및 경영조기경보체계 구축가능, 7. 투명 경영의 수단, 8. 오픈, 멀티벤더 시스템 등이 있다.

04 **정답** ④

해설 BPR(Business Process Re-Engineering): 기업경영의 핵심과 업무과정을 전면 개편함으로써 경영성과를 향상시키는 경영기법을 BPR이라고 한다.
① MRP(자재소요량계획): 제품을 생산할 때 부품이 투입될 시점과 투입되는 양을 관리하기 위한 시스템이다.
② MBO(목표관리): 조직 구성원들의 참여과정을 통해 조직단위와 구성원의 목표를 명확하게 설정하고 그에 따라 생산활동을 수행하도록 한 뒤 업적을 측정 평가함으로써 관리의 효율화를 기하려는 포괄적 조직체제이다.
③ JIT(적시생산공급방식): 제조공정의 시간을 단축하기 위해 필요한 재료를 필요한 때에 필요한 양만큼 제조하는 방식이다.

05 **정답** ③

해설 • 커스터마이징(Customizing)은 설계단계에서의 업무에 속한다.
 • 설계단계에서는 개선(TO-BE)된 업무 프로세스를 도출하여 ERP 패키지(표준 프로세스) 기능과 개선된 프로세스와의 GAP분석을 실시한 후, 각 부서별 현업 담당자들이 요구하는 사항과 패키지에 구현된 프로세스를 도출한다. ERP 패키지를 설치하여 패키지 파라미터를 설정하며 추가개발이나 수정보완 문제, 인터페이스 문제 등을 검토하여 사용자들의 요구사항을 확정하고 Customizing을 실시한다.

06 **정답** ④

해설 생산 및 운영관리의 목표로는 품질, 시간(납기), 원가를 들 수 있다.

07 **정답** ④

해설 생산성 $= \dfrac{\text{산출량}}{\text{투입량}} = \dfrac{8}{8} = 1$, 작업시간을 감소시켜서 생산성 $= \dfrac{8}{5} = 1.6$ (160%)

따라서 생산성이 60% 향상된다.

08 **정답** ②

해설 F7 = F6 + [α × (D6 − F6)] = 25,000 + [0.2 × (30,000 − 25,000)]
 = 25,000 + 1,000 = 26,000

09 **정답** ①

해설 • 주문에 의한 생산은 Job Shop(개별, 단속생산) 방식의 특징이라 할 수 있다.
 • Flow Shop의 특징으로는 특수기계의 생산라인, 적은 유연성, 물자 이송량 적음, 전용기계 등이다.

10 **정답** ①

해설 • 수요의 변동에 따라 신속하게 신설비를 도입하는 것은 해당하지 않는다.
 • 총괄생산계획은 생산시스템의 능력을 전체의 입장에서 파악하여 조정해 나가는 계획이다. 생산율 조정, 고용수준 변동, 재고수준의 조정, 아웃소싱 등의 전략을 사용한다.

11 **정답** ④

해설 • 긴급율 $= \dfrac{\text{잔여납기일수}}{\text{잔여작업일수}} = \dfrac{\text{납기일} - \text{현재일}}{\text{잔여작업일수}}$

 • 가의 긴급율 $= \dfrac{60 - 30}{6} = 5$, 나의 긴급율 $= \dfrac{50 - 30}{5} = 4$,

 다의 긴급율 $= \dfrac{46 - 30}{8} = 2$

 • 긴급률이 가장 작은 순서로 작업

12 **정답** 15천원/인시

　　해설 • 산출액 = (130 × 10) + (100 × 15.2) + (150 × 7.2) = 3,900천원
　　　　 • 투입시간 = 5 × 52 = 260인시
　　　　 • 노동생산성 = 3900 / 260 = 15천원/인시

13 **정답** 1.5억원/인

　　해설 • 부가가치 = 550 − 325 = 225억원
　　　　 • 인당 부가가치 = 225 / 150 = 1.5억원/인

14 **정답** ②

　　해설 애로 공정은 공정분석의 공정 분류에 속하지 않는다. 이 외에 가공공정이 있다.

15 **정답** ③

　　해설 ㉠ – 원재료, ㉡ – 제품, ㉢ – 경과시간, ㉣ – 공정도시

16 **정답** ②

17 **정답** ③

　　해설 • 라인배런스효율(Eb) = [(36 + 30 + 24 + 40)] / (40 × 4) = 0.8125
　　　　 • 불균형율 = (1 − Eb) × 100 = 18.75%

18 **정답** ②

　　해설 JIT(Just In Time): 적시생산 공급방식, 제조공정의 낭비를 제거하고 Cycle Time을
　　　　 단축하기 위해 필요한 재료를 필요한 때에 공급하여 필요한 양만큼 제조하는 방식이다.

19 **정답** 부하

　　해설 생산계획량을 완성하는 데 필요한 인원이나 기계의 부하를 결정하여 이를 현재 인원
　　　　 및 기계의 능력과 비교해서 조정하는 것이 공수계획이다. 공수계획을 부하계획 또는
　　　　 능력소요계획이라고도 한다.

20 **정답** 라인밸런싱 또는 공정평형률

　　해설 라인밸런싱은 생산시스템 운영에 있어 공정 간에 균형을 이루지 못하여 공정의 유휴
　　　　 율이 높아지고 능률이 떨어지는 경우에 노동과 생산설비를 최대한 이용하고 작업자의
　　　　 유휴시간이 최소가 되어 시간적으로 균형을 이루도록 작업장이나 작업순서를 배열하는
　　　　 것을 말한다.

21 **정답** 64(%)

해설 • 가동률이란 전체 작업자가 실제 가동시간 중에서 정미 작업을하는 시간의 비율이다.
• 가동률 = 출근율 × (1 − 간접 작업률) = 0.8 × (1 − 0.2) = 0.64 = 64(%)

22 **정답** ①

해설 ① 거래 동기: 사전에 수요량 예측이 가능하고 가격체계가 시간상으로 안정되어 있는 경우에 생산활동 등의 이유로 수요와 공급을 일치시키기 어려울 때 생산단가의 개선이나 재고품절에 따른 손실을 최소화하기 위함이다.
② 예방 동기: 기업 경영에 있어서 불확실한 요인의 발생으로 인한 위험을 방지하기 위한 목적이며, 무재고일 경우에 수요가 발생하면 이에 즉각적으로 제품을 공급할 수 없으므로 대부분의 기업이 일정 수준의 재고를 보유하게 된다.
③ 투자(투기) 동기: 수요와 공급의 이상적인 불균형으로 인해서 가격 변동이 클 경우에 적정 수준의 재고를 보유하였다가 유리한 시기에 확보한 재고를 방출함으로써 투자의 극대화를 가져오게 된다.

23 **정답** ②

해설 Push 방식의 시스템으로서 비반복적 생산품목의 일정 및 재고통제에 적합하다.
① 장래의 수요는 과거와 현재의 수요 자료를 이용하여 예측한다는 것은 수요예측이다.
③ 종속수요를 갖는 많은 부품의 제조를 통제하는 데 매우 유용하다.
④ 자체 및 외부로부터 생산 및 구매하는 완제품의 총소요량을 통제하는 하나의 유용한 재고시스템이다.

24 **정답** ①

해설 • 필요한 생산능력을 산출하기 위한 주요 입력자료는 최종제품에 대한 MRP 자료이다.
• RCCP의 입력자료는 MPS, CRP의 입력자료는 MRP Record이다.

25 **정답** ②

해설 SCM은 가치 사슬(Value Chain)에 포함된 구성요소간의 통합 최적화를 달성하기 위한 도구이다.

26 **정답** 투기동기

27 **정답** 100

해설 $EOQ = \sqrt{\dfrac{2 \times 년간구입예측수 \times 1회 발주비용}{구입단가 \times 재고유지비율}}$

$= \sqrt{\dfrac{2 \times 200 \times 100}{10 \times 0.4}}$

$= \sqrt{\dfrac{2 \times 200 \times 100}{4}}$

$$= \sqrt{\frac{40,000}{4}} = 100$$

28 **정답** ④

해설 지연비용은 품질비용에 해당되지 않는다.

29 **정답** ③

해설 4M은 Man, Machine, Material, Method이다.

30 **정답** ②

해설 • 6 시그마 수준의 DPMO = 3.4PPM(Parts Per Million)
• 품질수준을 나타내는 시그마 수준은 목표값에서 평균값까지의 거리인 ±1.5 시그마를 감안해야 한다. 이 같은 중심이동을 고려했을 때 6 시그마 품질수준은 통계학적으로는 1백만 번에 3.4회(3.4PPM)의 에러가 발생하는 혁신적인 품질수준임을 의미한다.

31 **정답** 중심선(CL; Center Line)

32 **정답** C(결점수)

빠른 정답표

01	02	03	04	05	06	07	08	09	10	11	12	13	14	15	16
②	③	③	④	①	④	①	③	①	③	④	④	④	④	①	④

17	18	19	20	21	22	23	24	25
④	②	④	④	④	④	①	③	②

01 **정답** ②, 품목등록

해설 계정구분 필드에 '5. 상품'을 입력 후 조회한다. 품명을 클릭하여 우측 창의 MASTER/SPEC 탭에서 해당 품목별 계정구분을 확인한다. ② 유아용자전거 (TYPE 2010) – 상품

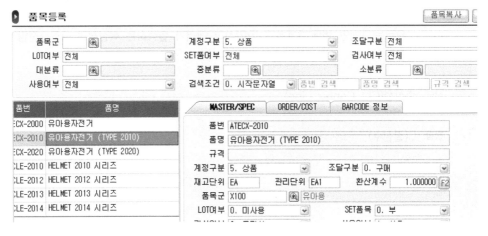

02 **정답** ③, BOM등록

해설 조회내역에서 ③ GEAR REAR C 품목은 없다.

03 **정답** ③, 외주단가등록

해설 조회내역에서 제일 하단의 항목이 가장 최근에 입력된 것이므로 동일한 기간(시작/종료일)에 해당할 경우 최근에 입력된 값이 반영된다. ③ 68,850

04 **정답** ④, 불량유형등록

해설 조회내역에서 불량유형과 불량군을 확인한다. ④ 파손불량은 존재하지 않는다.

05 **정답** ①, 회계연결계정과목등록

해설 조회내역에서 계정코드와 표준적요를 확인한다. 계정코드 ① 14700 – 제품 구매는 존재하지 않는다.

전표코드	전표명	순번	순번명	차대구분	계정코드	표준적요	사용
F1	외주가공비	101	외주 가공비	대체 차변	53300	외주 가공비 발생	사용
F1	외주가공비	201	부가세대급금	대체 차변	13500	외주가공비부가세대급금	사용
F1	외주가공비	301	외상매입금	대체 대변	25100	외상 매입금 증가	사용

회계연결계정과목등록 · 모듈 생산관리 · 전표코드 외주가공비 · 적요옵션 · 초기설정

06 **정답** ④, 생산계획등록

해설 조회내역에서 품목을 클릭하여 일생산량과 우측 창의 작업예정일 및 수량을 비교한다.
④ BODY-알미늄(GRAY-WHITE)
12/09 – 일생산량: 300/수량: 312, 12/10 – 일생산량: 300/수량: 333

07 정답 ①, 작업지시등록

해설 조회내역에서 작업지시번호별 상태를 확인한다. ① WO1910000001 – 확정

08 정답 ③, 작업지시확정

해설 조회내역에서 각 작업지시번호를 클릭하여 하단 창에서 해당 작업지시별 청구품목의 LOSS율을 확인한다. ③ 전장품 ASS'Y (TYPE A) – WO1910000010 – LOSS율: 37.5%

09 **정답** ①, 생산자재출고

해설 조회내역에서 출고요청 버튼을 클릭하여 실행한다. 출고요청 조회 창에서 품목별 청구
수량을 확인한다. ① GEAR REAR C: 144EA

10 **정답** ③, 작업실적등록

해설 조회내역에서 각 작업지시번호를 클릭하여 하단 창에서 해당 지시별 생산설비를 확인
한다. ③ 생산설비 4호는 존재하지 않는다.

11 **정답** ④, 생산자재사용등록

해설 조회내역에서 작업실적번호를 클릭하여 하단 창에서 해당 실적별 품명과 사용수량을 확인한다. ④ WR1910000015 – POWER TRAIN ASS'Y(MTB, TYPE A) – 61.47EA

12 **정답** ④, 생산실적검사

해설 조회내역의 하단 창에서 해당 실적별 합격 및 불합격수량을 확인한다. 실적수량과 불합격수량이 동일한 실적번호는 ④ WR1910000015: 일반자전거 (P-GRAY RED)

13 **정답** ④, 생산품창고입고처리

해설 조회내역에서 실적번호별 실적수량과 입고가능수량을 확인한다(입고잔량=입고가능수량). ④ WR1910000011 – 입고가능수량: 13

생산품창고입고처리

	사업장	2000	(주)한국자전거지	부서	4100	생산부		사원	ERP13P0	홍길동
	실적기간	2019/10/01 ~ 2019/10/31		공정	L200	작업공정		작업장	L201	제품작업장
	검사구분	전체		상태	선택전체			고객		
0.품번				고객				프로젝트		

지시번호	실적번호	실적일	품번	품명	규격	단위	상	실적수량	LO	입고대상	기입고수량	처	입고가능수량
W01910000007	WR1910000009	2019/10/19	NAX…	산악…		EA	확	70.00		62.00	62.00		
W01910000007	WR1910000010	2019/10/20	NAX…	산악…		EA	확	20.00		17.00	17.00		
W01910000008	WR1910000011	2019/10/17	83-…	전장…		EA	확	75.00		75.00	62.00		13.00
W01910000008	WR1910000012	2019/10/17	83-…	전장…		EA	확	20.00		20.00	20.00		

14 정답 ④, 작업지시마감 처리: 상태가 '계획'인 건에 대해서는 마감처리/취소를 할 수 없다.

해설 조회내역에서 각 작업지시번호별 상태를 확인한다. 상태가 '계획'인 건에 대해서는 마감처리/취소를 할 수 없다. ④ WO1910000006 - 계획

✔ CHECK

특정 작업지시번호를 선택하여 마감처리 또는 마감취소 버튼이 각각 활성화되면 선택한 항목의 마감처리 또는 마감취소가 가능하다.

15 정답 ①, 외주발주등록

해설 조회내역에서 품목을 선택 후, 마우스 우측 키를 클릭하여 [작업지시등록] 이력정보를 확인한다. '이전 Progress'에 청구등록이 있는 경우가 청구적용을 이용해서 외주발주 등록이 수행된 것이다. ① PRESS FRAME-W - 270,000

16 정답 ④, 외주발주확정

해설 조회내역에서 작업지시번호 WO1911000006를 선택 후, 확정 버튼을 클릭하여 확정 처리한다. 하단 창에서 각 청구품목들의 확정수량의 합계를 확인한다. ④ 3,960

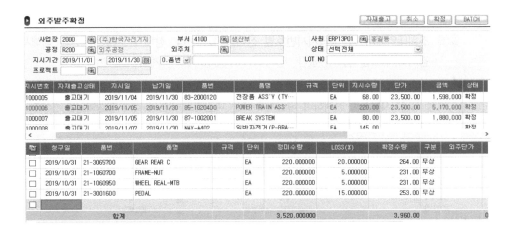

17 **정답** ④, 외주실적등록

해설 조회내역에서 작업지시번호를 클릭하여 해당 지시별 적합 및 부적합 실적수량 각각을 합산한다.

18 **정답** ②, 외주마감

해설 1) 조회내역에서 실적적용 버튼을 클릭하여 [보기]의 조건을 입력 후 조회한다.
2) 조회항목 전체를 선택 후 일괄적용을 클릭한다.
3) 하단 창의 조회내역에서 PRESS FRAME-W 품목의 공급가를 확인하여 합산한다.
② 270,000(=216,000+54,000)

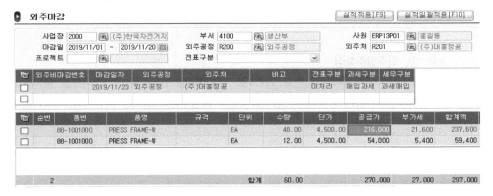

19 **정답** ④, 회계처리(외주마감)

해설 1) 외주마감 탭의 조회내역에서 마감 건을 전체 선택 후, 전표처리 버튼을 클릭하여 [보기]의 조건을 입력 후 전표를 생성한다.

2) 회계전표 탭에서 조회를 하여 외주마감번호를 클릭하면 하단 창에서 계정과목별 적요명과 금액을 확인할 수 있다. ④ OC1911000009 - 605,880

✔ CHECK

본 문제처럼 전표를 생성하여 분개결과를 확인하는 문제가 자주 출제되고 있다.

▌ 회계처리(외주마감)　　　　　　　　　　　　　　　　　　　　[전표처리] [전표취소]

| 사업장 | 2000 | (주)한국자전거 | 부서 | 4100 | 생산부 | 사원 | ERP13P01 | 홍길동 |

기간 2019/11/01 ~ 2019/11/20　　외주공정　　　　　　외주처

구분 전체　　　　프로젝트　　　　　　0.마감번호▼

외주마감 / 회계전표

일자	번호	No.	품의내역	유형	기표일자	번호	상태	승인자	대차차액
2019/11/20	9	0	생산관리(외주마감:OC1911000006)	매 입		0	미결		0
2019/11/20	10	0	생산관리(외주마감:OC1911000007)	매 입		0	미결		0
2019/11/20	11	0	생산관리(외주마감:OC1911000008)	매 입		0	미결		0
2019/11/20	12	0	생산관리(외주마감:OC1911000009)	매 입		0	미결		0

순번	구분	코드	계정과목	코드	거래처명	금액		적요명	증빙
1	대체차변	53300	외주가공비	00002	(주)하나상사	6,058,800	0	외주 가공비 발생	
2	대체차변	13500	부가세대급금	00002	(주)하나상사	605,880	0	외주가공비부가세대급금	
3	대체대변	25100	외상매입금	00002	(주)하나상사	6,664,680	0	외상 매입금 증가	

20 **정답** ④, 실적현황

해설 조회내역에서 검사진행 필드를 확인한다. ④ WR1911000023 - 검사대기

▌ 실적현황　　　　　　　　　　　　　　　　　　　　[OPTION[F10]] [검색상세[F11]]

| 사업장 | 2000 (주)한국자전거지씨▼ | 부서 | ▼ | 사원 | ▼ |

지시기간 2019/11/01 ~ 2019/11/15　　지시공정　　　▼　　지시작업장　　▼

실적기간 ___/__/__ ~ ___/__/__ 3.품번범위▼　　~　　재작업여부 선택전체 ▼

지시구분　　　▼　　실적구분 전체　　　　검사진행 전체　　▼

작업자　　　▼　　생산설비　　　▼　　작업팀　　▼

작업조　　　▼　　구분 전체

☑	지시구분	지시번호	실적번호	검사진행	지시공정	지시작업장	실적공정	실적작업
	외주발주	W01911000026	WR1911000017	검사완료	외주공정	(주)대흥정공	외주공정	(주)대흥정공
	외주발주	W01911000026	WR1911000018	검사완료	외주공정	(주)대흥정공	외주공정	(주)대흥정공
	외주발주	W01911000027	WR1911000021	검사완료	외주공정	(주)대흥정공	외주공정	(주)대흥정공
	외주발주	W01911000027	WR1911000022	검사완료	외주공정	(주)대흥정공	외주공정	(주)대흥정공
	외주발주	W01911000028	WR1911000023	검사대기	외주공정	(주)대흥정공	외주공정	(주)대흥정공
	외주발주	W01911000028	WR1911000024	검사대기	외주공정	(주)대흥정공	외주공정	(주)대흥정공

21 **정답** ④, 청구대비지시현황

해설 조회내역의 하단 창에서 작업지시별 완료수량을 확인한다. 완료수량이 '0'인 작업지시 번호는 ④ WO1911000029

▶ **청구대비지시현황**

사업장	2000 (주)한국자전거지사		부서			사원		
지시기간	2019/11/01 ~ 2019/11/15		청구번호			상태		
지시구분			품목군					
계정			조달		3.품번범위		~	

번호	품번	품명	규격	단위	청구수량	지시구분	납기일	작업지시번호	지시수량	상태
0001	85-1020400	POWER TRAIN A…		EA	340.00	외주발주	2019/11/13	WO1911000028	340.00	확정
0001	87-1002001	BREAK SYSTEM		EA	259.00	외주발주	2019/11/13	WO1911000029	259.00	확정
0001	88-1001000	PRESS FRAME-W		EA	195.00	외주발주	2019/11/13	WO1911000030	195.00	확정

완료일	공정구분	공정	작업장	지시수량	단가	금액	완료수량	비고
2019/11/13	외주	외주공정	(주)대흥정공	259.00	5,500.00	1,424,500		

22 **정답** ④, 지시대비실적현황

해설 조회내역에서 실적이 있는 지시번호의 잔량을 확인한다. ④ WO1910000010 – 6

▶ **지시대비실적현황**　　　　　　　　　　　　　　　　　　　　　　　　　　검색상세

사업장	2000 (주)한국자전거지사		부서			사원		
지시기간	2019/10/01 ~ 2019/10/31		공정			작업장		
실적기간	___/__/__ ~ ___/__/__	3.품번범위		-		지시상태		
지시구분			실적구분	전체		검사진행	전체	

	지시구분	지시번호	잔량	공정	작업장	품목	품번	품명	규	단위	지시상태	지시일	완료일	실적번	실적
											확정	2019/…	2019/10…	WR19…	20…
	작업지시	WO1910000006	49.00	작업	제품작…	반…	88-1001000	PRESS FRAME-W	EA		계획	2019/…	2019/10…		
	작업지시	WO1910000007		작업	제품작…	산…	NAX-A420	산악자전거 (P-20G)	EA		확정	2019/…	2019/10…	WR19…	20…
											확정	2019/…	2019/10…	WR19…	20…
											확정	2019/…	2019/10…		
	작업지시	WO1910000008		작업	제품작…	반…	83-2000120	전장품 ASS'Y (TYPE B)	EA		확정	2019/…	2019/10…	WR19…	20…
											확정	2019/…	2019/10…		
	작업지시	WO1910000009		작업	제품작…	반…	88-1002010	PRESS FRAME-Z (TYPE A)	PCS		확정	2019/…	2019/10…	WR19…	20…
											확정	2019/…	2019/10…		
	작업지시	WO1910000010	6.00	작업	제품작…	일…	NAX-A401	일반자전거 (P-GRAY RED)	EA		확정	2019/…	2019/10…	WR19…	20…

23 **정답** ①, 실적대비입고현황

해설 조회내역에서 각 입고번호별 미입고수량을 확인한다. ① IW1910000015 – 25

▶ **실적대비입고현황**

사업장	2000 (주)한국자전거지사		부서			사원		
실적기간	2019/10/01 ~ 2019/10/31		출고공정			출고작업장		
입고기간	___/__/__ ~ ___/__/__		입고창고			입고장소		
지시구분								
계정			조달		3.품번범위		~	

	입고번호	실적번호	품명	불합격수량	입고수량	미입고수량	입고일	입고창	입고장
	IW1910000008	WR1910000013	PRESS FRAME-Z (TYPE A)	0.00	61.00	0.00	2019/10/23	반제	반제품
	IW1910000009	WR1910000014	PRESS FRAME-Z (TYPE A)	0.00	45.00	0.00	2019/10/24	제품	제품…
	IW1910000010	WR1910000007	산악자전거 (P-20G)	0.00	83.00	12.00	2019/10/16	제품	제품…
	IW1910000011	WR1910000008	산악자전거 (P-20G)	7.00	16.00	12.00	2019/10/17	제품	제품…
	IW1910000012	WR1910000009	산악자전거 (P-20G)	8.00	62.00	0.00	2019/10/19	제품	제품…
	IW1910000013	WR1910000010	산악자전거 (P-20G)	3.00	15.00	2.00	2019/10/20	제품	제품…
	IW1910000014		산악자전거 (P-20G)	3.00	2.00		2019/10/18	제품	제품…
	IW1910000015	WR1910000003	POWER TRAIN ASS'Y(MTB, TYP…	20.00	55.00	25.00	2019/10/18	반제…	반제품
	IW1910000016	WR1910000003	POWER TRAIN ASS'Y(MTB, TYP…	20.00	13.00	12.00	2019/10/19	반제…	반제품
	IW1910000018	WR1910000003	POWER TRAIN ASS'Y(MTB, TYP…	20.00	4.00	8.00	2019/10/21	반제…	반제품

24 **정답** ③, 자재사용현황(모품목별)

해설 조회내역에서 모품목별(좌측 품명) 자품목(우측 품명)을 확인한다. ③ GEAR REAR C – PRESS FRAME-Z

25 **정답** ②, 현재공현황(공정/작업장)

해설 품명 필드에 PEDAL(S)를 입력 후, 작업장 탭에서 조회를 하여 PEDAL(S) 품목의 작업장(거래처)과 재공수량을 확인한다. ② 외주공정 – ㈜대흥정공 – 154EA

공정	작업장	품번	품명	규	단위	기초수량	입고수량	출고수량	재공수량	단위
작업공정	반제품작업장	21-3001500	PEDAL(S)		EA	1,300.00	0.00	756.60	543.40	EA1
	반제품작업장…					1,300.00	0.00	756.60	543.40	
작업공정…						1,300.00	1,388.00	756.60	1,931.40	
외주공정	㈜대흥정공	21-3001500	PEDAL(S)		EA	0.00	329.00	175.00	154.00	EA1
	㈜대흥정공…					0.00	329.00	175.00	154.00	
외주공정	㈜하나상사	21-3001500	PEDAL(S)		EA	0.00	84.00	0.00	84.00	EA1
	㈜하나상사…					0.00	84.00	0.00	84.00	

빠른 정답표

01	02	03	04	05	06	07	08	09	10	11	12	13	14	15	16
②	④	④	④	①	②	①	①	①	③	④	주관식	주관식	②	③	④

17	18	19	20	21	22	23	24	25	26	27	28	29	30	31	32
④	②	주관식	주관식	주관식	①	②	④	②	주관식	주관식	①	④	③	주관식	주관식

01 정답 ②

해설 일반적으로 ERP 시스템이 구축되기 전에 업무재설계를 수행해야 ERP 구축성과가 극대화될 수 있다.

02 정답 ④

해설 • IT 업체 및 현업 중심의 내부 전문가 주도 하에 프로젝트 진행
• 커스트마이징의 최소화는 ERP시스템 구축 시 설계단계에서의 고려사항

03 정답 ④

해설 모든 사용자들은 사용권한 부여에 따라 쉽게 기업의 정보에 접근할 수 있다.

04 정답 ④

해설 고객만족과 이윤극대화가 최종 목적

05 정답 ①

해설 구축단계, 분석 → 설계 → 구축 → 구현

06 정답 ②

해설 Percentage BOM: 제품군을 구성하는 제품 또는 제품을 구성하는 부품의 양을 정수로 표현하는 것이 아니라 백분율로 표현한 BOM이다.

07 정답 ①

해설 제조한다기보다 구축한다는 개념이 강한 제품으로 제품구조를 중심으로 한 BOM을 만들 수는 있으나 한 번밖에 사용되지 않고 MRP를 적용하기에 많은 노력이 든다.

08 정답 ①

해설 주문조립 전략에 해당한다.

09 **정답** ①
해설 기준생산계획을 하기 위해서는 기간별 수요량(예측치), 현재고량, 주문정책 및 매개변수가 필요하다.

10 **정답** ③
해설 PERT는 소요시간이 불확실한 경우, CPM은 확정적인 경우에 사용된다.

11 **정답** ④
해설 • 1 – 2 – 4 – 6의 경우: 5 + 13 + 11 = 29주
• 1 – 2 – 4 – 5 – 6의 경우: 5 + 13 + 9 + 8 = 35주
• 1 – 2 – 5 – 6의 경우: 5 + 10 + 8 = 23주
• 1 – 2 – 3 – 6의 경우: 5 + 8 + 5 = 18주
• 1 – 3 – 6의 경우: 7 + 5 = 12주
• 프로젝트의 소요시간(지속시간)은 주공정의 소요시간과 같다. 경로 중 가장 긴 경로, 즉 주공정은 1 – 2 – 4 – 5 – 6으로 35주가 된다.

12 **정답** 분해법 또는 시계열 분해법

13 **정답** 작업 B
해설 • A: (60-30) / 10=3.0, B: (48-30) / 9=2.0, C: (35-30) / 2=2.5
• 긴급율이 낮은 작업부터 우선적으로 작업한다.

14 **정답** ②
해설 Bottleneck(애로공정)

15 **정답** ③
해설 생산량의 최적 결정은 총괄생산계획에 해당한다.

16 **정답** ④
해설 간트차트의 단점으로 작업 상호 간의 유기적인 관계가 명확하지 못한 것을 들 수 있다.

17 **정답** ④
해설 현재 필요한 것만 만들고 더 이상은 생산하지 않고 생산이 시장수요만을 따라 간다.

18 **정답** ②
해설 신호간판

19 **정답** 공수계획

해설 공수계획은 생산예정표에 의해 결정된 생산량에 대하여 작업량을 구체적으로 결정하고 그것을 현재 보유하고 있는 사람이나 기계의 능력을 고려하여 양자를 조정하는 것이다.

20 **정답** 74%

해설 라인밸런스 효율: $(15 + 20 + 25 + 14) / (25 \times 4) \times 100 = (74 / 100) \times 100 = 74\%$

21 **정답** 균형

해설 라인밸런싱은 각 공정별 부하와 능력을 고려하려 균형되도록 설계한다.

22 **정답** ①

해설 순환재고

23 **정답** ②

해설 조달기간은 수량과 관계없이 확정적이다.

24 **정답** ④

해설 재고유지 비용, 주문비용

25 **정답** ②

해설 제품흐름

26 **정답** 500

해설 부품 F의 순소요량 = $[100 \times \{(2 \times 2) + (3 \times 1)\}] - 200 = 700 - 200 = 500$

27 **정답** RCCP

해설 CRP와 RCCP의 근본 차이는 주요 입력 데이터이며 RCCP는 MPS, CRP는 MRP가 주요 입력 데이터이다.

28 **정답** ①

해설 시장품질은 제품을 사용하는 소비자가 평가하는 품질로서 설계품질과 합치된 품질이며, 사용품질이라고도 한다.

29 **정답** ④

해설 새로운 공정조건을 표준화시키고, 통계적 공정관리방법으로 그 변화를 탐지하고 새 표준으로 공정이 안정되면 공정능력을 재평가하는 것은 4단계, 관리단계에 해당한다.

30 **정답** ③
해설 불량품을 넘겼을 경우 다음 공정에 커다란 손실을 줄 경우에는 전수검사가 필요하다.

31 **정답** 히스토그램(Histogram)
해설 수집된 자료들의 특성과 분포를 대략적으로 파악하는 도구

32 **정답** 관리도
해설 이상원인에 의한 산포발생을 모니터링하는 도구

빠른 정답표

01	02	03	04	05	06	07	08	09	10	11	12	13	14	15	16
①	④	②	①	②	②	③	④	②	③	②	①	②	④	②	④

17	18	19	20	21	22	23	24	25
①	③	②	②	③	②	①	③	④

01 **정답** ①, 창고/공정(생산)/외주공정등록

해설 생산공정/작업장 탭과 외주공정/작업장 탭에서 각각 조회를 하여 조회내역을 확인한다.

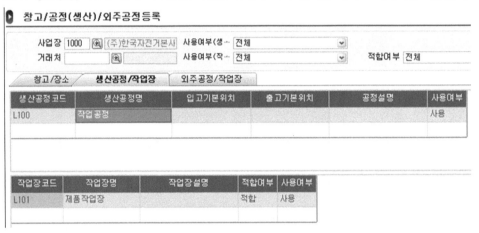

02 **정답** ④, BOM역전개

해설 조회내역에서 LEVEL 1은 바로 상위 모품목을 의미한다. ④ 일반자전거(P-GRAY WHITE)가 바로 상위 모품목이다.

03 **정답** ②, 품목등록

해설 계정구분을 '4. 반제품'으로 선택하여 조회하며, 품목별 환산계수는 우측 창의 MASTER/ SPEC 탭에서 확인한다. ② PRESS FRAME-Z (TYPE B) - 1

▶ **품목등록**

04 **정답** ①, 외주단가등록

해설 조회내역에서 품목별 외주단가를 확인한다. 전장품 ASS'Y (TYPE A)의 외주단가는 88,200원과 79,750원 두 가지의 외주단가가 등록되었지만, 최근에 입력한 외주단가가 반영된다. ① 79,750

▶ 외주단가등록

	품번	품명	규격	단위	표준원가	실제원가	외주단가	시작일	종료일	사용
	83-2000100	전장품 ASS'Y		EA	87,000.00	87,100.00	84,500.00	2019/06/01	2019/06/30	사용
	83-2000110	전장품 ASS'Y (TYPE A)		EA	87,000.00	87,100.00	88,200.00	2019/07/01	2019/09/30	사용
	83-2000110	전장품 ASS'Y (TYPE A)		EA	87,000.00	87,100.00	79,750.00	2019/09/01	2019/09/30	사용

05 **정답** ②, 불량유형등록

해설 조회내역에서 불량유형별 사용여부를 확인한다. ② 휠(WHEEL)불량 - 사용

▶ **불량유형등록**

	불량코드	불량유형명	불량군	사용여부	불량설명
	A10	바디(BODY)불량	조립불량	사용	
	B10	브레이크(BREAK)불량	조립불량	미사용	
	C10	라이트(HEADLAMP)불량	조립불량	미사용	
	D10	휠(WHEEL)불량	조립불량	사용	
	E10	도색불량	도색불량	사용	
	F10	포장불량	포장불량	미사용	
	G10	적재불량	적재불량	사용	

06 **정답** ②, 생산계획등록

해설 조회내역에서 각 품목을 클릭하여 일생산량과 (작업)수량을 비교한다. ② PRESS FRAME-Z(TYPE A): 일생산량-330EA

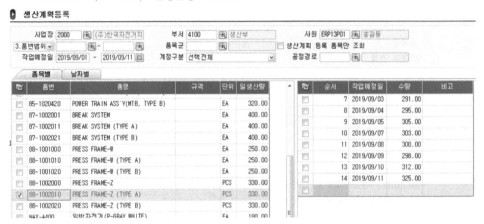

07 **정답** ③, 작업지시등록

해설 조회내역에서 생산계획조회 버튼을 클릭하여 조회 후, 계획잔량을 합산한다.
37+12+136+109+126+101+67+180+15+10=793EA

08 **정답** ④, 작업지시확정

해설 조회할 때 품명과 상태 '1. 확정'을 각각 입력 후 조회하며, 각 작업지시번호를 클릭하여 해당 품목의 LOSS율을 확인한다. ④ WO1909000186: PEDAL(TYPE B) - 7(%)

09 **정답** ②, 작업실적등록

해설 조회내역에서 각 작업지시번호별 지시 및 실적 수량을 확인한다. ② WR1909000004: 지시수량(268) - 실적수량(251)

10 **정답** ③, 생산자재사용등록

해설 조회내역의 하단 창에서 해당 지시별 사용수량의 합계를 확인한다. ③ WO1909000108 - WR1909000077 - 6,230

11 **정답** ②, 생산품창고입고처리

해설 조회내역에서 동일 품목기준의 입고가능수량(합)을 확인한다.

생산품창고입고처리

	사업장 2000 (주)한국자전거지사	부서 4100 생산부	사원 ERP13P0 홍길동
실적기간 2019/09/10 ~ 2019/09/11	공정 L200 작업공정	작업장 L201 제품작업장(완제품
검사구분 전체	상태 선택전체	
0.품번	고객	프로젝트

품명	규격	단위	상	실적수량	L0	입고대상	기입고수량	처	입고가능수량	고객	프로젝
0 BODY-알미늄 (GRAY-WHITE, TYPE B)		EA	확	149.00		149.00	128.00		21.00		
0 전장품 ASS'Y (TYPE B)		EA	확	144.00		144.00	140.00		4.00		
0 POWER TRAIN ASS'Y(MTB, TYPE A)		EA	확								
1 BREAK SYSTEM (TYPE A)		EA	확	59.00		59.00	30.00		29.00		
1 BREAK SYSTEM (TYPE B)		EA	확	17.00		17.00	15.00		2.00		
0 PRESS FRAME-W		EA	확	88.00		88.00	79.00		9.00		
0 PRESS FRAME-Z (TYPE A)		PCS	확	79.00		79.00	70.00		9.00		
0 PRESS FRAME-Z (TYPE B)		PCS	확	99.00		99.00	91.00		8.00		
일반자전거(P-GRAY WHITE)		EA	확	77.00		77.00	65.00		12.00		
일반자전거(P-GRAY RED)		EA	확	29.00	20	29.00	18.00		11.00		
일반자전거(P-GRAY BLACK)		EA	확	35.00		35.00	11.00		24.00		

12 **정답** ①, 외주발주등록

해설 조회내역에서 주문조회 버튼을 클릭하여 조회 후, 고객별 수주잔량을 확인한다.

외주발주등록 [청구조회] [주문조회] [생산계획조회] [OPTION] [특이사항]

주문조회 도움창

수주기간 2019/09/01 ~ 2019/09/30	납기일 2019/09/01 ~ 2019/09/30	출고수량 : ● 적용 ○ 미적용
고객	3.품번범위 ~	□ 지시일/완료일 직접입력
프로젝트	0.주문번호	관리구분

[조회[F12]] [적용[F10]] [취소[ESC]]

고객	수주번호	순서	품번	품명	규	단위	수주잔량	프로젝트
(주)제동기어	S01909000001	5	NAX-A421	산악자전거 (P-21G,A421)		EA	88.00	
(주)제동기어	S01909000001	6	NAX-A422	산악자전거 (P-21G,A422)		EA	23.00	
(주)하나상사	S01909000002	1	NAX-A400	일반자전거 (P-GRAY WHITE)		EA	41.00	
(주)하나상사	S01909000002	2	NAX-A401	일반자전거 (P-GRAY RED)		EA	112.00	
(주)하나상사	S01909000002	3	NAX-A402	일반자전거 (P-GRAY BLACK)		EA	101.00	
(주)하나상사	S01909000002	4	NAX-A420	산악자전거 (P-20G)		EA	75.00	
(주)하나상사	S01909000002	5	NAX-A421	산악자전거 (P-21G,A421)		EA	115.00	
(주)하나상사	S01909000002	6	NAX-A422	산악자전거 (P-21G,A422)		EA	20.00	
(주)제일물산	S01909000003	1	NAX-A400	일반자전거 (P-GRAY WHITE)		EA	101.00	
(주)제일물산	S01909000003	2	NAX-A401	일반자전거 (P-GRAY RED)		EA	65.00	
(주)제일물산	S01909000003	3	NAX-A402	일반자전거 (P-GRAY BLACK)		EA	26.00	
(주)제일물산	S01909000003	4	NAX-A420	산악자전거 (P-20G)		EA	121.00	
(주)제일물산	S01909000003	5	NAX-A421	산악자전거 (P-21G,A421)		EA	37.00	
(주)제일물산	S01909000003	6	NAX-A422	산악자전거 (P-21G,A422)		EA	35.00	
(주)박파워	S01909000004	1	NAX-A400	일반자전거 (P-GRAY WHITE)		EA	15.00	
(주)박파워	S01909000004	2	NAX-A402	일반자전거 (P-GRAY BLACK)		EA	71.00	
(주)박파워	S01909000004	3	NAX-A421	산악자전거 (P-21G,A421)		EA	40.00	

13 **정답** ②, 외주발주확정

해설 조회내역에서 생산지시별 자재출고상태를 확인한다.

14 **정답** ④, 외주자재출고, 출고 버튼 이용

해설 조회내역에서 외주생산지시별로 출고요청 버튼을 클릭하여 출고요청 조회 창에서 품목
별 수량을 각각 확인한다.

15 **정답** ②, 외주실적등록

해설 조회내역에서 각 작업지시별 지시수량을 확인하고, 하단 창에서 해당 작업지시별 실적
수량을 확인하여 비교한다.

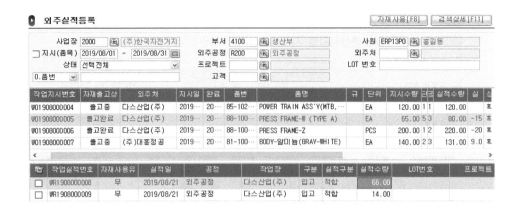

16

정답 ④, 외주자재사용등록

해설 조회내역에서 일괄적용 버튼을 클릭하여 외주자재사용등록 수행 후, 조회내역의 PRESS FRAME-Z 품목을 클릭하여 하단 창에서 해당 실적별 조회 품목을 확인한다.

17

정답 ①, 외주실적검사

해설 조회내역의 하단 창에서 해당 실적별 불량시료와 불합격수량을 확인한다.

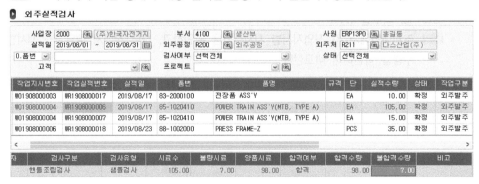

18 **정답** ③, 외주마감, 실적적용 버튼 이용

해설 조회내역에서 실적적용 버튼을 클릭하여 불량구분을 입력 후 조회한다. 실적적용 창의 조회내역에서 품목별 마감수량을 확인한다.

19 **정답** ②, 회계처리(외주마감)

해설 답은 승인된 전표인 OC1908000003인데, 아직 승인이나 미결이 아닌 전표처리를 하지 않은 OC1908000005 역시 전표 취소가 불가능하기 때문에 2, 4번 복수정답 처리하였다(승인된 외주마감 건일 경우, 전표취소가 가능하다).

회계처리(외주마감)

사업장 2000 (주)한국자전거 부서 4100 생산부 사원 ERP13P01 홍길동
기간 2019/08/30 ~ 2019/08/30 외주공정 외주처
구분 전체 프로젝트 0.마감번호

	마감번호	마감일자	외주공정	외주처	과세구분	세무구분	전표번호	순번	상태	비고
☐	OC1908000001	2019/08/30	외주공정	(주)대흥정공	매입과세	과세매입	2019/08/30	1	미결	
☐	OC1908000002	2019/08/30	외주공정	(주)대흥정공	매입과세	과세매입				
☐	OC1908000003	2019/08/30	외주공정	다스산업(주)	매입과세	과세매입	2019/08/30	3	승인	
☐	OC1908000004	2019/08/30	외주공정	다스산업(주)	매입과세	과세매입	2019/08/30	4	미결	
☐	OC1908000005	2019/08/30	외주공정	다스산업(주)	매입과세	과세매입				

No.	품번	품명	규격	단위	수량	단가	공급가	부가세	합계액
1	81-1001000	BODY-알미늄(GRAY-WHITE)		EA	131.00	2,520.00	330,120	33,012	363,132
2	88-1001020	PRESS FRAME-W (TYPE B)		EA	37.00	5,520.00	204,240	20,424	224,664
3	88-1001020	PRESS FRAME-W (TYPE B)		EA	33.00	5,520.00	182,160	18,216	200,376

20 **정답** ②, 작업지시마감처리

해설 조회내역에서 작업지시별 상태 필드를 확인한다. 상태가 '계획' 또는 '마감'일 경우에는 마감처리가 불가능하다.

21 **정답** ③, 지시대비실적현황

해설 조회내역에서 각 작업지시별 실적번호와 잔량이 제일 많은 지시 건을 확인한다.

22 **정답** ②, 자재청구대비투입/사용현황

해설 조회내역의 하단 창에서 해당 지시별 청구 및 투입수량을 확인한다.

23 **정답** ①, 현재공현황(공정/작업장)

해설 공정 탭의 조회내역에서 품목별 입고 및 출고수량을 확인한다.

▶ 현재공현황(공정/작업장)

사업장	2000 (주)한국자전거지씨	공정	R200 외주공정	작업장	
해당년도	<< 2019 >>	계정		조달	
0.품번		품목군		재공유무	선택전체
대분류		중분류		소분류	

공정	품번	품명	규격	단위	기초수량	입고수량	출고수량	재공수량	단위
공정	88-1001000	PRESS FRAME-W		EA	21,500.00	190.00	185.00	21,505.00	BOX
공정	88-1001010	PRESS FRAME-W (TYPE A)		EA	21,500.00	80.00	80.00	21,500.00	BOX
공정	88-1001020	PRESS FRAME-W (TYPE B)		EA	21,500.00	70.00	70.00	21,500.00	BOX
공정	88-1002000	PRESS FRAME-Z		PCS	21,500.00	480.00	565.00	21,415.00	PCS
공정	88-1002010	PRESS FRAME-Z (TYPE A)		PCS	21,500.00	0.00	0.00	21,500.00	PCS
공정	88-1002020	PRESS FRAME-Z (TYPE B)		PCS	21,500.00	110.00	110.00	21,500.00	PCS

24 **정답** ③, 실적대비입고현황

해설 조회내역에서 각 입고번호별 입고수량을 확인한다.

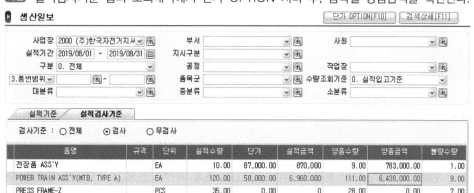

▶ 실적대비입고현황

사업장	2000 (주)한국자전거지씨	부서		사원	
실적기간	2019/08/01 ~ 2019/09/27	출고공정		출고작업장	
입고기간	__/__/__ ~ __/__/__	입고창고		입고장소	
지시구분					
계정		조달		3.품번범위	~

	입고번호	실적번호	입고수량	미입고수량	입고일	입고창	입고장소	품번	품명
☐	IW1908000010	WR1908000012	75.00	0.00	2019/08/13	부품	부품/	83-	전장품 ASS'Y (TYPE A)
☐	IW1908000011	WR1908000013	37.00	0.00	2019/08/14	부품	부품/	88-	PRESS FRAME-W (TYPE B)
☐	IW1908000012	WR1908000014	33.00	0.00	2019/08/14	부품	부품/	88-	PRESS FRAME-W (TYPE B)
☐	IW1908000013	WR1908000015	90.00	0.00	2019/08/21	부품	부품/	81-	BODY-알미늄(GRAY-WHITE)
☐	IW1909000001	WR1909000001	80.00	0.00	2019/09/01	부품	부품/	81-	BODY-알미늄(GRAY-WHITE)

25 **정답** ④, 생산일보

해설 실적검사기준 탭의 조회내역에서 단가 OPTION 처리 후, 품목별 양품금액을 확인한다.

▶ 생산일보   [단가 OPTION[F10]] [검색상세[F11]]

사업장	2000 (주)한국자전거지씨	부서		사원	
실적기간	2019/08/01 ~ 2019/08/31	지시구분			
구분	0. 전체	공정		작업장	
3.품번범위	~	품목군		수량조회기준	0. 실적입고기준
대분류		중분류		소분류	

/ 실적기준 / **실적검사기준** /

검사기준 : ○전체 ◉검사 ○무검사

품명	규격	단위	실적수량	단가	실적금액	양품수량	양품금액	불량수량
전장품 ASS'Y		EA	10.00	87,000.00	870,000	9.00	783,000.00	1.00
POWER TRAIN ASS'Y(MTB, TYPE A)		EA	120.00	58,000.00	6,960,000	111.00	6,438,000.00	9.00
PRESS FRAME-Z		PCS	35.00	0.00	0	28.00	0.00	7.00
산악자전거(P-20G)		EA	220.00	200,000.00	44,000,000	200.00	40,000,000.00	20.00

2019년도 제4회 생산 1급 이론 정답 및 해설

01	02	03	04	05	06	07	08	09	10	11	12	13	14	15	16
①	④	②	④	③	①	②	③	③	③	③	주관식	주관식	③	③	②
17	18	19	20	21	22	23	24	25	26	27	28	29	30	31	32
③	④	주관식	주관식	주관식	③	③	③	④	주관식	주관식	①	①	③	주관식	주관식

01 정답 ①
해설 ERP 도입 시 리드타임은 증가하는 것이 아니고 감소하게 된다.

02 정답 ④
해설 ERP 시스템의 설계(Design)단계에는 TO-BE 프로세스 도출, GAP 분석, 패키지 설치, 패키지 파라미터 설정, 추가개발 및 수정 보완문제 논의, 인터페이스 문제 논의, 사용자요구 대상 선정, Customizing, 교육 등이 포함된다. ④의 TFT 구성은 분석(Analysis)단계에 해당한다.

03 정답 ②
해설 ① TFT는 IT분야뿐만 아니라 회사 전반의 최고 엘리트 사원으로 구성한다.
③ 장기적이고 비가시적인 성과도 고려하여 ERP 패키지를 도입해야 한다.
④ 동종 업체의 사례를 참고할 수 있으며, 자사에 적합한 우수한 패키지를 선정한다.

04 정답 ④
해설 ERP는 MRP I → MRP II → ERP → 확장형 ERP 순서로 발전해 왔다.

05 정답 ③
해설 PaaS(Platform as a Service)는 사용자가 소프트웨어를 개발할 수 있는 토대를 제공해 주는 서비스 모델이며, 데이터베이스 클라우드 서비스나 스토리지 클라우드 서비스와는 관계가 없다. 서버 인프라를 서비스로 제공하는 것은 IaaS(Infrastructure as a Service)이다.

06 정답 ①
해설 생산성의 측정은 부분 생산성(단일의 투입 요소로 측정), 다요소 생산성(하나 이상의 투입 요소로 측정), 총요소 생산성(모든 투입 요소로 측정) 등으로 측정할 수 있다.

07 정답 ②
해설 A: 예측 대상 품목과 단위 결정, B: 예측 기간의 선정, C: 필요한 자료의 수집, D: 예측의 시행

08 **정답** ③

해설 흐름생산방식의 특징은 특수기계의 생산라인, 적은 유연성, 물자 이송량 적음, 전용기계 등이다.

09 **정답** ③

해설 수요가 증가하는 경우에는 증가에 대비한 재고유지가 필요하다. 과잉재고 시에만 판매를 촉진한다.

10 **정답** ③

해설 납기우선순위는 납기일자가 가장 급박한 순서로 작업을 진행하는 것이다.

11 **정답** ③

해설 기대시간치 = {낙관시간치 + (정상시간치 × 4) + 비관시간치)} / 6이므로
기대시간치 = (3 + (5 × 4) + 7) / 6 = 30 / 6 = 5일

12 **정답** 260개

해설 제품을 10개 생산할 때, 원재료 D와 E의 소요량은 다음과 같다.
D=(10×2×4)+(10×3×2)=140개, E=(10×2×3)+(10×2×3)=120개
원재료 D와 E의 소요량을 더하면 140 + 120 = 260개

13 **정답** 일정계획

해설 생산계획에 의해 실제로 작업을 실시하기 위해서는 생산에 필요한 작업(공정)을 언제 시작해서 언제까지 완료시킬 것인가에 대한 실행계획으로서의 일정계획이 수립되어야 한다. 즉, 부품가공 또는 제품조립에 자재가 적기에 조달되고 이들 생산이 지정된 시기까지 완성될 수 있도록 기계 또는 작업을 시간적으로 배정하고 일시를 결정하여 생산일정을 계획하는 것이 일정계획이다.

14 **정답** ③

해설 공정관리의 기능은 계획기능, 통제기능, 감사기능으로 대별한다.

15 **정답** ③

해설 복합기호에서는 큰 기호가 주로 실행하는 공정이다. [그림]의 기호의 경우 큰 기호는 가공을 의미하며, 작은 기호는 수량검사를 의미한다. 따라서 전체 복합기호의 의미는 "가공을 주로 하며 수량검사"가 된다.

16 **정답** ②

해설 공수체감은 기계 집약형 작업보다 노동 집약형 작업에서 더욱 빠르게 발생한다.

17 **정답** ③

해설 ③은 간트차트의 단점이 아니다. 작업자별, 부문별 업무 성과의 상호 비교는 간트차트로 알 수 있는 정보에 해당한다.

18 **정답** ④

해설 칸반은 부품의 생산과 운반을 지시하거나 승인하는 카드로 결품 방지와 과잉생산의 낭비 방지를 목적으로 사용한다. 따라서 후공정의 수요량에 정확히 맞추어 꼭 필요한 만큼만 생산해야 한다.

19 **정답** 360(시간)

해설 • 인적 능력 = 환산 인원 × 실제 가동시간 × 가동률
• 가동률 = 출근율 × (1 − 간접작업률)
• 가동률 = 0.8 × (1 − 0.1) = 0.72
• 인적 능력 = 5명 × 1.0 × 100시간 × 0.72 = 360(시간)

20 **정답** 25%

해설 • 라인밸런싱 효율 = [라인의 작업시간 합계 / (작업장수 × 사이클타임)] × 100
= [(35 + 40 + 45 + 60) / (4 × 60)] × 100
= (180 / 240) × 100 = 75(%)
• 불균형률(%) = 100 − 75 = 25(%)

21 **정답** JIT

해설 [보기]는 JIT(Just In Time) 생산방식에 대한 설명이다.

22 **정답** ③

해설 A. J. Arrow의 재고보유의 동기로는 거래동기, 예방동기, 투기동기가 있다.

23 **정답** ③

해설
$$Q^* = \sqrt{\frac{2DC_p}{C_H}} = \sqrt{\frac{2DC_p}{P \cdot i}}$$

D: 연간 구입예측량(필요수량)

C_p: 1회 발주비용

C_H가격(구입단가, P) × 재고유지비율(i)

위 경제적 주문량을 나타내는 수식에서

① 연간 수요량: 분자에 위치하므로 경제적 주문량과 비례 관계
② 1회 주문비용: 분자에 위치하므로 경제적 주문량과 비례 관계
③ 연간 단위당 재고유지 비용: 분모에 위치하므로 경제적 주문량과 반비례 관계
④ 연간 주문횟수 = 연간 수요량 / 경제적 주문량

24 **정답** ③

해설 ⓒ 구매가격예측 방식 ⓒ 목표투자이익율 방식

25 **정답** ④

해설 ② 재정흐름(Funds Flow): 신용조건, 지불조건, 위탁판매 그리고 권리소유권 합의 등
으로 구성된다.

③ 제품흐름(Product Flow): 공급자로부터 고객으로의 상품 이동을 의미한다.

26 **정답** 안전재고

해설 안전재고는 기업의 운영에서 발생할 수 있는 여러 가지 불확실한 상황(조달기간의 불확
실, 생산의 불확실, 수요량의 불확실 등)에 대처하기 위해 미리 확보하고 있는 재고이다.

27 **정답** CRP

해설 능력소요계획(CRP: Capacity Requirement Planning)은 자재소요계획(생산계획) 활
동 중에서 MRP 전개에 의해 생성된 계획이 얼마만큼의 제조자원을 요구하는지를 계
산하는 모듈이다. CRP는 기업의 현실적인 생산능력에 맞추어 자재소요계획을 수립하
기 위해 작업장의 능력 소요량을 시간대별로 예측하는 기법으로, 이미 발주된 예정입
고와 발주 예정의 계획발주량을 완성하는 데 필요한 작업부하를 산정하기 위해서 이
용한다.

28 **정답** ①

해설 품질관련 비용은 예방비용, 평가비용, 실패비용이 있는데, 이 중 예방비용에 대한 설
명이다.

29 **정답** ①

해설 특성요인도란 제품의 성질, 상태, 특징 등의 결과에 대하여 그 원인이 어떠한 관계로
영향을 미치게 되었는지를 한눈에 보아 알 수 있도록 계통적으로 정리하여 표시한 그
림이다. 물고기 모양의 그림으로 생선뼈 도표(Fishbone Diagram)라고도 한다.

30 **정답** ③

해설 로트의 크기가 작고 비파괴검사가 가능한 경우는 전수검사가 바람직하다.

31 **정답** 관리단계

해설 6 시그마는 네 가지 단계로 나눌 수 있으며 측정(Measurement), 분석(Analysis),
개선(Improvement), 관리(Control)의 순서로 앞 글자를 따서 'MAIC'이라고 부른다.
이 중 문제의 설명에 해당하는 단계는 4단계인 관리(Control)단계이다.

32 **정답** C(결점수)

해설 결점수 관리도는 C 관리도이다. 여타의 다른 관리도와 달리 표본에서 도출되는 결점 수는 포아송 분포를 이룬다는 가정 하에 관리한계선을 계산한다.

2019년도 제4회 생산 1급 실무 정답 및 해설

빠른 정답표

01	02	03	04	05	06	07	08	09	10	11	12	13	14	15	16
②	①	③	④	④	③	④	④	①	③	②	④	②	①	①	③

17	18	19	20	21	22	23	24	25
④	②	①	③	②	④	③	②	③

---

01 **정답** ②, 품목등록

해설 조회내역의 우측 창 ORDER/COST 탭에서 각 품목별 LEAD TIME을 비교한다.

---

02 **정답** ①, 회계연결계정과목등록

해설 조회내역에서 전표별 표준적요를 확인한다.

---

03 **정답** ③, 물류실적(품목/고객)담당자등록

해설 품목 탭에서 조회내역을 확인한다.

04 **정답** ④, BOM등록

해설 조회내역의 화면 제일 하단에서 품목별 주거래처를 확인한다. ④ 87-1002001,
BREAK SYSTEM의 주거래처는 없다.

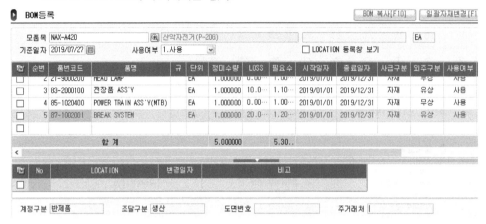

05 **정답** ④, 외주단가등록

해설 조회내역에서 일괄변경 처리 후 각 품목별 외주단가를 확인한다.

외주단가등록

사업장	2000	(주)한국자전거지	부서	4100	생산부		사원	ERP13P0	홍길동
외주공정	R200	외주공정	외주처	R221	(주)영동바이크		품목군		
품목		~					사용여부		

단가적용비율 80.000 % ○ 표준원가대비 ● 실제원가대비 [일괄변경]

품번	품명	규격	단위	표준원가	실제원가	외주단가	시작일	종료일	사용
81-1001000	BODY-알미늄(GRAY-WHITE)		KG	21,000.00	21,100.00	16,880.00	2019/01/01	2019/12/31	사용
81-1001010	BODY-알미늄(GRAY-WHITE, TYPE A)		KG	21,000.00	21,100.00	16,880.00	2019/01/01	2019/12/31	사용
81-1001020	BODY-알미늄(GRAY-WHITE, TYPE B)		KG	21,000.00	21,100.00	16,880.00	2019/01/01	2019/12/31	사용
83-2000100	전장품 ASS'Y		EA	87,000.00	87,100.00	69,680.00	2019/01/01	2019/12/31	사용
83-2000110	전장품 ASS'Y (TYPE A)		EA	87,000.00	87,100.00	69,680.00	2017/03/01	2019/12/31	사용
83-2000120	전장품 ASS'Y (TYPE B)		EA	87,000.00	87,100.00	69,680.00	2019/01/01	2019/12/31	사용
85-1020400	POWER TRAIN ASS'Y(MTB)		EA	58,000.00	58,100.00	46,480.00	2019/01/01	2019/12/31	사용
85-1020410	POWER TRAIN ASS'Y(MTB, TYPE A)		EA	58,000.00	58,100.00	46,480.00	2019/01/01	2019/12/31	사용
85-1020420	POWER TRAIN ASS'Y(MTB, TYPE B)		EA	58,000.00	58,100.00	46,480.00	2019/01/01	2019/12/31	사용
87-1002001	BREAK SYSTEM		EA	35,000.00	45,000.00	36,000.00	2019/01/01	2019/12/31	사용
87-1002011	BREAK SYSTEM (TYPE A)		EA	55,000.00	55,100.00	44,080.00	2019/01/01	2019/12/31	사용
87-1002021	BREAK SYSTEM (TYPE B)		EA	4.00	45,100.00	36,080.00	2019/01/01	2019/12/31	사용
88-1001000	PRESS FRAME-W		EA	46,000.00	46,100.00	36,880.00	2019/01/01	2019/12/31	사용

06 **정답** ③, 생산계획등록

해설 품목별 탭에서 조회 후, 우측 창에서 각 품목별 계획수량을 합산한다. ③ 생산계획수
량의 합이 가장 많은 품목은 88-1002020, PRESS FRAME-Z (TYPE B)

생산계획등록

07 **정답** ④, 작업지시등록

해설 조회내역에서 각 작업지시번호에 대해 마우스 오른쪽 버튼을 클릭하여 [작업지시등록] 이력정보의 작업진행 상태를 확인한다.

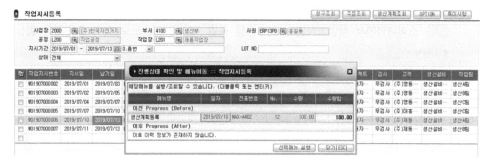

작업지시등록

08 **정답** ④, 작업지시확정

해설 조회내역에서 각 작업지시번호를 클릭하여 하단 창에서 조회된 해당 품목의 확정수량을 각각 확인 후 합산한다. ④ 455(345+110)

작업지시확정

09 **정답** ①, 생산자재출고

해설 조회내역에서 일괄적용 버튼을 클릭하여 출고처리 후, 하단 창에서 품목별 출고수량을 합산한다.

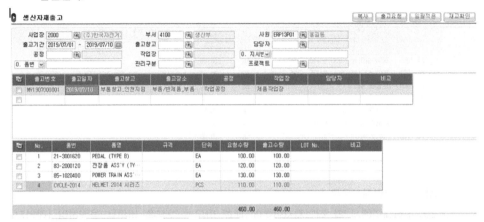

10 **정답** ③, 작업실적등록

해설 조회내역에서 작업실적별 실적수량을 동일 작업조 기준으로 각각 확인하여 합산한다.

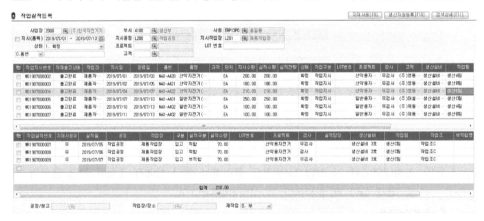

11 **정답** ②, 생산자재사용등록

해설 조회내역에서 작업실적별로 청구적용 버튼을 클릭하여 품목별 잔량을 합산한다.

12 **정답** ④, 생산실적검사

해설 조회내역의 제일 하단 창에서 불량코드와 불량명을 확인한다.

13 **정답** ②, 생산품창고입고처리

해설 조회내역에서 각 작업실적별 수량을 확인한다.

14 **정답** ①, 작업지시마감 처리

해설 조회내역에서 각 작업지시별 실적잔량을 확인한다.

작업지시마감처리

	작업지시번호	지시일	완료일	품번	품명	규	단위	지시수량	상태
□	W01907000027	2019/07/23	2019/07/25	81-1001000	BODY-알미늄(GRAY-WHITE)		KG	200.00	확정
□	W01907000028	2019/07/24	2019/07/27	83-2000100	전장품 ASS'Y		EA	100.00	확정
□	W01907000029	2019/07/28	2019/07/29	83-2000110	전장품 ASS'Y (TYPE A)		EA	200.00	확정
□	W01907000030	2019/07/26	2019/07/30	83-2000120	전장품 ASS'Y (TYPE B)		EA	100.00	확정
□	W01907000031	2019/07/29	2019/07/31	85-1020400	POWER TRAIN ASS'Y(MTB)		EA	200.00	확정
□	W01907000032	2019/07/22	2019/07/24	88-1001000	PRESS FRAME-W		EA	150.00	확정

NO	지시일	완료일	공정구분	공정	작업장	지시수량	실적수량	실적잔량
1	2019/07/24	2019/07/27	생산공정	작업공정(도색)	반제품작업장(	100.00	90.00	10.00

15 정답 ①, 자재청구대비투입/사용현황

해설 단가 OPTION 버튼을 클릭하여 처리 후, 각 작업지시별 투입 및 사용 금액을 합산한 합계를 비교 확인한다.

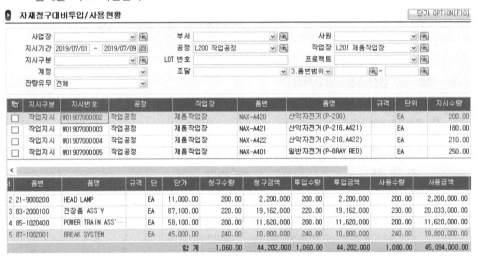

16 정답 ③, 생산일보

해설 조회내역에서 품목별 실적금액을 확인한다.

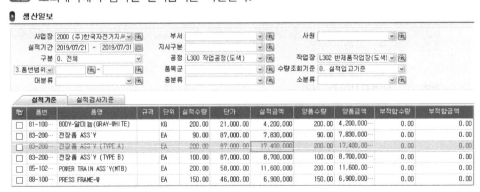

17 정답 ④, 외주발주등록

해설 조회내역에서 외주단가를 확인한다.

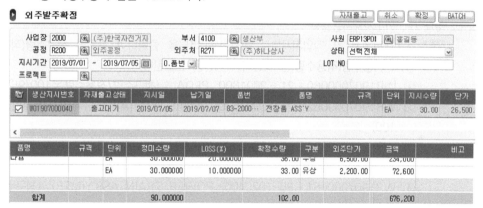

외주단가등록

사업장	2000	(주)한국자전거지	부서	4100	생산부	사원	ERP13P0	홍길동
외주공정	R200	외주공정	외주처	R271	(주)하나상사	품목군		
품목		~				사용여부		

단가적용비율 10.000 % ● 표준원가대비 ○ 실제원가대비 일괄변경

	품번	품명	규격	단위	표준원가	실제원가	외주단가	시작일	종료일	사용
☐	21-1060850	WHEEL FRONT-MTB		EA	18,000.00	18,100.00	11,200.00	2019/01/01	2019/12/31	사용
☐	21-1070700	FRAME-티타늄		EA	14,000.00	14,100.00	6,500.00	2019/01/01	2019/12/31	사용
☐	21-3001500	PEDAL(S)		EA	9,000.00	9,100.00	2,200.00	2019/01/01	2019/12/31	사용
☐	81-1001000	BODY-알미늄(GRAY-WHITE)		KG	21,000.00	21,100.00	16,880.00	2019/01/01	2019/12/31	사용
☐	83-2000100	전장품 ASS'Y			87,000.00	87,100.00	69,680.00	2019/01/01	2019/12/31	사용
☐	87-1002001	BREAK SYSTEM		EA	35,000.00	45,000.00	36,000.00	2019/01/01	2019/12/31	사용
☐	88-1001000	PRESS FRAME-W		EA	46,000.00	46,100.00	36,880.00	2019/01/01	2019/12/31	사용

18 정답 ②, 외주발주확정

해설 조회내역에서 해당 지시건(생산지시번호 WO1907000040)을 선택 후 확정 버튼을 클릭하여 확정 처리한다. 하단 창에서 확정수량 합계를 확인한다. ② 청구한 자재의 총 확정수량의 합은 102EA이다.

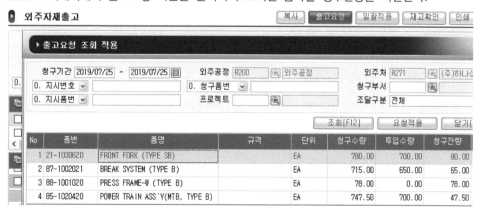

외주발주확정   자재출고 취소 확정 BATCH

사업장	2000	(주)한국자전거지	부서	4100	생산부	사원	ERP13P01	홍길동
공정	R200	외주공정	외주처	R271	(주)하나상사	상태	선택전체	
지시기간	2019/07/01 ~ 2019/07/05	0.품번 ▼			LOT NO			
프로젝트								

	생산지시번호	자재출고상태	지시일	납기일	품번	품명	규격	단위	지시수량	단가
☑	WO1907000040	출고대기	2019/07/05	2019/07/07	83-2000···	전장품 ASS'Y		EA	30.00	26,500.

품명	규격	단위	정미수량	LOSS(%)	확정수량	구분	외주단가	금액	비고
타늄		EA	30.000000	20.000000	36.00	무상	6,500.00	234,000	
		EA	30.000000	10.000000	33.00	유상	2,200.00	72,600	
합계			90.000000		102.00			676,200	

19 정답 ①, 외주자재출고

해설 조회내역에서 출고요청 버튼을 클릭하여 조회된 품목별 청구잔량을 확인한다.

외주자재출고   복사 출고요청 일괄적용 재고확인 인쇄

▶ 출고요청 조회 적용

청구기간	2019/07/25 ~ 2019/07/25	외주공정	R200	외주공정	외주처	R271	(주)하나상
0. 지시번호 ▼		0. 청구품번 ▼			청구부서		
0. 지시품번 ▼		프로젝트			조달구분	전체	

조회[F12] 요청적용 닫기

No	품번	품명	규격	단위	청구수량	투입수량	청구잔량
1	21-1030620	FRONT FORK (TYPE SB)		EA	780.00	700.00	80.00
2	87-1002021	BREAK SYSTEM (TYPE B)		EA	715.00	650.00	65.00
3	88-1001020	PRESS FRAME-W (TYPE B)		EA	78.00	0.00	78.00
4	85-1020420	POWER TRAIN ASS'Y(MTB, TYPE B)		EA	747.50	700.00	47.50

20 **정답** ③, 외주실적등록

해설 조회내역에서 각 작업지시번호를 클릭하여 작업실적별로 화면 제일 하단의 입고 창고 및 장소를 확인한다.

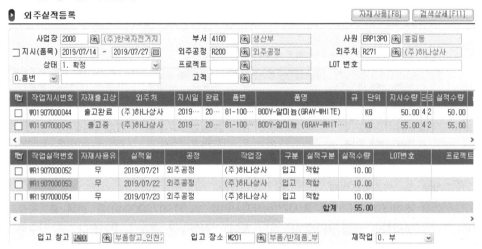

21 **정답** ②, 외주자재사용등록

해설 조회내역에서 각 작업지시별로 청구적용 버튼을 클릭하여 품목별 청구수량(적용예정량)과 사용수량(적용수량)을 확인하여 비율을 산출한다.

① WR1907000060 – 21 – 3001600, PEDAL: (청구수량/적용수량 = 100/95)

② WR1907000062 – 21 – 3001610, PEDAL(TYPE A): (청구수량/적용수량 = 95/100)

③ WR1907000064 – 88-1001020, PRESS FRAME-W(TYPE B): (청구수량/적용수량 = 82.5/82)

④ WR1907000061 – 85-1020400, POWER TRAIN ASS'Y(MTB): (청구수량/적용수량 = 80/75)

22 정답 ④, 외주마감

해설 조회내역에서 실적일괄적용 버튼을 클릭하여 마감 처리 후, 합계액의 합계를 확인한다.

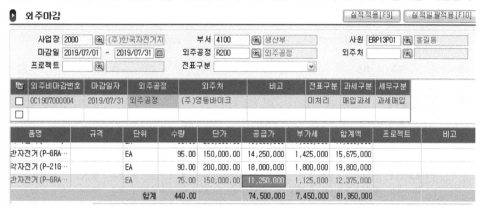

외주마감 　　　　　　　　　　　　　　　　　　　　　　[실적적용[F9]] [실적일괄적용[F10]]

사업장	2000	(주)한국자전거지	부서	4100	생산부	사원	ERP13P01	홍길동
마감일	2019/07/01 ~ 2019/07/31		외주공정	R200	외주공정	외주처		
프로젝트			전표구분					

☑	외주비마감번호	마감일자	외주공정	외주처	비고	전표구분	과세구분	세무구분
☐	OC1907000004	2019/07/31	외주공정	(주)영동바이크		미처리	매입과세	과세매입
☐								

품명	규격	단위	수량	단가	공급가	부가세	합계액	프로젝트	비고
판자전거 (P-GRA···		EA	95.00	150,000.00	14,250,000	1,425,000	15,675,000		
각자전거 (P-21G···		EA	90.00	200,000.00	18,000,000	1,800,000	19,800,000		
판자전거 (P-6RA···		EA	75.00	150,000.00	11,250,000	1,125,000	12,375,000		
		합계	440.00		74,500,000	7,450,000	81,950,000		

23 정답 ③, 재공창고입고/이동/조정등록

해설 재공조정 탭에서 조회하여 조정구분 필드를 확인한다.

재공창고입고/이동/조정등록

사업장	2000	(주)한국자전거지	부서	4100	생산부	사원	ERP13P0	홍길동
실적기간	2019/07/01 ~ 2019/07/31		조정공정	R200	외주공정	조정작업장	R221	(주)영동바이크
입고창고			입고장소			관리구분		
프로젝트			0.품번			품목군		

재공입고 | 재공이동 | **재공조정**

☑	조정번호	조정일자	조정공정	조정작업장	품번	품명	규격	단위	조정수량	P	L	조정구분
☐	WA1907000002	2019/07/05	외주공정	(주)영동···	21-9000200	HEAD LAMP		EA	5.00			작업중분실
☐	WA1907000003	2019/07/05	외주공정	(주)영동···	21-9000200	HEAD LAMP		EA	2.00			작업중분실
☐	WA1907000004	2019/07/10	외주공정	(주)영동···	21-9000200	HEAD LAMP		EA	3.00			작업중파손
☐	WA1907000005	2019/07/10	외주공정	(주)영동···	21-9000200	HEAD LAMP		EA	3.00			작업중분실

24 정답 ②, 현재공현황(공정/작업장)

해설 작업장 탭의 조회내역에서 각 거래처(작업장)별 재공수량을 확인한다.

현재공현황(공정/작업장)

사업장	2000 (주)한국자전거지씨	공정	R200 외주공정	작업장	
해당년도	<< 2019 >>	계정		조달	
0.품번	21-9000200	품목군		재공유무	선택전체
대분류		중분류		소분류	

공정 | **작업장**

☑	사업장	공정	작업장	품번	품명	규	단위	기초수량	입고수량	출고수량	재공수량	단위	재공수량(관리)
☐	(주)한국자전거지사	외주공정	(주)대흥정공	21-9000200	HEAD LAMP		EA	0.00	537.50	516.75	20.75	EA	20.75
			(주)대흥정공···					0.00	537.50	516.75	20.75		20.75
☐	(주)한국자전거지사	외주공정	(주)영동바이크	21-9000200	HEAD LAMP		EA	100.00	0.00	93.00	7.00	EA	7.00
			(주)영동바이···					100.00	0.00	93.00	7.00		7.00
☐	(주)한국자전거지사	외주공정	(주)형광램프	21-9000200	HEAD LAMP		EA	50.00	0.00	0.00	50.00	EA	50.00
			(주)형광램프···					50.00	0.00	0.00	50.00		50.00
☐	(주)한국자전거지사	외주공정	(주)하나상사	21-9000200	HEAD LAMP		EA	0.00	66.00	0.00	66.00	EA	66.00
			(주)하나상사···					0.00	66.00	0.00	66.00		66.00

25 **정답** ③, 생산월보

해설 조회내역에서 품목별 7월의 실적수량을 확인한다.

▶ 생산월보

품번	품명	규격	단위	합계	1월	2	3월	4월	5	6월	7월	8월	9월
NAX-A400	일반자전거(P-GRAY WHITE)		EA	100.00	0.00	0.	0.0	0.0	0.	0.0	100.00	0.00	0.00
NAX-A401	일반자전거(P-GRAY RED)		EA	95.00	0.00	0.	0.0	0.0	0.	0.0	95.00	0.00	0.00
NAX-A402	일반자전거(P-GRAY BLACK)		EA	75.00	0.00	0.	0.0	0.0	0.	0.0	75.00	0.00	0.00
NAX-A420	산악자전거(P-20G)		EA	80.00	0.00	0.	0.0	0.0	0.	0.0	80.00	0.00	0.00
NAX-A421	산악자전거(P-21G,A421)		EA	90.00	0.00	0.	0.0	0.0	0.	0.0	90.00	0.00	0.00

2019년도 제3회 생산 1급 이론 정답 및 해설

빠른 정답표

01	02	03	04	05	06	07	08	09	10	11	12	13	14	15	16
②	③	④	②	③	③	③	②	④	①	③	주관식	주관식	①	③	③

17	18	19	20	21	22	23	24	25	26	27	28	29	30	31	32
②	④	주관식	주관식	주관식	①	④	④	②	주관식	주관식	②	①	①	주관식	주관식

01 **정답** ②

해설 구축단계에서는 기업환경을 최대한 고려하여 개발할 수 있는 자체개발인력 보유여부가 성패를 좌우할 수 없다.

02 **정답** ③

해설 객체지향기술의 사용은 기술적 특징에 해당한다.

03 **정답** ④

해설 인사, 영업, 구매, 생산, 회계 등 기능별로 최적화할 수 있도록 여러 개의 데이터 베이스로 구성되지 않고 단일 데이터 베이스로 구성된다.

04 **정답** ②

해설 BPR

05 **정답** ③

해설 IT 아웃소싱 업체에 종속되지는 않고, 지원을 받을 수 있다.

06 **정답** ③

해설 Modular BOM은 제품의 옵션이 다양한 경우에 BOM 데이터를 효과적으로 관리하는 데 활용할 수 있다.

07 **정답** ③

해설 지수평활법에 대한 설명이다. 주어진 판매량 자료를 이용하여 기간에 따라 가중치를 두어 평균을 계산하고 추세를 통해 미래수요를 예측하는 방법이다.

08 **정답** ②

해설 MTS: 재고생산, ATO: 주문조립생산, MTO: 주문생산, ETO: 주문설계생산

09 **정답** ④

해설 작업순서(Sequencing)는 단기 일정계획 단계에서 결정한다.

10 **정답** ①

해설 기준생산계획을 수립하기 위해서는 기간별 수요량(예측치), 현재고량, 주문정책 및 매개변수가 필요하다.

11 **정답** ③

해설 프로젝트 일정의 단축(Crashing)은 주경로 활동을 대상으로 검토한다.

12 **정답** 15천원/인시

해설 • 산출액 = (130 × 10) + (100 × 15.2) + (150 × 7.2) = 3,900천원
• 투입시간 = 5 × 52 = 260인시
• 노동생산성 = 3,900 / 260 = 15천원/인시

13 **정답** 52(일)

해설 주공정에 대한 작업일수를 계산하기 위해서는 먼저 각 단계의 ES와 LS를 구하여 주경로를 찾아야 한다.
• 단계 1: ES = 0, LS = 0
• 단계 2: ES = 4, LS = 4
• 단계 3: ES = 11, LS = 29
• 단계 4: ES = 18, LS = 18
• 단계 5: ES = 27, LS = 27
• 단계 6: ES = 34, LS = 34

각 단계의 단계여유는 LS − ES이며, 단계여유가 0인 단계를 모두 이은 것이 주경로이므로 주경로는 1 − 2 − 4 − 5 − 6이다. 따라서 A = 4 + 14 + 9 + 7 = 34, 한편 단계 3의 단계여유는 LS − ES = 29 − 11 = 18이므로 B = 18이다. 따라서 A + B = 34 + 18 = 52일

14 **정답** ①

해설 ② 저장, ③ 수량검사, ④ 가공

15 **정답** ③

해설 간트차트는 프로젝트를 구성하는 여러 활동 사이의 의존관계를 명확하게 나타낼 수 없는 것이 약점이다.

16 **정답** ③

해설 애로공정 관리는 생산능력은 증대시키고, 부하량을 감소시키는 작업을 말한다.

17 **정답** ②

해설 원가계산 기능은 칸반(Kanban)의 기능에 해당하지 않는다.

18 **정답** ④

해설 JIT시스템에서 말하는 7가지 낭비에는 과잉생산의 낭비, 재고의 낭비, 운반의 낭비, 불량의 낭비, 가공의 낭비, 동작의 낭비, 대기의 낭비가 있다.

19 **정답** 가공공정

해설 공정분석법은 소재가 가공되어 부품이 되고 부품이 조립되어서 제품으로 되기까지의 생산과정을 가공공정, 운반공정, 검사공정 및 정체공정으로 분석한다. [보기]의 설명은 가공공정에 해당한다.

20 **정답** 64(%)

해설 가동률 = 출근율 × (1 − 간접작업률)이므로
A작업장의 가동률 = 0.8 × (1 − 0.2) = 0.8 × 0.8 = 64%

21 **정답** 80(%)

해설 라인밸런싱 효율 = [라인의 (순)작업시간의 합계 / (작업장 수 × 사이클타임)] × 100
이므로 라인밸런싱 효율 = [(17분 + 21분 + 16분 + 16분 + 14분) / (5 × 21분)] × 100
= 80%

22 **정답** ①

해설 재고비용에는 구매/발주비용, (생산)준비비용, 재고유지비의 3가지가 있다. 구매/발주비용에는 주문과 관련된 비용, 가격 및 거래처 조사비용, 물품수송비, 하역비용, 입고비용, 검사(시험)비, 통관료 등이 포함된다.

23 **정답** ④

해설 경제적 주문량은 단일 품목에 대하여 적용된다.

24 **정답** ④

해설 기준생산계획(MPS)이 주어진 제조자원의 용량을 넘어서지는 않는지 계산하는 모듈은 능력소요계획(CRP)이 아닌 개략능력요구계획(RCCP)이다.

25 **정답** ②

해설 공급망 관리(SCM)의 세 가지 주요흐름은 제품/서비스흐름, 재정흐름, 정보흐름이다.

26 **정답** 파이프라인 재고

해설 유통과정 중에 있는 제품이나 생산 중에 있는 재공(Work – in – Process Inventory)을 파이프라인 재고라고 한다.

27 **정답** 76(개)

해설
- 왼쪽 가지: 3 × 2 × 4 = 24
- 중간 가지: 2 × 2 × 1 × 4 = 16
- 오른쪽 가지: 3 × 3 × 1 × 4 = 36
  24 + 16 + 36 = 76개

28 **정답** ②

해설 QC 7가지 도구는 특성요인도, 파레토도, 히스토그램, 산점도, 층별, 관리도, 체크시트이다.

29 **정답** ①

해설
- 6 시그마는 품질혁신의 단계를 네 단계로 나누어 MAIC 문제해결과정이라 한다.
- Measurement(측정), Analysis(분석), Improvement(개선), Control(관리)가 그것이다.
- 새로운 공정조건을 표준화시키고, 통계적 공정관리 방법을 통하여 그 변화를 탐지하는 단계는 Control(관리)단계이다.

30 **정답** ①

해설 Xbar – R관리도는 관리대상이 되는 항목이 길이, 무게, 강도, 성분, 수확률 등과 같이 데이터가 연속량(계량치)으로 나타나는 공정을 관리할 때 사용한다. 공정에서 얻어진 데이터를 그대로 점을 찍지 않고, 적당한 군으로 나누어 각 군의 평균치(Xbar)와 군마다의 범위(R)을 구하여 Xbar관리도 및 R관리도에 각각 별도점을 찍으며, Xbar관리도는 평균치의 변화를 보는 데 사용하고, R관리도는 군내의 산포의 변화를 알아내기 위해서 사용한다.

31 **정답** 실패비용

해설 품질관련 비용에는 예방비용(Prevention Cost), 평가비용(Appraisal Cost), 실패(Failure Cost) 등이 있다. 생산된 제품의 품질이 설계규격에 미달하거나 소비자의 만족감을 충족시키지 못했을 때 발생하는 비용은 실패비용이다.

32 **정답** 비파괴검사

해설 검사의 성질에 의한 분류에 따르면 파괴검사와 비파괴검사가 있으며, 이 중 비파괴 검사는 물품을 시험하여도 상품가치가 떨어지지 않고, 검사의 목적을 달성할 수 있는 검사로서 예시로는 전구 점등시험, 도금판의 핀홀 검사 등이 있다.

빠른 정답표

01	02	03	04	05	06	07	08	09	10	11	12	13	14	15	16
③	②	②	④	④	④	①	①	③	③	②	④	①	①	②	②

17	18	19	20	21	22	23	24	25							
③	①	④	④	②	④	③	①	④							

01 **정답** ③, 품목등록

해설 조회내역에서 각 품목별 재고 및 관리 단위는 우측 창의 MASTER/SPEC 탭에서 확인한다. ③ 88-1002000, PRESS FRAME-Z 품목의 재고단위와 관리단위는 같다.

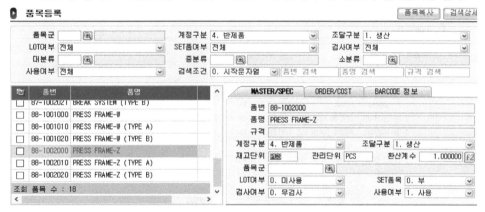

02 **정답** ②, 창고/공정(생산)/외주공정등록

해설 외주공정/작업장 탭의 조회내역에서, 각 외주공정을 클릭하여 하단 창에서 거래처별 적합여부를 확인한다. ② 외주공정 R200, 외주공정에 대한 작업장 R251, ㈜형광램프의 적합여부는 '적합'이다.

03 **정답** ②, 물류실적(품목/고객)담당자등록

해설 품목 탭의 조회내역에서 생산담당자를 확인한다.

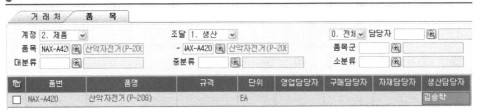

04 **정답** ④, BOM등록

해설 조회내역에서 해당 품명을 각각 클릭하여 하단 우측의 주거래처를 확인한다.

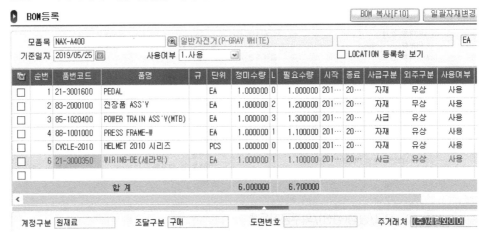

05 **정답** ④, 외주단가등록

해설 단가적용비율 입력과 실제원가대비 선택 후 일괄변경 버튼을 클릭하여 조회내역에서 품목별 외주단가를 확인한다.

06 **정답** ④, 생산계획등록

해설 품목별 탭에서 조회한 후, 각 품목을 클릭하여 우측 창의 계획수량을 확인한다. ④ 계획수량이 가장 많은 품목은 88-1001000, PRESS FRAME-W이다.

07 **정답** ①, 작업지시등록

해설 조회내역에서 각 작업지시번호를 선택 후 마우스 오른쪽 버튼을 클릭하여 [작업지시등록] 이력정보를 확인한다.

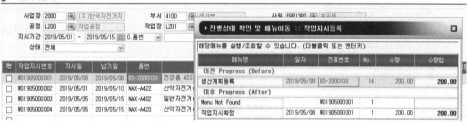

08 **정답** ①, 작업지시확정

해설 조회내역에서 각 작업지시번호를 클릭하여 하단 창에 나타나는 품목들의 확정수량을 확인 후 각각 합산한다.

① 21-3000300, WIRING-DE: 180 + 180 = 360

② 21-9000200, HEAD LAMP: 165 + 165 = 330

③ 21-3065700, GEAR REAR C: 180 = 180

④ 21-1080800, FRAME-알미늄: 130 + 165 = 295

▶ 작업지시확정

	사업장	2000	(주)한국자전거지	부서	4100	생산부	사원	ERP13P01	홍길동
	공정	L200	작업공정	작업장	L202	반제품작업장	상태	1. 확정	
	지시기간	2019/05/01 ~ 2019/05/17	0.품번				LOT NO		
	프로젝트								

☑	작업지시번호	자재출고상태	지시일	납기일	품번	품명	규격	단위
☐	WO1905000010	출고대기	2019/05/16	2019/05/16	83-2000100	전장품 ASS'Y		EA
☐	WO1905000015	출고대기	2019/05/11	2019/05/11	88-1001000	PRESS FRAME-W		EA
☐	WO1905000016	출고대기	2019/05/12	2019/05/12	88-1002000	PRESS FRAME-Z		PCS

☑	청구일	품번	품명	규격	단위	정미수량	LOSS(%)	확정수량
☐	2019/04/09	21-1080800	FRAME-알미늄		EA	150.000000	10.000000	165.00
☐	2019/04/09	21-3000300	WIRING-DE		EA	150.000000	20.000000	180.00
☐	2019/04/09	21-3005800	GEAR REAR C		EA	150.000000	20.000000	180.00

09 **정답** ③, 생산자재출고

해설 조회내역에서 출고요청 버튼을 클릭하여 품목별 청구잔량을 확인한다.

▶ 출고요청 조회 적용 ⊠

	청구기간	2019/05/15 ~ 2019/05/20	청구공정		청구작업장	
	0. 지시번호		0. 청구품번		청구부서	
	0. 지시품번		프로젝트		조달구분	전체

호	No.	품번	품명	규격	단위	청구수량	투입수량	청구잔량	청구부서
022	1	21-3001600	PEDAL		EA	100.00	0.00	100.00	생산부
022	2	83-2000100	전장품 ASS'Y		EA	120.00	0.00	120.00	생산부
022	3	88-1001000	PRESS FRAME-W		EA	110.00	0.00	110.00	생산부
022	4	CYCLE-2010	HELMET 2010 시리즈		PCS	100.00	0.00	100.00	생산부
010	4	21-1080800	FRAME-알미늄		EA	130.00	0.00	130.00	생산부

10 **정답** ③, 작업실적등록

해설 조회내역에서 각 작업지시별 검사 필드를 확인하고, 하단 창에서 해당 작업지시별 작업실적의 검사 필드를 확인하여 비교한다.

▶ 작업실적등록 [자재사용[F8]] [생산자원등록[F10]] [검색상세[F11]]

	사업장	2000	(주)한국자전거지	부서	4100	생산부	사원	ERP13P0	홍길동
☐	지시(품목)	2019/05/11 ~ 2019/05/16	지시공정	L200	작업공정	지시작업장	L202	반제품작업장
	상태	1. 확정	프로젝트			LOT 번호		
	0.품번		고객					

☑	작업지시번호	자재출고상	작업장	지시	완료	품번	품명	규	단위	지시수량	실적수량	실	상태	작업구분	LOT	프	검사
☐	WO1905000010	출고대기	반제품	20…	20…	83-…	전장…		EA	100.00	100.00		확정	작업지시			무검사
☐	WO1905000015	출고대기	반제품	20…	20…	88-…	PRES…		EA	150.00	150.00		확정	작업지시			무검사
☐	WO1905000016	출고대기	반제품	20…	20…	88-…	PRES…		PCS	150.00	150.00		확정	작업지시			무검사

☑	작업실적번호	자재사용유	실적일	공정	작업장	구분	실적구분	실적수량	LOT번	프	검사	실적담당
☐	WR1905000008	무	2019/05/12	작업공정	반제품작업장	입고	적합	30.00			검사	
☐	WR1905000009	무	2019/05/12	작업공정	반제품작업장	입고	적합	30.00			검사	
☐	WR1905000010	무	2019/05/12	작업공정	반제품작업장	입고	적합	30.00			무검사	

11 **정답** ②, 생산자재사용등록

해설 조회내역에서 전체 작업지시번호를 선택 후 일괄적용 버튼을 클릭하여 [보기]의 조건을 입력한 후 조회한다. 해당 작업지시번호를 클릭하여 하단 창에서 품목별 사용수량을 합산한다.

12 **정답** ④, 생산실적검사

해설 조회내역에서 각 작업지시번호를 클릭하여 하단 창의 검사담당자와 불합격수량을 확인한다.

① 권대호: 5 ② 김승학: 3

③ 양송희: 0 ④ 임성환: 7

13 **정답** ①, 생산품창고입고처리

해설 검사구분 필드에서 '전체' 및 '검사'를 각각 입력하여 조회하여 확인한다. ① 실적번호 WR1905000013의 검사구분은 '무검사'이다.

14 **정답** ①, 작업지시마감 처리

해설 조회내역에서 각 작업지시번호별 실적잔량을 확인한다.

15 **정답** ②, 생산일보

해설 실적기준 탭의 조회내역에서 품목별 실적금액을 확인한다.

16 **정답** ②, 자재청구대비투입/사용현황

해설 단가 OPTION 버튼을 클릭하여 처리 후, 청구 및 투입 금액의 합계를 비교 확인한다.
② WO1905000028: 42,092,000/42,098,000

17 **정답** ③, 외주단가등록

해설 조회내역에서 외주단가를 확인한다.
① NAX-A420, 산악자전거(P-20G): 170,000
② NAX-A421, 산악자전거(P-21G, A421): 180,000
③ NAX-A401, 일반자전거(P-GRAY RED): 250,000
④ NAX-A400, 일반자전거(P-GRAY WHITE): 210,000

18 **정답** ①, 외주발주확정/BOM등록

해설 외주발주확정을 실행하여 조회 후, 생산지시번호 WO1905000033의 품명(모품목)을
확인한다. BOM등록에서 모품목(외주발주품목)을 입력 후, 실행하여 조회 내역의 품명
과 외주발주 품명과 비교 확인한다.
① 21-3001600, PEDAL: 88
② 21-3001500, PEDAL(S): 88
③ 21-1070700, FRAME-티타늄: 96
④ 21-1080800, FRAME-알미늄: 104

19 **정답** ④, 외주자재출고

해설 조회내역에서 일괄적용 버튼을 클릭하여 출고처리를 실행한다. 실행 후 조회된 내역의 출고수량을 합산한다.

20 **정답** ④, 외주실적등록

해설 조회내역에서 각 작업지시번호별로 클릭하여 화면 제일 하단의 입고 창고 및 장소를 확인한다.

21 **정답** ②, 외주자재사용등록

해설 조회내역에서 각 작업지시별로 청구적용 버튼을 클릭하여 잔량을 합산한다.

① WR1905000036: 250 ② WR1905000037: 285
③ WR1905000039: 48 ④ WR1905000040: 50

22 **정답** ④, 외주마감

해설 조회내역에서 실적일괄적용 버튼을 클릭하여 마감 처리 후, 외주처별 합계액의 합계를
확인한다.
① 한돈형공㈜: 21,054,000
② ㈜형광램프: 104,676,000
③ ㈜제일물산: 18,636,750
④ ㈜영동바이크: 113,124,000

▶ **외주마감**　　　　　　　　　　　　　　　　　　　　　　　　　　　실적적용[F9]　실적일

사업장	2000 🔍 (주)한국자전거지		부서	4100 🔍 생산부		사원	ERP13P01 🔍 홍길동
마감일	2019/05/01 ~ 2019/05/31 📅		외주공정	R200 🔍 외주공정		외주처	🔍
프로젝트	🔍		전표구분	▼			

☑	외주비마감번호	마감일자	외주공정	외주처	비고	전표구분	과세구분	세무구분
☐	OC1905000030	2019/05/05	외주공정	(주)영동바이크		미처리	매입과세	과세매입
☐	OC1905000031	2019/05/05	외주공정	(주)제일물산		미처리	매입과세	과세매입
☐	OC1905000032	2019/05/05	외주공정	(주)형광램프		미처리	매입과세	과세매입
☐	OC1905000033	2019/05/05	외주공정	한돈형공(주)		미처리	매입과세	과세매입
☐								

품명	규격	단위	수량	단가	공급가	부가세	합계액	프로젝트
일반자전거 (P-GRA…		EA	100.00	255,000.00	25,500,000	2,550,000	28,050,000	
일반자전거 (P-GRA…		EA	150.00	120,000.00	18,000,000	1,800,000	19,800,000	
산악자전거 (P-20G)		EA	180.00	213,000.00	38,340,000	3,834,000	42,174,000	
		합계	530.00		102,840,000	10,284,000	113,124,000	

23 **정답** ③, 재공창고입고/이동/조정등록

해설 재공입고 탭에서 조회하면 해당 품목이 없다.

▶ **재공창고입고/이동/조정등록**

사업장	2000 🔍 (주)한국자전거지		부서	4100 🔍 생산부		사원	ERP13P0 🔍 홍길동
실적기간	2019/05/01 ~ 2019/05/31 📅		출고공정	L200 🔍 작업공정		출고작업장	L202 🔍 반제품작업장
입고창고	M200 🔍 부품창고_인천지점		입고장소	M201 🔍 부품/반제품_부품		관리구분	🔍
프로젝트	🔍		0.품번 ▼			품목군	▼ 🔍

재공입고　재공이동　재공조정

	입고일자	출고공정	출고작업장	입고창고	입고장소	품번	품명	규격	단위	입고수량
01	2019/05/01	작업공정	반제품작업장	부품창고…	부품/반제	81-1001000	BODY-알미늄(GRAY-WHITE)		EA	100.00
02	2019/05/01	작업공정	반제품작업장	부품창고…	부품/반제	83-2000100	전장품 ASS'Y		EA	200.00
03	2019/05/01	작업공정	반제품작업장	부품창고…	부품/반제	87-1002001	BREAK SYSTEM		EA	150.00
04	2019/05/01	작업공정	반제품작업장	부품창고…	부품/반제	88-1002000	PRESS FRAME-Z		PCS	120.00
05	2019/05/31	작업공정	반제품작업장	부품창고…	부품/반제	81-1001010	BODY-알미늄 (GRAY-WHITE, TYPE…		EA	100.00
06	2019/05/31	작업공정	반제품작업장	부품창고…	부품/반제	81-1001010	BODY-알미늄 (GRAY-WHITE, TYPE…		EA	100.00
07	2019/05/31	작업공정	반제품작업장	부품창고…	부품/반제	83-2000110	전장품 ASS'Y (TYPE A)		EA	60.00
08	2019/05/31	작업공정	반제품작업장	부품창고…	부품/반제	83-2000120	전장품 ASS'Y (TYPE B)		EA	40.00

24 **정답** ①, 현재공현황(공정/작업장)

해설 작업장 탭의 조회내역에서 작업장별 재공수량을 확인한다.

① 다스산업㈜: 10,000

② ㈜대흥정공: 9,700

③ ㈜제일물산: 1,650

④ ㈜영동바이크: 160

▶ 현재공현황(공정/작업장)

	사업장	공정	작업장	품번	품명	규	단위	기초수량	입고수량	출고수	재공수량	단위
			㈜대흥정공…					10,000…	0.00	300.00	9,700.00	
☐	㈜한국…	외주공정	다스산업(주)	83-2000100	전장품 ASS'Y	EA	10,000…	0.00	0.00	10,000.00	EA
			다스산업(주)…					10,000…	0.00	0.00	10,000.00	
☐	㈜한국…	외주공정	㈜영동바이크	83-2000100	전장품 ASS'Y	EA	0.00	160.00	0.00	160.00	EA
			㈜영동바이…					0.00	160.00	0.00	160.00	
☐	㈜한국…	외주공정	㈜제일물산	83-2000100	전장품 ASS'Y	EA	1,500.00	150.00	0.00	1,650.00	EA
			㈜제일물산…					1,500.00	150.00	0.00	1,650.00	
☐	㈜한국…	외주공정	㈜형광램프	83-2000100	전장품 ASS'Y	EA	0.00	50.00	50.00	0.00	EA

25 **정답** ④, 자재사용현황(제품별)

해설 조회내역에서 품목별 사용수량을 합산한다. 아래의 화면은 마우스 우측 버튼을 클릭하여 '정렬 및 소계' 기능을 활용한 결과인데, 조회내역을 정렬하면 필요한 정보를 쉽게 파악할 수 있는 장점이 있으므로 연습해 보기 바란다.

① 83-2000100, 전장품 ASS'Y: 65 + 55 + 135

② 88-1001000, PRESS FRAME-W: 104.5 + 104.5 + 100 + 123.5 + 123.5 + 114 + 104.5 + 80

③ 88-1002000, PRESS FRAME-Z: 160 + 150 + 180 + 165 + 150

④ 81-1001000, BODY-알미늄(GRAY-WHITE): 1,050 + 1,150 + 1,150 + 1,200 + 1,000

▶ 자재사용현황(제품별)

지시구분	지시일자	지시번호	공정	작업장	품번	품명	사용수량	규격
외주발주	2019/05/20	W01905000051	외주공정	㈜제일물산	81-1001000	BODY-알미늄(GRAY-WHITE)	1,050.00	EA
					품번 소계		5,550.00	

2019년도 제2회 생산 1급 이론 정답 및 해설

01 정답 ④
해설 전반적인 업무 프로세스를 통합 관리하기 위해 ERP를 도입한다.

02 정답 ④
해설 기업이 수행하고 있는 현재 업무방식을 개선하여 시스템으로 반영하도록 한다.

03 정답 ①

04 정답 ①
해설 객체지향기술을 사용한다.

05 정답 ①

06 정답 ①
해설 생산성 = 산출량 / 투입량, 생산성(12명) = 120 / 12 = 10, 생산성(10명) = 120 / 10 = 12
$$\frac{12-10}{10} \times 100 = 20\%$$

07 정답 ②
해설 BOM의 종류에 대한 이해: Inverted BOM은 적은 종류 또는 단일한 부품(원료)을 가공하여 여러 종류의 최종제품을 만드는 화학이나 제철과 같은 산업에서 사용된다.

08 정답 ①
해설 정량적 수요예측 기법들에 대한 설명으로 분해법에 대한 문제이다.

09 정답 ①
해설 공급자로부터 일정한 양만큼 공급받는 방식은 FOQ이다.

10 정답 ②
해설 일정계획의 방침으로는 작업흐름의 신속화, 생산기간의 단축, 작업의 안정화와 가동률의 향상, 애로공정의 능력증강, 생산활동의 동기화가 있다.

11 **정답** ③
    해설 Critical Path는 네트워크상 시작단계에서 완료단계까지 가는 데 시간이 가장 오래 걸리는 활동들의 경로를 말한다. 주경로는 단계여유를 0으로 만드는 패스를 이으면 된다.

12 **정답** 프로젝트
    해설 독특한 제품/서비스를 생산하기 위한 1회성의 한시적 생산활동을 프로젝트(Project)라고 한다.

13 **정답** 6
    해설 • Y년 예측 = 252 + 0.2(242 − 252) = 250
    • MAD = {|260 − 250| + |257 − 252| + |253 − 253| + |248 − 253| + |242 − 252| + |244 − 250|} / 6 = 36 / 6 = 6.0

14 **정답** ①
    해설 ②, ③, ④는 대내적인 목표이다.

15 **정답** ①
    해설 ▽(저장)

16 **정답** ②
    해설 사람이나 기계가 유휴상태가 되지 않도록 알맞은 작업량을 할당하여야 한다.

17 **정답** ③
    해설 ①, ②, ④ 간트차트의 단점(결점)이다.
    ③ 일정의 완료시간을 계산할 수 있다.

18 **정답** ①
    해설 JIT시스템은 소규모의 로트크기를 유지하기 위해 제조준비시간이 단축되지 않으면 안 된다.

19 **정답** 부하계획

20 **정답** 라인밸런싱, 라인벨런싱, 공정평형률 기법

21 **정답** PULL 방식

22 **정답** ①

23 **정답** ③

해설 MRP시스템의 투입요소는 주생산일정계획, 재고기록파일, 자재명세서가 있다.

24 **정답** ②

해설 자재명세서는 MRP에 필요한 자료이다.

25 **정답** ③

해설 생산의 효율화다.

26 **정답** 5

해설
$$EOQ = \sqrt{\frac{2 \times 연간필요수량 \times 1회\,주문비용}{가격 \times 연간재고유지비율}}$$
$$= \sqrt{\frac{2 \times 3,000 \times 120}{10,000 \times 2.88}} = \sqrt{\frac{720,000}{28,800}} = \sqrt{25} = 5$$

27 **정답** 1,010

해설 NR = (150 × 3) + (70 × 2 × 4) = 450 + 560 = 1,010

28 **정답** ①

해설 품질관리의 역사는 작업자 품질관리 – 직(조)장 품질관리 – 검사자 품질관리 – 통계적 품질관리 – 종합적 품질관리 – 종합적 품질경영이다.

29 **정답** ②

해설 6 시그마 추진단계 중 분석단계에 해당한다.

30 **정답** ③

해설 샘플링 검사는 검사수량이나 검사항목이 많은 경우에 이용되므로 로트크기가 클 때 적합하다.

31 **정답** 층별

해설 필요한 요인마다 데이터를 구분하는 것을 층별이라 한다.

32 **정답** pn(부적합품수)

빠른 정답표

01	02	03	04	05	06	07	08	09	10	11	12	13	14	15	16
③	④	③	③	①	②	③	③	①	②	①	②	④	③	④	①

17	18	19	20	21	22	23	24	25							
②	③	①	④	①	②	②	②	④							

01 **정답** ③, 품목등록

해설 조회 내역의 검사유형명을 각각 클릭하여 하단 창에서 확인한다.

① 21-1060700, FRAME-NUT와 21-3001520, PEDAL(S, TYPE B): 1 - 7

② 21-1070700, FRAME-티타늄과 21-3000310, WIRING-DE(TYPE A): 3 - 1

③ 21-1080800, FRAME-알미늄과 90 - 9001000, FRAME COLOR-GRAY WHITE: 3 - 3

④ 21-1060850, WHEEL FRONT-MTB와 21-9000210 HEAD LAMP(LED TYPE): 2 - 1

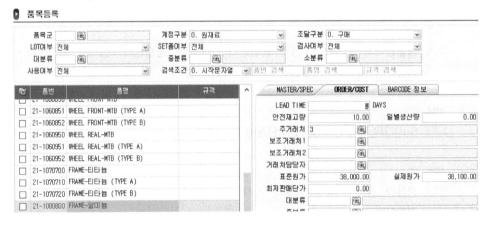

02 **정답** ④, 물류실적(품목/고객)담당자등록

해설 조회내역에서 정미수량과 필요수량을 확인한다.

① 런닝정밀㈜ - 이종현

② 한돈형공㈜ - 박용덕

③ ㈜세림와이어 - 김종욱

④ ㈜영동바이크 - 김종욱

물류실적(품목/고객)담당자등록

	코드	거래처명	영업담당자	구매담당자	외주담당자	지역	지역그룹	거래처분류	기본납품처
☐	00005	(주)세림와이어			김종욱			외주거래처	
☐	00006	(주)형광램프			김종욱			외주거래처	
☐	00008	YK PEDAL			박용덕			외주거래처	
☐	00009	(주)영동바이크			김종욱			외주거래처	
☐	00013	다스산업(주)			김종욱			외주거래처	
☐	00014	(주)비즈레터			김종욱			외주거래처	
☐	00015	(주)더조은			박용덕			외주거래처	
☐	00021	현영철강(주)			정영수			외주거래처	
☐	00022	한돈형공(주)			박용덕			외주거래처	
☐	00023	런닝정밀(주)			이종현			외주거래처	

03 **정답** ③, 검사유형등록

해설 조회 내역의 검사유형명을 각각 클릭하여 하단 창에서 확인한다.

① 휠조립검사: 휠의 스크래치는 없는가?

② 바디조립검사: 바디조립 시 외관상태는 양호한가?

③ BREAK 최종검사: BREAK 밀림이 발생하는가?

④ 자전거ASS'Y최종검사: 조립품목에 대한 외형은 정상적인가?

검사유형등록

검사구분 21. 외주검사 ⌄　사용여부 ⌄　입력필수 ⌄

NO		코드	검사유형명	비고	사용여부
1	☐	LQA	바디조립검사		사용
2	☐	LQB	휠조립검사		사용
3	☐	LQC	핸들조립검사		미사용
4	☐	LQD	자전거ASS'Y최종검사		사용
5	☐	LQE	BREAK 최종검사		사용
6	☐				

	NO.	검사유형질문	비고	입력필수
☐	1	BREAK 밀림이 발생하는가?		선택
☐				

04 **정답** ③, BOM등록

해설 조회내역에서 정미수량과 필요수량을 확인한다.

① 자품목 21-1060700, FRAME-NUT의 필요수량은 6EA이다.

② 모품목에 대한 LEVEL 1의 자품목의 종류는 총 5가지이다.

③ 자품목 21-3001600, PEDAL의 정미수량과 필요수량은 같다.

④ 자품목 21-3065700, GEAR REAR C의 외주구분은 '유상'이다.

05 정답 ①, BOM역전개

해설 조회내역에서 펼침 단추(+)를 클릭하여 자품목의 모품목 LEVEL을 확인한다.

① 83-2000100, 전장품 ASS'Y는 조회내역에 없는 품목이다.

① 83-2000100, 전장품 ASS'Y
② 87-1002001, BREAK SYSTEM
③ 88-1001000, PRESS FRAME-W
④ 85-1020400, POWER TRAIN ASS'Y(MTB)

06 정답 ②, 생산계획등록

해설 조회내역에서 각 품목을 클릭하여 우측 창의 수량을 확인한다.

① 83-2000100, 전장품 ASS'Y – 2019/03/30: 일생산량(200): 수량(200)
② 87-1002001, BREAK SYSTEM – 2019/03/30: 일생산량(400): 수량(401)
③ 88-1002000, PRESS FRAME-Z – 2019/03/07: 일생산량(330): 수량(329)
④ 88-1001000, PRESS FRAME-W – 2019/03/18: 일생산량(250): 수량(250)

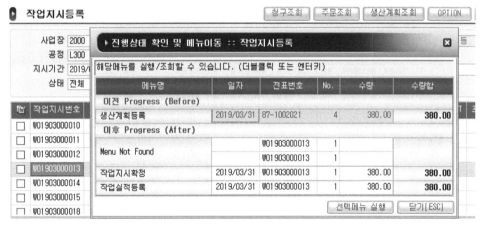

생산계획등록

| 사업장 2000 🔍 (주)한국자전거지 | 부서 4100 🔍 생산부 | 사원 ERP13P01 🔍 홍길동 |

| 3.품번범위 🔽 | 🔍 ~ | 🔍 | 품목군 | 🔍 | ☐ 생산계획 등록 품목만 조회 |
| 작업예정일 2019/03/01 ~ 2019/03/31 📅 | 계정구분 4. 반제품 🔽 | 공정경로 | 🔍 |

품목별 | 날짜별

☐	품번	품명	규격	단위	일생산량
☐	81-1001…	BODY-알미늄(GRAY-WHITE)		KG	300.00
☐	81-1001…	BODY-알미늄 (GRAY-WHITE, TYPE A)		KG	300.00
☐	81-1001…	BODY-알미늄 (GRAY-WHITE, TYPE B)		KG	300.00
☐	83-2000…	전장품 ASS'Y		EA	200.00
☐	83-2000…	전장품 ASS'Y (TYPE A)		EA	200.00
☐	83-2000…	전장품 ASS'Y (TYPE B)		EA	200.00
☐	85-1020…	POWER TRAIN ASS'Y(MTB)		EA	320.00
☐	85-1020…	POWER TRAIN ASS'Y(MTB, TYPE A)		EA	320.00
☐	85-1020…	POWER TRAIN ASS'Y(MTB, TYPE B)		EA	320.00
☐	87-1002…	BREAK SYSTEM		EA	400.00

☐	순서	작업예정일	수량	비고
☐	5	2019/03/02	399.00	
☐	6	2019/03/08	350.00	
☐	7	2019/03/11	400.00	
☐	8	2019/03/24	398.00	
☐	9	2019/03/30	401.00	
☐				

07 정답 ③, 작업지시등록

해설 조회내역에서 각 작업지시 건에 대해 마우스 오른쪽 버튼을 클릭하여 [작업지시등록] 이력정보의 작업진행 상태를 확인한다. 작업지시등록의 선행단계인 생산계획등록 적용 여부를 '이전 Progress'에서 확인할 수 있다.
① WO1903000001: 청구등록　　② WO1903000006: 청구등록
③ WO1903000013: 생산계획등록　④ WO1903000018: 청구등록

작업지시등록　　청구조회　주문조회　생산계획조회　OPTION

사업장 2000	
공정 L300	▶ 진행상태 확인 및 메뉴이동 :: 작업지시등록 ❌
지시기간 2019/	해당메뉴를 실행/조회할 수 있습니다. (더블클릭 또는 엔터키)
상태 전체	

메뉴명	일자	전표번호	No.	수량	수량합
이전 Progress (Before)					
생산계획등록	2019/03/31	87-1002021	4	380.00	**380.00**
이후 Progress (After)					
Menu Not Found		WO1903000013	1		
		WO1903000013	1		
작업지시확정	2019/03/31	WO1903000013	1	380.00	**380.00**
작업실적등록	2019/03/31	WO1903000013	1	380.00	**380.00**

선택메뉴 실행　닫기[ESC]

☐	작업지시번호
☐	WO1903000010
☐	WO1903000011
☐	WO1903000012
☐	WO1903000013
☐	WO1903000014
☐	WO1903000015
☐	WO1903000018

08 정답 ③, 작업지시확정

해설 본 문제는 작업지시확정과 생산자재출고 메뉴를 실행해야 한다. 먼저
1) 작업지시확정 조회내역에서 자재출고상태가 '출고중'인 작업지시 건을 클릭하여 하단 창의 조회 품목을 확인하면 문제 지문의 4가지 품목을 볼 수 있다.
2) 후속단계인 생산자재출고를 실행 후 조회내역에 있는 출고건을 각각 클릭하여 하단 창에서 출고품목을 확인해 보면, WIRING-DE(TYPE B) 품목이 없으므로 출고되지 않았음을 알 수 있다.

3) 나머지 출고건을 확인해 보아도 WIRING-DE(TYPE B) 품목이 없음은 출고가 이루어지지 않았음을 의미한다.
① WO1903000026 - HEAD LAMP
② WO1903000026 - FRONT FORK(S)
③ WO1903000034 - WIRING-DE(TYPE B)
④ WO1903000022 - PRESS FRAME-W(TYPE B)

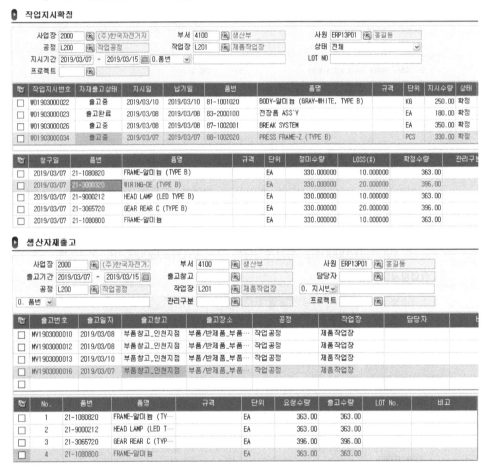

09 **정답** ①, 생산자재출고

해설 조회내역에서 각 출고번호를 클릭하여 하단 창에서 해당 출고건의 요청 및 출고수량을 비교 확인한다.
① MV1903000009 - PEDAL: 요청수량(275)/출고수량(285)
② MV1903000010 - PEDAL(S): 요청수량(840)/출고수량(840)
③ MV1903000008 - GEAR REAR C: 요청수량(360)/출고수량(355)
④ MV1903000014 - POWER TRAIN ASS'Y(MTB): 요청수량(3,450)/출고수량(3,440)

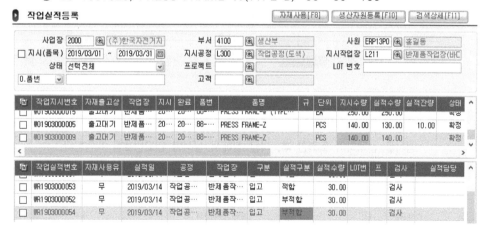

10 **정답** ②, 작업실적등록

해설 조회내역의 각 작업지시번호를 클릭하여 하단 창에서 검사구분이 부적합인 실적에 대해 실적수량을 확인하여 합산한다.

① 83-2000100, 전장품 ASS'Y: 30 + 23 + 20 = 73
② 88-1002000, PRESS FRAME-Z: 40 + 50 + 30 + 30 = 150
③ 83-2000110, 전장품 ASS'Y(TYPE A): 20
④ 88-1001020, PRESS FRAME-W(TYPE B): 50 + 50 = 100

11 **정답** ①, 생산자재사용등록

해설 조회내역에서 각 작업실적에 대해 청구적용 버튼을 클릭하여 청구적용 도움창에서 해당 작업실적의 품목별 잔량을 확인한다.

① WR1903000094: 63   ② WR1903000084: 30
③ WR1903000096: 30   ④ WR1903000085: 57

12 **정답** ②, 생산실적검사

해설 조회내역의 각 작업지시번호를 클릭하여 검사담당자와 불량수량을 확인하여 검사담당
자별로 불량수량을 합산한다.

① 김종욱: 10 + 1 + 5 = 16　　② 이종현: 5 + 7 + 9 = 21

③ 정영수: 3 + 5 + 4 = 12　　④ 박용덕: 8 + 2 = 10

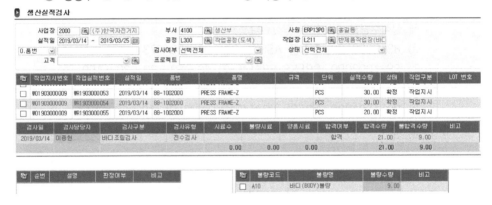

13 **정답** ④, 생산품입고처리

해설 무검사 품목인 경우에는 자동으로 입고 처리가 이루어지므로 검사구분 필드에서 1.
검사를 선택하여 조회한 후, 하단 창에서 실적별 입고번호를 확인한다.

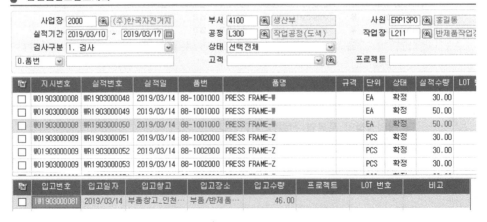

14 정답 ③, 작업지시마감 처리

해설 조회내역에서 각 작업지시번호를 클릭하여 하단 창에서 해당 실적잔량을 확인한다.

① WO1903000004: 22
② WO1903000011: 145
③ WO1903000012: 177
④ WO1903000014: 42

15 정답 ④, 자재청구대비투입/사용현황

해설 조회내역에서 각 지시번호를 클릭하여 하단 창에서 품목별 청구 및 사용 금액을 비교 확인한다.

① WO1903000038: 26,088,000/26,088,000
② WO1903000039: 16,305,000/16,305,000
③ WO1903000042: 33,313,500/33,313,500
④ WO1903000043: 47,143,800/47,422,020

16 **정답** ①, 실적현황

해설 작업조 필드에서 각 작업조를 번갈아 가며 선택하여 조회한다.
  ① 작업조A: 898　　② 작업조B: 512
  ③ 작업조C: 426　　④ 작업조D: 270

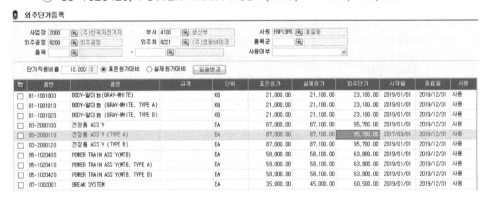

17 **정답** ②, 외주단가등록

해설 조회내역에서 품목별 외주단가를 확인한다.
  ① 87-1002001, BREAK SYSTEM: 60,500
  ② 83-2000110, 전장품 ASS'Y(TYPE A): 95,700
  ③ 81-1001000, BODY-알미늄(GRAY-WHITE): 23,100
  ④ 85-1020420, POWER TRAIN ASS'Y(MTB, TYPE B): 63,800

18 **정답** ③, 외주발주확정/BOM등록

해설 외주발주확정을 실행 후 조회내역에 있는 각 품목을 BOM등록의 모품목으로 입력 후 조회한다. 외주발주확정에서 조회된 품명과 BOM등록에서의 조회 품명을 비교 확인한다. 외주발주확정에서의 GEAR REAR METAL 품목이 BOM등록에서는 GEAR REAR C로 등록되어 있으므로 외주발주 품목이 잘못 처리된 것이다.

외주발주확정

사업장 2000	(주)한국자전거지	부서 4100	생산부	사원 ERP13P01	홍길동
공정 R200	외주공정	외주처 R201	(주)대흥정공	상태	선택전체
지시기간 2019/03/01 ~ 2019/03/31	0.품번			LOT NO	
프로젝트					

	생산지시번호	자재출고상태	지시일	납기일	품번	품명	규격	단위	지시수량	단가	금액
☐	W01903000052	출고중	2019/03/08	2019/03/08	81-1001000	BODY-알미늄(GRAY···		KG	300.00		
☐	W01903000053	출고중	2019/03/30	2019/03/30	83-2000100	전장품 ASS'Y		EA	200.00		
☐	W01903000054	출고중	2019/03/11	2019/03/11	87-1002001	BREAK SYSTEM		EA	400.00		
☐	W01903000055	출고중	2019/03/23	2019/03/23	88-1001000	PRESS FRAME-W		EA	235.00		
☐	W01903000056	출고완료	2019/03/17	2019/03/17	88-1002000	PRESS FRAME-Z		PCS	329.00		

	청구일	품번	품명	규격	단위	정미수량	LOSS(%)	확정수량	구분	외주단가
☐	2019/03/17	21-1080800	FRAME-알미늄		EA	329.000000	10.000000	361.90	무상	
☐	2019/03/17	21-3000300	WIRING-DE		EA	329.000000	20.000000	394.80	무상	
☐	2019/03/17	21-9000210	HEAD LAMP (LED TYPE)		EA	329.000000	10.000000	361.90	무상	
☐	2019/03/17	21-3065750	GEAR REAR METAL		EA	329.000000	20.000000	394.80	무상	

BOM등록

| 모품목 88-1002000 | PRESS FRAME-Z | | PCS |
| 기준일자 2019/03/17 | 사용여부 1.사용 | ☐ LOCATION 등록창 보기 | |

	순번	품번코드	품명	규격	단위	정미수량	LOSS(%)	필요수량	시작일자	종료일자
☐	1	21-1080800	FRAME-알미늄		EA	1.000000	10.000000	1.100000	2019/01/01	2019/12/31
☐	2	21-3000300	WIRING-DE		EA	1.000000	20.000000	1.200000	2019/01/01	2019/12/31
☐	3	21-9000210	HEAD LAMP (LED TYPE)		EA	1.000000	10.000000	1.100000	2019/01/01	2019/12/31
☐	4	21-3065700	GEAR REAR C		EA	1.000000	20.000000	1.200000	2019/01/01	2019/12/31

19 **정답** ①, 외주자재출고

해설 조회내역에서 출고요청 버튼을 클릭하여 출고요청 조회 창에서 품목별 청구잔량을 확인한다.

① 21-3001520, PEDAL(S, TYPE B): 600
② 21-3000320, WIRING-DE(TYPE B): 120
③ 21-9000202, HEAD LAMP(TYPE B): 275
④ 21-1080820, FRAME-알미늄(TYPE B): 110

외주자재출고

| 사업장 2000 | (주)한국자전거 |
| 출고기간 2019/03/01 ~ 2019/03/31 |
| 외주공정 R200 | 외주공정 |
| 0. 품번 | |

	출고번호	출고일자	출고창
☐	MV1903000032	2019/03/14	부품창고_인천
☐			

출고요청 조회 적용

청구기간 2019/03/14 ~ 2019/03/14	외주공정 R200	외주공정	외주처 R241	(주)세림와이어
0. 지시번호	0. 청구품번		청구부서	
0. 지시품번	프로젝트		조달구분 전체	

조회[F12] 요청적용 닫기[ESC]

No	품번	품명	규격	단위	청구수량	투입수량	청구잔량	청구부서
3	88-1001020	PRESS FRAME-W (TYPE B)		EA	216.00	0.00	216.00	생산부
3	21-3001520	PEDAL(S, TYPE B)		EA	600.00	0.00	600.00	생산부
4	21-9000202	HEAD LAMP (TYPE B)		EA	275.00	0.00	275.00	생산부
1	21-1080820	FRAME-알미늄 (TYPE B)		EA	110.00	0.00	110.00	생산부
2	21-3000300	WIRING-DE (TYPE B)		EA	120.00	0.00	120.00	생산부
3	21-9000212	HEAD LAMP (LED TYPE B)		EA	110.00	0.00	110.00	생산부
4	21-3065720	GEAR REAR C (TYPE B)		EA	120.00	0.00	120.00	생산부
5	21-1080800	FRAME-알미늄		EA	110.00	0.00	110.00	생산부

20 **정답** ④, 외주실적등록
해설 조회내역의 각 작업지시번호를 클릭하여 상단 및 하단 창에 있는 검사 필드를 비교
확인한다.
① WO1903000058 – WR1903000131: 무검사 – 무검사
② WO1903000059 – WR1903000149: 검사 – 검사
③ WO1903000062 – WR1903000142: 검사 – 검사
④ WO1903000063 – WR1903000148: 검사 – 무검사

21 **정답** ①, 외주자재사용등록
해설 조회내역에서 각 작업지시건별로 청구적용 버튼을 클릭하여 청구적용 창에서 품목별
잔량을 확인하여 합산한다.
① WR1903000111: 10 + 90 + 30 = 130
② WR1903000113: 50 + 50 = 100
③ WR1903000115: 30 + 5 = 35
④ WR1903000120: 3 + 20 + 20 + 30 + 30 = 103

22 **정답** ②, 외주마감
해설 조회내역에서 실적일괄적용 버튼을 클릭하여 처리한 후, 하단 창에 있는 합계액의 합
계를 확인한다.

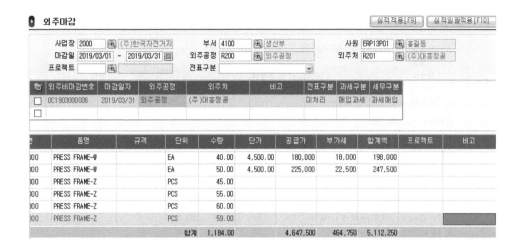

외주마감

실적적용[F9]　실적일괄적용[F10]

사업장	2000	(주)한국자전거지	부서	4100	생산부	사원	ERP13P01	홍길동
마감일	2019/03/01 ~ 2019/03/31		외주공정	R200	외주공정	외주처	R201	(주)대흥정공
프로젝트			전표구분					

	외주비마감번호	마감일자	외주공정	외주처	비고	전표구분	과세구분	세무구분
☐	OC1903000006	2019/03/31	외주공정	(주)대흥정공		미처리	매입과세	과세매입
☐								

···	품명	규격	단위	수량	단가	공급가	부가세	합계액	프로젝트	비고
)00	PRESS FRAME-W		EA	40.00	4,500.00	180,000	18,000	198,000		
)00	PRESS FRAME-W		EA	50.00	4,500.00	225,000	22,500	247,500		
)00	PRESS FRAME-Z		PCS	45.00						
)00	PRESS FRAME-Z		PCS	55.00						
)00	PRESS FRAME-Z		PCS	60.00						
)00	PRESS FRAME-Z		PCS	59.00						
	합계			1,184.00		4,647,500	464,750	5,112,250		

23 **정답** ②, 재공창고입고/이동/조정등록

해설 재공입고 탭에서 조회하면 Head Lamp 품목은 조회내역에 없다.

재공창고입고/이동/조정등록

사업장	2000	(주)한국자전거지	부서	4100	생산부	사원	ERP13P0	홍길동
실적기간	2019/03/01 ~ 2019/03/31		출고공정	R200	외주공정	출고작업장	R201	(주)대흥정공
입고창고	M200	부품창고_인천지점	입고장소	M201	부품/반제품_부품	관리구분		
프로젝트			0.품번			품목군		

재공입고　재공이동　재공조정

···	입고창고	입고장소	품번	품명	규격	단위	입고수량	PROJECT	LOT NO	비고
···	부품창고···	부품/반제···	21-1030600	FRONT FORK(S)		EA	50.00			
···	부품창고···	부품/반제···	21-1060700	FRAME-NUT		EA	30.00			
···	부품창고···	부품/반제···	21-1060850	WHEEL FRONT-MTB		EA	55.00			
···	부품창고···	부품/반제···	21-1060950	WHEEL REAL-MTB		EA	26.00			
···	부품창고···	부품/반제···	21-1070700	FRAME-티타늄		EA	55.00			
···	부품창고···	부품/반제···	21-1080800	FRAME-알미늄		EA	9.00			
···	부품창고···	부품/반제···	21-3000300	WIRING-DE		EA	14.00			
···	부품창고···	부품/반제···	21-3001500	PEDAL(S)		EA	27.00			
···	부품창고···	부품/반제···	21-3001600	PEDAL		EA	6.00			
···	부품창고···	부품/반제···	83-2000100	전장품 ASS'Y		EA	14.00			
···	부품창고···	부품/반제···	87-1002001	BREAK SYSTEM		EA	13.00			

24 **정답** ②, 생산계획대비실적현황(월별)

해설 조회내역에서 해당 품목의 계획 및 실적 수량을 확인하여 비율을 산출한다.

① 83-2000100, 전장품 ASS'Y: (436 / 578) × 100 = 75

② 88-1001000, PRESS FRAME-W: (714 / 703) × 100 = 101

③ 85-1020400, POWER TRAIN ASS'Y(MTB): (276 / 300) × 100 = 92

④ 81-1001020, BODY-알미늄(GRAY-WHITE, TYPE B): (755 / 770) × 100 = 98

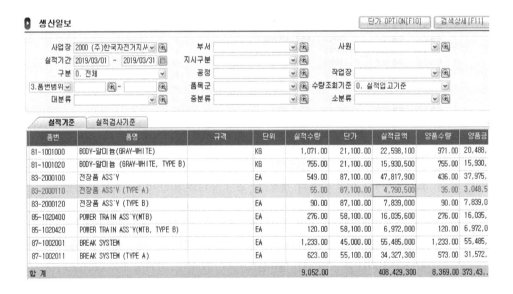

생산계획대비실적현황(월별)

	품번	품명	규격	단위	합계 계획	합계 실적	7월 계획	7월 실적
☐	87-1002011	BREAK SYSTEM (TYPE A)		EA	1,600.00	573.00		
☐	87-1002021	BREAK SYSTEM (TYPE B)		EA	1,280.00	880.00		
☐	88-1001000	PRESS FRAME-W		EA	703.00	714.00		
☐	88-1001010	PRESS FRAME-W (TYPE A)		EA	500.00	348.00		
☐	88-1001020	PRESS FRAME-W (TYPE B)		EA	500.00	225.00		
☐	88-1002000	PRESS FRAME-Z		PCS	1,137.00	612.00		
		합 계			13,526..	8,369.00	0.00	0.00

25 **정답** ④, 생산일보

해설 조회내역에서 단가 OPTION 버튼을 클릭하여 처리 후 품목별 실적금액을 확인한다.

① 83-2000100, 전장품 ASS'Y: 47,817,900

② 87-1002001, BREAK SYSTEM: 55,485,000

③ 88-1002000, PRESS FRAME-Z: 40,548,000

④ 83-2000110, 전장품 ASS'Y(TYPE A): 4,790,500

생산일보

단가 OPTION[F10]   검색상세[F11]

품번	품명	규격	단위	실적수량	단가	실적금액	양품수량	양품금
81-1001000	BODY-알미늄(GRAY-WHITE)		KG	1,071.00	21,100.00	22,598,100	971.00	20,488,
81-1001020	BODY-알미늄 (GRAY-WHITE, TYPE B)		KG	755.00	21,100.00	15,930,500	755.00	15,930,
83-2000100	전장품 ASS'Y		EA	549.00	87,100.00	47,817,900	436.00	37,975,
83-2000110	전장품 ASS'Y (TYPE A)		EA	55.00	87,100.00	4,790,500	35.00	3,048,5
83-2000120	전장품 ASS'Y (TYPE B)		EA	90.00	87,100.00	7,839,000	90.00	7,839,0
85-1020400	POWER TRAIN ASS'Y(MTB)		EA	276.00	58,100.00	16,035,600	276.00	16,035,
85-1020420	POWER TRAIN ASS'Y(MTB, TYPE B)		EA	120.00	58,100.00	6,972,000	120.00	6,972,0
87-1002001	BREAK SYSTEM		EA	1,233.00	45,000.00	55,485,000	1,233.00	55,485,
87-1002011	BREAK SYSTEM (TYPE A)		EA	623.00	55,100.00	34,327,300	573.00	31,572,
합 계				9,052.00		408,429,300	8,369.00	373,43..

2019년도 제1회 생산 1급 이론 정답 및 해설

빠른 정답표

01	02	03	04	05	06	07	08	09	10	11	12	13	14	15	16
①	④	④	④	④	①	③	③	①	③	④	주관식	주관식	①	②	④

17	18	19	20	21	22	23	24	25	26	27	28	29	30	31	32
④	①	주관식	주관식	주관식	④	④	③	①	주관식	주관식	④	③	②	주관식	주관식

01 정답 ①

해설 클라우드를 통해 ERP 도입에 관한 진입장벽을 낮출 수 있다.

02 정답 ④

해설 기업은 ERP를 도입함으로써 기업 내 경영활동에 해당되는 생산, 판매, 재무, 회계, 인사 관리 등의 활동을 통합하는 시스템으로 개발·운영하여 의사결정 시 활용한다.

03 정답 ④

해설 ERP는 패키지화되어 있어도 신기술을 도입하여 적용시키는 것은 어렵지 않다.

04 정답 ④

해설 MRP I → MRP II → ERP → 확장형 ERP

05 정답 ④

해설 분석 → 설계 → 구축 → 구현

06 정답 ①

해설 Manufacturing BOM은 Production BOM이라고도 하며, 생산 관리부서 및 생산 현장에서 사용되는 BOM으로 제조공정 및 조립공정의 순서를 반영한다.

07 정답 ③

해설 정량적 예측기법에는 시계열 분석법(이동평균법, 지수평활법, ARIMA, 분해법, 확산모형), 인과모형 분석법(회귀분석법)이 있다. 정성적 예측기법에는 델파이법, 시장조사법, 판매원평가법, 패널동의법, 수명주기 유추법 등이 있다.

08 정답 ③

해설 납기우선순위는 납기일자가 가장 급박한 순서로 작업을 진행하는 것이다.

09 정답 ①

해설 델파이법은 전문가 집단에게 실적이나 예측데이터에 대한 설문을 여러 차례 실시하여 의견 일치된 결과로 수요를 예측하는 방법이다.

10 **정답** ③
　해설 긴급률은 작업 순서를 결정하는 방법이다.

11 **정답** ④
　해설 A: 45 − 38 / 7 = 1, B: 43 − 38 / 4 = 1. 25, C: 43 − 38 / 6 = 0.83
　　　D: 43 − 38 / 3 = 1.66, E: 48 − 38 / 4 = 2.5

12 **정답** 23.2억원
　해설 (25 × 0.4) + {(1 − 0.4) × 22} = 23.2억원

13 **정답** 주공정(주경로)

14 **정답** ①
　해설 라인 밸런싱이다.

15 **정답** ②
　해설 후공정이 필요할 때 인수하는 방식이다.

16 **정답** ④
　해설 다공정담당이다.

17 **정답** ④

18 **정답** ①
　해설 실제가동시간은 직접작업률을 고려한 정미시간을 말한다.

19 **정답** 감사 기능

20 **정답** 공수체감법칙
　해설 공수체감 곡선에 대한 의의를 묻는 문제이다.

21 **정답** 0.49(49%)
　해설 • 가동률이란 전체 작업자가 실제 가동시간 중에서 정미작업을 하는 시간의 비율이다.
　　　　• 가동률 = 출근율 × (1 − 간접작업률)
　　　　• $\eta = \eta_1 \times (1 - \eta_2) = 0.70 \times (1 - 0.30) = 0.49$, 49%

22 **정답** ④

23 **정답** ④
　해설 ① 재고보유의 투기 동기, ② 예방 동기, ③ 거래 동기, ④ 안전재고

24 **정답** ③

25 **정답** ①

26 **정답** ABC 재고관리

27 **정답** CRP
　해설 CRP(Capacity Requirement Planning)의 의미를 묻는 문제이다.

28 **정답** ④
　해설 TQM의 4대 기본원칙은 고객중심, 품질문화형성, 총체적 참여, 지속적 개선이다.

29 **정답** ③
　해설 작업자 숙련도 차이는 우연원인이다.

30 **정답** ②
　해설 최종검사는 검사가 행해지는 공정에 의한 분류이다.

31 **정답** 히스토그램

32 **정답** C 관리도

2019년도 제1회 생산 1급 실무 정답 및 해설

빠른 정답표

01	02	03	04	05	06	07	08	09	10	11	12	13	14	15	16
③	④	③	②	①	②	③	②	①	②	②	③	④	④	③	②

17	18	19	20	21	22	23	24	25
②	④	④	③	④	③	④	①	③

01 **정답** ③, 품목등록

해설 조회내역에서 품명을 각각 클릭하면 우측 창의 MASTER/SPEC 탭에서 검사여부를 확인한다. ③ 검사여부는 '무검사'이다.

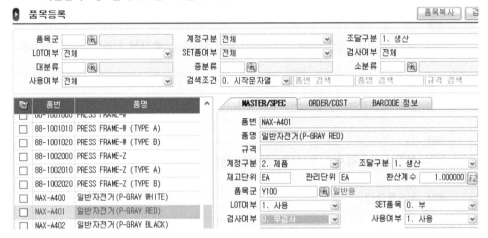

02 **정답** ④, 창고/공정(생산)/외주공정등록

해설 생산공정/작업장 탭의 조회내역에서 생산공정명을 각각 클릭하여 하단 창에서 적합여부를 확인한다. L300, 작업공정(도색)의 L211, 반제품작업장(바디)에 대한 적합여부는 '적합'이다.

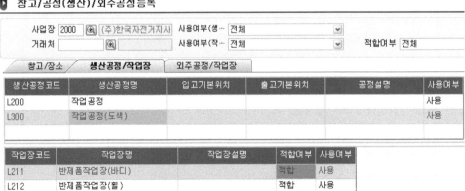

03 **정답** ③, 물류실적(품목/고객)담당자등록

해설 거래처 탭의 조회내역에서 거래처별 외주담당자를 확인한다. ③ ㈜하진해운 – 김수용

▶ 물류실적(품목/고객)담당자등록

☐	코드	거래처명	영업담당자	구매담당자	외주담당자	지역	지역그룹	거래처분류	기본납품
☐	00009	(주)영동바이크			김수용				
☐	00010	DOREX CO.LTD			김수용				
☐	00011	INTECH CO.LTD			김수용				
☐	00012	(주)하진해운			김수용				
☐	00013	다스산업(주)			김경진				
☐	00020	부산세관			김경진				
☐	00021	현영철강(주)			양송희				
☐	00022	한돈형공(주)			양송희				

04 **정답** ②, BOM등록

해설 조회내역에서 품명을 각각 클릭하면 화면 제일 하단에서 해당 품목별 계정구분, 조달구분, 주거래처 등을 확인할 수 있다. ② 83-2000120, 전장품 ASS'Y(TYPE B)의 계정구분은 '반제품'이다.

▶ BOM등록   BOM 복사[F10]

모품목 NAX-A422   산악자전거(P-21G,A422)
기준일자 ___/__/__   사용여부 1.사용   ☐ LOCATION 등록창 보기

☐	순번	품번코드	품명	규격	단위	정미수량	LOSS(%)	필요수량
☐	1	21-3001620	PEDAL (TYPE B)		EA	1.000000	10.000000	1.100000
☐	2	21-9000202	HEAD LAMP (TYPE B)		EA	1.000000	20.000000	1.200000
☐	3	83-2000120	전장품 ASS'Y (TYPE B)		EA	1.000000	10.000000	1.100000
☐	4	85-1020420	POWER TRAIN ASS'Y(MTB, TYPE B)		EA	1.000000	10.000000	1.100000
☐	5	87-1002021	BREAK SYSTEM (TYPE B)		EA	1.000000	20.000000	1.200000
☐								
			합 계			5.000000		5.700000

☐	No	LOCATION	변경일자	비고
☐				

계정구분 반제품   조달구분 생산   도면번호   주거래처

05 **정답** ①, 외주단가등록

해설 조회 창의 일괄변경 버튼을 처리 후, 조회내역에서 품목별 외주단가를 확인한다.
　　② NAX-A422, 산악자전거(P-21G, A422)-199,500
　　③ NAX-A401, 일반자전거(P-GRAY RED)-304,000
　　④ NAX-A402, 일반자전거(P-GRAY BLACK)-294,500

06 **정답** ②, 생산계획등록

해설 조회내역에서 일생산량을 확인하며, 품목을 각각 클릭하면 우측 창에서 해당 품목의
일일 생산수량을 확인할 수 있으므로 좌측 창의 일생산량과 비교할 수 있다.
② 88-1002000, PRESS FRAME-Z의 일생산량은 330EA이다.

✔ **CHECK**

내역에서 좌측창의 일생산량은 생산계획상의 수량이며, 우측창의 수량은 해당 품목의 작업수량을
의미한다. 본 문제에서 PRESS FRAME-Z 품목은 작업수량이 생산계획 수량을 초과하고 있음을
알 수 있으며, 이와 유사한 문제가 출제되었음을 유념하기 바란다.

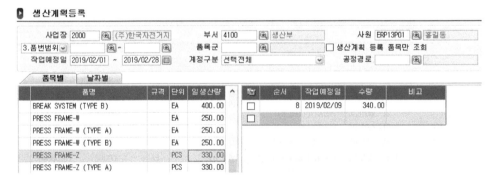

07 **정답** ③, 작업지시등록

해설 조회내역의 검사 필드를 확인한다.
① 작업지시번호 WO1902000001의 상태는 '확정'이다.
② 작업지시번호 WO1902000003의 지시수량은 320EA이다.
④ 작업지시번호 WO1902000006의 생산설비는 '생산설비 2호'이다.

작업지시등록

사업장 2000 (주)한국자전거지 부서 4100 생산부 사원 ERP13P0 홍길동
공정 L200 작업공정 작업장 L201 제품작업장 LOT NO
지시기간 2019/02/01 ~ 2019/02/28 0.품번
상태 전체

	작업지시번호	지시일	납기일	품번	품명	규격	단위	지시수량	상태	LOT	프로	검사	고객	생산설비
☐	WO1902000001	2019/02/02	2019/02/02	81-1001000	BODY-알미늄(GRAY-WHITE)		EA	250.00	확정			무검사		생산설비 1호
☐	WO1902000002	2019/02/15	2019/02/15	81-1001000	BODY-알미늄(GRAY-WHITE)		EA	300.00	확정			무검사		
☐	WO1902000003	2019/02/05	2019/02/05	85-1020400	POWER TRAIN ASS'Y(MTB)		EA	320.00	계획			검사		생산설비 3호
☐	WO1902000004	2019/02/20	2019/02/20	85-1020400	POWER TRAIN ASS'Y(MTB)		EA	300.00	확정			검사		
☐	WO1902000005	2019/02/09	2019/02/09	88-1002000	PRESS FRAME-Z		PCS	340.00	확정			무검사		생산설비 2호
☐	WO1902000006	2019/02/17	2019/02/17	NAX-A400	일반자전거(P-GRAY WHITE)		EA	200.00	확정			무검사		생산설비 2호

정답 ②, 작업지시확정

해설 본 문제는 작업지시확정과 생산자재출고 메뉴를 실행해야 한다. 먼저

1) 작업지시확정 조회내역에서 자재출고상태가 '출고중'인 작업지시 건을 클릭하여 하단 창의 조회 품목을 확인하면 문제 지문의 4가지 품목을 볼 수 있다.

2) 후속단계인 생산자재출고를 실행 후 조회내역에 있는 출고 건을 각각 클릭하여 하단 창에서 출고품목을 확인해 보면, HELMET 2010 시리즈 품목이 없으므로 출고되지 않았음을 알 수 있다. 즉, 출고일자가 2월 17일인 출고 건의 출고품목 내역에 HELMET 2010 시리즈 품목이 없으며 나머지 출고 건을 확인해 보아도 없다는 것은 출고가 이루어지지 않았음을 의미한다.

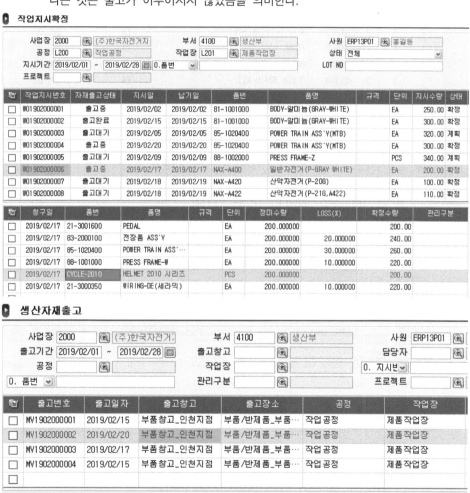

☑	출고번호	출고일자	출고창고	출고장소	공정	작업장
☐	MV1902000001	2019/02/15	부품창고_인천지점	부품/반제품_부품⋯	작업공정	제품작업장
☐	MV1902000002	2019/02/20	부품창고_인천지점	부품/반제품_부품⋯	작업공정	제품작업장
☐	MV1902000003	2019/02/17	부품창고_인천지점	부품/반제품_부품⋯	작업공정	제품작업장
☐	MV1902000004	2019/02/15	부품창고_인천지점	부품/반제품_부품⋯	작업공정	제품작업장
☐						

☑	No.	품번	품명	규격	단위	요청수량	출고수량
☐	1	21-3001600	PEDAL		EA	200.00	200.00
☐	2	83-2000100	전장품 ASS'Y		EA	240.00	240.00
☐	3	85-1020400	POWER TRAIN ASS'⋯		EA	260.00	260.00
☐	4	88-1001000	PRESS FRAME-W		EA	220.00	220.00
☐	5	21-3000350	WIRING-DE(세라믹)		EA	220.00	220.00
☐	6	21-1030600	FRONT FORK(S)		EA	2,750.00	2,000.00
☐	7	87-1002001	BREAK SYSTEM		EA	3,000.00	1,500.00
☐	8	85-1020400	POWER TRAIN ASS'⋯		EA	2,875.00	1,560.00
☐	9	21-1060950	WHEEL REAL-MTB		EA	330.00	210.00

09 **정답** ①, 생산자재출고

해설 생산자재출고, 조회내역 빈칸에서 일괄적용 버튼을 클릭하여 출고요청 조회창에서 품목별 청구잔량을 확인한다.

② 21-1060950, WHEEL REAL - MTB - 120

③ 21-1030600, FRONT FORK(S)-750

④ 85-1020400, POWER TRAIN ASS'Y(MTB)-1,315

10 **정답** ②, 작업실적등록

해설 조회내역에서 각 작업지시번호를 클릭하여 하단 창에서 각 작업실적별로 실적구분 필드를 확인한다.

① WO1902000002 - WR1902000003(적합)

② WO1902000004 - WR1902000008(부적합)

③ WO1902000004 - WR1902000011(적합)

④ WO1902000006 - WR1902000014(적합)

작업실적등록

사업장 2000 (주)한국자전거지	부서 4100 생산부	사원 ERP13P0 홍길동
지시(품목) 2019/02/01 ~ 2019/02/28	지시공정 L200 작업공정	지시작업장 L201 제품작업장
상태 선택전체	프로젝트	LOT 번호
0.품번	고객	

	작업지시번호	자재출고상	작업장	지시일	완료일	품번	품명	규격	단위	지시수량	실적수량	실적
☐	WO1902000001	출고중	제품작…	2019/02/02	2019/02/02	81-1001000	BODY-알미늄(GRAY…		EA	250.00	250.00	
☐	WO1902000002	출고완료	제품작…	2019/02/15	2019/02/15	81-1001000	BODY-알미늄(GRAY…		EA	300.00	300.00	
☐	WO1902000004	출고중	제품작…	2019/02/20	2019/02/20	85-1020400	POWER TRAIN ASS…		EA	300.00	300.00	
☐	WO1902000006	출고중	제품작…	2019/02/17	2019/02/17	NAX-A400	일반자전거 (P-GRA…		EA	200.00	200.00	
☐	WO1902000007	출고대기	제품작…	2019/02/18	2019/02/19	NAX-A420	산악자전거 (P-20G)		EA	100.00	100.00	
☐	WO1902000008	출고대기	제품작…	2019/02/18	2019/02/19	NAX-A422	산악자전거 (P-21G…		EA	110.00	110.00	

	작업실적번호	자재사용유	실적일	공정	작업장	구분	실적구분	실적수량	LOT번호	프로젝트	검사
☐	WR1902000006	무	2019/02/20	작업공정	제품작업장	입고	적합	50.00			검사
☐	WR1902000007	무	2019/02/20	작업공정	제품작업장	입고	적합	50.00			검사
☐	WR1902000008	무	2019/02/20	작업공정	제품작업장	입고	부적합	50.00			검사
☐	WR1902000009	무	2019/02/20	작업공정	제품작업장	입고	적합	50.00			검사
☐	WR1902000010	무	2019/02/20	작업공정	제품작업장	입고	부적합	50.00			검사
☐	WR1902000011	무	2019/02/20	작업공정	제품작업장	입고	적합	50.00			검사

11 정답 ②, 생산자재사용등록

해설 조회내역에서 해당 작업실적번호를 선택 후 청구적용 버튼을 클릭하여 품목별 잔량을 확인한다.

① 21-1060700, FRAME-NUT(55)
② 21-3000300, WIRING-DE(60)
③ 21-3065700, GEAR REAR C(55)
④ 21-1060950, WHEEL REAL - MTB(55)

생산자재사용등록

사업장 2000 (주)한국자전거지	부서 4100 생산부	사원 ERP13P0 홍길동
구분 1. 생산	실적공정 L200 작업공정	실적작업장 L201 제품작업장
실적기간 2019/02/01 ~ 2019/02/28		
3.품번범위 ~		

	작업지시번호	작업실적번호	보고유무
☐	WO1902000001	WR1902000001	유
☐	WO1902000001	WR1902000002	유
☐	WO1902000001	WR1902000003	무
☐	WO1902000002	WR1902000004	무
☐	WO1902000002	WR1902000005	무
☐	WO1902000004	WR1902000006	무
☐	WO1902000004	WR1902000007	무

청구 적용 도움창

사용일 2019/02/20 관리구분 [조회[F12]] [적용[F10]] [취소[ESC]]

서	공정	작업장	품번	품명	규격	단위	적용예정량	적용수량	잔량
1	작업공정	제품작업장	21-3000300	WIRING-DE		EA	60.00		60.00
2	작업공정	제품작업장	21-3065700	GEAR REAR C		EA	55.00		55.00
3	작업공정	제품작업장	21-1060700	FRAME-NUT		EA	55.00		55.00
4	작업공정	제품작업장	21-1060950	WHEEL REAL-MTB		EA	55.00		55.00
5	작업공정	제품작업장	21-3001600	PEDAL		EA	55.00		55.00

12 정답 ③, 생산실적검사

해설 조회내역에 있는 작업지시번호를 각각 클릭하여 하단 창에서 해당 불량수량을 확인하여 합산한다.

① E10 - 도색불량: 1 + 9
② D10 - 휠(WHEEL)불량: 5
③ B10 - 브레이크(BREAK)불량: 8 + 10
④ C10 - 라이트(HEADLAMP)불량: 10

13 정답 ④. 생산품창고입고처리

해설 조회내역에서 실적별 실적수량, 입고대상수량, 입고수량 등을 확인한다. 실적번호 WR1902000016의 실적수량과 입고대상수량의 차이는 생산실적검사의 불합격수량이다.

14 정답 ④. 작업지시마감처리

해설 조회내역에서 각 작업지시번호를 클릭하여 하단 창에서 해당 작업지시별 실적잔량을 확인한다. ④ WO1901000007 실적잔량 120

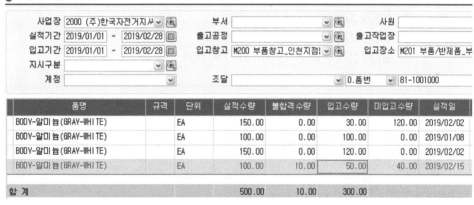

작업지시마감처리

사업장 2000 (주)한국자전거지	부서 4100 생산부	사원 ERP13P0 홍길동
지시일 2019/01/01 ~ 2019/01/31	공정경로	3.품번범위 ~
공정구분 선택전체	공정 L300 작업공정(도색)	작업장 L302 반제품작업장(도색
지시상태	실적잔량 선택전체	프로젝트

	작업지시번호	지시일	완료일	품번	품명	규격
☐	WO1901000001	2019/01/08	2019/01/08	81-1001000	BODY-알미늄(GRAY-WHITE)	
☐	WO1901000002	2019/01/10	2019/01/10	81-1001010	BODY-알미늄 (GRAY-WHITE, TYPE A)	
☐	WO1901000003	2019/01/15	2019/01/15	81-1001020	BODY-알미늄 (GRAY-WHITE, TYPE B)	
☐	WO1901000004	2019/01/17	2019/01/17	83-2000100	전장품 ASS'Y	
☐	WO1901000005	2019/01/19	2019/01/19	83-2000110	전장품 ASS'Y (TYPE A)	
☐	WO1901000006	2019/01/20	2019/01/20	83-2000120	전장품 ASS'Y (TYPE B)	
☐	WO1901000007	2019/01/21	2019/01/21	85-1020400	POWER TRAIN ASS'Y(MTB)	
☐	WO1901000008	2019/01/22	2019/01/22	85-1020410	POWER TRAIN ASS'Y(MTB, TYPE A)	
☐	WO1901000009	2019/01/23	2019/01/23	85-1020420	POWER TRAIN ASS'Y(MTB, TYPE B)	

NO	지시일	완료일	공정구분	공정	작업장	지시수량	실적수량	실적잔량
1	2019/01/21	2019/01/21	생산공정	작업공정(도색)	반제품작업장(…	120.00		120.00

15 **정답** ③, 실적대비입고현황

해설 조회내역에서 입고수량의 합계를 확인한다. 입고수량을 합산한 합계는 300이다.

실적대비입고현황

사업장 2000 (주)한국자전거거지씨	부서	사원
실적기간 2019/01/01 ~ 2019/02/28	출고공정	출고작업장
입고기간 2019/01/01 ~ 2019/02/28	입고창고 M200 부품창고_인천지점!	입고장소 M201 부품/반제품_부
지시구분		
계정	조달 0.품번 81-1001000	

품명	규격	단위	실적수량	불합격수량	입고수량	미입고수량	실적일
BODY-알미늄(GRAY-WHITE)		EA	150.00	0.00	30.00	120.00	2019/02/02
BODY-알미늄(GRAY-WHITE)		EA	100.00	0.00	100.00	0.00	2019/01/08
BODY-알미늄(GRAY-WHITE)		EA	150.00	0.00	120.00	0.00	2019/02/02
BODY-알미늄(GRAY-WHITE)		EA	100.00	10.00	50.00	40.00	2019/02/15
합계			500.00	10.00	300.00		

16 **정답** ②, 생산일보

해설 조회내역에서 단가 OPTION 버튼을 클릭하여 처리 후 검색상세 버튼을 클릭하여 작업공정을 선택 후 조회한다. 조회내역에서 품목별 실적금액을 확인한다(검색상세 창의 '공정' 필드에서 외주공정을 제외한 항목들을 선택 후 조회함).

① 83-2000110, 전장품 ASS'Y(TYPE A): 7,403,500
② 85-1020400, POWER TRAIN ASS'Y(MTB): 17,430,000
③ 81-1001000, BODY-알미늄(GRAY-WHITE): 13,715,000
④ 85-1020410, POWER TRAIN ASS'Y(MTB, TYPE A): 6,391,000

17 정답 ②, 외주단가등록

해설 외주발주등록에서는 조회되지 않으므로 외주단가등록을 실행하여 조회한다.
① 산악자전거(P-20G): 82,200
② 산악자전거(P-21G, A422): 없음
③ 일반자전거(P-GRAY RED): 265,000
④ 일반자전거(P-GRAY WHITE): 150,000

18 정답 ④, 외주발주확정

해설 조회내역에서 생산지시번호 WO1901000019 건의 상태가 '계획'이므로 '확정' 버튼을 클릭하여 확정 상태로 처리한 후에 하단 창에서 확정수량을 조회한다.
① 21-3001600, PEDAL: 88
② 21-3001500, PEDAL(S): 88
③ 21-1070700, FRAME-티타늄: 96
④ 21-1080800, FRAME-알미늄: 104

19 ④, 외주자재출고

해설 조회 내역의 출고건 각각을 클릭하여 하단 창에서 품목별 요청 및 출고 수량을 확인
한다.

① MV1901000004 – 21 – 3065700, GEAR REAR C: 요청수량: 138/출고수량:
138

② MV1901000003 – 21 – 3001620, PEDAL(TYPE B): 요청수량: 99/출고수량:
99

③ MV1901000002 – 21 – 1030610, FRONT FORK(TYPE SA): 요청수량: 132/
출고수량: 132

④ MV1901000006 – 87-1002021, BREAK SYSTEM(TYPE B): 요청수량: 132/
출고수량: 132. 5

▶ 외주자재출고

사업장	2000	(주)한국자전거;	부서	4100	생산부		사원	ERP13P01	
출고기간	2019/01/01 ~ 2019/01/15		출고창고	M200	부품창고_인천지		담당자		
외주공정	R200	외주공정	외주처	R201	(주)대흥정공	0. 지시번:			
0. 품번			관리구분				프로젝트		

	출고번호	출고일자	출고창고	출고장소	외주공정	외주처
☐	MV1901000001	2019/01/03	부품창고_인천지점	부품/반제품_부품…	외주공정	(주)대흥정공
☐	MV1901000002	2019/01/03	부품창고_인천지점	부품/반제품_부품…	외주공정	(주)대흥정공
☐	MV1901000003	2019/01/05	부품창고_인천지점	부품/반제품_부품…	외주공정	(주)대흥정공
☐	MV1901000004	2019/01/07	부품창고_인천지점	부품/반제품_부품…	외주공정	(주)대흥정공
☐	MV1901000005	2019/01/09	부품창고_인천지점	부품/반제품_부품…	외주공정	(주)대흥정공
☐	MV1901000006	2019/01/15	부품창고_인천지점	부품/반제품_부품…	외주공정	(주)대흥정공
☐						

	No.	품번	품명	규격	단위	요청수량	출고수량
☐	1	21-1060720	FRAME-NUT (TYPE B)		EA	110.00	110.00
☐	2	21-9000202	HEAD LAMP (TYPE B)		EA	121.00	121.00
☐	3	21-1030620	FRONT FORK (TYPE SB)		EA	132.00	132.00
☐	4	87-1002021	BREAK SYSTEM (TYPE B)		EA	132.00	132.50
☐	5	21-1060852	WHEEL FRONT-MTB (TYPE…		EA	121.00	121.00

20 **정답** ③, 외주실적등록

해설 조회한 작업지시 건을 각각 클릭하여 화면 제일 하단의 입고 창고 및 장소를 확인한다.

① WR19010,00010: M200, 부품창고_인천지점/M201, 부품/반제품_부품장소
② WR19010,00020: M200, 부품창고_인천지점/M201, 부품/반제품_부품장소
③ WR19010,00023: P200, 제품창고_인천지점/P201, 제품_제품장소
④ WR19010,00024: M200, 부품창고_인천지점/M201, 부품/반제품_부품장소

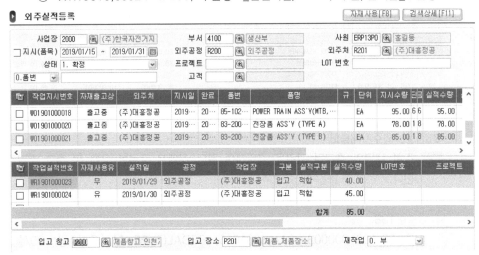

21 **정답** ④, 외주자재사용등록

해설 조회한 각 작업실적 건에 대해서 청구적용 버튼을 클릭하여 청구적용 도움창에서 잔량을 확인한다.

① WR19010,00013 – 21 – 1060950, WHEEL REAL – MTB: 3
② WR19010,00018 – 21 – 3000320, WIRING-DE(TYPE B): 18
③ WR19010,00011 – 21 – 1030620, FRONT FORK(TYPE SB): 15
④ WR19010,00024 – 21 – 1060852, WHEEL FRONT-MTB(TYPE B): 40

22 **정답** ③, 외주실적검사

해설 조회 내역에서 각 작업지시 건을 클릭하여 하단 창에서 검사구분을 확인한다.
③ LQA, 바디조립검사는 검사구분에 없는 항목이다.

외주실적검사

사업장 2000 (주)한국자전거지	부서 4100 생산부	사원 ERP13P0 홍길동
실적일 2019/02/01 ~ 2019/02/28	외주공정 R200 외주공정	외주처 R221 (주)영동바이크
0.품번	검사여부 1. 검사완료	상태 선택전체
고객	프로젝트	

	작업지시번호	작업실적번호	실적일	품번	품명	규격	단위	실적수량	상태	작업구분
☐	W01902000010	WR1902000022	2019/02/05	81-1001010	BODY-알미늄 (GRA…		EA	125.00	확정	외주발주
☐	W01902000011	WR1902000023	2019/02/07	81-1001020	BODY-알미늄 (GRA…		EA	130.00	확정	외주발주
☐	W01902000012	WR1902000024	2019/02/10	83-2000100	전장품 ASS'Y		EA	160.00	확정	외주발주
☐	W01902000013	WR1902000025	2019/02/15	83-2000110	전장품 ASS'Y (TY…		EA	110.00	확정	외주발주
☐	W01902000014	WR1902000026	2019/02/18	83-2000120	전장품 ASS'Y (TY…		EA	110.00	확정	외주발주
☐	W01902000015	WR1902000027	2019/02/25	85-1020400	POWER TRAIN ASS'…		EA	120.00	확정	외주발주
☐	W01902000016	WR1902000028	2019/02/27	85-1020410	POWER TRAIN ASS'…		EA	105.00	확정	외주발주
☐	W01902000017	WR1902000029	2019/02/28	85-1020420	POWER TRAIN ASS'…		EA	140.00	확정	외주발주

검사일	검사담당자	검사구분	검사유형	시료수	불량시료	양품시료	합격여부	합격수량	불합격수량
2019/02/28	양정환	자전거ASS'Y최종검사	샘플검사	140.00	20.00	120.00	합격	140.00	

23 **정답** ④, 외주마감

해설 조회내역에서 실적일괄적용 버튼을 클릭하여 외주마감처리 후, 하단 창에서 합계액의 합계를 확인한다.

외주마감 실적적용[F9] 실적일

사업장 2000 (주)한국자전거지	부서 4100 생산부	사원 ERP13P01 홍길
마감일 2019/01/01 ~ 2019/01/31	외주공정 R200 외주공정	외주처 R201 (주)
프로젝트	전표구분	

	외주비마감번호	마감일자	외주공정	외주처	비고	전표구분	과세구분	세무구분
☐	OC1901000003	2019/01/31	외주공정	(주)대흥정공		미처리	매입과세	과세매입
☐								

품명	규격	단위	수량	단가	공급가	부가세	합계액	프로젝트
전장품 ASS'Y (TY…		EA	54.00	10,440.00	554,368	55,450	556,450	
전장품 ASS'Y (TY…		EA	44.00	10,440.00	459,360	45,936	505,296	
전장품 ASS'Y (TY…		EA	40.00	10,440.00	417,600	41,760	459,360	
전장품 ASS'Y (TY…		EA	45.00	10,440.00	469,800	46,980	516,780	
	합계		573.00		4,466,220	446,622	4,912,842	

24 **정답** ①, 회계처리(외주마감)

해설 조회내역에서 상태 필드가 빈칸은 전표처리를 진행하지 않은 것이다.

● 회계처리(외주마감)

사업장	2000	(주)한국자전거	부서	4100	생산부	사원	ERP13P01	홍길
기간	2019/02/01 ~ 2019/02/28		외주공정	R200	외주공정	외주처	R221	(주)영
구분	전체		프로젝트			0.마감번호		

외주마감 | 회계전표

	마감번호	마감일자	외주공정	외주처	과세구분	세무구분	전표번호	순번	상태
☐	0C1902000001	2019/02/28	외주공정	(주)영동바이크	매입과세	과세매입	2019/02/28	10	미결
☐	0C1902000002	2019/02/28	외주공정	(주)영동바이크	매입과세	과세매입	2019/02/28	11	미결
☐	0C1902000003	2019/02/28	외주공정	(주)영동바이크	매입과세	과세매입			
☐	0C1902000004	2019/02/28	외주공정	(주)영동바이크	매입과세	과세매입	2019/02/28	12	미결
☐	0C1902000005	2019/02/28	외주공정	(주)영동바이크	매입과세	과세매입	2019/02/28	5	미결
☐	0C1902000006	2019/02/28	외주공정	(주)영동바이크	매입과세	과세매입	2019/02/28	13	미결
☐	0C1902000007	2019/02/28	외주공정	(주)영동바이크	매입과세	과세매입	2019/02/28	14	미결
☐	0C1902000008	2019/02/28	외주공정	(주)영동바이크	매입과세	과세매입			
☐	0C1902000009	2019/02/28	외주공정	(주)영동바이크	매입과세	과세매입	2019/02/28	16	미결

25 **정답** ③, 재공창고입고/이동/조정등록

해설 재공입고 탭의 조회내역에서 해당 품목이 없다.

① 83-2000100, 전장품 ASS'Y: 2019/01/14

② 87-1002001, BREAK SYSTEM: 2019/01/26

③ 88-1001000, PRESS FRAME-W: 2019/01/30

④ 81-1001000, BODY-알미늄(GRAY-WHITE): 2019/01/08

● 재공창고입고/이동/조정등록

사업장	2000	(주)한국자전거지	부서	4100	생산부	사원	ERP13P0	홍길동
실적기간	2019/01/01 ~ 2019/01/25		출고공정	R200	외주공정	출고작업장	R201	(주)대흥정공
입고창고			입고장소			관리구분		
프로젝트			0.품번			품목군		

재공입고 | 재공이동 | 재공조정

	입고번호	입고일자	출고공정	출고작업장	입고창고	입고장소	품번	품명	규격	단위	입고수량
☐	WI1901000005	2019/01/08	외주공정	(주)대흥정공	부품창고…	부품/반제…	81-1001000	BODY-알미늄(GRAY-WHITE)		EA	250.00
☐	WI1901000006	2019/01/14	외주공정	(주)대흥정공	부품창고…	부품/반제…	83-2000100	전장품 ASS'Y		EA	300.00
☐	WI1901000007	2019/01/25	외주공정	(주)대흥정공	부품창고…	부품/반제…	87-1002001	BREAK SYSTEM		EA	160.00
☐	WI1901000010	2019/01/05	외주공정	(주)대흥정공	부품창고…	부품/반제…	81-1001010	BODY-알미늄 (GRAY-WHITE, TYPE…		EA	60.00
☐	WI1901000011	2019/01/15	외주공정	(주)대흥정공	부품창고…	부품/반제…	81-1001020	BODY-알미늄 (GRAY-WHITE, TYPE…		EA	50.00
☐	WI1901000012	2019/01/13	외주공정	(주)대흥정공	부품창고…	부품/반제…	83-2000110	전장품 ASS'Y (TYPE A)		EA	40.00
☐	WI1901000013	2019/01/07	외주공정	(주)대흥정공	부품창고…	부품/반제…	85-1020400	POWER TRAIN ASS'Y(MTB)		EA	30.00
☐	WI1901000014	2019/01/05	외주공정	(주)대흥정공	부품창고…	부품/반제…	85-1020410	POWER TRAIN ASS'Y(MTB, TYPE A)		EA	150.00
☐	WI1901000015	2019/01/05	외주공정	(주)대흥정공	부품창고…	부품/반제…	85-1020420	POWER TRAIN ASS'Y(MTB, TYPE B)		EA	140.00

 M E M O

참고자료

한국생산성본부(www.kpc.or.kr)/웹하드(www.webhard.co.kr)

• SCM 가이드북
• 경영혁신과 ERP 최신이론 및 신규문항
• ERP정보관리사(생산/물류) 2018년/2019년 정기시험 기출문제 및 정답
• ERP정보관리사(생산/물류) 2018년/2019년 정기시험 데이터 베이스(DB)
• ERP정보관리사(생산/물류) 시험안내, 시험출제기준, 2020년 시험일정

㈜더존비즈온(www.douzone.com)

• iCUBE 프로그램
• iCUBE 프로그램 매뉴얼

한국직업능력개발원(www.ncs.go.kr)

• 02. 경영 · 회계 · 사무 NCS 학습모듈
• 15. 기계 NCS 학습모듈

저자 소개

조호성(趙浩成)

학력
- 동아대학교 공과대학 산업공학과 졸업 공학사
- 동아대학교 대학원 산업공학과 졸업 공학석사
- 동아대학교 대학원 산업공학과 졸업 공학박사

경력
- 現 동서울대학교 경영학부 재직
      본교 연구지원센터 센터장
      본교 경영학부 학부장

대외활동
- 중소기업청　　　　　기술지도위원
- 조달청　　　　　　　기술평가위원
- 고용노동부　　　　　기관평가위원
- 한국산업인력공단　　출제, 선정, 채점위원(품질경영기사, 경영·기술지도사)
- 한국산업인력공단　　일학습병행제 기관평가위원
- 한국산업인력공단　　NCS 능력단위 및 학습모듈 개발위원(경영·회계·사무)
- 경기도 성남시　　　　기관평가위원

ERP 정보관리사 생산1급

초판발행　　　　2020년 2월 28일

지은이　　　　　조호성
펴낸이　　　　　안종만·안상준

편　집　　　　　김보라·김민경
기획/마케팅　　 김한유
표지디자인　　　이미연
제　작　　　　　우인도·고철민

펴낸곳　　　　　(주) **박영사**
　　　　　　　　서울특별시 종로구 새문안로3길 36, 1601
　　　　　　　　등록　1959. 3. 11. 제300-1959-1호(倫)
전　화　　　　　02)733-6771
f a x　　　　　 02)736-4818
e-mail　　　　　pys@pybook.co.kr
homepage　　　 www.pybook.co.kr
ISBN　　　　　 979-11-303-0905-7　13320

정　가　　　　　34,000원